THE PRINCIPLE OF AESTHETIC JUDGMENT
THE RATIONAL FOUNDATION OF SENSORY WORLD

审美原理

杜伟 著

感性世界的理性基础

华中科技大学出版社
http://press.hust.edu.cn
中国·武汉

图书在版编目（CIP）数据

审美原理：感性世界的理性基础 / 杜伟著. -- 武汉：华中科技大学出版社，2021.11（2023.3重印）
ISBN 978-7-5680-7585-5

Ⅰ.①审… Ⅱ.①杜… Ⅲ.①美学－研究 Ⅳ.①B83

中国版本图书馆CIP数据核字（2021）第203602号

审美原理：感性世界的理性基础　　　　　　　　　　　　　　　　　　杜伟　著
SHENMEI YUANLI: GANXING SHIJIE DE LIXING JICHU

出版发行：华中科技大学出版社（中国·武汉）	电话：(027)81321913
武汉市东湖新技术开发区华工科技园	邮编：430223

策划编辑：张淑梅	美术编辑：张　靖
责任编辑：张淑梅	责任监印：朱　玢

印　　刷：武汉精一佳印刷有限公司
开　　本：880 mm×1230 mm　1/32
印　　张：14.25
字　　数：390千字
版　　次：2023年3月第1版　第2次印刷
定　　价：78.00元

投稿邮箱：zhangsm@hustp.com
本书若有印装质量问题，请向出版社营销中心调换
全国免费服务热线：400-6679-118 竭诚为您服务
版权所有　侵权必究

献给我的父母
献给母校清华大学、McGill University

致 谢
Acknowledgements

有关审美原理的原始想法出现在十多年前的一次闲聊之中；当无意间提及"美"应该可以被度量时，遭到了艺术家 Pascale Hamet 的断然反对。正是这种出自专业本能的否定之声变成了一种动力，开启了灵光闪现的思想探索之旅。在写作和出版过程中，曾经获得过 McGill University 俞东升博士、清华大学庄惟敏院士、马劲武博士、吴家琦博士、北京师范大学罗容海老师、Carol 老师、李超先生、韩冰先生、孟磊先生的建议和热心帮助。此外，在编辑和印刷过程中有幸得到了华中科技大学出版社张淑梅女士的大力协助。

没有这些反对、建议和协助就不可能完成本书的构思、写作和出版，因此，在这里向所有相关人士表达衷心的感谢。

杜伟

2021.08

Montréal

Email：dwrhc@yahoo.com

前 言
Preface

任何美学思想都会涉及美的本质。美是什么？它是如何产生的？问题越简单，往往越是触及事物的本质，也就越难以简单回答。不同时代、不同文化、不同哲学流派、不同美学理论对美本质的解读见仁见智、分歧明显，许多观点甚至是相互对立的。本书不是对现有不同美学理论的深度挖掘和精细加工，而是以全新的视角审视美学学科，用理性世界的已知基本原理对"美"和"审美"问题进行科学的统一论证和解说。

作为生活不可或缺的组成部分，审美活动无时不在，无处不有，因此，与美本质相关的问题自古以来就是哲学家、思想家的关注焦点之一。

古希腊哲学家、数学家毕达哥拉斯（Pythagoras）坚信"美"是事物自身的一种客观属性，并明确将这种属性归结为事物"各部分之间的和谐与比例关系"。

古希腊哲学家苏格拉底（Socrates）认为美不仅与客观事物本身相关，而且还与人的道德理念相关。他明确提出"美是善"，将"美"与人和社会的道德观念连接起来。

德国思想家、美学之父鲍姆嘉通（Alexander Gottlieb Baumgarten）将"美"定义为"完善的感性认知"，认为它是人对事物属性的一种认知，同时与事物的客观属性和人的主观感性认识相关。

德国哲学家康德（Immanuel Kant）认为事物的本质属于"物自体"范畴，是不可知的，因此他只是在审美鉴赏和体验过程中，从形式逻辑的质、量、关系和模态四个方面分析审美现象，并对审美判断的特征和性质进行了界定和阐述。他指出审美属于"一种没有任何功利计较"的趣味判断，是主观的个人行为，同时还指出审美判断的结果又具有客观的普遍性，可以代表人类整体的审美感受。他的观点明确地将纯粹的审美活动界定在了人的感性认知层面。

德国哲学家黑格尔（Georg Wilhelm Friedrich Hegel）关注的是他提出的"绝对精神"在人类艺术创作领域的体现。他认为"美是理念的感性显现"，也就是感性艺术活动中表现出的"绝对精神"。与康德美学思想相反，黑格尔实际上将"美"的本质定格在了具有功利目的的理性认知层面。

俄国思想家、作家车尔尼雪夫斯基（Nikolay Chernyshevsky）在《艺术与现实的美学关系》中提出"美是生活"的观点。他相信，凡是能够显示出我们理解的生活或是使我们想起生活的就是美的。这实际上同样将"美"看作是对事物的一种理性认知结果。

作为表现主义美学的代表人物，意大利哲学家克罗齐（Benedetto Croce）认为"美"是属于心灵的一种力量，是对人主体情感的"成功表现"，属于纯粹主观的精神直觉现象。

上述关于美本质论断的例证具有一个共同特征，这就是互不相同。在特定背景下，对美本质的个别认知展现出的是美学思想的具体内容和发展历史过程。作为不同文化、不同历史环境下的产物，这些论断大多是对"美"在特定条件之下表征现象的表达。世事多变，永无常态。随着文化和历史环境的改变，表征层面作为具体时代和空间条件下的产物必定是偶然和不稳定的，只能被看作"美"的某类特殊状态，并非是对美本质和美学原理明晰、普遍有效的表达，因而不能真实地反映出美的本质和审美过程的普遍规律。这就使某个人的美学观点在另外一些人看来或许是一种不实或谬误；这也使我们对美学问题的阐述总是显得非常繁杂，缺乏共同的理性基础，造成许多读者在通读美学书籍之后，还是难以抓住要领。

从认知过程来看，对美本质产生分歧的原因主要出自两个方面。首先，审美活动与各种不同类型的事物相关，例如，对自然风光、艺术和工艺作品的审美涉及对不同事物的认知；即使在同类事物中，"美"也具有不同的形态，比如山水风景既可以呈现出一种优美形态，又可以给人带来威严、崇高的感受。事物的不同外在丰富形态极易掩盖美的本质，使我们对"美"是否具有普遍的本质产生怀疑。其次，对美的认知是通过人的感知和思维媒介完成的；人具有不同的世界观和文化背景，所处的时代环境也各不相同，这些差异会非常自然地影响审美活动。例如，在多种社会因素作用下，20世纪以来的文化和艺术呈现出政治化、道德化和极端化等趋势；这些趋势似乎有意割裂"美"与愉悦之间的联系，而且倾向于对"愉悦"情感的否定，甚至认为给人愉悦感受的艺术是道德、政治或认知心理层面上的堕落。所有这些认识过程中不同因素的叠加作用，一定会造成对美本质的不同认知结果。

还有一个长久以来被忽视的、对美本质认识带来分歧的重要因素，这就是我们在探讨和表述过程中使用的语言工具。美学被普遍认为是一门关于感性世界的学科，因为它的研究对象是通过人的感觉器官并最终以感性的情感体验加以认知的。针对这一学科，现有研究虽然采用的是理性分析、综合归纳等科学方法，但使用的表达工具最终还只能完全落在感性的文字语言之上。感性对象本身意味着不确定性；用感性语言工具描述感性对象，就构成了一个双重的感性过程。这种双重感性过程在理论研究中可能会成倍地扩大原有的分歧，使我们最终难以聚焦目光，无法清晰地察看到美的本质。

美学成为独立学科的过程发展缓慢，一个根本问题在于人类一直难以对美的本质做出统一的认识总结。在公元前6世纪开始的希腊美学思想萌芽初期，"美"基本被当作事物自身具有的一种客观属性；在中世纪，宗教神学将"美"发展成为一种理念，使之成了上帝的象征之一；文艺复兴运动之后，经验主义哲学将审美与人的感觉紧密联系起来，认为审美是一种纯粹的感性心理过程，无法用精准的逻辑知识加以表述。18世纪之前，对"美"和审美活动的认知都被排斥在独立理性知识体系之外，只能在哲学、心理学和宗教等学科或知识范围之内展开。这从另外一个角度证明了对"美"和审美本质认知的艰辛。

进入 18 世纪以后，鲍姆嘉通秉承欧洲大陆唯理论哲学思想传统，通过总结前人的思想成果，对美学在人类知识体系中的位置进行了明确的划分。他把审美活动与自然科学、伦理学等认知活动区分开来，将其归纳为"感性学"，在人类知识领域之中为美学找到了一个立身之处，为之成为一门独立学科奠定了基础。他在 1750 年出版了《美学》一书，标志着美学学科的正式建立。鲍姆嘉通用源自希腊文的 Aesthetics 表述"美学"一词，有感觉和感性认识之意，所以"美学"的本义就是关于感性认知的学科，与狭义的"漂亮"之意无直接联系。

鲍姆嘉通对美学研究和发展的贡献在于他把审美这种看似模糊、混乱、仅与心灵感性能力相关的本能纳入了系统理性知识的范围，解决了美学研究被长期排斥在独立知识体系之外的难题。之后形成的德国古典哲学开始对审美机制以及审美活动中的审美主体、审美客体和美提出了更加明确的界定和认识。但是，问题依然存在，这就是作为感性世界的审美活动背后是否具有真实可靠的统一理性基础？如果答案是否定的，美学就不能够被提升到理性知识体系的地位，也就不能成为一门独立的学科。如果审美活动背后存在着统一的理性基础，那么我们是否可以摆脱美学研究中存在的根本问题，用普遍通用的理性数学语言对其本质加以清晰和统一的表述？

上述两个问题的实质涉及认识论的两个重要方面。第一个问题反映的是唯名论（Nominalism）与实在论（Realism）关于事物本体属性之争。唯名论认为世界是由具体事物及其现象所构成的，不同具体事物之间不存在真实、可靠的共同属性，也就是没有"共相"。唯名论认为所谓事物的共同属性要么是错觉，要么是人的一种假设或虚构概念，因此我们的所有知识都要从对具体事物的认知开始。相反，实在论确信世界存在着相互关联的同类事物，同类事物之中具有统一的属性，可以从中总结出具有普遍意义的规律；这些统一的规律既可以存在于具体事物之中，也可以作为一种先验的实体独立存在于事物之外。可以说，现有美学理论对"美"的定义大多是建立在具体时间和空间条件之下的，并没能表达出"美"的普遍规律和统一属性，其实质是唯名论的反映。虽然唯名论在文艺复兴和近代科学发展初期起到过极为关键的正面促进作用，但是实在论对事物统一规律的追索是人类科学活动能够持续深入发展的思想动力。现代物理学大统一理论对宇宙终极本质的探索、推测和验证过程正是建立在实在论认识基础之上的。

第二个问题反映的是认识论的另外一个重要方面：如果存在着同类事物，它们之间的统一属性，也就是同类事物的共同本质，如何能被正确认知和表述？这一问题也正是本书思想创新的出发原点。

维特根斯坦（Ludwig Wittgenstein）是20世纪著名的哲学家之一，他对人类认知过程与语言现象之间的关系进行过深入的研究，开启了当代哲学的语言学转向。他宣称人类社会面临的哲学问题和观点分歧都是由我们运用的自然、感性语言造成的。他认为人类感性语言作为一种理性认知工具，其效能是有限的，并不能够清楚、完整地表达和解决所有问题。维特根斯坦对美本质命题本身进行过根本的否定，因为他认为"美"是一个有多重意义、不具有客观标准的概念，超出了语言逻辑的表达界限。维特根斯坦将人类语言看作是对事实的一种画像，只能从某个角度有限地反映事实。他主张，当我们能用语言说清问题时，就要明确表述；对于不可言说的，就要保持沉默。维特根斯坦强调的正是感性语言工具在逻辑思考和研究中的局限性。

实际上只有在特定语境下，感性语言的词汇和概念才能被正确使用和理解，才有可能发挥出正确交流和概念传递的效能。这就是说，当我们谈论美的本质时，必须将其置于特殊语境下，否则就会在概念的内涵或外延上出现偏差。比如，当谈论东方艺术之美时，我们可以将其理解为中国艺术之美，也可以理解为印度艺术之美；"东方"是一个大的概念，还可以具体分为东亚艺术和西亚艺术；但是东亚还包含几个不同国家，或许需要更加详细的划分才能保证概念和逻辑的准确无误。这样看来，仅仅依靠感性语言要发展出一种不受文化和时代影响、具有普遍意义的概念，并用其解释美的本质似乎是不可能的。

这就向我们提出了一个根本的挑战：作为与人文、社会学科相关的美学研究能否避免时空和感性语言的局限性，通过全新视角和理性语言工具的运用，对"美"进行统一、严密和彻底的本质表达？

本书的目的不是提出在不同时空条件下对美本质认知的另外一种观点，而是要建立一种不受时空界定的普遍表述概念，使我们可以利用清晰、理性的数学语言揭示审美活动的统一理性基础。建立这种真正理性化的审美原理，不是为了颠覆某种美学思想，而是要摆脱现有美学理论的晦涩难懂和相互矛盾，为不同美学思想和理论、审美现象和审美形态提供一个统一、坚实的基础原理。更为重要的是，运用这样的审美原理，我们就可以从形式和方法上，把美学这一有关感性认识的学科真正统一到理性知识范围之内，从而对"美"及其相关要素进行定量的研究和判断，并运用在与审美相关的所有领域之中，例如各种艺术创作活动、建筑设计、城市和园林景观设计、工业设计等等。

为达到上述目的，在研究和论述中主要采用了下面一些方法。

首先，以康德美学思想为出发点，通过分析审美过程，提出"审美主体""审美客体"和"美"三个审美要素之间相互作用的机制和"美"的基本概念，对审美过程给出具有普遍意义的理性表述。其次，以审美三要素和审美机制为主线，简要回顾西方美学思想的发展脉络，对审美观念与审美三要素之间的对应关系演变有一个明晰的认识。在上述基础之上，对审美客体、审美主体的物理特征属性及其相互作用规律加以分析，将审美三要素之间的关系用数学语言归纳为审美原理，并以审美原理为基础对审美客体和审美主体进行定量的剖析。最后，使用审美原理对不同审美形态和一些审美现象进行统一的解说，并对它们的演化发展方式给出一定的推论。

关于研究方法，还有一点需要加以明确说明，这就是"美"与"艺术价值""审美"与"艺术价值判断"之间的关系。"审美"与"艺术价值判断"是美学的两个基本组成部分；虽然两者之间存在着密切的联系，但分属不同的概念，不能混为一谈。

"审美"和"艺术价值判断"依赖于主体和客体而存在，它们依赖于主体和客体而存在，都是人对事物的认识结果；但是，两者之间在三个层面展现出明显的差别。首先，"美"之意念与"艺术价值"表达的行为或思想的覆盖范围不同。"美"之意念可以触及所有领域，从人的精神世界、自然事物到人工和机器制品；所谓美无处不在，指的就是我们可以在所有领域进行审美活动，获得审美感受。"艺术价值"是艺术作品的价值，只涉及人造或机器制品。也就是说，"艺术价值"是人类创造活动的一种产物，"美"则是一种可以涵盖所有领域的感受结果。大自然中存在着许多可以使人感到"美"的事物，但它们不是艺术作品，并不具有"艺术价值"；许多现代艺术作品与"美"毫不相关，表达的是艺术价值。其次，从人的认知特征来看，"美"与"艺术价值"分别与人的感性认知和理性认知相关联，是两种不同认知形态作用的结果。人对"美"的感受无须借助理性知识和理性认知能力，需要付诸的是动物原始的直观感受（intuitive cognition）能力；对艺术的创造、价值判断和体验则必须调动人的理性认知能力，需要注入的是对文化、历史、集体意识乃至生态观念、科技、法律、道德、政治等人类各种文明成果的理性解读。"审美"忠实于直观感受，"艺术价值判断"需要追随理性的思考。最后，"审美"与"艺术价值判断"的对象不同。由于"审美"仅仅涉及人的直观感受能力，它在本质上就不能与"内容"发生联系，只能是以纯粹"形式"为感知对象。"艺术价值判断"运用的是人的理性认知能力；理性认知的根本特征是概念的加工和制造，通过生成概念，将所有认知对象都转化为某种内容。因此，"审美"的对象是事物的"形式"，"艺术价值判断"的对象是事物的"内容"。

除了时空环境、感性语言的影响和限制之外，美学理论以及审美、艺术评论中的许多分歧还源自"美"与"艺术价值"、"审美"与"艺术价值判断"基本概念的混淆。以德国古典美学为例，康德美学着重研究审美判断，将"美"界定在感性认知范围之内，指出了"审美"是无功利计较的趣味判断，为其给出了相当精准的定义。在对美的形态作具体区分时，康德指出了"依存美"涉及审美对象的功利内容，与"审美判断"概念之间存在着矛盾。这表明"依存美"与"美"的本质并不完全相同，它实质上是一种"艺术价值"，仅用定语"依存"加以区分是概念上的错误。之后的黑格尔走上了与康德相反的方向，他将人的感性认知能力彻底纳入了"绝对精神"发展过程之中，把艺术看作是人类社会产生和发展过程中的一个必然环节，将美学研究界定在艺术哲学这一人类理性发展的范畴之内，也就是对艺术本质、艺术演变、艺术类型划分的分析和研究之中；这与康德美学思想专注于感性审美判断形成了对立。如果我们将黑格尔所说的艺术之美同样改为"艺术价值"，康德美学与黑格尔美学之间的矛盾将会自动消解，两种不同的美学思想也将能够成为德国古典美学的有机组成部分：审美哲学和艺术哲学。

用正确的方法明确区分"美"与"艺术价值"两个基本概念，揭示长久以来的概念谬误，纠正与"审美""艺术价值判断"相关活动中存在的混乱现象是本书提出的美学原理的重要环节。为确保概念的准确和逻辑的统一，我们将美学原理明确划分为两个基本组成部分，分别是审美原理（The Principle of Aesthetic Judgment）和艺术原理或艺术价值判断原理（The Principle of Artistic Judgment）。审美原理探讨与审美主体、审美客体和美三个要素直接相关的问题，其核心是审美判断，最终给出的是对审美感性认知的度量方法。艺术原理探讨的是与艺术价值创造和欣赏相关的问题，其核心是艺术价值判断，最终需要解答的是对艺术发展方向的认知和对艺术价值的度量问题。

作为美学原理的第一部分，本书在论述、探讨审美原理过程中尽量避免过多涉及与艺术原理相关的内容，比如艺术发展的特点、艺术的社会功效、艺术与现实的关系等，以避免干扰，确保我们能够从本质上观察、突显出审美原理机制。与艺术原理相关的内容将会在后续的《艺术原理》一书中加以详细的分析和论述。

第一章 审美判断及审美三要素 /001
Chapter One　Aesthetic Judgment and Three Elements in Aesthetic Judgment

第一节　审美判断 / 002

一、与概念无关的感性认知 / 004

二、具有主客观双重性的认知判断 / 005

三、无目的、合目的属性认知判断 / 006

四、具有必然结果的认知判断 / 006

第二节　审美判断的表达及审美三要素 /008

一、审美判断函数关系的表达 / 008

二、审美客体 / 009

三、审美主体 / 011

四、美 / 011

第三节　审美观念的基本类型 /013

一、客观派 /013

二、主观派 /014

三、主客观综合派 /014

第二章 西方主要美学思想及审美观念 / 019
Chapter Two　A Brief Introduction to Western Aesthetics and Aesthetic Judgment

第一节　古希腊主要美学思想 /021

一、泰勒斯 /023

　　　　　二、毕达哥拉斯 /024
　　　　　三、永恒的变化 /027
　　　　　四、苏格拉底 /030
　　　　　五、柏拉图 /032
　　　　　六、亚里士多德 /036

　第二节　希腊化时期、罗马帝国的主要美学思潮 /042
　　　　　一、审美和艺术成就 /042
　　　　　二、主要哲学流派及美学思潮 /046

　第三节　中世纪神学、经院哲学美学思想 /057
　　　　　一、教父哲学、圣奥古斯丁 /058
　　　　　二、经院哲学、圣托马斯 /061
　　　　　三、罗曼式、哥特艺术及世俗审美观念 /063

　第四节　文艺复兴美学思想 /067
　　　　　一、重视客观表达和技巧创新 /070
　　　　　二、注重主观感受和客观标准的统一 /071

　第五节　巴洛克、唯理论、经验主义美学思想 / 075
　　　　　一、巴洛克 /075
　　　　　二、唯理论和新古典主义 /077
　　　　　三、经验主义 /083

　第六节　启蒙运动中的美学思想 / 093
　　　　　一、伏尔泰 /094
　　　　　二、卢梭 /096
　　　　　三、狄德罗 /098

第七节 美学学科的建立 /101
一、鲍赫斯、杜博斯 /101
二、莱布尼兹、沃尔夫 /102
三、鲍姆嘉通、梅迩 /105
四、曼德松 /108
五、温克尔曼、莱辛 /111

第八节 康德哲学及其美学思想 / 118
一、批判哲学体系 /119
二、批判美学 /123
三、反思判断 /123
四、纯粹美 /127
五、依存美 /128
六、崇高 /129
七、美的理想 /132

第九节 浪漫主义及其美学思想 / 134
一、主观性 /137
二、民间文艺和传奇故事 /139
三、回归自然 /140

第十节 黑格尔哲学及其美学思想 / 145
一、逻辑学 /147
二、辩证法和绝对精神 /148
三、精神现象学 /149
四、美学思想 /151
五、自然之美和艺术之美的特征 /153

六、美的客观属性 /154
七、艺术美的特征 /154
八、艺术发展历史阶段 /156
九、艺术的门类 /162

第十一节　存在主义及其主要美学思想 / 167
一、祁克果 /168
二、叔本华 /178
三、尼采 /192
四、海德格尔 /203

第十二节　结构主义及其美学思想 / 217
一、结构主义语言学 /217
二、形式主义思潮 /220
三、列维-斯特劳斯 /221
四、结构主义美学思想 /223

第十三节　解构主义及其美学思想 / 231
一、结构的无序性和符号的"延异" /232
二、反逻各斯中心主义 /234
三、美学思想 /237

第三章　感性世界的理性基础 / 243
Chapter Three　The Rational Foundation of Sensory World

第一节　物质世界的统一度量 /244
一、对物质世界感性特征的认知 /244
二、对物质世界本质的理性思考 /247
三、参照体系、自然规律的数学模型 /251

四、宏观世界物质的普遍特征属性：质量 /253

五、微观世界物质的普遍特征属性：波粒二象性 /260

第二节 信息的度量 / 265

一、信息的度量与不确定性 /265

二、信息与冗余度 /270

第三节 虚拟现实、虚拟质量和虚拟微观世界的特征属性 / 272

一、两种参照体系：现实物质世界与精神虚拟现实 /272

二、虚拟现实的本质及其度量：信息量 /275

第四节 形式与内容的二象性 / 277

第五节 审美与艺术价值判断的二象性 / 286

第六节 审美原理 / 294

一、感受能力与感染能力相互作用的度量 /295

二、审美距离 /299

三、审美判断的数学模型 /301

第四章 感染能力的本质及其量化法则 / 305
Chapter Four　The Essence of Aesthetic Expressibility and the Principle of its Measurement

第一节 构成法则 / 306

一、变化 /308

二、统一 /309

三、平衡 /310

　　　　四、比例 /311

　　　　五、尺度 /312

　　　　六、节奏、韵律 /313

　　　　七、层次 /314

　　　　八、和谐 /315

　　　　九、呼应 /317

　　　　十、肌理 /318

　第二节　形式要素构成与内容要素构成 / 320

　第三节　形式要素构成的本质：对比的维度 / 323

　第四节　形式要素的极限对比 / 325

　　　　一、黄金比例，一种和谐前提条件下的极限对比 /325

　　　　二、优美的曲线、完美的圆，事物形式要素的
　　　　　　极限对比 /329

　　　　三、互补原理，不同事物之间的极限对比 /332

　第五节　形式要素感染能力的度量 / 335

第五章 感受能力的本质及其量化法则 / 339
Chapter Five　The Essence of Aesthetic Sensitivity and the Principle of its Measurement

　第一节　理性认知能力的度量 / 340

　第二节　一般感受能力的度量 / 346

　第三节　特殊感受能力的度量 / 356

　　　　一、形式的变化 /358

　　　　二、形式的对称平衡 /359

　　　　三、形式的比例 /360

　　　　四、形式的尺度 /362

　　　　五、形式的节奏 /363

　　　　六、形式的层次 /364

　　　　七、形式的呼应 /365

　　　　八、形式的和谐 /366

　　　　九、形式的肌理 /368

　　第四节　感受能力的离差计量 / 370

　　第五节　感受能力的可塑性 / 372

第六章　审美的基本形态 / 377
Chapter Six　The Basic Forms of Aesthetic Judgment

　　第一节　不同审美形态的表述 / 378

　　第二节　审美形态的划分方式 / 379

　　第三节　审美判断的五种形态 / 382

　　　　一、优美 /382

　　　　二、崇高 /383

　　　　三、悲 /385

　　　　四、喜 /386

　　　　五、丑 /388

　　第四节　审美形态产生机制的启示 / 390

第七章 结语 / 397
Chapter Seven　Conclusion

第一节　美学、审美和艺术价值判断 / 398

第二节　中西美学思想的比较 / 404

第三节　审美判断中的评价和比较 / 416

第四节　审美原理在美学教育中的应用 / 419

第五节　审美与艺术价值判断二象性原理的实践运用 / 422

第六节　审美原理的启示 / 426

第一章
Chapter One

审美判断及审美三要素
Aesthetic Judgment and Three Elements in Aesthetic Judgment

美学是关于审美和艺术价值判断的学科。如前言所述，美与艺术价值具有不同的属性，是两个不能混淆的概念。审美活动的本质是对"美"的判断，也就是审美判断（Aesthetic Judgment）；艺术活动的本质是对艺术价值的判断。审美判断和艺术价值判断的基本原理自成体系，构成各自不同的内容。因此，揭示审美判断的审美原理和揭示艺术价值判断的艺术原理是美学研究的不同对象，两者综合才能构成完整的美学体系。本书阐述的是美学原理中的审美原理，关注焦点是审美判断发生的机制、量化模型、相关的各种参数和判断结果。

有关艺术价值判断的机制及量化模型等问题，我们将在后续的《艺术原理》中深入探讨和论述。有关审美判断与艺术价值判断本质差别的详细论述，请见本书第三章中的第四、五、六节内容。

第一节　审美判断

审美是人类最早的认知活动之一。人类与审美相关的活动远远早于有文字记载的文明历史。没有争议的最早象形艺术作品是在德国出土的，它们是维纳斯（Venus of Hohle Fels，wikipedia.org）和狮人雕像。这两个雕像的制作时间据信是在公元前四万年左右。在西班牙和法国洞穴中发现的岩壁动物绘画，历史最长的也可以追溯到公元前三万年以上。人类对自然事物的审美活动无从考证，但一定发生在这些艺术创造活动之前。

对审美和艺术活动起源的原因有不同的解释理论，比较重要和具有代表性的有五种，它们是模仿说、生物本能说、游戏说、巫术说和劳动起源说。这些学说同时存在的事实本身表明了审美和艺术活动的特征在发展初期是多样的和复杂的。审美和艺术活动在它们发生的初期是彼此不分的，还是在一开始就是自成一体的？当我们在本书最后阐明审美原理，彻底了解审美与艺术活动的本质区别之后就会得到正确的答案。需要指出的是，原始社会并不一定有现代意义的纯粹艺术创作活动；艺术活动或许是原始社会人类进行上述各种活动的附属产物之一。

审美活动是人类重要的认知活动之一。在鲍姆嘉通初步确立美学学科的概念之后，康德、黑格尔分别从认识论和艺术哲学的不同角度对其进行了系统的开拓和完善，应该说建立起了美学学科研究分类的基本模式。在康德看来，审美活动是人类认知判断类型的一种，其本质与人的认知能力和机制密切相关。康德在他的《纯粹理性批判》《实践理性批判》和《判断力批判》三部著作中，对人类全部认知活动进行了系统的分析和概括，开启了德国古典哲学通往顶峰的大门，奠定了西方近代哲学的理论规范，也揭示出了人类审美活动的本质特征。

《纯粹理性批判》针对的是人对自然规律的认知，探讨了人对自然世界的知识来源、知识的可能性和认知界限的问题，指出人对自然世界的认知是建立在客观现象和主观经验相结合基础之上的。《实践理性批判》涉及的是人类对自身理性的认知，探讨了人类运用理性从事的社会实践活动，指出了社会实践活动是以人类先验道德法则为标准，规范建立了由政治、经济、法律、文化等各种体系构成的人类社会精神世界。这两大批判将自然世界和人的精神世界看成是两个相互独立、自成一体的系统。但是，人类精神世界中的道德理性必须符合一定的自然规律方能在自然界中得以实现；也就是说，自然世界与人的精神世界之间必须存在一定的沟通。为连接两个不同的世界，《判断力批判》探讨了人类主观精神世界对自然客观世界的认知活动，这其中最重要的一部分就是审美活动。按照康德的观点，正是审美活动起到了沟通自然世界和人类精神世界的重要桥梁作用。

在《判断力批判》中，康德根据他的先验范畴理论，从质（quality）、量（quantity）、关系（relation）、模态（modality）四个方面总结了审美判断的基本认知特征。结合本章节的论述目的，下面我们对审美活动的四个基本认知特征作一些简要介绍。关于康德范畴理论更多的论述详见第二章第八节。

一、与概念无关的感性认知

审美活动有别于人类的其他认知活动，其根本原因在于审美具有不同的目的。康德在《判断力批判》中，对审美活动作了系统、深入的研究和经典论述。康德将审美活动看作审美判断力的运用，并认同当时已经流行的观点，即审美判断为一种"趣味判断"（Judgment of Taste）。他指出，审美判断与其他"趣味判断"的不同之处在于审美不具有任何实用目的和功利计较，或者说它唯一的目的就是对情感趣味的满足。比如，我们面对风景画中的皑皑白雪，欣赏赞美大自然时，不会考虑自身是否穿有棉衣抵御寒流这种实用目的；对冰雪天地的欣赏是我们的无功利趣味和唯一目的。因此，审美活动是以无功利趣味判断为目的、与人主观认知相关的活动。这是康德从"质"的方面对审美判断特征的界定。

审美判断的这种无功利特征属性决定了它不以任何理念为目标，不涉及任何概念和逻辑运用，也就意味着审美不是一种与理性认知活动相关的判断。没有理性认知的参与，审美活动就是一种不涉及任何内容的感性认知和体验。当然，除了纯粹的、仅仅与感性认知相关的审美活动，例如对纯艺术（Fine Arts）的感性体验，现代社会中多数审美活动是与其他实践活动结合在一起的，比如工业设计就是集审美、工程、经济于一体的。但是，在这种综合性的认知活动中，在审美层面体现出的仍然可以被看作无功利的趣味判断，是一种纯粹的感性认知活动。

二、具有主客观双重性的认知判断

除了无功利计较特征之外,康德还认为审美判断同时具有主观和客观双重性。要理解这种双重性特征,需要首先对康德认识论体系的基本概念作一些简单介绍。

在康德认识论体系中,人的认知判断力被分为两种类型,它们是反思判断(Reflective Judgment)和决定判断(Determinative Judgment)。反思判断是通过对个别现象的分析和归纳得出未知的普遍结论。比如,根据我们的观看感受和与其他影片的比较,分析总结出一部电影有什么特点。决定判断是由已知概念为标准,对个别现象做出认知;比如从等边三角形的基本概念出发,判断一个三角形是否为等边三角形。

康德将审美判断归结为一种反思判断,同时认为审美与同属于反思判断的合意判断(Agreeable Judgment)、好坏判断(Good Judgment)之间存在着本质区别。合意判断是纯粹建立在个人主观标准之上的。例如,当某人说一个许多人都认为非常酸的苹果不酸时,这意味着该人的味觉器官与众不同,感觉不到酸,而且该人并不期望其他人认同自己的这一判断结果。好坏判断建立在一定共识基础之上,是具有客观标准的;例如,我们可以判断说吃苹果对身体健康有益,因为苹果可以给身体补充维生素是一种客观事实。

作为一种反思判断,任何审美活动都需要具体个人从具体对象中获得属于自己的认知判断结果,因此是一种带有主观性的认知判断。同时,康德认为审美判断作为一种反思判断,其判断结果又是具有普遍客观性的。这种普遍的客观性反映在审美判断结果具有被人为客观化的倾向。这是说当某人从主观上得出一个审美判断结果后,总会认为这是一个具有普遍意义的结果,并将这一结果归结到客观对象之上,即使其他人有可能并不一定认同这一判断结果。例如,当一个人主观上喜爱凡高的《向日葵》作品时,他就会说这幅作品很美,也就是说他认为"美"来自于作为客观对象的这幅作品,是作品"美"的客观属性的存在和显现结果;也许其他人会认为这幅作品的色彩和线条过于粗犷,并不认同它是一幅"美"的作品。

康德认为,审美判断结果普遍有效的客观属性产生的原因是它的无功利计较特征;正是由于没有个人的功利计较,审美判断的个人主观"趣味"就成了所有人共有的客观"趣味",个人在审美判断中获得的愉悦也就会成为一切正常人所共有的。审美判断具有的这种主客观双重属性是康德从"量"的方面对审美判断特征的界定。

三、无目的、合目的属性认知判断

康德还从范畴的"关系"方面对审美判断作了界定。所谓"关系"指的是审美判断与它的判断目的之间的关系。在他看来,审美判断与其目的之间的关系是矛盾的。一方面,由于审美的无功利特征,审美判断没有明确的实用目的;另一方面,任何审美判断都具有一种与人的想象力和知解力相符合的目的,正是这种符合目的性才能使人从无实用目的的审美判断中获得愉悦这一唯一目的。康德关于审美判断的无目的、合目的属性实质上反映的是审美判断的感性认知特征:它的无功利目的性说明审美与任何理性认知无关;它的合目的性来自人的感性认知能力,说明审美虽然没有理性认知的目的,却具有获得感性体验的根本功效。

四、具有必然结果的认知判断

在范畴的"模态"层面,康德将审美判断界定为一种带有必然性的认知判断。认知判断有三种可能的模态,它们是可然性判断、实然性判断和必然性判断。当我们说"有的公司年收入多于一些国家"时,表达的是一种可然性判断,或者说是一种可能性;当我们说"北京比承德大"时,表达的是一种实然性判断;当我们用"花是美的"作为一个审美结论时,表达的就一定是必然性判断。也就是说,"美"是审美判断的必然结果,否则,判断与审美无关。审美判断的必然性同样源自它作为无功利认知的属性特征。由于审美与理性概念无关,康德认为在判断是否"美"时,我们使用的必然是一种人类都具有的"共同感觉力",从而使"美"成为审美判断的必然结果。

审美判断的四个特征是康德从认知形式逻辑的质、量、关系和模态四个层面对审美判断进行的界定,相关内容还将在第二章的康德美学思想中详细介绍。下面我们首先利用这四个特征属性对审美判断中的基本要素和审美判断自身的本质特征予以界定,并将其转换成数学语言,为后续章节深入探寻审美原理打下一个必要的基础。

第二节　审美判断的表达及审美三要素

正如前言中所述，我们不能基于特定文化类型、时代特征或是某种心理现象来定义和解释某一类"美"的现象，因为这些定义和解释都是特定条件下的产物，并不具有普遍意义。沿用现有美学理论的研究方式只能使我们重复走上一条崎岖难行、充满矛盾的路，最终难以抵达行进的目标。需要再次强调的是，否定现有关于美本质的定义方式，并非这些方式不具备针对性的理论价值，而恰恰是因为它们的价值受到文化背景、时代特征或某种心理作用的局限，妨碍了我们对审美和"美"的终极本质认识。

要摆脱审美活动的时空条件限制，对"美"和审美活动进行具有普遍意义的界定，就只能通过分析审美判断过程的基本特征，从中发现必不可少的最基本要素，并以这些基本要素在审美判断中的作用机制对审美和"美"进行初步的定义。

一、审美判断函数关系的表达

在繁多的美学理论和令人眼花缭乱、复杂多变的审美活动中，我们可以发现三个基本要素的存在是恒定不变的事实。这三个基本要素分别是作为人的直观感受载体的审美主体、作为客观对象的审美客体、作为审美判断结果的"美"。我们用 Ms 表示审美主体，用 Mo 表示审美客体，用 Ve 表示美。任何审美活动中都存在这三个最基本要素，缺少其中任何一项，就不能构成完整的审美判断。对于审美三要素存在的不争事实，实际上康德对审美判断在"量"和"模态"两个方面的特征分析中已经进行了充分的论证。

康德指出,审美判断在"量"的方面一定会表现出主观客观双重性特征，在"模态"方面一定会表现出必然性特征。康德所说的审美判断的主观性表明了任何审美活动首先都是主观感受，因此，一定存在着与具体个人相关的主观要素，即审美主体 Ms。审美判断的客观性表明了任何审美活动都存在着客观因素，因此，任何审美活动中一定存在着一个独立于审美主体之外的客观对象，即审美客体 Mo。康德所说的审美判断的必然性表明，任何审美判断都必然会产生判断结果，也就是"美"Ve，否则，判断就不是审美判断。正是这两个特征属性揭示出了任何审美判断都一定包含着审美主体、审美客体和"美"这三个基本要素。

从康德的论证中，我们可以得出一个结论：审美判断有两个变量，一个是"判断"，另一个是"美"。判断发生在审美主体和审美客体之间，显而易见是两者之间的相互作用。因此，我们将审美判断中审美主体和审美客体之间的相互作用称为自变量，用 Ms Mo 表示，其中的 Ms 代表审美主体，Mo 代表审美客体；"美"作为判断结果是因变量，用 Ve 表示。

这样，在明确审美判断的主要特征和三个基本要素之后，我们可以将审美判断和"美"初步界定为：审美判断是审美主体与审美客体之间的相互作用，"美"是两者的作用结果，并用数学函数关系代数式表示为：

$$Ve = f(Ms\ Mo)$$

其中：Ve 代表审美判断的结果；Ms Mo 代表审美主体和审美客体之间的相互作用。

二、审美客体

审美客体（The Object of Aesthetic Judgment）是审美判断中被感受、被欣赏的对象，又可以被称为审美对象。一个自然事物或艺术作品本身并不会自然成为审美客体。对目不识丁者而言，莎士比亚文集与科学著作毫无差别。因此，只有在被审美感受中，一个客观对象才可以成为审美客体。审美客体既可以是一种客观现实的存在，也可以是一种客观的虚拟存在。大自然的秀丽山川被人们欣赏时，就是一种现实存在的审美客体；虚拟的艺术作品，比如电影，在被人们以审美目的观看时，就是一种虚拟存在的审美客体。

作为审美客体的自然事物或艺术作品一旦形成，其特征属性包含两个部分，这就是它的形式和内容。形式是客体自身的物理属性，是一种客观的存在，并将在存在中保持不变；否则，一经改变，它将成为另外一个不同的客体。可以说，对于给定的审美客体，形式是稳定不变的。例如，当我们欣赏一幅完成的绘画作品时，作品的形式物理特征不会在我们欣赏过程中发生任何改变；否则，一经改变，它将成为一幅不同的作品。

除了形式之外，审美客体还具有它的内容。任何审美客体的内容都是人对客体形式的理性认知结果。由于理性认知受逻辑水平和外在环境的影响，人对客体内容的认知是因人而异，随时空环境改变的。也就是说，对于相同的审美客体，其内容属性将会随着认知主体和外在环境的不同发生改变。比如对音乐、戏剧、电影、绘画、小说等艺术作品内容的理解都会是带有文化、时代和个人特色的。因此，我们说审美客体的内容与欣赏者密切相关，具有一种易变的特征属性。

由于审美判断被界定为一种无功利计较的趣味判断，在审美活动中就排除了理性认知的存在。也就是说，客体形式和内容的不同认知特征属性决定了两者分别属于美学研究的两个不同领域，即审美判断和艺术价值判断。客体的形式对应于审美判断；客体内容的理性认知特征表明它与审美判断无关，属于艺术价值判断的范畴。我们还将在第三章中详细分析、探讨客体的形式和内容问题，以及两者与审美和艺术价值判断的对应关系。

总之，审美关乎客体的形式特征，艺术价值判断则与客体的内容相关。也可以说，形式的客观属性决定了审美客体；审美客体自身的形式一旦确定，它就具有了一种保持不变的客观物理特征。我们用符号 Mo 表示审美客体的形式特征属性。

三、审美主体

审美主体（The Subject of Aesthetic Judgment）不是指任何主体人的存在，而是在审美活动中对审美客体进行审美判断的个人或群体。当审美主体为独立个人时，审美活动就属于个人的审美行为；当审美主体为一个群体时，审美活动就成为一种具有社会属性的集体审美行为。

由于审美判断是一种与理性认知无关的趣味判断，它就只能是一种对审美客体之中形式要素的感性认知过程。当主体对审美客体动用理性认知能力时，主体就不再是审美主体，而转变成为对客体进行艺术价值判断的主体。只有当主体仅仅以自身对形式的直观感受能力体验审美客体之中的形式要素特征时，主体才成为真正的审美主体。

在针对同一审美客体的审美判断中，审美主体自身的特征属性可能会随时空环境发生改变。也就是说，在对同一审美客体进行审美判断时，由审美主体自身感性喜好造成的对审美客体形式的感性认知，会随环境和时间的不同而发生改变。比如，针对同样一幅绘画作品，我们今天对它的审美体验与一年前的可能不会完全相同；这是因为，作为审美主体，我们的感性认知能力和趣味爱好在一年之中可能发生了变化，从而改变了我们对审美客体的感受。我们将审美主体可以随时空环境发生改变的特征属性称作审美主体的感受能力可塑性，在第五章中将对其进行详细的介绍。

总之，审美主体的本质是一种对客体形式要素的感性认知能力，并具有一定的可塑性。我们用符号 Ms 表示审美主体对形式要素的感性认知能力特征属性。

四、美

美（Aesthetic Value）是审美判断中的第三个基本要素。虽然，我们还没有对"美"给出一个完整、统一的定义，但是我们知道"美"是审美判断的唯一目的和必然结果,所以它是审美活动不可或缺的要素;离开它,就不存在完整的审美判断。

作为审美判断的结果,"美"具有五种基本形态,它们是优美、崇高、悲、喜、丑。这五种基本形态源自审美主体与审美客体相互关系构成的五种不同类型作用结果,涵盖了审美判断的所有可能。审美的五种基本形态会给审美主体带来五种不同的审美感受,由此形成了人类的五种基本情感:愉悦、崇高、悲伤、欢喜、厌恶。这五种基本审美感情体验与人的理性认知能力结合之后,可以构成五大艺术类型,并可以由此派生出更加丰富多彩的艺术感受。我们将在第六章对审美基本形态加以详细论述。

从"美"与审美客体、审美主体的关系来看,可以发现"美"的唯一不变特征就是与审美主体、审美客体之间相互依存的关系。也就是说,无论在任何时代背景、任何文化背景之下,"美"的产生都离不开审美客体和审美主体。没有审美客体,意味着没有欣赏对象,就不会有"美"的存在。没有审美主体,也就不存在对审美客体的感受,同样不会有"美"的产生;也可以说,没有审美主体,"美"就没有任何存在的目的和意义。

我们将"美"表示为 Ve,以与艺术价值 Va(Artistic Value)保持区别,并依据"美"是审美主体和审美客体之间相互作用的结果这一初步定义,将其表达为:$Ve = f(Mo\ Ms)$。

第三节　审美观念的基本类型

审美主体是指审美判断中的人，审美客体是人在审美判断中的对象；"美"作为审美主体与审美客体之间的相互作用结果，是一个同时与审美主体和审美客体相关的要素。作为相互依存的三者，美、审美主体、审美客体在审美过程中的相互关系决定了许多美学思想和理论的形成。在西方美学史中，根据对审美三要素之间相互关系这个关键问题的回答可以分为三个派别，即客观派、主观派、主客观综合派。

一、客观派

客观派美学思想将"美"看作是审美客体固有的一种客观属性，因此，"美"也就被认为来自于审美客体本身，与审美主体没有直接的因果联系。在审美活动中，这一美学思想流派的信奉者都是从审美客体的固有形式、内容或组成结构中寻找和发现"美"的存在。古希腊毕达哥拉斯学派是这一流派的典型代表；他们明确提出，"美"是事物各部分之间的和谐与比例关系，将美学研究的重点放在客体"形式之美"上面。例如，他们将球体和圆形看成是立体形状和平面图案中最美的形式，将对物体进行的 $1:1.618$ 黄金分割看作是最完美的比例。

近代以来，许多美学思想家和艺术家都尝试过从审美客体的本身特征去解释美的本质。例如，18世纪英国艺术家荷加斯（William Hogarth）在《美的分析》中，就为审美客体提出了六条原则：适宜的尺度和比例、有规则的变化、事物的单纯、事物的一致性、错综复杂的表现、一定的度量。他相信，按照这些标准进行创作，就可以使艺术作品的客体呈现出"美"感。

客观派美学思想具有一定的合理性，因为在特定条件之下，"美"的确与审美客体有着直接的关系。但是，客观派美学思想无法解释"美"的相对性现象，也就是同一个审美客体对于不同的审美主体，可以产生不一样审美判断结果。

二、主观派

主观派美学思想与客观派美学思想相反，它从审美主体自身去寻找"美"的成因。主观派美学思想的信奉者不认为"美"存在于审美客体之中，而是更相信"美"源自人的自身，是审美主体头脑思维的产物。

主观派美学思想同样在古希腊就已经出现。比如，伊壁鸠鲁学派（Epicureanism）就将人对"美"的感受建立在主观意志之上；他们认为客观世界变化无常，人只能通过自己的主观选择才能获得快乐和美好的体验。英国经验主义哲学的代表人物休谟（David Hume）提出，"美"不是事物本身的属性，它只存在于观赏者心中。意大利美学家克罗齐也持有相同的观点，他认为"美"不是客观事实，而是属于人的心灵力量。近代以来，随着心理学的快速发展，主观派美学思想从基础理论研究和实验依据上都获得了有力的推动，对近现代美学和艺术的产生和发展产生了巨大的影响。

主观派美学思想突出了审美主体在审美活动中的作用，弥补了客观派审美思想的缺陷，解释了"美"的相对性现象。然而，由于它忽视了审美客体在审美活动中的直接作用，对于另外一些美学现象却无法解释，例如康德所强调的"美"的主客观双重性特征。

三、主客观综合派

针对上述客观派和主观派美学思想存在的弊端，主客观综合派美学思想认为"美"既不完全来自审美客体，也不完全源自审美主体的心理感受，而是存在于审美主体和审美客体之间的相互关系之中。

主客观综合派美学思想对西方世界第一次大的影响发生在文艺复兴时期。15世纪之前，在古希腊、罗马帝国和中世纪漫长的两千多年中，客观派美学思想作为一种基本主流意识统治着艺术创作和审美活动，形成了各种成熟的创作技法和理论。这些客观派美学思想和艺术成就在文艺复兴及近代理性主义原则下，得到了继承和发扬。另一方面，在文艺复兴人文主义思想影响下，个人的独立思想和精神自由也开始受到推崇和赞扬。艺术家在创作中，既注重在审美客体上各种创作技法和规则的使用，同时也非常关注在作品中对审美主体自身情感的表达。可以说，美学思想在主观和客观两个层面上的综合是文艺复兴运动伟大艺术成就产生的重要原因之一。

主客观综合派美学思想有许多代表人物，法国启蒙运动中的狄德罗（Denis Diderot）是其中之一。朱光潜先生在他的《西方美学史》中对此有过详细的描述，他指出狄德罗在《论美》一文中明确提出了"美是关系"的理论，并认为"美"产生于审美客体与其他事物的相互关系之中。狄德罗用悲剧《贺拉斯》中的对白"让他死吧"说明他的观点：贺拉斯为家族荣誉而战斗，已经失去了两个儿子，但他仍然坚定地对唯一存活的第三个儿子说出了"让他死吧"这句铿锵有力的话语，使人深受感动。狄德罗强调的是，如果审美主体不理解剧情的前后因果关系，这句道白本身就可能变成戏剧的打诨，无"美"可言。很明显，对上述戏剧情节的理解需要主体理性认知的参与。狄德罗美学思想没能对客体的形式和内容做出明确区分，混淆了审美与艺术价值判断两种不同的概念。但是，他对"美"与审美主体和客体之间紧密关系的表达很好地反映出了主客观综合派美学思想的立场。

主客观综合派比较全面地兼顾了"美"所具有的客观属性和人的主观心理对审美结果的影响，解释了审美活动所具有的主客观双重性现象，起到了调解主观派与客观派之间矛盾的作用。但是，主客观综合派还是没能合理解释"美"的产生机制。更大的问题是，它没有能够将客观派和主观派两种美学思想同时融入自身的理论之中，因此还不具有普遍的理论价值。也就是说，如果主客观综合派理论是正确的话，它就必须能够解释为什么会有客观派和主观派两种美学思想的存在，以及它们独立存在的合理基础。

利用我们对"美"的初步定义来分析美学思想中的三种不同流派，就可以认清审美客体、审美主体和"美"三者之间的关系，理解和统一解释不同美学流派在审美观念上的联系和差异，并对"美"的本质进行统一的表述。

在客观派美学思想中，"美"被看作审美客体具有的属性，与审美主体无关。也就是说，"美"仅与审美客体之间保持一种函数关系。在这种情况下，审美主体要么是一个不变的常数，要么转变成了等同于审美客体的参数。因此，我们可以将客观派美学思想的审美观念用数学方式表达为：

$$Ve = f(Mo\ Ms)$$

当 Ms 为常数，或 $Ms = f(Mo)$ 时，

$$Ve = f(Mo)$$

在主观派美学思想中，"美"被看作审美主体固有的属性，与审美客体无关。也就是说，"美"仅与审美主体之间保持着一种函数关系。在这种情况中，审美客体要么是一个不变的常数，要么转变成了等同于审美主体的参数。因此，我们可以将主观派美学思想的审美观念用数学方式表达为：

$$Ve = f(Mo\ Ms)$$

当 Mo 为常数，或 $Mo = f(Ms)$ 时，

$$Ve = f(Ms)$$

由此可见，无论是何种美学思想，"美"都可以被表述为一种同时与审美主体、审美客体相关的要素，是审美主体和审美客体相互作用的结果。使用上述方式就可以在不受时空环境变化的影响下，对各种美学思想中的审美观念做出统一的理性表述。

下面我们要通过进一步探讨审美主体和审美客体的具体内涵，给出审美关系三要素的具体数学表达方式。在此之前，我们将首先使用已经初步建立的美本质定义，从审美三要素角度出发，对西方美学思想的发展过程

作一个简要回顾。在这样的回顾中,我们既可以根据前言中对审美和艺术价值判断所做的区分对各种主要美学思想作一些深入的解读,为后续阐述审美原理做适当的铺垫,同时又可以将初步建立的美本质理性表达方式用于各种美学思想的审美观念比较中,对其加以理解和验证。

参考文献:

[1] 弗兰克·梯利. 西方哲学史 [M]. 英汉对照版. 贾辰阳, 解本远, 译. 长春: 吉林出版集团有限公司, 2014.
[2] 鲍桑葵. 美学史 [M]. 彭盛, 译. 北京: 当代世界出版社, 2008.
[3] 康德. 判断力批判 [M]. 北京: 人民出版社, 2017.
[4] 朱光潜. 西方美学史 [M]. 南京: 江苏人民出版社, 2015.
[5] 张法. 美学导论 [M]. 4版. 北京: 中国人民大学出版社, 2015.
[6] 王旭晓. 美学原理 [M]. 北京: 东方出版社, 2014.

第二章
Chapter Two

西方主要美学思想及审美观念
A Brief Introduction to Western Aesthetics and Aesthetic Judgment

本章节不是为了对西方美学思想发展历史进行完整的叙述和研究，而是通过对美学发展历史重要节点的回顾，从各种美学思想中甄别出美和艺术价值两种不同的观念，以显示审美和艺术价值判断在美学研究中的不同特征，为后续章节阐明统一的审美原理构建基础。当然，在美学思想回顾中，我们会对有关审美观念中表现出的审美三要素函数变化规律进行梳理，对这些审美观念及一些美学现象给出更为合理的解读。

历史上任何一个时期的美学思想大都不是单一的形式；即使是一种单一形式的美学思想，它所蕴含的审美观念也会随时间或地域空间的不同而发生改变。因此，美学思想中的审美观念都很难用感性文字语言加以全面的概括总结。通过使用数学函数形式，既可以清晰表达特定时空条件下审美三要素之间的关系，又可以从动态时空中把握美的本质和它的变化方向，进而使我们对美学思想及其审美观念的理解建立在正确的理论基础之上。

如前言所述，美学成为一门独立学科起始于德国哲学家鲍姆嘉通于1750年出版的《美学》一书。在此之前，与审美和艺术价值判断相关的美学思想探索大都是在哲学思想框架内进行的。因此，在多数情况下，对18世纪以前美学思想的研究只能从当时的哲学思想中进行论述、分析和推定。

作为一门独立的学科，美学是建立在西方哲学思想和认知体系完善发展基础之上的。东方民族对于审美和艺术实践活动的探索，一直没有展现出脱离自身哲学思想体系、努力成为独立学科的转化过程。东方民族的美学思想博大精深，但总体来看，一直存在于认知活动的原初阶段。由于缺乏对事物本质不断追问的科学精神和逻辑思考方法，东方民族的美学思想没有经历本体论和认识论的反复考问和修正，难以形成科学的知识体系。这种现象应该与东方文明成熟过早，追求类似于中华文明的中庸之道和天人合一等思想有关。东方民族的美学思想火花在夜空中也同样光彩照人，但是，由于其论述并不追求建立完整的思想体系，所以不适合用来清晰揭示对"美"和审美活动的本质认知发展过程以及存在的普遍规律。因篇幅所限，以下介绍和分析只涉及促使美学学科得以建立的西方美学思想发展历史。我们将在第七章中利用审美原理对中西美学思想的主要差异做出一些简要的描述。

我们对美学思想中包含的两个基本层面的区别已经给予了明确的界定：审美是审美主体对审美客体形式的直观感受，艺术价值判断则是主体对客体内容的理性认知。为在论述中体现出两者的差异，我们分别用"审美观念"和"艺术思想"或"艺术理念"表达这两个不同的美学层面。

第一节　古希腊主要美学思想

有历史记载的西方美学思想发源于公元前 6 世纪的古希腊。这一时期有下面几个主要特征：希腊民族内部的对抗和希腊对外战争频繁，客观上起到了不同地区、不同民族之间的文化交流作用；手工业和商业获得快速发展，使希腊社会的经济基础得到了极大提高；以新兴工商业奴隶主为代表的"民主势力"与传统"贵族势力"之间的政治斗争日趋尖锐。这种激烈变化的时代背景，起到了激励人们对现实问题深入思考的作用。希腊哲学就是在这种对物质世界本质的思考和追问过程中产生和发展的。伴随着哲学思想的产生和发展，人们逐渐将美学思想引入哲学思辨之中。

首先，让我们观察一下希腊哲学思想的产生与美学思想演变的对应关系。

在公元前 1050 到公元前 700 年，没有发现古希腊存在任何与美学思想相关的文献记载；当时艺术作品的主要风格以抽象几何图案为主。大约在同时期的中华文明商、周青铜艺术中，也多是以抽象图案作为装饰风格的。这种对事物抽象表达的手法，在世界许多早期文明社会中都可以见到。人类早期看似普遍的艺术抽象表达方式，应该不是因为技法的不足。在三万年前的原始社会，人类就能够掌握高度具象的艺术造型手法，在岩洞中刻画出逼真的动物形象。所以，早期文明社会对抽象艺术形象的热衷使用应该源自一种人类的主观内心追求。

对这些早期艺术中的抽象图案可以作多种不同的解释，但它们真正的含义仍然是艺术史之谜。有一点可以肯定：早期艺术作品是人类主体对客观现实之外的自身精神世界的表达。当现实生活达到一定水平之后，人类总会产生出超越现实水平的新需求，并通过精神追求加以表达和满足。这就促使人在审美和艺术实践中创造出各种抽象图案，并以这些现实生活中并不存在的抽象图案为媒介，表达"美"之意念。这种"美"是与审美主体密切相关的，是审美主体根据自身的意愿创造加工出的形式符号。这些符号或许具有某种象征意义，起到了早期语言交流的作用；也可能仅仅是具有个人喜好的装饰标记，其目的在于满足从具象现实中无法获得的精神安慰。很明显，这些注重抽象形式表达的艺术手法会引发对纯粹形式的直观感受；因此，对这些艺术作品的欣赏应该会从审美判断角度展开。

审美主体超越现实的精神追求导致审美客体的形象脱离现实世界，走向了没有具象内容的抽象形式。在这种艺术的抽象中，审美客体作为人自身精神世界的外在反映，与审美主体构成了一种等价的关系：$Mo = f(Ms)$。因此，我们可以将这种美学思想的审美观念归为主观派，并用审美三要素函数关系表述如下：

$$Ve = f(Mo\ Ms)$$

因为 $Mo = f(Ms)$，所以 $Ve = f(Ms)$。

Ms 强调主体对现实世界之外精神世界的想象和抽象形式表达。

大约在公元前 700 年，古希腊艺术发生了一种巨大的变化。随着持续不断的对外殖民扩张以及与西亚地区和埃及贸易交流的增长，不同的艺术题材和具象艺术风格流传到希腊各地，并被快速地植入到当地神话和文化习俗之中。这一时期的希腊艺术在形式上明显受到了古埃及艺术的影响。古埃及艺术形式上的两大特征是等级比例（Hierarchical Proportion）关系和象征主义（Symbolism）风格。等级比例指艺术作品中的人物大小比例与他们的社会地位相关，与空间透视无直接关系；也就是说，在艺术作品中决定人物形象大小关系的是他们的社会地位，而不是其本身在空间位置中的客观性。象征主义以强调作品中人物和事物的象征意义为目的，而不是为了如实再现真实状况。这一时期的希腊雕塑作品明显地表达了这两种形式特征，在人体比例关系的处理上、在对人物静止状态的描绘方式上，都与古埃及艺术风格相似。很明显，这些艺术手法是对内容的理性认知和表达；因此，对这些作品的欣赏会更多从艺术价值判断的角度展开。

此后的100多年，古希腊艺术在音乐、陶器绘制、雕刻、绘画、建筑等领域快速发展，摆脱了古埃及艺术的影响，形成了独立的风格；在一些领域，如雕刻，达到了欧洲具象艺术的高峰。这种快速的风格转变是在古希腊哲学的诞生和发展影响下产生的。

一、泰勒斯

在特定的地理、宗教、政治等因素作用下，希腊民族在公元前6世纪开始超越神话阶段，逐渐发展出了真正的哲学。这些哲学试图利用神话之外的观点解释自然及其变化原因，因此被称作自然派哲学。作为一元论者，自然派哲学家利用单一原则解释自然现象，他们关注的对象是大自然，追问的是自然世界的终极本质，以及万物衍生变化现象背后的法则。

出生于公元前624年的泰勒斯（Thales）被认为是古希腊第一位哲学家。泰勒斯来自古希腊在小亚细亚的殖民地，曾经游历过许多国家。他在埃及时必定目睹过尼罗河洪水过后，两岸作物立刻开始生长的景象；可能也留意到雨水过后，青蛙和虫子一定会出现的场景。泰勒斯相信水是世界的本质，因为生命及生命依赖的动植物都包含水分；水也能够以固体、液体和气体多种形态存在，似乎处在不断变化之中。水在高温下汽化，被他解释为由水到火的转化；水以雨的形式被大地吸收，被他解释为由水到土的转化。对他来讲，这些现象非常合乎逻辑分析的结果。

泰勒斯的重要性在于他没有考虑神话内容，而是直接面对现实，试图通过感官的直接观察和理性分析回答问题。以他为代表的自然派哲学家都秉承这一方法，将前人对世界的主观神话式理解转变为以分析客观现象为基础的理解。这种对世界认识方式"质"的变革，必定会改变人们的审美观念和艺术追求，使审美和艺术创作活动从审美主体固有的思想观念束缚中解放出来。艺术作品由满足主体精神需求的"象征"风格，逐渐转向重视客体写实模仿的艺术风格。在审美活动中，审美主体开始转变成为依附于审美客体的要素，并与之形成了一种等价关系，即 $Ms = f(Mo)$。这种注重具象客体，以客观真实形态表达为基础的审美观念可以表述为：

$$Ve = f(Mo\ Ms)$$

因为 $Ms = f(Mo)$，所以 $Ve = f(Mo)$。

Mo 注重对现实世界真实形象的表达、模仿和欣赏。

二、毕达哥拉斯

在自然哲学家之后，出现了毕达哥拉斯（Pythagorean）学派、巴门尼德（Parmenides）和赫拉克利特（Heraclitus）。除了具有自然派哲学家重视自然现实的特点之外，他们都更为关注事物之间的相互关系和事物的变化问题。这就将对世界的认知方向，从对事物本质的关注转向了对组成事物各个部分之间关系的研究。这种认知方向的转变非常重要，它使古希腊对自然世界本质的思维更加具有了科学性。现代粒子物理学标准模型告诉我们，构成宇宙万物的基本粒子只有17种（反粒子除外），大自然的多样性和生命的往复循环是由这些有限基本粒子之间组合方式的变化引起的。

毕达哥拉斯是毕达哥拉斯学派的建立者，据信出生于公元前570年。毕达哥拉斯学派被认为是一个神秘的教派组织，由数学、天文学和物理学等领域的学者组成；学派成员严格自律，不食用与动物相关的食物，在各种学问研究中带有神秘主义的色彩。他们相信世界表象背后的规律可以用数字完美地表达出来，因而将哲学与数学联系起来。他们提出了抽象的数字理论，认为事物产生、发展的基本原因和方式都遵循数字变化规律；事物之间的关系、世界的秩序、和谐等问题都可以通过数字加以表达。比如，直角三角形的本质可以用毕达哥拉斯定律加以表述：$a^2+b^2=c^2$，也就是两个直角边长的平方之和等于斜边之长的平方。

毕达哥拉斯学派直接对美的本质问题进行了研究，这在同时代哲学家中非常罕见。在他们看来，事物之美的原因在于和谐的本性，并认为没有和谐世界就会分崩离析。和谐的本质是什么？通过观察研究，他们发现琴弦发出的音调与琴弦长度之间存在着一定的关系，音调是否和谐悦耳与每根琴弦长度的比例有关。他们认为3/4、2/3、1/2是三种琴弦长度最为和谐的比例关系；据说，毕达哥拉斯学派的门徒曾用这三种比例验证琴弦音调的和谐悦耳程度。

毕达哥拉斯学派断定和谐事物的本质是事物部分之间、部分与整体之间某种固定的数字比例关系，并将这一推理普遍化，认为世上万物的本质是数，数学原理就是世界一切的原理。两千五百年后的今天，我们确实能够通过计算机，用数字储存并表达出宇宙万物。这确实是数字具有的神奇特性！

在审美和艺术实践活动中，毕达哥拉斯学派的思想被后人广泛应用到建筑、雕刻、绘画等艺术领域。为获得"美"的效果，艺术家通过探求整体与局部、局部与局部之间的比例关系，制定了一系列的规范。形成于古希腊时期的柱式规范就是一个很好的例证。柱式规范是一套有关石质建筑中柱子、大梁和屋顶檐口各个部件式样,以及它们之间组合连接方式的规则,它是欧洲古典建筑体系的基础。这一体系主导着除中世纪之外的欧洲主流建筑形式和造型风格,历经两千多年,直到现代主义建筑风格的兴起。

柱式的基本单位包括一根柱子、柱子下部的基座和柱子上端的屋檐部分。多立克(Doric)、爱奥尼(Ionic)和科林斯(Corinthian)是古希腊发展出的三种柱式(古希腊柱式,baike.baidu.com)。多立克粗犷雄健,是男性的象征;爱奥尼雍容华贵,是贵妇的象征;科林斯纤细华丽,是少女的象征。根据建筑艺术内容的表达需要,它们被用于不同性质的建筑中,或是用于同一建筑的不同部位。三种柱式的式样、大小和部件之间的比例关系经过逐渐演变,在公元前5世纪基本定型,形成了一整套量化规定。比如,多立克柱子高度是柱子直径的6到7倍,爱奥尼柱子高度是柱子直径的8到9倍。每个柱子之间的距离也与部件尺寸成一定比例关系。比如,在多立克柱式中,柱间距一般为三垄板(檐壁上表面带有凹槽的长方形板块)宽度的5倍。

使用规范和法则指导艺术创作的美学思想更多关注的是对作品纯粹形式构成的表达和欣赏,因此对雕刻、绘画、装饰和建筑等领域产生的深刻影响大都可以体现在美学思想中的审美层面。这种美学思想多将审美置于艺术价值追求之上,并认为"美"存在于事物的特定比例关系之中,也就是说"美"是审美客体自身的一种特征属性,不受审美主体的影响。这种美学思想的审美观念属于客观派,可以被表述为:

$$Ve = f(Mo\ Ms)$$

因为 $Ms = f(Mo)$,所以 $Ve = f(Mo)$。

Mo 注重形象的尺度、节奏等规则起到的和谐效果,强调局部与局部、局部与整体之间的比例关系。

三、永恒的变化

另外一个对古希腊美学发展起到重要作用的是关于事物变化的思想。出生于公元前535年的赫拉克利特是这一思想的代表人物。赫拉克利特早期受到过毕达哥拉斯学派的影响，但后来摆脱了神秘主义的成分。他认为变化是大自然最基本的特征，任何事物都处在不停的变化之中，没有什么是静止不变的。他说，我们不可能在同一条河流中涉足两次，因为第二次步入河水时，无论是我们自己还是河流都已经与从前不同了。他还认为火是世界万物的灵魂，也许是因为火非常活跃、跳动不息，具有能够快速转变成其他事物的特征。

在希腊民族形成之初的动荡年代，赫拉克利特看到了世界被各种对立所支配：战争是万物之王，没有冲突世界就会停滞不前。这与和谐利于发展的观点完全相反。赫拉克利特指出，世间万物都是相对的。从未生病，就不会知道健康的幸福；从未经历过饥饿的痛苦，就不会有饱食美味的快乐；从未体验过战争，就不会珍惜和平；没有寒冬，春天也不会降临。因此，在他看来好与坏、善与恶都是必不可少的，否则世界将会走向消亡。

同样，毕达哥拉斯学派也认为对立事物的并存是大自然的一种本质现象。他们曾列举了十个对立原则——有限和无限、奇数和偶数、单数和复数、右和左、男人和女人、静止和运动、直和曲、光明和黑暗、好和坏、方形和长方形，以此说明事物是对立统一的辩证观点。

这种辩证哲学观点对美学思想产生了深刻的影响。和谐不是简单的一致和静止的秩序；没有内在的对立和冲突，就不会产生和谐。所以，在辩证思想者看来，彰显和谐之美的前提条件是事物内部对立要素的存在。辩证思想对希腊艺术彻底摆脱埃及艺术的影响，从静止和僵硬的对称形式发展成为无处不在的运动和优雅平衡，进而走向造型艺术高峰起到了至关重要的作用。下面以希腊雕刻和建筑艺术为例加以说明。

希腊雕刻首先经历了从公元前7到6世纪由僵硬的Kouros（Kouros，

wikipedia.org）雕刻向更加自然的 Kritios Boy（Kritios Boy，wikipedia.org）的转变。前者稳定、沉重，带有明显埃及神秘象征主义风格：高耸的肩膀、僵硬下垂的上下肢、紧握的双拳、向前伸出的左脚都与严谨对称的埃及法老雕像同出一辙。相比之下，Kritios Boy 雕刻就显得轻松、优雅和自然，更加接近街道上随处可遇的青年理想化身。艺术家通过移动雕刻的人体重心，提高了雕像的左侧胯骨，使雕像重量落在了左脚，完全改变了埃及雕像双脚承重的呆板姿态；同时，对两个膝盖的刻画也出现了明显的差异：左边的紧张，右边的松弛。这就开启了希腊雕刻家用各种不对称规则表达对称人体的方式。

公元前 450 年开始的希腊古典风格将这种不对称、动感极强的艺术风格推向极点。波里克雷特（Polykleitos）在其作品中创造性地使用张力对比表达人物的动感，通过动感来达到最终平衡。这种方法被称为"反姿态"（contrapposto），它将人体四肢和躯干偏离躯体的中心线布置，从而达到具有放松感觉的平衡视觉效果。这种"反姿态"后来被发展成"S 曲线"（S curve），在古希腊和罗马雕刻中广泛运用。

这种对比例关系、变化平衡和动感的追求还可以从波里克雷特《论法规》（Canon）一书中看出。该书是已知最早的一部有关雕刻艺术的专著，也是古代最著名的艺术论著。波里克雷特制定出一系列法则用于人体雕刻，以表达人体的完美比例。他的方法是用简单的算数公式将人体各个部分之间、各个部分与整体之间建立起可以测量的统一比例（commensurability）关系。比如人体高度是头长的七倍半、大腿与小腿长度相同等。同时，他还给出了利用平衡（counterbalance）手法，在身体运动状态下建立动态对称的原则。

大约在公元前 440 年，波里克雷特创作了青铜雕像《荷矛者》（Doryphoros，wikipedia.org），用于清晰表达他的理论。虽然原作已经遗失，但是我们仍然可以从罗马帝国时期的复制石雕中看出古希腊艺术大师对变化与和谐完美的刻画和追求。该石雕中右臂倾斜的肩膀与向左倾斜的臀骨形成对称；两个膝盖的连线向左倾斜，与两个脚踝向右倾斜的连线形成对称。弯曲的左上肢与直立的右下肢构成对称关系；下垂的右上肢与弯曲的左下肢构成对称关系；头面向右侧，与胸膛面对左侧构成对称关系。许多类似的罗马复制品都清楚地反映出希腊美学思想对后人的巨大影响。

这种对变化和动态平衡的追求，同样可以在古希腊建筑杰作雅典卫城中看到。

公元前449年，希腊最终赢得与波斯持续了近半个世纪的波希战争。作为战争的主导者，雅典成了希腊王国的政治文化中心，因而开启了雅典卫城的大规模重建；建成后的卫城被后人称作希腊黄金时代的重要见证。卫城单体建筑的位置因地制宜，不追求相互之间的绝对对称，也没有威严居中的轴线，形成了建筑总体的自由布局。不同建筑体量大小对比强烈，高低错落有致，建筑之间的空间收放自如，从而使卫城各个方向的景色都呈现出大幅度的变化，在庄重中又显得轻快活泼。从建筑风格上看，既有体量最大、形式简洁的帕提农神庙，又有体量较小、外形复杂多变的厄瑞克提翁神庙。帕提农神庙外部以男性化的多立克柱式为主题，山花和檐部色彩华丽；相反，厄瑞克提翁神庙外部装饰以女性化的爱奥尼柱式为主，色彩素雅，与帕提农神庙形成了鲜明对比。

雅典卫城建筑中体现出的美学思想与上述希腊雕刻所追寻的理念完全一致，同样是辩证统一观点的体现。正如同赫拉克利特所说，对立带来和谐。这种将重点放在事物本身的变化和对比之上，探求事物本质的思辨活动一直持续到公元前5世纪中叶。

从审美三要素角度来看，上述美学思想仍然将"美"看作是审美客体自身形式呈现出的客观现象，不受审美主体的影响；审美主体仅仅是被动的欣赏者，服从于审美客体。这种审美观念的特征同样可以表述为：

$$Ve = f(Mo\ Ms)$$

因为 $Ms = f(Mo)$，所以 $Ve = f(Mo)$。

Mo 强调形象元素之间的对比和变化，注重局部与局部、局部与整体之间的对立统一。

四、苏格拉底

波希战争之后，巨大的经济进步和民主制度的建立滋长了个人主义行为，推动了人的独立思考精神。在权威遭到挑战的社会环境中，传统哲学的思想观点开始受到批判，并诱发创新的不断涌现。由此，希腊哲学发展走向了一个新的方向，开辟出了理论研究的新领域。首先出现的是智者派。

智者（Sophists）是指这一时期一些游历四方的教师，他们也被反对者叫作诡辩学家。当时雅典政治正向议会民主制度转变，这就要求公民具有足够的教育水平以便能够参与民主进程。人们普遍认为精通演说和辩论术，以令人信服的方式表达自己的观点非常重要。智者就以指导公民对政治和现实生活进行思考和演讲为生。在这种政治和文化氛围中，雅典哲学家的关注重点开始转移到现实生活和人与社会的相互关系上。

智者认为，自然派哲学家所关心的自然世界的本质问题并没有统一答案。他们怀疑绝对真理的存在，否认人类有能力揭开大自然之谜，因而宁愿着眼现实中与人相关的社会问题，从事在他们看来有用的哲学思考。他们将目光从客观自然世界转向认知主体自身，并断定知识和道德标准依赖于认知者，也就是每个具体的个人。他们说，在一个人看来是正确和真实的事物，对这个人来说就是正确和真实的。智者普罗塔格拉斯（Protagoras）曾说："人是衡量一切的尺度。"他强调的是世间没有绝对的是非标准，一切要以每个人自身的需求来判断。

因此，智者的工作不是要发现和证明真理，而是出于实用目的，用辩证、修辞、逻辑等各种方法说服听众。他们的实践活动无意之中开辟了理论研究的新领域，迫使后来的反对派哲学家建立更为牢固的思想基础，促进了伦理学、修辞学、逻辑学等学科的诞生，为苏格拉底、柏拉图（Plato）和亚里士多德（Aristotle）构建西方哲学思想体系打开了大门。

苏格拉底出生于公元前 469 年。他个人没有留下任何著作，但是通过学生对其思想的传播，对西方哲学产生了深远的影响，成为许多哲学流派的鼻祖，也因此被称作最伟大的思想者之一。面对当时希腊哲学思想的混乱状况，尤其是智者怀疑论对知识和社会道德的挑战，苏格拉底坚信人类通过正确的方法和知识运用可以掌握真理，并且能够在实践中对其加以运用。在他看来，智者错误思想产生的根源在于对知识基本概念的错误认知和推论判断时逻辑运用的混乱，而且这些错误和混乱就像是在沙丘上建造大厦，不可能产生正确的结果。

具体到美学思想，苏格拉底明确提到"美"和功效有关，与"善"的概念是统一的。在他看来，美的事物必定有利于自身使用功能的发挥。他举例说，盾从防御角度看是美好的，矛从攻击的敏捷性和力度看是美好的。这就是说，他认为事物的美丑与否和它们的使用目的有关；功效好的事物就是美的，功效差的就是丑的。他的这种观点将与形式相关的审美活动和"善"及"功效"这些内容理念联系起来，实质上混淆了审美判断与艺术价值判断的差别，因此并不正确。但是，有一点非常重要，这就是他看到了"美"的相对性特征，也就是"美"并非事物本身固有不变的一种客观属性。

苏格拉底的观点代表着希腊美学思想发生了一个显著的变化。早期的自然哲学家是从单一的角度审视客观事物，认为事物本身的存在不受观赏主体的影响。"美"被看作是存在于事物之中的客观要素；这些要素要么是比例关系的和谐，比如 1∶1.618 黄金比例，要么是对立统一，或者是完美的形体，比如圆、正方形、等边三角形等。只要满足这些客观要素，事物就会呈现出美感。随着对世界关注中心从自然界向社会领域和人自身的转移，"美"也从仅仅具有自然属性，演变成了具有主观和社会属性。苏格拉底隐约地看到了美学价值之中包含的审美和艺术价值两个不同层面，将美学问题与伦理建立起了联系，并提出了"美"具有客观和主观双重属性的观点。但是，他并没有建立任何完善的哲学体系及相应的系统美学思想；这一工作是由柏拉图和亚里士多德真正开启的。

苏格拉底的这种既重视审美主体，又重视审美客体的审美观念应该属于主观客观综合派，可以表述为：

$$Ve = f(Ms\ Mo)$$

Mo 注重形象和谐、完美，强调对比和变化、局部与局部、局部与整体之间的比例关系等。Ms 包含主体对客体实用功效标准的判定。

五、柏拉图

柏拉图于公元前 427 年出生在一个雅典贵族家庭。他早年受过很好的音乐、诗歌、绘画、数学等教育。从二十岁开始，他师从苏格拉底八年，直到苏格拉底被当政的民主党以宣扬无神论和腐化青年之罪名判处死刑。希腊人民在当时的民主政治制度中，居然将他们之中最高贵的人处以死刑，这使柏拉图看到了现实与理想之间的巨大冲突。苏格拉底死后，柏拉图离开雅典，游历各地。他在四十岁时再次回到雅典，以希腊传说中的传奇人物 Academus 为名，建立了著名的学园（Academy）学校，授徒讲学四十一年。从此以后，学院（Academy）一词也成了学校的代名词。

柏拉图一生著书立说，内容涉及广泛，现存著作有四十篇左右，专门谈论美学问题的有《大希庇阿斯》。此外，美学问题作为附属部分也出现在讨论政治、伦理及普通哲学问题的其他著作之中。《大希庇阿斯》是西方历史上第一篇试图给"美"下定义的文章，它以苏格拉底与希庇阿斯之间的辩论为背景，借苏格拉底之口问对手希庇阿斯"美是什么？"，智者希庇阿斯答道"少女是美"。苏格拉底指出希庇阿斯的概念错误，反驳道"美是什么"不同于"什么是美"。柏拉图明确指出，我们可以找出无数个什么是美的例子，但例子再多，它们也只是特殊的个别案例；"美是什么"却是要求我们从特殊例子中总结出普遍规律，回答美的本质是什么。一朵美丽的花、一幅美丽的图画、一幢漂亮的房屋，它们都被称为美好、漂亮的事物，表明它们都具有一种被称为"美"的东西，即那些使一切美的事物呈现出"美"的根本原因。

柏拉图坚信，在人们可以用感觉器官感受到的美的事物背后存在着"美"本身，也就是所有美好事物的共同原因。他的这一观点是对古希腊客观派美学思想的理论总结，给之后西方哲学对美本质的探索带来了巨大的影响。要全面理解柏拉图美学思想，就必须首先对他建立在客观唯心主义基础之上的"理式"哲学概念有一个基本的认识。

柏拉图的"理式"（Form）概念是他最具原创性的哲学成就。智者认为没有固定不变的是非观念。苏格拉底完全不能接受智者的观点，他认为世界存在着永恒不变的是非标准，只要人们建立起正确的基本概念，就可以抵达真理的彼岸。柏拉图从苏格拉底的认识论观点出发，即一切正确知识都是建立在正确概念基础之上的，对现实世界与真理的关系做了系统分析，并进行了形而上学的总结。他赞同赫拉克利特，认为现实世界处在不断变化之中；同时，他也认同赫拉克利特反对派巴门尼德的观点，即世界的本质是永恒不变的。他赞同几乎所有古希腊思想家的共同观点，这就是世界是理性的，并赋予世界理性一种根本的形式，即"理式"。他认为"理式"不受我们感觉器官的影响，独立存在于现实世界之外，是真、善、美的永恒源泉。

在柏拉图看来，世间具体事物都是由物质构成的，故而有生有灭；但是，与这些事物相关的"理式"却是永恒的。因为"理式"不存在于现实物质世界，不是由物质而是由精神构成的，所以不受时间和空间变化的影响。举例来说，世上有各种不同类型的马，它们之所以被统一称作马，是因为它们符合统一的、作为马特征的"理式"。一匹具体真实的马从生到死、由小到大不断变化，但马的"理式"永恒不变。从这个意义上说，"白马"这个具体的马与概念的"马"是不同的；白马非马。

作为二元论者，柏拉图相信物质世界与"理式"世界相互分离；物质世界是不确定的，"理式"世界高于物质世界，是真理之所在。柏拉图用他的洞穴故事，形象地表达了两者之间的关系。他将现实物质世界比作一个大的洞穴，人类居于其中，背对着的是一堵挡住洞口的高墙。在这种环境中，我们人类唯一可以看到的是洞穴之中的墙壁，墙壁之上是洞外真实世界投射到洞内的影像。柏拉图认为，我们所看到的只不过是洞外真实事物闪烁的影像而已；昏暗洞穴与洞穴外在世界的关系，就像是现实物质世界与"理式"世界的关系。

从一方面看，柏拉图的思想体系强化了古希腊时期的客观派美学思想，并从本体论和认识论高度赋予这种美学思想一种系统的哲学基础。他把希腊美学推崇的存在于审美客体自身的"美的法则"归结到现实世界之外的理念精神世界。也就是说，在精神世界，应该存在着关于"美"的"理式"，现实世界之中的美只是"理式"世界"美"的化身。另一方面，由于坚信现实世界的一切都是对"理式"世界的模仿，柏拉图认为作为模仿现实物质世界的艺术，它与最本质的"理式"世界间隔两层；也就是说"理式"世界是第一位的，现实物质世界是第二位的，人为创作的艺术世界处于等级最低的第三位。这样，他就得到一个与前人不同的结论：艺术活动是对客观物质世界的模仿，客观物质世界又是真理的影子，因此艺术不能够反映真理。

柏拉图通过提出艺术与真理的不同，以及艺术与现实世界的关系、艺术的社会功效等问题，将作为"理式"的美和作为"模仿"的艺术做了明显的区分。这种区分实质上是在美学范畴内对审美与艺术价值判断做出的明确划分。

基于艺术与真理之间的对立关系，柏拉图对艺术评价不高，认为它极易对社会产生负面作用。他说艺术在对现实世界的模仿中，会讨好现实中的芸芸众生，在迎合他们非理性的感情和多变的性格过程中造成理智失去控制，滋生和放纵人性中的低劣行为，例如贪图享乐、贪生怕死、相互欺骗、奸淫掳掠、无所不为等。他主张必须对戏剧进行官方审查，确保没有低俗内容；他反对音调哀婉的音乐，提倡简单严肃、使人振奋向上的曲式。他对当时希腊社会的诗歌、戏剧等艺术世俗化倾向持明确的否定态度。在历史上，他是明确将政治效果定为艺术评价标准的第一人。柏拉图关于艺术特征的论述表达出了"美"与"艺术"是两个具有不同本质的概念。

柏拉图以他哲学中的"理式"概念，系统表述了对美本质及文艺社会功效的认识，并得出了否定艺术正面价值的结论。他在为理想国所写的《律法》中提出了对文艺评价的具体标准：诗歌的形式要简朴，应该像埃及建筑和雕刻那样，固守几种传统风格，代代相传，万世不变。他认为只有这样，艺术才能更加接近永恒不变、美的"理式"。他的美学思想是对当时希腊文艺世俗化发展趋势的反叛，表达出的是对审美价值的重视和对艺术价值的厌恶。这种美学思想具有深刻的政治和历史原因，涉及的是艺术原理问题，这里不展开论述。

柏拉图美学思想中的审美观念具有非常明显的独特性。表面看来，他的审美观念属于客观派；但是，不同于客观派采用的针对客体自身的形式法则，他的"美"存在于现实世界之外的精神世界之中。这个精神世界既不属于审美主体，也不属于审美客体。他将"美"完全独立于审美主体和审美客体两个要素之外，形成了第三个独立的要素。他的"理式"学说的创造性就在于此。从审美三要素之间关系上看，柏拉图的美学思想更具一定的合理性。这就是为什么他的客观唯心主义美学思想虽然带有明显的神秘主义色彩，但在许多不同历史时期，如中世纪、文艺复兴、启蒙运动、浪漫主义时期等，都产生过重要的影响。这正是他理论伟大之处的具体体现。

柏拉图审美观念针对的是三种不同的世界：在"理式"世界，"美"就是"理式"法则自身；在自然现实世界，"美"是"理式"在自然审美客体之中的显现；在艺术世界，"美"是审美主体与艺术作品审美客体相互综合的结果。因此，他的审美观念可以表述为：

$Ve = $ "理式"   "理式"世界
$Ve = f(Mo)$ 自然现实世界
$Ve = f(Ms\ Mo)$ 艺术世界

六、亚里士多德

虽然柏拉图哲学思想极具创造性和启发性，两千多年以来还是不断遭受各方面的挑战。第一个站出来的批评者是他的学生亚里士多德。针对"理式"学说，亚里士多德毫不留情地提出了反驳，并说："吾爱吾师，吾更爱真理。"

亚里士多德出生于公元前 384 年，十七岁进入柏拉图的学园，作为学生和老师，在那里生活了二十年。亚里士多德是位全才，堪称人类思想史上最伟大的人物之一。与柏拉图沉思于"理式"世界，忽视感官可及的感性世界不同，亚里士多德对现实物质世界极感兴趣。他曾全力研究动植物，被后人称作欧洲第一位大生物学家。他开创了逻辑学，用科学方法将事物分类，并首先发明、使用了许多学科的名称。亚里士多德哲学是原创综合体，据说他在逻辑学、修辞学、诗歌、物理学、植物学、动物学、心理学、经济学、政治学和形而上学等各方面的著作多达一千篇，其中书籍约一百七十本。他的哲学思想和研究方法标志着古希腊思想发展史中的一个重要转折点。

亚里士多德赞同柏拉图的看法，认为变化无常的感性世界确实存在着永恒不变的本质，整个宇宙的本质也是理性的，可以归纳为一个有机整体，受到统一"理式"法则的控制。但是，亚里士多德反对柏拉图将现实世界的起源归结到"理式"精神世界的论点。相反，他认为人类精神中存在的理念纯粹是自然界中事物的缩影，并坚信事物的本质或"理式"并不与现实感性世界相分离，而是现实世界的一部分。这样，亚里士多德就把柏拉图的"理式"从天堂带回到了人间。

作为一个自然科学家和逻辑学家,亚里士多德将美学研究建立在了对客观世界理性分析之上,被认为是第一个用哲学体系独立阐述美学概念的人。他的《诗学》和《修辞学》是两部建立在理性分析基础之上的美学专著。此外,他在《形而上学》《物理学》《伦理学》《政治学》等书中也探讨了艺术与现实、艺术与形式、艺术与认知的关系,还涉及艺术的创造性和艺术教育等相关问题。亚里士多德身处古希腊文学和艺术发展的顶峰时期,其美学思想对当时的文艺最高成就进行了总结。他所用的逻辑学和自然科学研究方法在美学领域建立了许多开创性的研究规范,对之后的西方美学思想产生长久的深刻影响。

与前人相比,亚里士多德美学思想关注的重点出现了明显的改变。自然派哲学家关注的多是客体的形式,认为"美"源自客体自身。苏格拉底提出了美与善的关系,在本质上将对"美"的研究引向了艺术价值层面。虽然,柏拉图并没有从概念上对"美"与艺术价值的不同做出划分,但我们可以看到其美学思想体系中已经包含了"美"和艺术价值两个并不相同的层面。亚里士多德美学思想涉及的主要是美学中的艺术和艺术价值判断问题,全面研究、探讨的基本是文学和艺术价值的本质问题。由于本书的焦点在于论述审美原理,下面仅对他丰富的美学思想进行一些简单的介绍。

首先,亚里士多德采用了严谨的逻辑方法区分研究对象,找出它们性质的异同,再根据不同对象的性质总结出相关定义和规律,对人类知识领域进行了详细的划分。简单地说,他将人类知识划分为四大类型:第一类是所有学习和研究都必须使用的逻辑学;第二类是涉及抽象知识的理论科学,其中包括数学、物理学、生物学、心理学和形而上学;第三类是涉及理论知识运用的实践科学,其中包括伦理学和政治学;第四类是与创造性相关的科学,也就是后来被称作美学的学科。亚里士多德对美学知识领域的严谨定位和逻辑分析方法的运用,为之后的美学研究奠定了比较坚实的基础,也被认为决定了西方社会两千多年美学研究的大致走向。

其次,亚里士多德坚信,感性世界之中事物体现出的特殊性与"理式"

普遍规律是辩证统一的关系，否定了柏拉图的"理式"学说，以及物质世界与精神世界相分离的二元论观点，因此也否定了柏拉图的现实世界不值得信赖的看法和贬低文艺活动的主张。亚里士多德肯定现实世界的真实性，也就肯定了被认为是模仿现实世界的艺术的真实性。他不仅肯定了艺术的真实性，而且认为艺术的模仿比现实世界更为真实。他认为文学和艺术的模仿活动本质是一种创造；每个作品的题材是特殊的、偶然的，也可能是虚假的，但创造中要模仿或遵从事物发展的必然和普遍规律。他在《诗学》中对诗和历史著作进行了比较，指出诗是按照必然规律描写可能发生的事件，因此是对典型事件背后的普遍性和本质的塑造；相反，历史著作在当时描述的一般是已经发生过的个别事件，并不一定能够展示事物的普遍规律性。亚里士多德的分析和论述都在表明他的观点：艺术是对事物本质和规律的揭示。

此外，亚里士多德还将其美学思想与生物学、心理学、历史学等其他学科的观点结合起来，以综合的方法探讨艺术实践活动，拓展了美学研究的深度和广度。

他从生物原理出发，提出一个事物的内在发展规律必然导致该事物在形式上成为有机整体的观点。他认为当整体是由各个部分根据其内在逻辑组合形成时，"美"就会自然出现在部分与部分、部分与整体之间的有机结合之中。从有机整体观念出发，他断定悲剧是希腊文艺中的最高形式，因为它的结构比史诗更加严密。他还认为，文艺作品中最重要的是情节结构，而不是人物的具体性格，因为情节结构更容易表现出事物发展过程的必然性。他将和谐的概念也建立在有机整体观念之上，认为各部分融会贯通、互为依存才可以产生和谐。他还相信"美"与事物体积的大小密切相关，因为事物过小时，眼睛无法看清楚各个部分，而太大时一眼看不到边际，无法认识事物的完整面貌。

他结合伦理学、心理学提出文艺对社会有正面积极的作用。柏拉图认为理智以外的一切心理本能、情感和欲望等，都是人性低劣的一面；

文艺正好迎合了人性中这些低劣的部分。亚里士多德则指出,文艺是建立在两种心理基础之上的。一种是人的模仿本能;人通过模仿获得知识,产生快感。另一种是人对节奏与和谐的天生喜爱;通过文艺满足人的情感和欲望要求,可以使人得到更为健康的发展,进而对社会产生有益的作用。他所说的第一种心理基础对应的是艺术价值判断,第二种则对应的是审美判断。

亚里士多德对文学和艺术的论述大多涉及的是客体对象的内容,以及这些内容与社会或个体人之间的关系。无论是客体内容本身还是它与社会或人之关系都需要主体的理性认知,因此,亚里士多德美学思想基本上表达的是如何进行艺术价值判断和实现艺术价值的问题,与我们所说的美本质和审美判断没有太多直接的关联。如果我们要探求、理解亚里士多德的审美观念,就只能以审美三要素相互关系为衡量标准,从其哲学思想和艺术观念的论述中抽取相关内容,进行合理的推测、分析和总结判断。

从亚里士多德对柏拉图的批判中,我们可以认为他对审美主体、审美客体两者在审美判断中起到的综合作用是赞成和肯定的。柏拉图认为现实物质世界之外的"理式"是美的准则,艺术作品是人对"理式"的曲解。亚里士多德则认为世界的本质存在于现实物质世界之中,是可以被人正确认知和理解的。这就是说,"美"的法则存在于具体客体事物之中,而且是可以被作为主体的人掌握和使用的。与柏拉图否定现实世界和艺术功效的观念相反,亚里士多德所坚持的是客观现实世界与"理式"精神的统一,因此,可以说是对审美客体与审美主体对立统一观念的肯定。

审美客体与审美主体对立统一的观念相应地体现在审美判断的两个方面:一是注重审美主体的能动作用;二是对审美客体表现出的细节给予充分的关注。亚里士多德在他对艺术模仿本质的论述中不断强调"模仿"不是对已有事物的简单抄袭,而是要发挥人的创造性和主观能动性;不是仅仅表现艺术素材的外表,而是要揭示出对象的内在本质。在对文艺与人心理之间关系的论述中,他对审美主体心理活动机制和情感体验在审美判断中的作用也同样有着充分的认识。上述两点都可以反映出他对审美主体的重视。亚里士多德抛弃了以往主观、神秘的哲学思辨，对研究对象采用的是一种客观、理性分析的方法。这种研究方法上的转变，使他对现实世界表现出的各种现象能够采取一种接受、肯定的态度。当亚里士多德对现实世界和艺术世界表达肯定时，就是对世界之中客体能够表达普遍规律的肯定，也就是对审美客体在审美判断所起作用的认同。他提出的"美"是客体局部与局部、局部与整体的有机组合，是客体各部分之间的和谐，是客体适当尺度条件下的呈现等观点本质上都是对审美客体形式要素的探讨。这些都可以说是他对审美客体表达出的重视。

亚里士多德的"四因说"也许可以帮助我们更加有效地理解他的美学思想与审美要素之间的对应关系。在亚里士多德看来，一切事物都有四个成因：材料因（Material Cause）、形式因（Formal Cause）、动力因（Efficient Cause）和最后因（Final Cause）。材料因指事物都是由一定材料构成的，例如木材就是桌子的材料因。材料因具有许多不同的潜能，所以要成为一种特定的事物，就离不开形式因。例如木材要转变为桌子，必须先有一个桌子的形式因，即桌子的式样。具有形式因后，材料只有在动力因的作用下，才能够转变为具体事物，就像木材必须由工匠加工才能转变为桌子一样。最后因是指材料因、形式因、动力因能够最终结合形成桌子的这个目的和最终的结果。在这个制作桌子的例子中，离开了源自人的"桌子"目的，就不可能最终出现桌子这个结果。将"四因说"与审美三要素相对照，我们可以说材料因、形式因对应的是审美客体；动力因对应的是审美主体；最终因无论是作为审美的目的，还是作为审美结果都与审美主体相对应。按照亚里士多德四因理论，审美活动离不开审美主体和审美客体，必定是两者相互作用的结果。

总之，亚里士多德运用希腊哲学的最高成就对文学和艺术进行了科学的总结，并系统地阐述了他的美学思想。他在美学理论的广度和深度两方面都取得了长足的进步，决定了后人美学研究的走向和文艺评论方式，因此被称为欧洲美学思想的奠基人。以审美三要素衡量他美学思想中蕴藏的审美观念，我们可以说他既重视审美客体的规则，又强调审美主体的能动作用，因此应该属于主客观综合派，并可以表述为：

$$Ve = f(Mo\ Ms)$$

Mo 注重形象的尺度、对比、节奏、和谐、比例关系等，强调作品的修辞方式。Ms 重视主体对客体对象的理解、判断和心理感受。

第二节　希腊化时期、罗马帝国的主要美学思潮

古希腊是由各自独立的城邦组成的国家，内部纷争不断；城邦间爆发的战争破坏了一个又一个统一的政权，使得地处希腊北方的马其顿最终崛起，并于公元前338年征服希腊，成为新的统治者。之后不到十年，亚历山大大帝（Alexander the Great）征服了东方的波斯，建立起了横跨欧、亚、非三大洲的庞大帝国。随着亚历山大的早逝，帝国又被他手下的将军们分裂成三个王国：马其顿、塞琉西和托勒密。

亚历山大征服的辽阔疆土在此后的三个世纪深受希腊文化的影响，因此这一时期被后人称为希腊化时期（Hellenistic Period）。希腊化时期从公元前323年亚历山大去世起，到公元前31年罗马帝国击败"埃及艳后"，征服最后一个希腊化王国托勒密结束。

罗马最初作为一个城邦共和国出现在公元前6世纪。经过大约五个世纪的内外战争，奥古斯都（Augustus）被罗马人民元老院（Senate and People of Roma）授予皇帝职权，于公元前27年结束共和制，建立起了横跨欧、亚、非三大陆，环绕地中海的罗马帝国。罗马帝国从兴盛到衰亡历经了大约四个世纪。在帝国末期，基督教开始盛行，并于公元380年被定为国教。公元395年，随着皇帝狄奥多西（Theodosius）的去世，帝国被他的两个儿子划分成西罗马帝国和东罗马帝国。西罗马帝国在日耳曼人的入侵下于公元476年灭亡，标志着欧洲中世纪的开始；东罗马帝国继续存在到公元1453年。

一、审美和艺术成就

由于战争和贸易的影响，希腊化时期不同文化之间的相互交流日趋增强，主宰地中海东部的希腊文明最终发展到了绿树成荫、外向辐射的时代。

当时，在各王国中到处可以见到希腊式样城市的兴起。这些城市之中分布着希腊式的剧场和庙宇，希腊的文学和艺术也自然地呈现在社会生活之中。著名的埃及亚历山大城虽地处北非，却建有规模宏大的图书馆和博物馆，在当时享有国际学府的声誉。

希腊化时期对后世美学思想发展的影响主要体现在以下两个方面。一是希腊理性主义文化与东方各种神秘主义文化的融合促进了理性思想走向多样化和世俗化，衍生出了各种新的思想和宗教。基督教就兴起于这个时代，其神学思想构成了欧洲中世纪文化和艺术的基础。二是希腊文化的扩散远播对后来的罗马帝国产生了久远的影响，并通过罗马帝国持续影响到整个近代西方世界。

希腊化时期的美学发展成就体现在多个方面。首先，世俗化思想促进了审美和艺术创作活动与现实世界更加紧密的联系，推动了审美和艺术作品题材的不断扩展。除了希腊古典时期以教化民众为目的的神话题材之外，还出现了大量以日常生活、民间爱情故事为主题，以欣赏娱乐为目的的文学和艺术作品。其次，希腊文化与东方各地不同文化的结合，带来了艺术风格的多样化，使艺术作品更加注重个性情感多样化的表达。还有就是大量的审美和艺术实践活动促进了作品的写实水平、华丽手法和夸张构图技巧的成熟，使许多作品成为西方古典艺术难以超越的高峰。

许多举世闻名的伟大雕刻艺术作品都是出自希腊化时期。《胜利女神像》（Nike of Samothrace）（胜利女神像，baike.baidu.com）就是其中之一。该作品完全不同于沉静、严肃的古典希腊雕刻，它以张扬有力的双翼形成动感强烈的构图，给人带来激情四射的感受；它的人体和衣纹雕刻技巧娴熟、高超，用完全写实的世俗化手法表现出了女神的丰满身躯。《拉奥孔》（Laocoon and His Sons）（拉奥孔群像雕刻，baike.baidu.com）被认为是艺术史上第一个强烈表达人类悲情的雕刻作品。作品用极为夸张的手法刻画了在特洛伊战争中，由于违反希腊旨意，拉奥孔和他的两个儿子被希腊保护神雅典娜派出的两条巨蛇缠咬致死的场景。作品总体构图呈金字塔形状,拉奥孔与两个儿子的躯体姿态和体量互为对比,从而使稳定中富于变化;人物细部刻画也极为逼真,中间的拉奥孔处于恐怖和痛苦之中,三个扭曲的躯体给人肌肉痉挛的切身感受,使人能够充分体验到反抗的力量和惨烈紧张的气氛。

从希腊化时期的艺术作品中可以看到,不同地区的文化观念和人文思想对美学中的审美观念产生了相应的影响。这种影响的具体表现是,审美主体具有了多样化的追求和表达方式,使艺术创作在注重审美客体的传统表现规则基础之上,更加关注审美主体情感表达的需求。这种同时注重审美主体和审美客体的观念属于主客观综合派,可以表示为:

$$Ve = f(Ms\ Mo)$$

Mo 体现出形象的写实、尺度、对比、节奏、和谐、比例关系等标准;Ms 关注丰富的心理感受以及对不同文化、不同世俗生活题材的表达。

罗马文明虽起源于意大利半岛,但在发展过程中受到过教师、艺人和工匠从希腊带来的各种文化影响。罗马人不是善于抽象思维的思想家,他们忙于应付战争和具体事物,从来没有提出过一个独立的哲学思想体系。他们更加注重实干,对理性思考往往采用折中主义的态度,从各种现有思想中吸取最具吸引力的观点并加以综合使用。到希腊化时期,罗马文化已经逐渐融入到了希腊文明的体系之中。

罗马帝国国土面积庞大,人口众多;城市生活的繁荣使得对公共浴室、教堂、剧场和广场的建设需求急剧增加。乐于实干的罗马人在建筑、水利和交通等工程领域取得了巨大的成就。这些工程建设为审美和艺术实践活动提供了新的天地。

在各种工程建设过程中,艺术题材的运用变得更加广泛,由此产生了许多与艺术相关的新型建筑,比如凯旋门、记功柱和公共浴室等。在艺术风格上,折中主义的倾向非常明显,这可以从人物雕刻中明显看出。希腊雕刻讲究理想化的客观标准,总是以一种追求完美的"神化"形式出现,其审美趣味和艺术风格显得正式、严谨,更加接近理想主义的特征。

罗马人则不同，他们继承了帝国形成之前发展出的一种非常逼真的写实（Verism）风格，将其用于人像雕刻。这种雕刻作品似乎完全不做选择地刻画出对象面部的每一条皱纹、每一个疮疤、臃肿的腹部和其他可以察觉到的所有特征。罗马雕刻将这种写实风格与希腊理想主义手法相结合，用于艺术创作之中。

《奥古斯都像》（Augustus of Prima Porta）（奥古斯都像，baike.baidu.com）展现的是精力旺盛、年轻威武的奥古斯都皇帝。雕像借鉴了希腊雕刻《荷矛者》的理性构图方式，但身着盔甲、腰间围系长袍的造型明显违背现实中的生活常识。这种理想主义的构图风格和叙述表达反映出了奥古斯都作为军队首领和罗马帝国管理者的双重身份；雕像对整个肌肤、盔甲、长袍的刻画细致入微，又展现出了罗马写实主义手法的功力。

此外，罗马帝国艺术作品的题材也表现出许多现实主义的特征。无论是雕刻还是浮雕，希腊作品表现的大多是神话人物及理想世界。罗马帝国雕塑作品中表达的多是战场上的将士和日常生活中的普通人物，是对现实世界的写照。

罗马帝国艺术作品既重视审美客体写实展示，又关注审美主体的情感表达，是一种主客观综合派审美观念的表现，可以表述为：

$$Ve = f(Mo\ Ms)$$

Mo 注重形象的写实、尺度、对比、节奏、和谐、比例关系等理性标准，同时倾向于对世俗生活有更多的写实细节，具有明显的折中主义倾向；Ms 关注主体丰富的心理感受和世俗生活题材的表达。

从上述分析中可以看出，希腊化时期和罗马帝国的审美趣味与古希腊相比出现了明显的差异。这种差异产生的原因在于美学思想发生了深刻转变。

二、主要哲学流派及美学思潮

随着亚历山大帝国的扩张和原有民族国家独立地位的丧失，社会制度出现了崩溃，并导致社会和个人生活发生了巨大改变。在旧文化解体和新文化的构建中，希腊、罗马、埃及、犹太和波斯等不同的民族文化开始熔为一炉，形成了以折中主义为主的时代特征。这种时代特征使人们更加关心伦理问题，同时也对社会充满了质疑和悲观情绪，这为宗教传播提供了良好的温床。在希腊化时期，各种宗教信仰呈现上升趋势。这些宗教信仰有一个共同特征，就是教导人们如何获得不朽的灵魂和永生之道。哲学也被认为是一种能够使人类摆脱悲观心态和死亡恐惧的工具。因此，在这个新的文明之中，伦理和道德问题成了哲学家关注的中心。世界上最有价值的东西是什么？什么是真正的幸福？如何使疲惫的身心获得安宁？这些问题萦绕着人的心灵。

从美学思想发展角度来看，这一时期是希腊古典美学思想延续和转变并存的阶段。哲学家以关心伦理和道德问题为出发点，对人自身在应对现实世界中的作用进行了不懈的探索，形成了许多不同的流派。另外，这个时期产生的基督教促成了宗教神秘主义思想与希腊理性主义的结合，对中世纪美学思想的产生起到了关键作用。下面从五个哲学流派对时代问题的回答，来了解他们的伦理和道德观念，并通过伦理和道德观念理解这个时代美学思想和审美观念的转变。

（一）犬儒主义

犬儒主义（Cynics）是由安提塞尼斯（Antisthenes）在公元前400年左右创立的。关于"犬儒"名称的来源，一种说法认为由于这种思想的信奉者居无定所，在街道流浪，与狗为伴，所以被称作Cynic（希腊原文Kynikos，像狗一样）。安提塞尼斯曾经受教于苏格拉底，据说对老师的节俭生活倍感兴趣，深受启发。犬儒学派认为真正的幸福不是建立在客观物质世界基础之上的,而是来自于人的主观精神世界。在他们看来,富裕的物质、强大的权力和健壮的体魄都是稍纵即逝的,所以,无所欲求、简朴和自然的生活更能给人带来心理安慰和幸福。犬儒学派在罗马帝国崛起的公元1世纪开始广为流传,许多信奉者在帝国各个城市之中乞讨流浪,成为一种独特的现象。

有一个关于犬儒学派弟子的极端传说,非常好地表达了他们的思想观念。戴奥基尼斯(Diogenes)只有一个用于睡觉的大木桶、一个斗篷、一根棍子和一个装面包的袋子。他带着全部家当生活在雅典的大街上,非常著名。一天,当他正坐在木桶边舒服地晒着太阳时,亚利山大大帝慕名前来看望。亚利山大站在戴奥基尼斯前面,告诉他可以赐予他想要的任何东西。戴奥基尼斯回答说,我希望你闪到一边,以便让我可以晒到太阳。戴奥基尼斯以此证明,他比伟大的亚利山大更富裕、更快乐,因为他已经拥有了自己想要的一切。

犬儒主义认为生活的目的在于对"善"这种美德的实践,并将这种实践建立在人的主观精神之上,否定其与客观世界的物质生活和财富之间的关联。犬儒主义通过对苏格拉底以来希腊哲学理性主义的否定,提倡一种回归自然的简朴感性生活方式,并将这种自然简朴以极端夸张的反社会形式呈现出来。对于犬儒主义者来讲,人生的幸福和美好完全建立在个人主观意念之上。因此,它的审美观念应该属于主观派,可以表述为:

$$Ve = f(Mo\ Ms)$$

因为 $Mo = f(Ms)$,所以 $Ve = f(Ms)$。

Ms 强调主体自身的简朴和自然心理感受,对客观物质世界无所欲求。

(二)斯多葛学派

犬儒学派对人类自身主观意识的重视促进了斯多葛学派(Stoics)的发展。斯多葛学派兴起于公元前300年左右,创始人芝诺(Zeno)原来是位富商,在一次船难中失去了所有货物。之后,他来到雅典,加入了犬儒学派,并先后在麦加拉学派(Megarian)和柏拉图学园派门徒下学习。随后,他创立了自己的学派,并在一处画廊聚集讲学。Stoics 一词来自希腊语 Stoa,有门廊之意。斯多葛学派在希腊化和罗马帝国时期的社会精英中非常流行,其影响力一直持续到公元 4 世纪基督教在罗马帝国开始盛行。斯多葛学派著名的信奉者中包括罗马皇帝马可·奥勒留(Marcus Aurelius,又译作奥里利乌斯)和奴隶出身的哲学家埃皮克提图(Epictetus,又译作爱比克泰德)。埃皮克提图曾说,我们所受的苦难并非源自生活本身,而是来自我们对生活的判断。这与"修世不如修自身"的佛教观念非常相似。

在本体论和认知论上,斯多葛学派同苏格拉底、柏拉图和亚里士多德的哲学思想比较接近。他们都认为事物的本质是理性的,宇宙是由因果世界的万物构成的,是有灵魂的有机整体,因此存在着内在的公理和法则。这些决定世界万物的公理和法则,可以通过感知、分析和判断加以认知。除此之外,斯多葛学派还认为人与宇宙万物没有本质区别,同样受到宇宙公理和法则的掌控:人间生老病死等现象都是大自然规律的体现,所有一切都在同一因果关系的链条之上,没有任何事物是偶然发生的。很明显,这是一种宿命论思想。

在伦理学方面,由于将宇宙视为一个有序的、受到理性原则和规律控制的整体,斯多葛学派认为人类唯一通往美好生活之路,在于控制自身情感,用冷静理性的方式分析和判断事物;在获得对事物的准确认知之后,接受命运,采取与事物内在规律相向而行的态度,使自身行为服从宇宙整体的运行规律。相反,如果分析和判断错误,人类的冲动情绪就会产生破坏性的影响,因为冲动的情绪具有自由随意的特征,这与宇宙理性规律正好相反。

面对巨大的理性世界,斯多葛学派认为最佳的应对办法不是探寻改变途径并建立理想社会,而是要面对现实,学习如何与世界和谐共处。他们相信人类除了控制自我,无法控制自然世界中的任何东西;只有使个人意志服从自然界的意志,才是至善至美,也才能得到最大幸福。因此,斯多葛学派对客观现实世界采取了更加开放和包容的态度。他们相信美德是唯一绝对的善，恶行是唯一绝对的恶，世界上其他事物都是中性的。财富、地位、健康等自身并不是善，贫穷、卑微、死亡等也不是恶。这些事物的好坏价值取决于人在主观上对待它们的态度，也就是取决于人自身的主观判断。与犬儒派的不同在于，斯多葛学派将心灵对事物的判断归结为一种理智的过程。

　　斯多葛学派关于美学思想的论述大多已经在历史中遗失，无法直接系统了解和引用。由于美学思想必定是哲学观念的自然延伸，我们可以从它的认识论和伦理观念中做出一些有关其审美观念的推论。斯多葛学派强调人的心灵与自然世界的一致性，认为"美"源自心灵与自然世界的和谐统一；尊重自然世界的现状，反对繁杂装饰是斯多葛学派美学思想的必然体现。在各种希腊柱式中，最为理性、简洁的多立克会是斯多葛学派的首选。有一种观点认为，现代艺术中的极简主义表达出的理性对欲望的极端克制，或多或少体现出了斯多葛学派的美学思想。斯多葛学派还强调"美"与"好"的统一。"美"是一种感官体验和享受，"好"则与伦理道德标准相关；"美"与"好"的统一强调的是感性对理性的服从，是美学思想中艺术价值判断的表现。在斯多葛学派看来，并非所有"美"的事物都符合"好"的价值标准；穷奢极欲的感官体验并不符合"好"的标准。例如，将一座"美"的大楼从都市中心搬到村庄，带来的是对自然环境和村庄社区的破坏；在这种"坏"的结果中，原本大楼之"美"就不复存在。现代建筑中的有机建筑理论提倡的顺应自然，与环境保持和谐统一的思想似乎也能够反映出斯多葛学派的主张。从这个层面看，斯多葛学派美学思想在伦理道德上的追求反映出的是一种艺术价值判断标准：艺术作品在客观层面上要服从自然现实世界的和谐统一，在主观层面需克制自我欲望，保持理智。

　　斯多葛学派对客观现实世界采取包容、顺从、克制的态度必然会导致对希腊艺术已有的理性成果，如统一、和谐、简洁、尺度、比例、对比等规则，同样持有包容和顺从的态度，并同时将这种态度融入审美主体个人情感的表达之中。因此，从美学思想的审美角度来看，斯多葛学派反映的是一种既尊重客观现实世界，又注重主体自身情感与客观现实相结合的主客观综合派审美观念，可以表述为：

$$Ve = f\,(\,Ms\ Mo\,)$$

Mo 注重形象的统一、和谐、尺度、比例、对比、节奏关系等理性标准，倾向于对形象清晰、简洁的处理和表达；Ms 追求平静、理性与自然现实和谐一致的心理感受。

（三）伊壁鸠鲁学派

伊壁鸠鲁学派创立于公元前 300 年左右。它与斯多葛学派的主张相反，是一种享乐主义和利己主义的人生观。伊壁鸠鲁（Epicurus）出生于公元前 341 年，早期来往于希腊诸多城市之间，从事讲学活动。他于公元前 306 年建立了一所学校，传播并实践自己的哲学思想。伊壁鸠鲁学派对政治和社会生活不感兴趣，主张脱离社会纷争和各种烦恼，回归人的本真状态，在感性愉悦之中享受生活。

伊壁鸠鲁的处世哲学思想是建立在德谟克利特机械唯物主义哲学基础之上的。他认为宇宙万物由无数原子组成；原子具有自发性，它们在机械运动过程中没有任何目的，不受理智控制，偶然相遇，发生相互作用。他相信人也是这些自发性原子自由结合的结果，是永恒变化世界的偶然产物。在认识论方面，他认为人类的所见所闻等一切感知都是真实的，因此，判断事物真伪的标准可以感官和直觉体验为基础。他相信人类错误产生的根源不在于自身的感觉，而在于感觉之后的思维判断出现的偏差。这样一来，人的感知和经验对于他就成了真理的化身，人的理性认知和观念也必须直接通过感官和知觉来核实。在他的心中，自身的感觉或者说感性认知，才是衡量真理的标准。伊壁鸠鲁被认为是近代经验主义的先驱。

在伦理观念上，伊壁鸠鲁学派认为人与其他动物一样，主观上都具有倾向快乐和避免痛苦的本性。作为原子自由结合的偶然产物，人类必定具有自由意志；运用自由意志，选择幸福与快乐是人生正常、合理的目标，是最高的善。为了获得最大幸福，人应该追随自身的本性，尽情享受生命的短暂时光。伊壁鸠鲁学派还认为，为了能够获得幸福与快乐，人应该避免担心过去、害怕未来。对于如何克服对死亡的恐惧，伊壁鸠鲁说："因为我们活着，死亡就与我们无关；当死亡来临，我们也不再存在。"他认为灾难和痛苦是世间自然现象，无法避免；但是，我们有办法可以忽视灾难和痛苦的存在。在伊壁鸠鲁学派看来，幸福快乐的本质取决于人们看待事物的角度，也就是取决于个人自身的主观意志。伊壁鸠鲁学派对主观意志作用的强调，是与斯多葛学派的相同之处；不同的是，伊壁鸠鲁学派的主观意志来自于感性认知，不是斯多葛学派强调的理性判断的结果。

伊壁鸠鲁学派的美学思想是建立在感性愉悦情感体验基础之上的，这与他们对人追求美好生活欲望的认知划分密切相关。伊壁鸠鲁将人的欲望分为两种：一种被称作真实欲望，另一种是非真实欲望。真实欲望带来的快乐是持久的，能够在身体和精神上同时体现出来，并且不会产生不良的后果。非真实欲望带来的快乐有时是短暂的，有时又是身心分离的，而且快乐之后往往会造成各种烦恼和痛苦。例如，当我们超过自身能力，过度消费、享受没有必要的奢华生活之后就一定会产生财务问题，带来后续的身心痛苦。伊壁鸠鲁学派所追求的愉悦不是随意的身心放纵，因为，这些放纵的享受带来的一定是痛苦。他们认为在运用自由意志追求美好事物时，应当判别自身的真实欲望，对快乐做出谨慎和正确的选择。

总之，伊壁鸠鲁学派所说的愉悦是一种单纯的感性认知体验，其美学思想关注的主要是审美层面的问题。他们主张追求的美好是一种在过程前后都不会带来任何烦恼的感性愉悦，从根本上排除了那些需要严肃理性思考才能获得美好感受的事物，也就是排除了对艺术价值创造的追求。从本质上看，任何与艺术价值相关的活动都是身心付出的过程。当我们对事物进行分析、判断和选择时，都会产生一定的身心疲惫或者烦恼，难以获得纯粹的感性愉悦。对伊壁鸠鲁学派的信奉者而言，涉及理性思考，需要付诸分析和判断的艺术创造活动是一种繁杂的事物,从这些事物中获取的愉悦或多或少都会伴随着烦恼的成分。伊壁鸠鲁对艺术和艺术活动就明确表达过不满。在给学生的书信中,他曾提出过反对艺术的观点,建议不要学习艺术,并将音乐和诗歌比作生活中的噪声。

从上述分析中可以看出,伊壁鸠鲁学派美学思想强调的是人直观感性体验带来的审美愉悦;他们从根本上排斥复杂的理性认知活动,体现出的是一种与艺术价值无关、纯粹感性的审美观念。追求审美主体简单的直观愉悦感受和真实欲望的选择,是伊壁鸠鲁学派审美观念的本质;这种审美观念属于主观派,可以表述为:

$$Ve = f(Mo\ Ms)$$

因为 $Mo = f(Ms)$,所以 $Ve = f(Ms)$。

Ms 追求单纯、没有烦恼的快乐,以感性愉悦的心理感受为审美目的。

(四)怀疑论

怀疑论(Skeptics)的代表人物皮浪(Pyrrho)出生于公元前365年。皮浪早年是一位画家,后来跟随德谟克利特的一位学生学习原子论哲学。根据记载,皮浪曾跟随亚历山大远征军到过波斯和印度,受到过东方哲学思想的影响,因而崇尚孤寂离群的简单生活方式。皮浪本人没有留下任何著作,他的学说是由其学生和其他学者总结流传下来的。

怀疑论者认为宇宙是无限的,人类不可能将无限的世界简单归纳成为特定的法则和规律,从而真正表达出事物的本质特征。他们相信,通过感觉器官得到的只是事物展现出的某些局部现象,例如我们通过视觉了解到的仅仅是与形状和色彩等相关的现象;这些局部现象受事物所处环境影响,并不能说明事物的本质是什么,而且经常会欺骗我们的感觉。另一方面,怀疑论认为人的理性思维往往是同感觉相冲突的,这样就更加难以建立区分真伪的标准。伊壁鸠鲁学派认为人的每种感觉都是对事物的真实反映,都可以作为判断标准;斯多葛学派认为感觉只有在经过理性思维确认后才可以被信赖。但问题在于，无论通过感觉还是理性思维，人类都没有能够建立起统一、可靠的是非标准。

在历史转折时期，人类思想史之中往往都会出现类似怀疑论的声音。怀疑论具有一种悲观情绪，其思想本身也许并不完全正确，但这种对主流意识形态提出质疑和考问的态度，却总是能够激励思想家在对人类自身的重新认识中，发现通往真理的新途径，推动思想的不断进步。怀疑论认为，当不可能确定对事物判断的真伪时，我们就应该搁置判断，不做没有意义的最终结论。怀疑论提倡对任何事物都要持开放的态度，认为不必为所谓的"理想"去争斗；搁置判断就可以避免使自身陷入不幸和无谓的流血牺牲。

怀疑论这种开放、不受限制的思想，在客观上能够起到促进美学思想创新和多元发展的作用。对于世界的认知，怀疑论者否定绝对标准的存在，在他们看来唯一值得信赖的是人类个体从客观事物中获得的清晰生动的感觉。这就决定了怀疑论者在审美活动中，必定采取实用主义的态度对待希腊以及其他各种不同文化的艺术成就，并能够以一种平等的目光看待一切审美客体，对审美客体的形式创新、表达媒介的选择等都持接受的态度。在扩大审美客体范围的同时，怀疑论者也同时注重审美主体自身的直观感受。在审美过程中，他们并不急于对自身的直观感性认知作理性的总结和判断，永不满足一种论断结果；相反，更乐于停留在主体对客体的感性体验阶段，即使这种感性体验是模糊和因人而异的。怀疑论者埃奈西德穆（Aenesidemus）说，对于同样的事物，处于相同环境下不同的人、不同环境下相同的人都会产生不同的感受。他的意思是，人的每一种感受都受到主观和客观因素的限制，所以对同一事物在不同场合的感受绝不会相同。

很明显，怀疑论对审美主体和客体采取的这种开放、包容的态度既强调审美客体的丰富内涵和创新表达，又同时倡导审美主体个人感受的潜能发挥。怀疑论的审美观念属于主客观综合派；它与斯多葛审美观念具有相同的审美三要素函数关系形式，但是要素所包含的具体内含是不同的。我们可以将怀疑论的审美观念表述为：

$$Ve = f(Ms\ Mo)$$

Mo 注重形象在所有层面上的丰富表达,不排斥各种不同风格和文化对形式的影响。Ms 追求直观感性心理体验,避免对审美客体的题材、风格和创作手法作单一、具体的立场选择,提倡模糊、多元的直观感受。

(五)新柏拉图主义

在希腊化末期,伴随着希腊哲学思想的广泛传播,东方的神秘主义和宗教思想开始了与希腊哲学的逐步结合。这一方面是因为神秘主义思想需要寻求哲学上的解释;另一方面,伊壁鸠鲁、斯多葛、怀疑论等哲学思想主要解决的是如何幸福和愉快生活的伦理问题,并未能满足人的终极内心需求,这就是渴望了解宇宙的本质、感受真理或上帝的存在。到公元前 1 世纪,随着罗马帝国对宗教热情的急剧增长,一个受到柏拉图学说启发,被称作新柏拉图主义(Neoplatonism)的宗教哲学流派诞生了。

新柏拉图主义最重要的代表人物是普罗提诺(Plotinus)。普罗提诺出生于公元 204 年,早年在埃及亚历山大城研读哲学,后定居罗马并建立了一所学校,发展完善了新柏拉图主义的思想体系。

在柏拉图二元对立的世界观中,"理式"精神世界与人的感知世界相对立,人的灵魂与肉体也是相互独立的两个部分。普罗提诺将上帝称作"太一"(The One),其自身是一个单纯和统一、包含万物的绝对存在。在普罗提诺看来,上帝不能被归结为万物的创造者或是被看作真、善、美的化身,因为,创造者和真、善、美化身的概念都会限制上帝的绝对独立性,并无法解释事物存在缺陷的原因。他正式提出并系统解释了"流射"(Emanations)理论,认为世界万物是上帝自然流射的结果,就像万物是太阳之光照射的结果一样。他将上帝之外的世界比喻为光明和黑暗两极之间的存在。两极之中的一极紧挨上帝,充满上帝之光,另一极是完全黑暗的世界。

普罗提诺将流射从空间和时间上划分成三种状态。在第一种状态中,上帝以纯粹的理性彰显其存在。这一存在既无主体、客体之区分，又无时空之差别。上帝心灵中的"理式"以完善、和谐和永恒的形式体现在理性之中，并且与感觉世界中的每一个具体事物相对应。灵魂是流射的第二种状态，它产生于纯粹理性，相对比较不完善，并且具有精神和物质的两面性：既具有理性思考能力，又有形成某种具体事物的欲望。流射的最后状态是没有生命的基本物质。所有物质的自身都没有形式，没有性质，没有能力；它们远离上帝，是黑暗和邪恶的根源。

普罗提诺强调，人是灵魂与作为物质的肉体相结合的产物；在两者结合之前，人的灵魂是自由向善的，但后来转向身体和物质欲望，沉迷于肉体生活。因此，人要获得真正的美德，灵魂就必须摆脱肉体所带来的感官享受，专注于对理性的沉思。在沉思中，灵魂就可能超越肉体物质的束缚，与上帝合二为一。

新柏拉图主义美学思想是其宇宙论和认识论的具体反映。它美学思想的全部意图都在表明现实世界之美不是存在于事物的物质层面之中，而是源自存在于事物和人心灵之中的、来自上帝的理念。这就与古希腊建立在审美客体之上的主流美学思想产生了本质的不同。普罗提诺在他的《论美》一文中对新柏拉图主义美学思想作了详细的阐述。

首先，普罗提诺指出"美"来自于事物获得上帝"流射"后显现出的理性。新柏拉图主义将这种理性看作是事物所要遵循的最高原理，体现在现实事物的各种形式规则之中，构成了事物的真实性和统一性。因此，对于这种宗教哲学的信奉者而言，"真"和"善"本身就是美，真、善、美三者是高度统一的。也就是说，"美"是审美客体的一种属性。

其次，普罗提诺认为美感是心灵的体验；人之所以能够感受到源自事物的理性之美，是因为心灵具有的力量。这种心灵的力量同样源自上帝的理性，是人灵魂中存在的上帝"理式"的影像，所以才会对美具有强烈的爱。普罗提诺说，当心灵遇到美的事物，"就欣喜若狂地欢迎它们"。人可以感受到"美"正是因为人的心灵中具有美的理念。

新柏拉图主义美学思想表现出的另一个重要观点是，美的"理式"在不同事物中的含量是有差别的，也就是说"美"有高低之分。在普罗提诺看来，现实生活中通过人类感觉体验到的实物之美是最低级的，这是因为实物中大部分"理式"的光辉已被"物质"所掩盖。较高一个等级的是一些人为概念之美，比如"事业、行动、风度、学术和品德"之美，因为这些概念已经从感觉上升到了较高的理性层次。最高等级的美是涵盖一切的，是不受物质拖累、不受人为概念限制的纯粹和永恒"理式"，这些"理式"是真、善、美的绝对统一。这样，普罗提诺在赋予"美"的量化概念同时也从"质"的层面区分了不同的"美"。他所说的通过感觉体验"实物之美"的过程实际上就是我们所指的审美判断；他所谓的对"概念之美"的体验是我们所说的艺术价值判断。区分两者对我们探讨和归纳美学原理非常重要。

对于艺术的本质，普罗提诺有过非常形象的表述。他认为艺术创作是一个艺术家以与上帝相通之心灵赋予事物理念的过程。他以对一个石块的雕刻为例指出，由艺术家按照一种理念赋予形式的石块之所以美，并不是因为它是一块石头，而是由于艺术家赋予的理念；理念原本不在石头之中，而存在于构思者的心灵中。他放弃了柏拉图蔑视艺术、将艺术看作是对自然世界抄袭的态度，认为艺术创作是依据理念对事物"美化"的过程。

新柏拉图主义美学思想将上帝的理念存在看作美的源泉，并认为这种理念既存在于作为审美客体的事物之中，又存在于作为审美主体的人的心灵之中；它将人的美感体验当作是审美主体具有的理念对审美客体蕴含理念的"欣喜若狂"。这种审美观念表现出了审美主体和审美客体对理念的绝对统一追求，属于主客观综合派，可以表述为：

$$Ve = f(Ms\ Mo)$$

Mo 包含能够体现出的各种形式理念，如比例、尺度、和谐、节奏、统一、平衡等；Ms 对各种形式理念，如比例、尺度、和谐、节奏、统一、平衡等的追求和心理感受。

第三节　中世纪神学、经院哲学美学思想

公元 4 世纪，罗马帝国在战争和权力斗争等多种因素的作用下，进入矛盾重重、濒临瓦解的阶段。由于不断受到北欧新兴民族的入侵，欧洲内部开始出现大规模的民族迁移，最终导致西部和北部陆续被"蛮族"侵占。公元 395 年，狄奥多西皇帝去世，帝国被永久分裂为东、西两个部分。

公元 410 年，罗马城被日耳曼人攻破，惨遭劫掠；到公元 476 年，西罗马帝国被彻底摧毁，标志着欧洲中世纪的开始。中世纪之初，蛮族所到之处建立自己的国家，掠夺土地进行分封；少数贵族拥有全部田产，大众沦为农奴，欧洲社会形态由奴隶制转变为封建制。在中世纪最初的几百年间，罗马帝国建立的贸易和经济体系全面崩溃，人口急剧减少。据记载，罗马城在鼎盛时期人口超过百万，但是到公元 600 年，减少到了只有区区四万人左右。

中世纪通常又被称为"黑暗时代"（Dark Ages），因为它被认为是希腊古代文明和欧洲文艺复兴之间的漫长黑夜。这个时期最初的一百年中，希腊和罗马文化土崩瓦解，古典哲学也随之衰亡。基督教作为一种教义和制度被建立起来，并逐渐凌驾于一切之上，成为西欧社会的唯一思想工具。

基督教发源于罗马帝国统治之下的巴勒斯坦，原本是从历史更为久远的犹太教变革发展而来的。在遭受异族压迫的过程中，犹太民族长久期盼上帝到来，拯救以色列。在普遍渴望得到拯救的社会期盼中，耶稣出现了。与当时其他宣扬征服敌人的救世教义不同，耶稣宣扬人类的平等和博爱，宣扬每个人都可以得到上帝的救赎和赦免。耶稣说，我们必须爱自己的敌人；当我们挨打时，不仅不能报复，还要把脸的另外一边转过来，让他们打。他还说只要浪子回头并祈求上帝的宽恕，就可以成为一个正义之人，得到上帝的恩典。更加重要的是，基督教宣扬在最终到来的审判之日，无论多么富有和强大，邪恶之人都将受到惩罚，进入地狱；无论多么贫穷和低贱，纯洁善良之人都将升入天堂。

在希腊古典文化衰退的末期,早期的基督教教义显然触动了大众的心灵,满足了时代的渴望,在罗马帝国开始广泛传播。随着教徒中有较高教养阶层人数的增多,基督教就必须重视其教义中的哲学概念。同时,由于罗马帝国的文明根基存在于理性思辨的希腊文明之中,基督教就必须证明自己的教义同样忠实于理性,以反击对手从政治和哲学层面的攻击。可以说,中世纪哲学的发展过程基本上就是基督教思想与希腊哲学相结合、不断理性化的过程。

基督教在公元 380 年被正式定为罗马帝国的官方宗教,其中一个重要原因是为了统一庞大帝国国民的思想和信仰,阻止帝国的衰退。随着西罗马帝国的最终灭亡,西欧社会进入蛮族统治时代,原有的希腊和罗马古典文明遭到了彻底摧毁,只有教会体系内的修道院成了有限的知识学习和研究之地。到公元 529 年,根据皇帝查士丁尼颁布的法令,位于雅典的柏拉图学园被关闭,希腊哲学的历史正式终结。此后直到中世纪后期,培训僧侣的修道院垄断了中世纪所有的教育和思想体系,使基督教神学成了整个社会唯一的思想信仰。

基督教从形成、发展到完善并非一蹴而成的,其间经历了两个主要阶段:教父时期(Patristic Period)和经院哲学时期(Scholastic Period)。

一、教父哲学、圣奥古斯丁

基督教从诞生到公元 5 世纪之间的发展时期被称为教父时期。在这一时期,被称为教父的教会领袖们都在力图将早期基督教教义与希腊哲学相结合,形成了被称为教父哲学的学说。教父哲学通过希腊术语和哲学概念,其中主要是柏拉图哲学、新柏拉图主义和作为理性流射基质的逻各斯(Logos)概念,来解释上帝、上帝之子耶稣和圣灵,并努力将无法考证的信仰转换成理性知识,以达到具有哲学特征的目的。在公元 451 年各主教参加的迦克墩会议上,以圣父、圣子和圣灵三位一体的基督教哲学基础最终得到了确认。这一时期被公认的代表人物是圣奥古斯丁（St. Augustine）。

圣奥古斯丁于公元 353 年出生在罗马帝国北非省一个名叫塔加斯特的小镇，该地位于当今的阿尔及利亚境内。最初，他曾做过修辞学教师，应该对希腊和罗马文学有过深入的研究，并写过一本《论美与适合》的美学著作。之后，他转往罗马和米兰，投身于神学和哲学研究。经过先后对摩尼教、斯多葛哲学及新柏拉图主义的研究，他最终在米兰主教影响下，于公元 387 年皈依基督教。随后，他返回家乡，通过三年修道成为牧师。公元 396 年，圣奥古斯丁被任命为非洲希波（Hippo）主教。作为一位信奉新柏拉图主义的主教，他的思想观点对早期基督教神学的哲学化发展影响巨大。他的主要著作包括《忏悔录》《上帝之城》《论三位一体》等。

在圣奥古斯丁看来，作为知识的柏拉图哲学与作为信仰的基督教教义非常相似，两者之间不存在矛盾。他认为知识能够使我们坚定信仰，信仰能够促进对知识的理解。圣经说上帝创造了世界，希腊人却相信世界一直都存在。针对这种在宇宙论上的根本分歧，圣奥古斯丁认为在上帝创造世界之前，世界是以柏拉图所说的"理式"形态存在于上帝心中的。新柏拉图主义的关于上帝智慧和理性力量的流射学说，则被用来完美解释了上帝、人类和自然世界之间的关系。

上帝（圣父）作为至高无上的永恒存在是万物的源泉，他像太阳一样流射出逻各斯，充满智慧、力量、善和恩典；耶稣（圣子）为人类的救赎，"道成肉身"，是上帝与人的结合；圣灵是上帝"理式"通过逻各斯的另外一种显现形式，它与包括人在内的各种灵魂沟通，与原本没有生命的物质结合，将上帝的"理式"赋予万物。因此，上帝也是由圣父、圣子和圣灵三者构成的，三者本质相同，三位一体。他借用新柏拉图主义的学说，为基督教进行了哲学论证，为上帝的权威奠定了理性基础，同时也解释了美的来源及其本质属性。

在以圣奥古斯丁为代表的基督教哲学看来，世界万物的创造是上帝通过灵魂将"理式"形式赋予不同物质的过程。不同物质具有的"理式"形式完善程度不同,从而形成高低不同的生命等级系列;人是等级中比较靠上的生命。"美"是"理式"在不同事物中的显现。单纯的物质是无美可言的,上帝赋予物质的"理式"形式越多,事物就越美。上帝具有最完善的形式,其美也最为卓越。因此,在基督教哲学看来,"美"归根结底是上帝的属性;形而上的永恒"理式"之美高于人类感官所及的具体事物之美。

圣奥古斯丁强调,自然之美与艺术之美有着本质的不同。在他看来,前者是上帝将自身之美赋予大自然的结果,后者是艺术家对上帝所创造的自然世界之美模仿的结果。简单地说,上帝是美的本源,因此,作为上帝的直接创造成果,任何自然事物或多或少都会具有美的特质,只是程度不同而已。他的这个观点实际上从侧面道出了美与艺术价值的差异:自然事物之美无处不在,艺术作品的价值则与创作水平的高低相关。

圣奥古斯丁认为美的事物具有一些共同特点,艺术家要根据这些特点进行艺术创造。他所说的共同特点是指逻各斯理性在客体之上的显现。首先,他认为美的事物都具有完整和统一的特征。这在逻辑上很容易理解,因为自然事物之美必须以事物存在为前提,而自然事物的存在是上帝创造的结果,必将反映出上帝完整和统一的特征。按照这一逻辑,圣奥古斯丁认为自然世界之中并不存在绝对的"丑",因为上帝创造的自然事物都是完美的。他说"丑"是一种相对的概念,就像图画中的阴影,它的存在起到了使事物显得更加完美的衬托作用。很明显,这些关于"美"的"相对"和"完整和统一"论述涉及对事物的理性认知,应该属于作品的艺术价值,与感性的审美判断无关。理解了圣奥古斯丁的这一观点,可以帮助我们从艺术价值判断角度正确体验中世纪建筑、绘画和雕刻艺术。以现代眼光来看,中世纪雕刻和绘画对人物肉体的描绘总是显得非常病态和难看;大部分人将原因归结为中世纪艺术创作水平和审美观念的降低。其实,这些人间肉体的丑陋正是对人的精神追求和美好天堂的最佳衬托,是中世纪艺术作品艺术价值的一种体现。

其次，他认为美的事物的各个组成部分之间都是具有适当的比例和节奏的。这种思想的源头还是来自毕达哥拉斯学派的神秘主义。数字和数学原理是一种绝对客观的真理，在基督教哲学看来，就只能是上帝"理式"的显现。圣奥古斯丁也认为，现实世界是上帝按数学理性规则创造出来的，所以必定会显现出"整一"、和谐和秩序。他说数始于一，并具有等同和类似的秩序，是美的基础；形式的比例和节奏都是数字理性的体现，自然就成了美的特征。这些原则被广泛用于中世纪审美和艺术实践活动之中。例如，在中世纪教堂建筑的平面和立面中，存在着大量的黄金分割比例、各种几何图形和结构线条的组合运用。

还有一点，他认为美的事物都应该具有悦目的颜色。他解释说，缺乏悦目的颜色，就难以对美的特征做出清晰的认知，也就难以体验和赞美上帝。因此，他非常重视绚丽、悦目色彩在艺术作品中起到的作用。

可以说，圣奥古斯丁是将"美"的概念建立在审美客体自身形式的理性表达基础之上的。与新柏拉图主义相比，他的美学思想完全忽视了审美主体的作用，只是将它看作为一个被动、依附于审美客体的元素。这种思想是一种客观派审美观念的体现，可以表述为：

$$Ve = f(Mo\ Ms)$$

因为 $Ms = f(Mo)$，所以 $Ve = f(Mo)$。

Mo 体现出对各种形式理念，如整一、比例、尺度、和谐、节奏、平衡等的追求。

二、经院哲学、圣托马斯

经院学者（Scholaster）的称呼最早出现在公元 8 世纪查理大帝（Charlemagne）建立的学校中，并在 11 世纪之后被沿用统指在西欧相继建立的大学中的学者。这些学者通常被认为在自然哲学、哲学或神学上具有渊博的学识。在中世纪后期，随着亚里士多德思想体系被重新发现和使用，经院学者的关注重点主要放在了更加理性的思辨方法研究，以及如何将亚里士多德思想体系与基督教神学相结合之上。这种哲学研究体系被统称为经院哲学。一般来说，经院哲学时期开始于公元 11 世纪，其影响力一直持续到 17 世纪，其重要代表人物是圣托马斯（St. Thomas Aquinas）。

圣托马斯于 1225 年出生在意大利那不勒斯附近的一个贵族家庭。青年时代，他不顾家庭反对，加入天主教道明会（Order of Dominican），并出走前往科隆和巴黎等地学习。之后，他在巴黎大学教授神学和哲学。圣托马斯是继圣奥古斯丁之后对天主教思想产生重要影响的人物，在当时被称为天使博士。他的主要著作有《神学大全》《反异教大全》《论君主制》。

圣托马斯在坚持教会正统学说的基础上，接受了亚里士多德的哲学思想，并将两者加以综合运用。在他看来，宗教神学是从上帝到事实，而哲学是从事实到上帝；信仰与理性不同，但两者殊途同归，互不矛盾。因此，像三位一体、创世说等教义是信仰问题，不可能也不需要通过理性法则加以证明。以圣托马斯为代表的哲学体系，促进了以理性为基础的自然哲学与以信仰为基础的神学相分离，开启了宗教与世俗生活分离的大门，从而为自然哲学研究突破神学的束缚提供了理论依据。这是对近代哲学产生和发展的重要贡献。

在圣托马斯看来，理念存在于具体事物之中，因此，上帝的智慧和真理是可以被人的感觉认知的。这种重视人的主观认知能力的观点，是与圣奥古斯丁哲学思想的最大不同之处。在圣托马斯思想中，我们又重新看到了亚里士多德有关事物形成的四因学说，也就是质料因、形式因、创造因和目的因。他认同亚里士多德关于事物之美在于它的形式因学说，也就是在于事物的具体形式，并非仅仅存在于上帝的"理式"之中。他说，形式主要是通过视觉和听觉被察觉的；这就将美与感觉器官，也就是与审美主体建立起了直接的联系。

关于具体美学问题，他在《神学大全》中提出美有三个因素：第一是完整；第二是适当的比例与和谐；第三是鲜明。这些与圣奥古斯丁的美学思想基本保持了一致，强调的是审美客体的重要性。但在探讨美与善的同时，他表达出了下面的观点。他认为"美"与"善"有一致性，但又存在区别：善是人欲念的对象，其所求并非是立刻就可以达到的；"美"是人的认知对象，一经认识到美的存在，人就会立刻得到美的满足。他说，凡是一眼看到就使人愉快的东西才叫作美。这实际上是说，美没有实用目的，不是一种理性欲求，只与人的直观感受相关。这种强调美与审美主体感性认知紧密相关的观点，对后来的客观唯心主义和经验主义美学思想发展有一定的启示作用。这样，在如何判断比例、和谐、鲜明等标准时，他将美与人的感觉和事物本身建立了直接的联系。这是与圣奥古斯丁美学思想的重要区别。这种强调美的主观感性特征的观点，在后来的主观唯心主义美学中得到了进一步的发展。

圣托马斯美学思想的审美观念既注重审美客体之中的客观标准，又重视审美主体的主观参与和感受，属于主客观综合派，可以抽象地表述为：

$$Ve = f(Mo\ Ms)$$

Mo 体现出对各种形式理念，如完整、统一、比例、尺度、和谐、节奏、平衡等的追求；Ms 重视对各种理念，如比例、尺度、和谐、节奏、统一、平衡等的心理体验。

三、罗曼式、哥特艺术及世俗审美观念

总体来看，中世纪前期的美学思想是对柏拉图和新柏拉图主义的继承和发展，认为"美"独立存在于"理式"世界，可以通过审美客体展现出来。在中世纪后期，亚里士多德哲学被重新发现，美学思想开始转变到既注重审美客体，又注重审美主体的方向。这两种美学思想在审美活动中得到了具体的反映，分别体现在罗曼式和哥特式艺术风格之中。

中世纪初期的主要艺术成就是在罗马帝国基础之上形成的罗曼式

（Romanesque）艺术风格。这种艺术风格主要体现在中世纪初期的教堂和寺院建筑中。罗曼式建筑的最大特征是宏大的体量和高低起伏的竖向线条。这些形式特征给人带来粗糙、沉重、阴暗和忧郁的感受，仿佛表达了地狱的恐怖。在罗曼式艺术风格中，"美"作为一种独立于审美主体之外的形式和法则，并不在意人的主观体验和感受，可以说是教父哲学美学思想的真实反映。罗曼式艺术风格在审美层面上反映的是一种客观派审美观念，可以抽象表述为：

$$Ve = f(Mo\ Ms)$$

因为 $Ms = f(Mo)$，所以 $Ve = f(Mo)$。

Mo 注重完整、统一、比例、尺度、和谐、节奏、平衡等形式表达，强调竖向线条和体量的宏大，并不在意给人带来的沉重和空间阴暗等感受。

在中世纪中期，随着手工业和商业的逐渐恢复和发展，欧洲城市生活趋向繁荣，各地市民意识开始萌芽，逐渐形成了与中世纪初期极为不同、活力旺盛的市民文化。在这种背景下，一种被称为哥特式（Gothic）的教堂建筑及艺术风格，首先于11世纪出现在法国，然后传到英国、德国、西班牙和意大利北部。教堂寺院建设的发展，使哥特建筑风格也扩展到了相关艺术之中，如雕刻、绘画、着色玻璃、各种图案、家具和书法等，形成了一种具有鲜明特点的全新艺术形式。

哥特艺术不仅创造了一种全新的风格，也为人们带来了一种新型的审美体验。"哥特"原义指"野蛮"的日耳曼人及其语言和文化，最初是一种贬义称谓。由此，可以看出哥特艺术与当时正统艺术风格的不同和原创性。哥特教堂的最大特点在于其屋顶形式的创新，以及由此产生的新型艺术处理手法。由于采用了解决屋顶承重问题的肋架券和飞券结构技术，哥特教堂外观显得轻灵通透。哥特教堂大门所在正面的高耸钟塔、各种小尖塔、尖矢形门窗和无数线脚形成了周身密布的垂直线条，给人带来一种向上升腾的感受。所有这些构成了对天堂渴望的象征意义，赋予了建筑极强的形式特征。此外，建筑四周布满的各种宗教和世俗生活雕刻，也造成了极其丰富的光影变化。由于采用了较大面积的窗户，教堂内部空间光辉闪烁，与罗曼式教堂相比显得非常明亮和宽敞。哥特教堂逻辑清晰的建筑结构体系和丰富感性的表现手法，反映了经院哲学美学思想对理性知识与感性信仰之间平衡关系的认识。与罗曼式教堂建筑相比，哥特建筑强烈和不同寻常的表现形式，极大地丰富了人的感性体验结果，表达了对审美主体主观感受的重视。

哥特艺术既重视审美客体规则形式的表达，又强调审美主体的丰富精神感受，属于一种主客观综合派审美观念，可以抽象地表述为：

$$Ve = f(Mo\ Ms)$$

Mo 注重完整、统一、比例、尺度、和谐、节奏、平衡等形式表达，强调升腾的竖向线条、尖顶、拱券以及开敞、明亮的内部空间等；Ms 重视主体对各种理念，如比例、尺度、和谐、节奏、统一、平衡、天堂、光明等的心理体验。

与宗教文化和宗教艺术不同，中世纪普通民众的世俗生活以及由世俗生活催生的世俗文学、世俗建筑呈现出了非同寻常的一面。世俗文学似乎并没有受到中世纪宗教哲学思想的严格禁锢，各种传奇故事、抒情民歌、寓言和短篇故事等表现出了多样的形式和丰富的情感。这些世俗文学的作者多是普通民众，他们没有受过太多的文化教育，在创作中也就不受正统规则约束，全凭直觉和丰富的想象。同样，在市镇日常生活的世俗建筑中，各种居住、商业和手工业房屋形制不一，布局多样，在欧洲各地形成了大量各具特色的优美城镇。

这种世俗文学、艺术、建筑的审美和艺术活动是建立在主体主观感受基础之上的。与正统的宗教艺术和建筑相比较，客体的表现似乎完全不受"理式"的约束和限制，成为依附于主体自身想象力和创造力的元素，充分体现出了主体的丰富情感和多变的人性特点。我们可以将这类艺术活动体现出的审美观念归纳为一种主观派思想的表现，并抽象概括为：

$$Ve = f(Mo\ Ms)$$

因为 $Mo = f(Ms)$，所以 $Ve = f(Ms)$。

Ms 不受正统"理式"规则约束，反映出对多样化生活和人类丰富感性世界的追求。

从审美三要素之间的相互关系来看，中世纪美学思想中存在着不同的审美观念。但是，无论是客观派、主观派还是主客观综合派，它们都开始把"美"看作是一个存在于审美客体和审美主体之外的独立要素。虽然，这种思想源自柏拉图哲学，但它在历经近千年的中世纪哲学和宗教信仰的反复锤炼之后，无形之中真正形成了一种完整的审美认知体系。更为重要的是，当"美"作为一个独立要素脱离审美客体之后，它就会使原本附着在审美客体之上的各种法则失去理论依据，从而在艺术创作中起到促进创新的作用。哥特艺术、世俗文学和建筑的涌现就是最好的例证。这些艺术在风格上完全自成一体，基本没有受到希腊和罗马艺术风格的限制，使人的主观能动创造特性得到了发挥和展示。

第四节　文艺复兴美学思想

文艺复兴是指希腊和罗马古典文化的再生，它起源于 14 世纪末期的佛罗伦萨，在 15、16 世纪快速向外传播，蔓延至整个欧洲。当时的佛罗伦萨是欧洲南部的羊毛交易中心；随着工商贸易的发展，当地新兴资产阶级逐渐掌握了政治和经济权力；在聚集了大量财富和权力之后，他们的目光开始由天堂转向尘世。对世俗生活和新生事物的渴求，使新兴资产阶级将财富投入到文化活动和城市建设之中。这些文化和建设活动促进了思想的繁荣，并使思想家从古代文明中寻找灵感，从而重新发现了古希腊和罗马文明中的人文主义精神。这种与中世纪截然不同的人文主义精神催生了文艺的繁荣和技术的快速进步。在许多富甲望族资助下，大量的艺术活动使西方造型艺术在古希腊之后出现了第二次高峰，诞生了诸如达·芬奇、米开朗琪罗、拉斐尔等一代艺术巨匠。

除了工商业发展改变了社会的经济基础之外，从政治和文化背景上看，整个欧洲社会在 14 至 17 世纪之间还发生了一系列其他的重要变化，成为促使文艺复兴运动广为传播的重要因素。这些因素主要体现在以下两个方面。

首先是人文主义精神的崛起。在长达千年的中世纪宗教哲学之后，以人为本的人文主义思想重新兴起，促使哲学思辨本身也出现了变革的必然。

在 13、14 世纪，唯名论的发展、神学与哲学相分离的倾向、神秘主义等异端思想的壮大使原本坚固的宗教文化体系开始出现分裂。宗教文化体系的分裂使理性思考趋于自由，更加快速地推进了哲学和科学摆脱神学的控制。越来越多的人相信，上帝是不能通过理性来认知的，也就是说神学与理性之间不一定存在必然的联系，因此，通过理性对自然世界的探索和认知也不应受到神的干预。在这种思想倾向的影响下，人们从哲学高度找到了充足的理由，将学术对象转向世俗生活中的具体事物，开始对它们进行充分的了解和研究。当时流行的观念是：我们每个人都与众不同，是独一无二的个体。在这种背景下，人们自然对人的独特性产生了极大兴趣，开始在文艺和艺术作品中对自身进行细致入微的刻画。

中世纪神学认为现实世界是恶的本源，真理只存在于教会认可的普遍理念之中。随着这种观念逐渐受到怀疑和否定，传统的政教合一关系、统一使用的拉丁语言，以及文学与艺术对上帝的依附关系都开始受到了批判。新思潮对文学艺术的影响首先体现在对本民族文化和语言的使用、对人自身的了解和重视之上。文艺复兴先驱人物但丁（Dante）的《神曲》就是放弃了"官方"拉丁语，用相当于"白话"的意大利民族语言写成的一部严肃题材作品。这在当时是大胆的首创。这种文艺作品基本表现方式的改变，使之更加接近了普通百姓，反过来也使世俗的现实生活上升到了文艺的殿堂。

人文主义兴起的另一重要原因是对古典文化的重新发现。中世纪后期，统治伊比利亚半岛的阿拉伯人就已经开始将古希腊文化重新介绍到欧洲。公元1453年君士坦丁堡被土耳其人征服，东罗马帝国随之灭亡。大批逃往意大利的希腊学者带去了他们在东罗马帝国保存的古典文学和艺术财富。由此，古典人文主义文化思想在宫廷、教廷和大学里得到广泛传播，激起了人们对古希腊和罗马文化的广泛兴趣，使中世纪长期压抑之下的人性终于找到了一个可以宣泄的突破口。中世纪否定现实世界、接受苦难和死亡的精神开始被否定；人自身的才能和天赋重新受到赞美，不再被贬低为无足轻重。所有这些变化使人对自身的兴趣被重新激发出来，在文艺作品和建筑中开始寻求更多的人性表现。人相信他们并不是只为上帝而存在，因此也不妨及时行乐。这种自由思想表达了人对自然生活的热爱，使社会在物质和精神各个层面开始摆脱神权的束缚，显示出巨大的活力。

其次，文艺复兴运动快速发展和传播的另一动力是科学革命。从15至18世纪，自然科学的新发现和技术发明大量涌现，催生了"科学革命"。科学革命受惠于文艺复兴运动，反过来也对文艺复兴运动起到了巨大的推动作用。

罗盘、火器的使用促进了东西方贸易的拓展，对贸易的追逐使北美新大陆在无意之中被发现；望远镜、显微镜的发明使人类首次对太空宏观世界和自身所处的微观世界有了直观和真实的了解，由此改变了宗教哲学和神秘主义长期禁锢人类思想的状况；印刷术的运用打破了教会对知识的垄断，使知识的传播和普及成为可能。这些新发明极大地开阔了人们的视野，颠覆了原有存在的思想观念，进一步激发了人们对新事物的渴望。

在科学革命中，人们开始摆脱诸如炼金术和占星术等迷信方法，找回了希腊古典哲学思想的精髓，这就是以自然方式解释所有事物。科学发现及其思想成果也从根本上否定了柏拉图和亚里士多德古典哲学中的教条观念，抛弃了建立在上帝目的因基础之上、从概念和形式到世界具体事物的演绎逻辑方法；取而代之的是建立在因果关系和归纳逻辑基础之上，对自然事物的简单机械解释：所有自然现象都是因为一些普遍法则引起的。这些普遍法则完全排除了权威和神秘的思辨，主张所有结论都应当建立在观察和实验基础之上。从此，现代科学迈开了快速前进的脚步。达·芬奇对各种工程机械的发明、哥白尼日心说、伽利略对物体运动的测量和计算、开普勒对星球运行轨道的总结、牛顿力学定律和万有引力的发现等一系列巨大成果，使人类对自然世界的认识达到了时代的高峰。

文艺复兴改变了一切都以上帝为中心的思想，使人们认识到地球非但不是宇宙中心，整个人类熟知的世界也仅仅是浩瀚太空中偶然形成的一个星球。宇宙根本没有绝对的中心，思想也没有绝对的权威，因此，每个具体的人都可以相对成为自我的中心。当一切又开始回到了以人为中心时，中世纪所有旧的传统都开始被反思和重新构建。在这个新时代，美学思想也不可避免地发生了转变。

文艺复兴在文学和艺术实践领域是一个群星灿烂的巨人时代，但在理论方面似乎还没有时机催生出全新的系统思想和突出的代表人物。这个时代的美学思想主要体现在大量艺术实践活动方面，并且起到了承上启下的作用。在近代历史的开端，文艺复兴时期的大量文学、艺术实践活动充分展示了人类前所未有的艺术成果，为后人进行深入的理论思考打下了坚实的基础。

人文主义和科学运动为文艺复兴带来了两大思想武器：人性经验和客观理性标准。由此，西方美学思想在文艺复兴之后，发展出了以经验主义和理性主义为主的两大流派。在文艺复兴时代，对人性经验和客观理性标准的认知及应用基本上处于综合统一的状态。从审美三要素角度来观察，我们可以在下面两个方面总结出人们在审美活动中的关注重点。

一、重视客观表达和技巧创新

在文艺复兴时代的审美和艺术实践活动中，重视作品的客观表达和个人创作技巧的创新运用是一个突出特点。这一方面是由于人们在人文主义思想影响下接受了亚里士多德认识论的观点，认为真理存在于现实世界之中，可以通过艺术对自然的模仿，抵达真理的彼岸；为了反映真实的自然，艺术家就有必要在客体中客观、精确地再现自然。另一方面，科学运动的氛围使人们更加注重实践活动，从具体经验中总结出实践活动自身的规律。在这些因素作用下，艺术家产生了极高的热情，对自然事物进行细致观察，研究如何更加客观、有效地对其进行精确表达。以造型艺术为例，为了客观塑造客体，艺术家发明了科学透视法，创造了表达立体感的素描方法，并在解剖学、色彩学等相关领域进行了深入研究，将成果应用于绘画，从而在两维的画面中完美地表现出三维立体的空间和形象，使意大利文艺复兴绘画第一次达到了人类写实绘画的高峰。

对表达技巧的追求是重视审美客体的具体表现。由于精确表达事物的手段和技巧增多，人们自然会将作品水平和美感的高低与所使用表达技巧的难易程度直接联系起来。早期文艺复兴作家薄伽丘（Boccaccio）在他的《但丁传》中明确指出，费力得到的东西能够令人更加喜爱；费力获得的真理能够产生更大、更持久的愉快。他还说，诗人要将真理隐藏到表面看起来并不真实的东西后面。艺术家为彰显自己的水平、提高作品"美感"，要么在作品题材上标新立异，要么在处理手法上独具匠心，对艺术创作水平的提高起到了极大的推动作用。

具体到技巧的使用，许多艺术家，例如达·芬奇、米开朗琪罗等对如何以最佳方式表达审美客体进行过苦心钻研，通过他们认为最美的线条、比例和构图方式，对艺术作品的形式美规律进行了总结。在米开朗琪罗的作品中，他往往将人身体长度刻画成头长的九倍、十倍甚至十二倍，以表达自然世界之中难以找到的美。在他的《大卫》雕塑中，大卫的上肢和手掌被加长、加大，体现出作者的刻意追求。再例如，画家楚卡罗（Zuccaro）规定圣母的身长应该是头长的八倍，月神的身长是头长的九倍等。从这些具体事例中可以看出，文艺复兴的审美观念还是将美看作是一种审美客体的属性。这种审美观念既来自对古希腊和中世纪客观派审美观念的继承，又受到科学运动追求事物内部规律和行为方式的深刻影响。所以，注重审美客体的表达是文艺复兴美学思想的特点之一。

二、注重主观感受和客观标准的统一

从大量文艺复兴艺术作品中可以看出，人的审美标准是随时间和地域文化的不同而发生相应变化的。在这一时代的审美和艺术活动中，我们可以明确看到在不同时空背景下，艺术作品的表达方式是不尽相同的。这表明美的属性不仅体现在审美客体中那些具有普遍意义的技巧和风格之中，也反映在审美主体所具有的文化背景和时代精神上，或者说体现出的是美的相对性特征。

对美的相对性特征的认识在文艺复兴时代具有较大争议。大多数思想家和艺术家在观念上仍然认同"美"是来自于事物本身的一种客观属性，属于一种绝对的概念和标准。这与古希腊主流美学思想中的审美观念是一致的。他们确信，艺术作品本身存在着"最美的线条"和"最美的比例"

等各种具有普遍意义的形式美要素,并认为中世纪文学、艺术是一种绝对野蛮和低俗的产物,应该予以彻底改变。大多数人并没有明确提出"美"也是审美主体的思想产物,没有明确认识到"美"的标准具有主观相对性。

康帕内拉(Campanella)作为一位反对经院哲学的思想家和诗人,是文艺复兴时代对美的相对属性有明确认识的少数人之一。他说,事物本身没有美丑之分,美与丑和欣赏人的立场紧密相关。他以战士的伤痕为例,指出在友人看来,伤痕是美的,因为它是勇敢的标志;但是,它也具有丑的一面,因为它显示了敌人的残酷。这里需要指出,他所说的美丑概念涉及人的理性认知,属于艺术价值判断的范畴;但从他的论述中我们可以看到他对审美相对性特征的感悟。

虽然在理论表达中多数人还是认为美具有绝对的客观标准,但是在审美活动中,美的相对性特征,也就是来自审美主体对艺术作品的主观影响,却得到了充分的展示。应该说,在文艺复兴时代的艺术作品中,美的主观属性特征比以往任何时代都更为突出。原因来自以下两个方面。

文艺复兴审美活动的商业化构成了审美标准相对性的重要来源之一。在文艺复兴时代,工商界新贵用大量资金长期赞助他们认可的艺术家;订购艺术作品,成为当时富豪和权贵的一种时尚。在这种赞助订购体系中,艺术作品从题材、形式到艺术风格都会受到客户不同审美观念的影响;作为审美主体的赞助人和订购商的主观思想、具体个人喜好自然都会体现在艺术作品之中。

另一方面,在文艺复兴激情向上的时代中,每位艺术家都有与众不同的思想和成为艺术大师的渴望。尤其是在赞助订购体系下,艺术家更是要在技巧使用和艺术风格的表现上突显与众不同的特色,以提升作品的竞争力。这就在事实上造成了审美标准多样化的客观现实。在文艺复兴的高峰时期,后起的艺术家们遇到了他们的困境:艺术领域似乎已经再没有任何问题需要解决,各种创作技巧似乎都已经被发明和使用,从人体解剖、色彩和光源使用到画面构图等,所有的一切几乎都达到了完美的境地。当前辈的作品成了不可逾越的艺术巅峰后，在相互竞争的赞助人鼓励和支持下，艺术家们只能将对创作技巧和形式美的追求欲望转化为不断寻求和尝试新风格的努力。这就直接导致了文艺复兴后期手法主义（Mannerism）的出现，并成为文艺复兴运动之后的巴洛克（Baroque）艺术兴起的动力之一。很明显，上述现象是审美主体在审美活动中重视自我主观感受的结果。

此外，文艺复兴运动在发展传播过程中还经历了不同地域和文化变化的影响，这也是造成审美标准相对多样的原因之一。在15世纪后期，文艺复兴运动开始越过阿尔卑斯山脉，向意大利之外的法国、德国、荷兰等欧洲其他地方传播。地域风情和文化的差异必然会造成审美观念的基因突变。在北方文艺复兴运动中发展起来的荷兰画派就是一个很好的例证。

荷兰画派与意大利文艺复兴绘画明显不同，它较少采用宗教历史和神话题材，而是发展了风景画和生活场景绘画（Genre Painting，wikipedia. org）。绘画题材的拓展使更多不同的内容进入到审美范畴之内。荷兰画派对油画这一新画种的发展也起到了重要作用。在文艺复兴之前，绘画以水性蛋清调色的方式为主。以油质作为调节剂的油画在文艺复兴后期才逐渐被艺术家广为使用，尤其是在荷兰画派画家中得到了普及。油画在艺术创作和表现中具有许多优势：油画色彩品种多样，可以采用干、湿不同的调节方式，为艺术家带来了更加多样的形式表达方式；油性调节剂固化所需时间较长，艺术家就可以不受时间限制，从容地对绘画作品进行加工和修改，从而有利于艺术家主观表现潜力的发挥。荷兰画派艺术家充分利用了这些优点，注入自己的独特创作技巧和情感，创作出了大量优秀作品。因时空环境的改变，作为审美主体的艺术家改变了艺术作品的客观效果，发展出了不同的审美标准。这是美的相对特征的又一具体体现。

文艺复兴审美活动既注重对审美客体的认识和发掘，又同时重视发挥审美主体的创作能动性。我们可以将这种审美观念归纳为主客观综合派，并抽象概括为：

$$Ve = f(Mo\ Ms)$$

Mo 注重完整、统一、比例、尺度、和谐、节奏、平衡等形式表达，科学透视和素描写实方法等；Ms 重视对各种人文主义理念，如比例、尺度、和谐、节奏、统一、平衡等标准的主观理解和心理体验。

第五节　巴洛克、唯理论、经验主义美学思想

作为人类历史最重要的时代之一，文艺复兴在 16 世纪末期进入了衰退阶段。衰退是由经济、政治和宗教等诸多因素综合作用引发的。首先，在哥伦布发现美洲大陆后，欧洲建立了以大西洋沿岸为主的新贸易路线，致使曾经主导东西方贸易的地中海经济地位一落千丈；经济地位的下降直接导致了文艺复兴运动发源地缺乏充足的财力继续支持文化艺术活动。另外，随着欧洲民族国家的兴起，作为城邦国家的意大利受到了军事强大的法国和西班牙的威胁和入侵，这种政治局面对意大利经济和文化也都造成了不小的破坏作用。还有，传统天主教会对德国宗教改革后形成的新教明显感到了威胁，从宗教方面开始对思想和文化活动加以约束和限制；在许多情况下，艺术家不能也不再愿意公开表达自己的思想。这些因素无疑改变了文艺复兴文化和艺术活动持续发展的轨迹。

在这种时代背景下，文艺复兴运动落下了帷幕；欧洲文化和艺术活动在 17 世纪进入了一个被后人称为巴洛克的新时期。"巴洛克"（Baroque）一词被多数人认为来自葡萄牙语，意思是形状变异的珍珠，它代表了当时欧洲社会状况的典型特征。

一、巴洛克

巴洛克时期充满了各种矛盾和冲突，天主教与新教之间的对立、各个崛起民族国家之间的政权争夺等一系列问题导致烽火遍地。欧洲"三十年战争"将大部分地区卷入其中，最终使法国变成了欧洲大陆最强大的国家。矛盾和冲突同样体现在贫富差距越来越大的不同阶级之间。法国的凡尔赛宫始建于 1624 年，主体建筑于 1688 年完工，历时 64 年，成为欧洲最大、最豪华的宫殿。皇室和贵族在这种奢华的氛围中过着纸醉金迷的生活；但

是，普通百姓却在同一时期生活贫困，不断发生各种暴动事件。

巴洛克的矛盾和冲突特征也体现在艺术创作之中。例如，巴洛克绘画在构图、色彩、明暗处理等各个方面特别强调运动和变化，并大多采用浮华夸张的手法描绘繁华奢靡的生活；但往往在画面某个角落画上一个骷髅，以表达对于未来的不安，或是暗示美好的事物终将凋谢消亡。在建筑艺术上，巴洛克的代表作品主要体现在天主教堂上。这些建筑为追求标新立异，更以不合传统逻辑的形式冲突为手段，强调空间的动态和与众不同的个性，力求引起人们的好奇、惊讶和震撼。戏剧也许最能体现出巴洛克时代的美学特征。17世纪人们常说的格言是"人生如戏"和"不要忘记你将会死亡"；这个时代的戏剧如同生活一样，都被巴洛克进行了华丽的夸张和修饰。现代戏剧的许多表演形式，包括各种舞台布景和机关就诞生在巴洛克时期，其目的是通过表演形式和机关手段在舞台上创造出种种假象，表达出人生的矛盾和荒诞。莎士比亚就生活在这一时期，他的剧作台词"生存还是毁灭，这是问题所在"绝妙地道出了人们对人生和社会矛盾的困惑。

巴洛克艺术注重审美主体对矛盾、冲突和夸张戏剧效果的心理感受，并以这种心理追求为标准衡量审美客体，对其进行各种标新立异的形式处理。这种审美观念应该属于主观派，可以被抽象表述为：

$$Ve = f(Mo\ Ms)$$

因为 $Mo = f(Ms)$，所以 $Ve = f(Ms)$。

Ms 不受传统规则约束，追求矛盾、冲突、夸张艺术形象带来的心理感受。

在充满动荡和冲突的社会背景下，文艺复兴运动中涌现的人文主义和科学精神终于发展到了瓜熟蒂落的成熟阶段，催生出新的近代哲学体系，填补了人们在摆脱中世纪宗教哲学之后出现的思想理论真空。与巴洛克时代的总体特征一样，近代哲学首先出现的是两种截然相反的思想体系，它们分别是欧洲大陆的唯理论(Rationalism)和英国的经验主义(Empiricism)。

虽然唯理论和经验主义是两种对立的哲学体系，但是作为近代哲学的开端，它们具有共同的思想基础。这一思想基础表现在两个方面。第一，近代哲学在探求真理时都力求思想独立，对思想权威和宗教专制采取了普遍怀疑和反抗的态度。它们在追求知识的过程中将理性思维方法视为根本，因此，从这个意义上讲，它们都属于理性主义。第二，近代哲学将关注目光由对超自然事物的沉思转向对现实自然世界的研究，以自然哲学取代了宗教哲学，也就是以科学作为认识和解释世界的出发原点。

唯理论与经验主义的目标一致，但方法不同。它们的根本区别在于对正确知识来源的认识。唯理论的方法是通过一些先验和自明真理的演绎和推理认识世界；经验主义则否认先验和自明真理的存在，认为个人的感官和实践经验才是知识的可靠来源。

二、唯理论和新古典主义

唯理论的代表人物是法国的笛卡尔（Rene Descartes）。笛卡尔出生于1596年，在年轻时就渴望了解宇宙和人类自身的真相，表现出了强烈的求知欲望。在学习研究数学后，他确信发现了明确表达事物并通过理性推理最终获得有效知识的方法。离开学校后，他将主要时间用于旅行和学习研究。在享受尘世生活的同时，他经常处于沉思状态，考虑如何使哲学获得同数学一样的确定性。为了不受外界干扰、专心写作，他后来移居荷兰，在那里居住生活了近二十年。1649年，笛卡尔接受哲学爱好者瑞典女王的邀请，抵达瑞典讲学，不幸在一年后患肺炎病逝。笛卡尔的主要著作有《方法论》《第一哲学沉思录》《哲学原理》等。

笛卡尔认为理性是获得真正知识的唯一途径，这与之前的苏格拉底、柏拉图、圣奥古斯丁的思想观点一脉相承。但是，为了确保真理建立在坚实可靠的基础之上，笛卡尔在开始研究事物的第一步中采取了与前人完全不同的态度，即怀疑一切。他在人类社会进入文化复兴阶段后，从基础开始，第一个创立了一套完整的独立思想体系，因此，被称为现代哲学之父。

笛卡尔哲学的目标是希望通过数学定理论证的方法进行哲学思考。他认为，前人的哲学理论要么是建立在权威或信仰之上，要么是依附于个人的感官经验，这样获得的知识都会误导我们的思考。笛卡尔认为，我们清醒时的感觉与做梦时的并没有本质区别。这样的话，如何确定自己的生命和正在经历的一切不是一场梦呢？所以，他通过怀疑每一件事物，首先回到了思维是否真实存在的原点。从这个原点出发，他悟出一个道理：怀疑每一件事，这正是他唯一能够确定的事情；当他怀疑时，他必定在思考；当他思考时，他必定是一个真实的存在者。他总结说道："我思，故我在。"通过这样的逻辑推理，他就得到了其哲学中的第一个自明真理，那就是存在着会思考的自我。

接下来，笛卡尔从真实存在的自我出发，用因果关系证明了上帝的存在。他认为，在他的心灵中有一个完美的实体概念，且这个概念一向都存在着，不受外界干扰。他说，这一概念不可能来自他自身，因为完美的实体概念不可能来自于一个本身并不完美的人，这就如同"无"不能生"有"一样。所以这个完美的概念必定来自一个完美的实体本身，也就是上帝。

从真实的自我和完美的上帝出发，笛卡尔又用逻辑推论出真实外部世界的存在。人们对外部世界的许多观念可能是虚假的幻觉，但笛卡尔认为外部世界也有一些特征是理性的，具有"量"的特征，比如物体的长、宽、高。这些理性特征与色、香、味等不同，不受人的感觉经验影响，是真实存在的，并能够被真实存在的自我通过上帝赋予的理性明确认知和理解。如果这些理性特征是虚假的，就说明人们的理智和赋予我们理智的上帝也是虚假的，而这显然与上帝的真实存在相矛盾。

这样，笛卡尔通过理性分析得到了三个结论：人是会思考的生物；完美上帝是存在的；宇宙之中确实存在着一个真实的实体世界。此外，笛卡尔进一步将人分解为身体和心灵，并认为心灵和身体都来自上帝，但彼此独立。他说身体与实体世界一样，是物质的，其属性是"扩延"，占据一定空间，并可以被分割；心灵属于意识，不占空间，不能够被分割为更小的单位。因此,笛卡尔是二元论者。

笛卡尔的哲学思想和思辨推理方式对后人产生了深远的影响,尤其是对另一位唯理论哲学家斯宾诺莎(Baruch Spinoza)。斯宾诺莎是荷兰犹太人,生于1632年。由于批判宗教和发表"异端邪说"被逐出教会和社区,最后其家人也与他断绝了关系。为全心研究哲学,他靠给人研磨镜片糊口,过着孤独的生活。

斯宾诺莎是泛神论者。对他而言,上帝创造这个世界并不是要置身事外,所以大自然就是上帝,一切自然规律也都是上帝特征的显现。斯宾诺莎与笛卡尔的最大不同是关于物质与心灵相统一的一元论观点。在斯宾诺莎看来,心灵与物质既然都要依赖上帝而存在,那么它们两者就是不可能分离的,是同一个上帝的两种不同属性。他说自然界的每一个事物不是思想就是物质,它们都是上帝的一种表现方式。唯理论到了斯宾诺莎这里,从根本上颠覆了宗教之中的上帝概念,因为斯宾诺莎的上帝是内在于自然事物之中,不是高高在上、操纵自然世界的神明。斯宾诺莎被认为是第一个对圣经进行历史性批判之人。

唯理论哲学家在美学思想上的直接论述不多,导致一些学者错误地认为唯理论持有反对文学和艺术的立场。的确,唯理论相信世界有内在逻辑,坚信知识不是来自感官的感性认知,而是源于自明真理和推理判断。在唯理论看来,"美",以及与艺术相关的概念,如秩序、比例、对称等,似乎都与人的感性认知相关,不是事物自身的真实属性,不属于科学的理性范畴,因此不是他们的关注重点。

在斯宾诺莎的著作中没有专门涉及美学思想的论述。笛卡尔有一部《论音乐》专著,但它更多是从自然科学角度对声学、和声、音节及听觉原理进行探讨。笛卡尔在与被称为声学之父的梅森(Marin Mersenne)神父通信中谈到了他对美的定义。他认为美是人的一种主观判断,是人与客观对象之间的一种关系。这就是说,他认识到了美的主客观双重性,指出了人受感官、情绪、喜好等主观影响,对美的判断存在着很大的差别。这种观念无疑是在表明，美对不同的审美主体而言，没有一种固定的衡量标准。这样看来，唯理论认识到了审美是主体与客体综合作用的结果，其审美观念本质上属于主客观综合派。

这种主客观综合派审美观念与唯理论的信仰产生了根本的矛盾。既然认为上帝是完美至善的，客观自然世界也是真实的存在，那么，为什么我们的感觉会时常受到"欺骗"，对美的评判产生不一样的标准？唯理论从伦理观给出了相应的解释。他们认为，这是因为除了上帝赋予的理性认知能力之外，我们人类还具有时刻受到感官影响的自由意志；当自由意志超出理性能力的控制时，我们就可能做出不符合真实情况的选择。也就是说，在唯理论看来，审美作为一种非理性的幻想活动，是人对自身主观情感和自由意志的放纵。

唯理论对审美活动非理性本质的界定并没有使其完全排斥审美活动存在的价值。唯理论认为审美活动中的幻想和感性认知过程能为我们带来休闲和"医疗"的作用。唯理论者将人比作机器，认为作为"机器"的人体时常需要维护和修养；虽然"美"没有永恒的内在价值，但它是一种有效的工具，有益于我们的身体，使大脑保持良好的状态，能在理智与情感争夺支配权的斗争中起到积极的作用。

所以在唯理论看来，审美是一种既具有积极意义，又会带来消极影响双重作用的活动。要控制、消除审美活动中的消极作用，一方面需要控制审美主体，降低人自身的主观随意性，将其纳入理性范围。要达到这种目的，就需要对主体的感性做必要的规范和控制，把个人转化成为一种具有理性观念的社会集体成员。在这种转变中，审美主体就成了一个能够代表社会集体意识的理性参数，从而具有了较强的稳定不变的特征。另一方面，需要提升审美活动中审美客体具有的理性特点，突出它的永恒理性规则。

对审美主体灌输集体意识，使其思想遵从统一的理性标准，是唯理论美学思想的重要前提条件。因此，唯理论美学思想往往流行于能够形成统一思想和集体意志的集权社会。这种特征使得唯理论美学思想与 17 世纪法国的政治背景产生了共鸣，促进了法国新古典主义文学和艺术的产生和发展。

法国经过 1337 年至 1453 年的"百年战争"击败英国，在 16 世纪初形成了统一的民族国家。之后又通过内部战争，彻底消除了世袭贵族的割据势力，建立起了欧洲当时最强大的中央集权君主专制国家。集权政治通过有效的管理，建立起了稳固的社会秩序，对外有利于殖民扩张和海外贸易，对内有利于工商业发展和各种经济建设，因此赢得了社会中、上阶层的普遍支持。笛卡尔认为，君主是普遍理性的最高体现者，君主专政制度最能体现出秩序和理性的力量。

受文艺复兴运动影响，法国在 16 世纪中叶产生了早期的新古典主义艺术风格。新古典主义推崇理性，信奉各种规则和教条，与集权政治一脉相承。在路易十三、路易十四绝对君权的统治下，法国新古典主义发展到 17 世纪中叶，最终演变成了一种宫廷文化，成为当时法国乃至欧洲大陆文化和艺术的最高标准。

法国新古典主义艺术的唯理论特征体现在严格的艺术规则和标准之中。这些规则和标准强调客体的理性，完全排除主体的个人经验、感觉和爱好，其目的就是要使主体成为社会集体意识的组成部分，使文学、艺术作品能够体现出统一、清晰的形式和结构逻辑。

为了确保文学、艺术规则和标准的贯彻执行，国王路易十四建立了法兰西学院。法兰西学院是从原来的贵族文艺沙龙发展形成的官方最高学术机构，它精选全国文艺、学术、政治等领域精英成员四十名，讨论和审查文化、艺术问题。学院成员对各种问题的决议具有最高权威，文艺工作者必须绝对遵从。法兰西学院实际上起到了统一社会整体美学思想的作用，它将文艺复兴以来，在人文主义影响下形成的独立个人统一成了具有标准人格和社会集体意识的审美主体。由此，审美就被塑造成了一种社会集体意识活动。

路易十四还设立了一批教育机构，包括科学院、绘画和雕刻学院、舞蹈学院、音乐学院、建筑学院等。这些教育机构的主要任务就是在各自领域制定各种规范体系,并以这些严格的规范体系培养学生,确保文艺活动都严格遵循规则和标准,能够具有特定的"伟大的风格"。

文学、艺术的规范体系在戏剧创作中最直接的体现是"三一律"表现形式。"三一律"要求一出戏剧的发生地点要固定在一处,要将各种事件压缩在一天之中完成,剧情只能是围绕一件事展开。在剧情中,新古典主义反对虚构,认为虚构的情节令观众难以置信,是无聊和乏味的;相反,逼真事物即使是丑恶的,艺术也可以使之变成欣赏的对象。

新古典主义在建筑创作中同样独尊理性,反对意大利文艺复兴建筑师在作品中力图表达个人情感的创作方式。新古典主义建筑外墙多用古典柱式加以装饰,主要就是因为柱式具有严密的比例关系和规范制式,被认为是成熟理性的标志。在建筑平面布局中,新古典主义追求具有逻辑关系的几何图形结构和清晰条理。在建筑外部整体造型表现中,新古典主义习惯在立面上下、左右两个方向采用三段式处理手法。上下三段式指建筑底层做成基座形状,顶部是屋顶或女儿墙,中部几层用柱式加以统一组合;左右三段式指立面中部凸出,并做特殊造型处理,两侧各有配楼,形成突出中部的对称体型,强调威严的整体效果。在局部造型处理中,新古典主义不能容忍过多的装饰,反对浸透个人喜好的趣味和细节(新古典主义建筑,baike.baidu.com)。

透过上述两个例子,可以看出法国新古典主义美学思想是唯理论在艺术创作中的具体体现。在唯理论信奉者看来,美具有永恒不变的特质,因此,他们通过君主专制国家机器,将明晰、纯洁的创作规则和标准推广应用到艺术实践活动之中,使法国文学和艺术作品表现出了明朗、完美、高尚、统一等特征。但是,对永恒不变理性的过分追求也构成了一种桎梏,使得文艺作品过于拘谨、生硬和保守,常常会给人一种缺乏想象力的感觉。

我们可以将新古典主义美学思想中的审美观念看成是主客观综合派的表现,并抽象表述为:

$$Ve = f(Ms\ Mo)$$

Ms 是具有社会集体意识的审美主体,具有追求统一、稳定不变理性规则的特征;Mo 体现出学院派的统一规则和标准,在形式表达中追求严格的逻辑和理性规则,形成了稳定不变的艺术风格,如建筑中的新古典主义、戏剧中的"三一律"。

三、经验主义

在 18 世纪,唯理论开始受到来自经验主义日益增多的批判。唯理论认为,人的心中总是具有一些与生俱来的基本理性概念;通过运用逻辑和演绎法则,人可以从这些基本理性中获得真正的知识。这一观点延续了从苏格拉底、柏拉图到中世纪以来西方哲学思想中认识论的基本原理。经验主义哲学则认为,如果人不通过自身的感官体验,将不可能获取任何知识。这从根本上动摇了人类两千多年以来理性主义认识论的思想基础。

经验主义哲学起源于英国,这与盎格鲁撒克逊人的民族特性有很大关系。当赞同某件事情时,英国人通常将原因归为"常识",表示凭借一般感觉和经验就可以做出判断;法国人在表示认同时常说这是很"明显的",表示事件中包含的道理清晰易见。英国民族特性及其政治、文化、自然环境等状况造就了以感觉和经验认识世界的思维模式,最终形成了经验主义哲学。

经验主义哲学最重要的代表人物是洛克(John Locke)、柏克莱(Berkeley,又译作巴克莱、贝克莱)和休谟(David Hume);早期的培根(Francis Bacon)虽然在哲学上没有形成自己的体系,但其思想对经验主义哲学体系的产生起到了很大的促进作用。此外,霍布斯(Thomas Hobbes)、哈奇生(Francis Hutcheson,又译作哈奇森)等人对经验主义哲学的发展和经验主义美学思想都产生过重要影响。

（一）培根

培根出生于1561年，提出过一系列新的思想，试图与传统观念彻底决裂，被认为是近代人文精神的典型代表。他在职业高峰时期，曾担任过上议院大法官。1621年，他因被指控受贿，获罪入狱并被课以重罚，但最终得到国王的宽恕而退职隐居。培根的学术著作《论说文集》《学术的进步》《新工具》等被认为奠定了英国经验主义哲学的思想基础。此外，他的短文《论美》也概述了一些具体的美学思想。

在培根看来，前人的知识理论从方法、内容到结果都存在很多谬误，需要用全新的思想方法加以取代。这种新方法首先体现在对自然科学应用的重视，其次是以归纳法取代演绎法的思维模式。针对经院哲学从抽象概念进行理性推论的思辨方法，他提出真正的哲学家要像蜜蜂一样，从各种具体事物中采集精华，将其转化成蜜。他的名言，"知识就是力量，要以自然法则去征服自然"，强调的是将科学方法运用于实践的重要性。在培根看来，传统的演绎逻辑思维方法从一般概念出发，在观察具体事物时往往带有偏见；相反，通过对个别事物进行实践总结得到一般原则的归纳法，不带任何偏见，更利于新的科学发现。

在经验主义哲学之前，西方美学思辨也基本是以形而上学和演绎推理的方式进行的；培根主张的科学实践观点和归纳方法使美学研究发生了根本的转变，特别是对美学中主体的心理活动给予了更多的关注。他明确提到，历史、哲学这类学科涉及记忆和理智；诗则关乎想象，不受物质规律的约束。他在《学术的进步》中说："世界在比例上不如心灵那样宽广"。与唯理论完全相反，在他的思想观念中对人的主观能动性持有正面肯定的态度；从审美观念上看，可以说是将审美主体看成了一个多变、因人而异的参数。

在《论美》中，我们可以发现他对审美客体的不同态度。培根并不认同"美在于一定的比例和色彩"的传统观点，而是认为"优雅适度的动作"才是美的精华所在。他进一步说道，"凡是高度的美无不在比例上显得奇怪"。这表明,他反对赋予事物固定比例的概念和对人物机械程式的刻画,也就是反对审美客体(Mo)中的固定"理性"模式。

(二)霍布斯

霍布斯出生于1588年,早期做过培根的秘书,有机会结识过当时欧洲思想和科学界的重要领军人物,如笛卡尔、伽利略等人。他的主要著作有《论人性》《利维坦》等。霍布斯在他的著作中深入、系统地探讨过人类心理活动规律,指出人的一切思想都起源于对外界事物的主观感受。他被认为是英国经验派心理学的鼻祖,确定了经验主义哲学的一些基本原则。

在美学研究方面,他以心理学原理解释人的想象和虚构现象,指出想象是意识衰退的表现。他说,当意识强度衰弱后,人通过想象将一些观念自由结合,形成全新的虚构现象。通过对心理活动的研究,他总结出了一些心理活动的基本概念,比如欲念、意志、想象力、判断力等,并探讨了这些心理活动对艺术创作的影响。这些心理学观念的建立和扩展,丰富了对审美主体内涵的认知,为审美观念向注重主观属性方向的发展提供了必要的前提条件。

(三)洛克

洛克出生于1632年,早年学习过哲学、自然科学和医学。他对当时在大学中依然占统治地位的经院哲学教学方法十分反感,在接触到笛卡尔的著作后,开始对新的思想方法产生了极大兴趣。在他为夏夫兹博里伯爵工作服务期间,因政治原因曾被迫流亡荷兰;后来回到英国,曾担任过政府职员。洛克的主要著作是《论人的理解力》。

洛克对经验主义哲学的最大贡献在于总结了知识从感性过程转化为理性认知的规律。经验主义将知识的来源归结到从感官产生的经验;但是,从感官到经验被认为是一个主观感性过程,这就无法解释人类知识本身所具有的理性特征。洛克通过研究知识的起源和知识本质等问题，将传统哲学转变成了研究关于如何获取知识的理论体系。

洛克在他的《论人的理解力》中主要解决了两个问题：我们的知识从何而来？我们是否可以相信自身的感官经验？首先，洛克认为人类所有思想都是我们看过、听过、触摸过的事物的反映。他说在接触具体事物之前，我们人类的心灵就像一块"空白板子"，上面没有任何天赋的思想和观念；所有的知识都是后天添加到"空白板子"上的。

在确定人类全部知识以经验为基础之后，他通过进一步划分，认为经验来自"感觉"（sensation）和"反思"（reflection）两个不同的过程。"感觉"是被动的接收，得到的是经过单一感觉器闻到、尝到、听到、看到或触摸到的"简单概念"；"反思"是将接收到的"简单概念"加以分类和加工处理的过程，最终会派生出"复合概念"。例如，我们看到一个物体，先是通过五官得到一些"简单概念"：它是圆形的，颜色发红，吃起来多汁，味道既甜又酸；之后，我们把这些"简单概念"放在一起形成"复合概念"，将其定义为苹果。洛克进一步认为，凡是无法回溯到"简单概念"的知识都缺乏直接的感官经验基础，所以都是人为构成的和虚假的。那么，具有完整感官经验的知识是否全部真实可靠？

洛克的回答是否定的。受唯理论影响，洛克将事物的属性分为"主要"和"次要"两种类型。"主要属性"指扩延世界的特征，比如重量、长度、数量、密度、运动等，这些属性不以人的主观感觉发生变化，可以被感官客观再现。事物的"次要属性"，比如颜色、味道、声音、冷热等，是外在事物对我们感官产生作用的结果，不是事物本身固有的特征。这样一来，凡是涉及事物的"次要属性"，知识的可靠性就会是因人而异的。

当涉及事物的"主要属性"时，洛克同意唯理论的观点，认为这些属性是纯粹理性的，其相关知识是确定的。除此之外，事物的"次要属性"都具有主观感性特征，都是相对的。所以他认为，任何通过感官得到的"简单概念"是真实的，因为它们是外部事物直接作用于感官的结果；任何"复合概念",只要是由"简单概念"组合而成,就是真实的。

洛克的经验主义哲学从本质上扩大了"真实"概念的外延,将因人而异的相对主观经验纳入了"真实"的范围。从古希腊、中世纪到文艺复兴,理性主义追求的绝对客观真实标准到经验主义这里,被因人而异的主观相对真实标准所取代;知识和真理从唯一的绝对客观属性开始向既有客观标准,又有主观相对特征的方向转变。洛克的思想成了后来许多学派的出发点,并直接促生了柏克莱和休谟的极端经验主义哲学。

洛克没有关于美和审美本质的直接论述,但是他哲学思想中有关事物次要属性的定义应该对后来的主观派美学思想的发展起到了重要作用。事物的次要属性不是事物本身固有的客观特征,而是作用在人感官上的结果;这一结论可以从原理上说明,作为客体次要属性的"美"的特征不是客观不变的,是与认知主体密切相关的。

(四)休谟

休谟出生于1711年,学习过法律,曾从事秘书工作,先后服务于英国的军事将领和贵族。之后,他还担任过驻法国大使和国务副大臣,曾经遍游欧洲各地,与法国启蒙运动的领军人物伏尔泰、卢梭等人相识。休谟被认为是经验主义哲学家中最重要的一位,被康德称作使他"从教条主义睡梦中惊醒",开启哲学研究生涯之人。休谟在二十八岁时出版了《人性论》,其他主要著作有《道德、政治、文学研究》《宗教自然史》《英国史》《论审美趣味的标准》等。

作为经验主义者,休谟更加强调对任何问题的研究都要以日常生活经验为起点。他认为人应该像儿童一样,保持对世界的自发感觉状态,尽量避免受到含糊不清的思想和观念的影响。他说如果我们有本书,就要首先问:该书是否包含任何与数量有关的抽象思考?如果答案是否定的,就要再问:书中是否包含任何与事实和存在有关的经验性思考?如果答案同样是否定的,就要将该书付之一炬,因为这样的书纯粹是诡辩和无用的幻想。

对休谟而言，人的知觉是获得知识的必经之路。他将人的知觉划分成两种，一种是"印象"（impression），一种是"观念"（ideas）。"印象"是人对外界事物的直接感受，"观念"是对"印象"的回忆；"印象"要比事后通过回忆得到的"观念"更强烈、更活跃；两种知觉都可以既是单一的，又是复合的。知识就是在从"印象"到"观念"过程中派生出来的。他认为人的心灵非常擅长"调整和拼贴"工作，会在知觉过程中将现实并不共存的事物放在一起，人为制造出虚假概念。他说的这种现象就像是毕加索创作拼贴画的过程。

经验主义认为我们所有的知识都是从经验中衍生出来的，所以休谟认为判断知识是否真实也只能依靠对"印象"和"观念"的审查；通过追寻它们的来源，了解它们是否在组合过程中发生过混乱，从而才能对知识的正确性加以判断。比如，宗教里普遍存在天使概念，他们模样是人，但长有翅膀；休谟说，没有人见到过天使，它是由人和飞鸟两个不同经验复合而成的错误观念，应该受到驳斥。休谟强调的是，知识的来源和真实有效性都依赖于亲身体验后得到的经验。

休谟对经验主义和现代哲学发展的重要影响，还在于他对心灵不变实体和现实世界因果必然关系的否定。

独立和理性的"自我"是唯理论哲学赖以建立的基础之一。笛卡尔认为，因为"自我"的存在，人就会具有一个不朽的灵魂，才会理所当然地遵循一套永恒的理性规则。休谟认为，没有任何经验证据表明我们身体中存在着这样一个固定不变、可以被称为"自我"的实体。他指出，我们只能通过具体经验了解自己的本质特征，比如我是一个快乐之人，同时会粗心大意等，并以这些经验定义"我"是什么样的人。这种关于"自我"本质的观念是随时间、地点和环境不断改变的。今天的"我"不同于昨天的"我"，更不会与未来的一致。他说，人的心灵就像处于剧场之中，时刻体验着不断变换、出现和消失的场景和人物；人的心中并没有一个一成不变的"自我"，有的只是来来往往的知觉和感受。从审美三要素关系上看，休谟经验主义思想是对审美主体能动性和可塑性的肯定。

休谟经验主义哲学的另一重要思想是对因果关系的否定。在他看来，事物之间的因果关系是我们在经验中建立起来的习惯性期待现象。比如，当我们搬起石块放手时，石块会掉落；我们多次体验同样的现象之后，得到重物必定会下落的因果关系。休谟指出"重物"和"下落"之间并没有必然的联系，它们之间的关系只是人在特定条件下的一种体验。这就像每次看到闪电之后，我们才会听到传来的雷声，但是闪电和雷声之间不是因果关系，它们只是放电现象的两个不同特征而已。从审美三要素关系上看，对事物之间因果律的否定从根本上排除了客观派审美观念在审美客体与美之间建立起的对应因果关系，使美变成了一种同时依附于审美主体个性体验的结果。

休谟心灵之中没有任何成见，除了感官认知到的现象，他认为一切都有待证实。他极力反对迷信和偏见，将经验主义哲学推向了极端。也许正是这种对现象世界的极端关注，在经验主义哲学家中，休谟成了最重视美学思想研究的一位。他的《论人性》《论怀疑派》《论审美趣味的标准》等著作都涉及了美学问题。他美学思想的关注重点在美的本质和审美标准两个方面。

关于美的本质，休谟秉承经验主义的一贯立场，坚决反对美是审美客体自身的客观属性。他在《论怀疑派》中以圆形为例，阐述了自己的观点。他说，欧几里得曾充分说明了圆形的所有性质，没有任何属性涉及美；理由非常明显，因为美不是圆的属性，它不在圆周线上的任何一处，它只是圆形在人心中产生的效果。在《论人性》中，他指出美源自对象内的一种秩序和结构，这种秩序和结构满足了人的心理构造和习俗，是使心灵感到快乐的结果。从这里可以看出，他认为快感是美的本质，而快感的产生是审美客体中"秩序和结构"与审美主体心理"构造和习俗"相互作用的结果。

休谟赞同由苏格拉底明确提出的美的"效用说"。他认为美在某种程度上源自便利和效用的观念：强有力的形状对某种动物是美的，轻盈敏捷则是另外一种动物的美的特征；人体美的主要部分来自健康活泼的神色。"效用说"的本质是人对客体实用性，也就是内容的心理认同，是人根据经验常识对内容想象的结果。因此，可以说在休谟看来，美的来源分为两种：一是由客体纯粹形式对主体引起的感觉，二是由客体的内容实用性在主体心灵中引起的相关想象。需要指出的是，由内容引起的美是我们在前言中所说的艺术价值，与纯粹形式之美完全不同。可以看出，休谟在一定程度上敏感地察觉到了两者之间的差异。

休谟美学思想的另一重点是对审美趣味标准的探讨。休谟认为审美趣味是人的鉴赏能力，它与理智一样，是人先天具有的功能。两者的不同之处在于，趣味导致美丑、善恶情感的产生，理智则是辨别知识真伪的工具；理智按照事物的自然状况去认识事物，趣味则有一种制作功能，是用心情对自然事物修饰渲染，最终达成一种新的创造结果。既然审美趣味是审美主体心灵对事物的一种创造过程，它就会因人而异、因时空环境的不同发生改变，从而使美具有相对的特征属性。在这里休谟强调了审美过程是与审美主体紧密相关的。

但是，从审美体验中我们可以发现，无论不同人之间的审美趣味有多大分歧，现实中的审美活动仍然存在着某种普遍的标准。休谟在他的《论审美趣味的标准》中指出，受到希腊和罗马时代喜爱的诗人荷马，在两千年后的巴黎和伦敦仍然受人爱戴；气候、政治、宗教、语言等各方面的变化都没能削弱荷马的荣耀。休谟将审美趣味存在一定普遍标准的原因归结到人的心理构造。他认为，不同人的心理构造虽有所差异，但它们是基本一致的；这样，所有人在感觉上必然会在某些方面趋于一致。他将审美趣味的差异归结到人的心理功能都或多或少存在某些缺陷这一原因上。休谟认为，"标准的人"在心理完全健康的状况下，具有"正确标准"的审美趣味；"具体的人"大多存在一定的心理功能缺点，从而会引起心理偏见或缺乏某种想象能力，造成审美趣味的不同。所以，休谟认为审美趣味应该具有一定的普遍标准，人们需要一定的天资和后天训练两个条件，才能辨别和掌握这种标准。

休谟提出了审美趣味标准问题，并明确指出了标准的存在，这肯定了美学成为一种独立学科的前提条件。如果没有标准，审美活动也就无法被纳入理性和系统的知识范畴。但是，休谟本人并没有能够给出具体的审美趣味标准，他将发现和运用审美趣味标准的责任放到了少数"精英"身上。他认为在审美领域，要通过一些裁判人制定审美趣味和美的标准，并说真正的裁判人要有细腻的情感和真知灼见，而且要能够抛开一切偏见。

总体来看，英国经验主义美学思想与唯理论观点的最大不同之处在于，它明确认识到了审美过程类似于对事物"次要属性"的认知，是人对客体的一种感性认知和表达，是审美客体与审美主体之间作用的结果。由于极端经验主义者否认了固定不变"自我"的存在，审美主体的审美趣味就不可能像唯理论一样，以集体的情感和标准思想状态出现在审美过程之中，而是要以一种多变的个人观念反映在审美过程之中。这就从根本上否定了新古典主义的审美观念。对因果关系的否认、对个人感觉经验的重视必定使经验主义者相信，在审美客体之中不存在像唯理论强调的美的绝对客观标准。

我们可以将经验主义哲学在审美观念上的反映概括为一种主客观综合派思想，并抽象地表述为：

$$Ve = f(Mo\ Ms)$$

Mo 是审美客体"主要属性"和"次要属性"的共同体现，否定了唯理论提倡的绝对客观的审美标准；Ms 是对审美客体"主要属性"和"次要属性"的感性认知，强调个人情感和主观审美趣味的影响。

在经验主义哲学思想和其他环境因素影响下，英国的审美和艺术实践活动呈现出与欧洲大陆不同的发展景象。英国文学和戏剧在莎士比亚时代文化高峰的带动下，不受古典传统的约束，蓬勃发展，导致了许多新型文艺形式的出现，例如报刊文学、市民戏剧、近代小说都是最早在英国产生和发展起来的。浪漫主义的艺术风格在重视主观经验和个人情感的风气下也进入萌芽状态,并传入欧洲大陆,在一定程度上打破了当时新古典主义各种规则的束缚和一统天下的沉闷局面。

更为重要的是,作为唯理论的对立面,经验主义将知识标准从外在客观事物转向了人自身对事物的主观体验。这样一来,对具体实践活动的重视就成了生活不可或缺的重要部分。因此,如果说笛卡尔的唯理论开启了现代哲学的大门,那么,经验主义就在认识论层面为现代社会的认识实践活动提供了一种理论工具和有效的途径。

第六节　启蒙运动中的美学思想

　　文艺复兴运动中成长、壮大的人文主义和科学革命思想成果形成了新的时代精神，极大地提高了人类对外在世界和自身认知能力的自信。在16、17世纪，伴随着工商业和自然科学的进一步发展，这种时代精神最终结出了唯理论和经验主义两种崭新的思想果实，彻底改变了欧洲社会知识阶层的世界观，使他们的精神世界得到了空前的解放。在随后的18世纪，新思想在许多地区流行传播，掀起了一场以开启民智和改造社会为目的的启蒙运动，将始发于文艺复兴的新精神推向了巅峰。

　　启蒙运动的影响覆盖欧洲大部分地区，但其思想源头主要来自英国、法国和德国。当时的法国处于强大的中央集权君主专制统治之下，教会、贵族阶层与社会底层民众之间的矛盾最为尖锐，因此，知识阶层对于改革社会现状的呼声最为响亮；这就导致启蒙运动在法国表现得最为激烈，影响也最大。此外，18世纪之前的法国就已经成为当时欧洲综合国力最为强大的国家，其文化地位没有其他国家可以企及。法语作为当时的最大语种，已经取代了拉丁语，流行于欧洲贵族和知识阶层；法国的宫廷文化、新古典主义艺术风格更是成为各国争相模仿的对象。所以，分析法国的启蒙运动主要思想对于了解欧洲启蒙运动意义重大。

　　法国在启蒙运动中涌现出了许多思想家，成为这一时期的代表人物，这其中包括伏尔泰（Voltaire）、卢梭（Jean-Jacques Rousseau）、狄德罗（Denis Diderot）。虽然这些代表人物并没有开创出全新的哲学体系，但是作为思想家、作家、艺术家和启蒙运动的宣传者，他们在实践活动中对唯理论和经验主义两种哲学思想的丰富和发展起到了较大的促进作用。当然，唯理论和经验主义哲学之间的矛盾观点，也自然反映到了这一时期的各种思想观念之中。在追求自由、平等、博爱的旗帜下，不同观念、不同理想之间的论战自然构成了启蒙运动的一个特征。两种哲学之间的矛盾一直持续到启蒙运动后期，直到康德哲学的出现，这种状况才开始得到改变。

康德是休谟之后最重要的哲学家之一，其哲学思想统一了唯理论和经验主义之间的矛盾，开启了哲学史上的另一个新纪元。

法国启蒙运动的重要思想观念之一是反抗权威。当时法国许多的重要思想家都到过英国，对英国在自然科学中取得的最新发展印象深刻，尤其是牛顿力学对自然世界理性规律的证明。同时，他们也受到了经验主义哲学和笛卡尔的启发，认为传统思想和制度、国王、贵族和教士的特权都值得怀疑，并坚信每个人都有自行寻找真理的权利。在这些启蒙运动思想家看来，社会腐败、落后的根源正是在于人们思想的浑浊，所以，哲学家有义务根据人类普遍的理性重新审视社会道德、伦理以及宗教规则。这一切促进了美学思想的繁荣和美学学科的正式建立。

一、伏尔泰

伏尔泰于 1694 年出生在一个律师家庭。作为新思想的传播者，他被称为启蒙运动的泰斗。伏尔泰才华横溢，酷爱写作和历史研究，在戏剧、诗歌、小说、政治、历史、哲学和科学诸多领域都有建树，一生写过两万多封信、五十多个剧本、两千多本书和手册。他早年因公开批评专制政府两次入狱，还曾被流放到英国。由于学术成就，他曾先后被选为英国皇家学会会员、法兰西学院院士。他在 1753 年定居在法国和瑞士边境，全心投入到启蒙运动中，参与宣扬理性、普及科学知识的《百科全书》的编写。他于 1778 年返回巴黎，受到民众热烈欢迎，不久因病去世。

伏尔泰在政治上非常赞赏英国的君主立宪制度，认为过分的民主政治并不适合法国当时的社会结构和普通民众的知识水平。他曾经说道："会有一些无知的贱民，他们一开口争辩，一切都会失败。"在哲学思想层面，伏尔泰是经验主义的支持者。他倡导政教分离和宗教自由，极力反对因不同宗教信仰而实施的各种迫害。他反对迷信和教会统治，信仰自然神，对后人产生了不小的影响。应该说，他的思想兼具法国唯理论和英国经验主义哲学的双重特征。

伏尔泰美学思想是唯理论与经验主义美学思想的综合。作为理性的倡导者，他对当时新古典主义美学体系之中的各种规则持认同的态度，比如戏剧中的"三一律"。他的《哲学词典》就认为 17 世纪高乃依（Pierre Corneille）的新古典主义剧作比希腊的要高明。他相信审美趣味应该是人类精神中一些固定不变属性的反映，其基本规则应该建立在新古典主义宣扬的普遍人性基础之上。他在自己的史诗和悲剧创作中，也沿用了许多当时已有的新古典主义规则和形式。

但是，经验主义美学思想也使他相信，人的审美趣味也是因民族和时代的不同而不断变化的，也就是说，审美主体的内涵是随民族和时代的不同而改变的。他在《论史诗》中提出，在普遍协调的规则中，每个民族的不同风俗习惯也会造成与众不同的审美趣味。因此，在重视新古典主义客观审美观念的同时，他也时常表现出对新艺术形式和新风格的渴望，也就是对审美客体中更加多样内容的追求。但他最终并没能找到融合两种不同美学思想的新体系。

伏尔泰对唯理论和经验主义两种美学思想的综合运用还体现在他对待英国戏剧文化的态度上。他是在法国全面介绍莎士比亚戏剧的第一人。在介绍自己英国见闻经历的《英国书简》中，他称莎士比亚是一个具有丰富表达能力的天才，但又认为莎士比亚的审美趣味粗俗。当莎士比亚在法国受到普遍认可和欢迎之后，他在给朋友的书信中懊恼地表示，他本想从莎士比亚的"粪堆"中给法国人找些珍珠，却料想不到使人们把法国新古典主义戏剧代表人物高乃依和拉辛（Jean Racine）的桂冠踏在脚下，为一位野蛮的戏子涂脂抹粉。可以看出，他的美学思想仍然偏重于新古典主义艺术；但是，作为审美主体，他的审美趣味开始受到不同艺术手法和风格魅力的影响，并对其给予了一定程度的认可。

伏尔泰美学思想的审美观念可以被归纳为主客观综合派，并抽象表达为：

$$Ve = f(Mo\ Ms)$$

Mo 基本建立在新古典主义标准规则体系之上，对一些新的艺术表现形式和风格具有一定的包容态度；Ms 在新古典主义审美趣味之上，对经验主义的不同审美趣味给予一定程度的认可。

二、卢梭

卢梭于 1712 年出生在瑞士的一个中产阶级家庭。他在 1742 年移居到巴黎，曾经做过法国驻威尼斯大使的秘书；在离职之后，结识了狄德罗等一批启蒙运动思想家和学者。作为音乐家，卢梭在狄德罗邀请下参与了《百科全书》音乐部分的编写工作。他的《论科学与艺术》《论人类不平等的起源与基础》《社会契约论》《爱弥儿》等著作奠定了其作为启蒙运动主要思想家之一的地位。后来，他的思想观点与其他人出现了严重分歧，被认为代表着不良的"病态"，因此受到人身攻击和言论限制。为缓解各种矛盾和冲突，他在休谟的帮助下于 1765 抵达英国。两年之后，他重返法国，在继续从事写作的同时，进行植物学研究和音乐复制工作；1778 年，因突发脑溢血去世。

无论在理论还是实践方面，卢梭都对人类思想发展产生了不凡的影响。在生前，卢梭就已赢得了极高的声誉。据说，过着刻板规律单身生活的康德因为阅读卢梭著作，曾罕见地打乱了每天准时不变的生活节奏。卢梭一生遭遇到的也并不尽是赞誉和崇拜。他曾多次被迫流亡，也时常穷困潦倒、囊中羞涩；在去世那一年，甚至在路上被恶犬扑倒在地。卢梭在死后获得了更高的称赞，人们似乎忘掉了他的精神"病态"和行为"劣迹"，将他尊奉为真正的圣徒，致使各个阶层的人，从贵族到平民，纷纷到他的旧居朝拜。

自由和平等是卢梭哲学思想的两个根本出发点。他在《社会契约论》中说道："人生而平等，但无时不处于枷锁之中。"他认为，人类社会在原始自然状态中很少有不平等现象，是社会私有制和各种"文明"制度破坏了人类的平等和自由。在伦理思想上，他认为人的本性是纯真和善良的；文明及文化产生的各种观念，比如文雅、粗俗、贫穷、富贵等是败坏人类纯真和善良自然性情的根源。他还认为道德和宗教不是理性事物，而是属于自然感情；他强调心理情绪的重要性，否认理性发展能够实现人的完善。卢梭哲学思想从根本上撼动了唯理论所推崇的科学、文明、进步等主流思想观念，从不同的侧面展示了启蒙运动的思想解放成果。

卢梭认为新古典主义文艺是一种浮华的产物，在某种意义上导致了人的道德败坏。他在《论科学与艺术》一文中提出，风俗败坏了艺术，而艺术也会败坏风俗。但是，卢梭作为音乐家和作家，对文艺本身也表现出了发自内心的崇尚。他在自传《忏悔录》提到了对意大利音乐和歌剧的热爱，认为它们"启发了所有有感受美好事物能力的人"。应该说他对艺术的批判，是对当时盛行的新古典主义烦琐僵化形式的一种反抗态度。

卢梭的美学思想对欧洲文艺发展，特别是对浪漫主义的兴起起到了很大的推动作用。他的小说《新爱洛伊斯》被认为突破了当时普遍推崇的理性主义，将人的主观情感放到首要位置，描写了主人公的爱情。这部作品起到了解放思想情感的作用，体现出了浪漫主义的精神特征。在浪漫主义兴起时，卢梭被后人看作精神解放的象征，他提倡的"回归自然"也被当作口号加以利用。

卢梭的这种个人主观情感高于客观理性的美学思想，从本质上看是对经验主义美学重视具体个人自然感性体验的发展。它将审美活动的基础建立在审美主体对个人自然情感的表达和感受上。这种审美观念属于主观派，可以抽象表达为：

$$Ve = f(Mo\ Ms)$$

因为 $Mo = f(Ms)$，所以 $Ve = f(Ms)$。

Ms 重视和追求个人情感的自然表达，反对新古典主义对审美客体理性标准的约束。

三、狄德罗

狄德罗于 1713 年出生在一个刀匠家庭。他在青年时代曾经研读过哲学和法律,并立志成为作家。因职业取向的分歧,他后来与父亲断绝了来往,过着没有固定收入的清贫生活。他早年翻译过一些历史、科学和哲学著作,并出版过自己的哲学书籍。1745 年,在与朋友一起翻译英国百科全书的过程中,因对陈旧内容不满,决心编写全新的百科全书。在书商和伏尔泰、卢梭等二十多位著名学者支持下,狄德罗组织了一百多位优秀哲学家、科学家、政治家、工程师、医生等人才,历时二十七年,编写了二十八卷《百科全书》。在编写过程中,法国社会形成了一个以反对专制政府、教会和经院哲学为己任的"百科全书派",对当时启蒙运动的发展产生过重大影响。《百科全书》的出版也使狄德罗名声远扬。由于生活拮据,狄德罗得到沙俄女皇凯瑟琳大帝的巨额资助,于 1773 年受邀到达圣彼得堡,近一年后又获赠路费返回法国。狄德罗其他的主要著作有《哲学思想录》《盲人书简》《对自然的解释》《关于物质和运动的哲学原理》《生理学基础》,以及一些小说、剧本和剧评等。狄德罗因肺血栓于 1784 年去世。

狄德罗早期是伏尔泰的追随者,信仰自然神;之后转变成无神论者,信仰唯物主义。他认为人的理性思维能力和主观观念同等重要,都来自对外部世界的感知。他相信没有超物质的精神和心理,反对经验主义中休谟的唯心主义成分,相信人是在物质因素作用下产生的有感觉、有思想的生物。

与其清晰、简单的哲学观念相比,狄德罗的美学思想显得更为丰富多彩,尤其是与法国启蒙运动其他主要思想家相比。狄德罗对艺术的兴趣非常广泛,几乎涉及了每一门艺术种类。但是,他的关注重点还是在戏剧和造型艺术两个方面。

在戏剧创作上,他反对以宫廷、贵族阶层为主要服务对象的新古典主义悲剧和喜剧,认为这些传统剧目中的清规戒律和矫揉造作与时代脱节,不再能引起广大观众的共鸣。他提倡更加符合时代需求的新型市民剧，主张以丰富的剧情和身临其境的真实场景打动观众，起到对观众的教育作用。他曾亲自编写过两部新型市民剧，《私生子》和《一家之主》，并配以文章加以说明。从本质上看，他的这些主张在审美层面上是对审美主体不同时代需求的重视。除了提倡新的戏剧形式外，狄德罗还非常重视戏剧表演。他写过一篇关于演员表演的文章，讨论演员如何在表达情感过程中保持理性，控制自身的演技，做到恰如其分。他认为好的表演主要靠的是头脑而不是激情，因为经过头脑的衡量和把控，表演才能跟随理性的范本，做到始终如一。从审美观念上看，他这里强调的是，演员表演要有利于给戏剧这一审美客体带来一定的标准规范，也就是客观性。

从 1759 年到 1781 年，狄德罗曾连续二十多年报道了历届巴黎沙龙艺术展览，对造型艺术表现出了极大的兴趣。他的评论被认为通过想象力和新的角度为色彩、艺术观念和生活带来了新的魅力和标准。他为美学带来的新思想，主要体现在他的浪漫主义艺术观和美的本质在于关系的学说。

狄德罗在为《百科全书》撰写的《论美》一文中说道："凡是自然造就之物没有不正确的。"他认为，新古典主义的艺术形式看似优雅、文明，实际上却与自然脱节，与人性对立。他说一个民族越文明、越是彬彬有礼，它的风俗习惯中就越缺少诗意。他提倡艺术要向自然吸取原始的"野蛮"气息，从无拘束的表现中展现活力。虽然这些观点涉及的是"艺术之美"，也就是艺术价值问题，但是我们还是可以从中体会到狄德罗对改善、丰富审美客体形式内涵的要求。他的这些美学思想触及了新古典主义艺术存在问题的本质，对浪漫主义艺术的发展起到了促进作用。

同样在《论美》一文中，狄德罗提出了他的"美在于关系"的思想。他认为美都是具有相对性的，并进一步将美分为两种类型，一种为"实在的美"，另一种是"见到的美"。"实在的美"被认为产生于事物本身，也就是审美客体内部各个要素之间的关系，是审美客体固有的属性；例如一朵花的美，来自花瓣之间的秩序、对比、对称等。"见到的美"被认为产生于作为审美客体的事物和作为审美主体的观赏人之间的关系之中。他举例说，纸上画的三个点没有任何意义，最多只能代表某种抽象的几何学真理；但是，如果将它们分别改为太阳、月亮和地球，它们就与我们产生了关系，就变成了一种美。按照我们的观点，"见到美"与理性认知相关，属于美学价值中的艺术价值；他所谓的"实在美"是客体自身的形式构成要素，与美有着本质的区别。无论如何，从他的这些美学思想中，可以看出他对美、审美主体和审美客体三者之间既独立又相互关联的关系有着更加明晰的察觉。

狄德罗美学思想中的审美观念是建立在主客观统一基础之上的。相对于新古典主义审美观念，他既注重审美客体更加自然和多样的表现形式，又关心审美主体个人情感的投入和融合作用。他的这种主客观综合派审美观念可以抽象表达为：

$$Ve = f(Mo\ Ms)$$

Mo 注重更加自然和多样的表现形式；Ms 体现出对个体情感作用的关注。

第七节　美学学科的建立

启蒙运动的宗旨是解放思想、普及知识，以文明的人性取代非理性的行为，从而促进社会的进步。在这一运动中，人的思想和知识范围都得到了极大的扩展。在这种时代背景下，哲学研究的范围也发生了根本的改变：研究的中心问题从关心世界本质的本体论转向了探讨知识起源，以及如何认识世界的认识论。在这一转变过程中，对美学思想的研究得到了充分的发展，理性思维这个工具开始被用于分析和评估人类审美和艺术活动中的心理现象。在当时，这种美学心理现象被普遍认为是人的一种个人趣味，所以，人们关于事物美丑与否的判断也就被称为趣味判断。对趣味判断的研究，使得人们在对美本质的思考中逐渐脱离了传统的、代表"真"和"善"的哲学和伦理学领域，进入了独立的美学领域。

一、鲍赫斯、杜博斯

法国的鲍赫斯（Dominique Bouhours）是早期对趣味判断研究起到重要作用的人物。作为语言学家，他在 1671 年发表了《阿瑞斯多和尤金的对话》（*The Conversations of Aristo and Eugen*），以对话形式探讨了辩论艺术。他提倡读者从辩论中，以自己的自由判断得出具有自身人格特点的结论。他对后世的影响集中表现在他强调的"不可言喻"（Je ne sais quoi）这一概念中。他认为，"不可言喻"就像面纱之下的美丽，因人的想象而更加完美。很明显，这种"不可言喻"之美是人感性情感世界的组成部分，与人的理性世界相对，值得深入研究。

法国的杜博斯（Jean-Baptiste Dubos）是一位外交家和历史学家，并对戏剧和考古怀有极高的热情。他在 1719 年发表的《诗画批判思考》，被伏尔泰认为是整个欧洲在同一领域最有效用的著作。杜博斯明确指出，人从艺术作品中获得的印象是纯粹的情感，而艺术作品可以呈现出与真实景象不同的结果。例如，人对现实中的大屠杀场面不忍直视，同样的场景在绘画中却可以成为欣赏对象。此外，他还提出不同艺术种类在激发人类情感上的功效不同。他说，对于模仿自然，绘画的表现比诗更加精细，更容易通过感官触动我们的心灵。比如，用绘画表达气象万千、神秘莫测的自然景象要比诗容易得多；相反，用诗来表达悲剧引起的崇高感受就比用绘画容易得多。杜博斯将艺术作品的价值、美的呈现与人的感官差异和情感状况直接联系起来，从而将对美本质的探讨引入了超脱客观理性世界的无形魅力之中。这种注重感官直觉感受的美学思想与古典主义强调客观统一标准的美学思想形成了鲜明的对照。

那么，人的感官直觉特征和本质是什么？感官直觉与美的真正关系是什么？对这些问题的探究在启蒙运动影响下的德国结出了丰硕的成果。

二、莱布尼兹、沃尔夫

莱布尼兹(Gottfried Wilhelm Leibniz)是德国理性主义哲学的代表人物，他的思想源自笛卡尔和斯宾诺莎的唯理论。与笛卡尔和斯宾诺莎将物质世界看作是一台没有目的机器不同，他的哲学要调和机械论和目的论、自然科学和神学之间的矛盾，明显反映出了类似于柏拉图式的宇宙观。他哲学思想中的两个观念，对德国启蒙运动美学思想的发展起到了至关重要的作用。

首先，他认为人通过感官对世界的认知具有既清晰又朦胧的特征。所谓"清晰"指的是感官的认知结果是清晰可见的。比如，我们可以清晰地感知展现在眼前的一幅图画的形式。而"朦胧"指的是我们对感官认知过程，以及对认知内容的理解又是模糊和不确定的。比如，我们对如何欣赏、解释看到的一幅图画的内容一定会有多种不同的答案。

其次，他认为人的心理与机器不同，具有获得愉悦的目的性特征，而且心理的愉悦是"完善"（ perfection ）事物被感官认知后产生的一种情感。

他认为"完善"就是部分与部分、部分与整体之间的和谐。他曾说我们这个世界是一切可能出现的世界中最完善的，因为它来自上帝，它的存在就是寓杂多于统一（manifold but densely packed）的结果；当我们感受到事物的完善时，完善本身实际上是在与我们进行某种交流。这种思想表明，他相信在审美活动中，审美主体与审美客体之间是互动相连的。

沃尔夫（Christian Wolff）被认为是介于莱布尼兹和康德之间，德国最重要的哲学家之一。他从莱布尼兹的思想出发，对感性认知、理性认知、完善和真理等概念进行了系统界定，并确认和详细解释了"美"是一种既清晰又朦胧的感性认知，以及完善就是真理等学说。因为审美过程所具有的既清晰又朦胧特征，他认为审美是一种在等级上低于对完美事物形态的认知活动，并认为愉悦感是一种心理直觉。在他的《经验心理学》中，沃尔夫将美定义为对事物完善的感性认知（Sensible Cognition of Perfection），也就是说，美是审美主体对审美客体"完善"属性的一种感性认知。在这一认知过程中，审美主体由于感受到审美客体的完善效果而产生愉悦的感觉。他还进一步指出，事物的完善属性同时存在于形式和内容两个方面，并认为"完善"就是事物内在的真理，那么美也可以说是对真理的感性认知。

莱布尼兹和沃尔夫对认知活动既清晰又朦胧特征的分析，实际上道出了任何美学思想都包含的两个不同层面：对形式之美的直观感性认知和对内容的艺术价值理性判断。正常人对形式之美的认知结果都是"清晰"的，因为审美过程不需要人的理性分析和判断，其结果对于审美主体而言是唯一和确定的；对内容的艺术价值判断结果可以说是"朦胧"的，这是由于人的理性认知过程可以导致各种不同结果的产生。但是，由于审美不需要任何理性依据，就会显示出一种"朦胧"的过程；相反，由于艺术价值判断需要理性的参与，其过程就必然是"清晰"的。所以，审美这种认知是对客体形式的直觉，不涉及表达内容，其心理过程是"朦胧"的，给人带来的结果是"肯定"的；艺术价值判断是对客体内容的认知，必定体现出

"清晰"的理性过程,判断结果却表现出因人而异的"不确定"特征。如果我们说审美具有一种"朦胧"特征,艺术价值判断具有"清晰"的属性,实际上比较的是它们在认知过程中的差异。

这种将审美看作是审美主体对审美客体"完善"特征的感性认知过程,体现出的是主客观综合派审美观念。我们可以将这种审美观念抽象表达为:

$$Ve = f(Mo\ Ms)$$

Mo 代表客体完善的理性形式;Ms 是主体对客体"完善"形式的感性认知。

莱布尼兹、沃尔夫对德国美学思想的影响,直接表现在德国启蒙运动中期有关新古典主义的一场争论之中。这场争论中的中心人物是戈特舍德(Johann Christoph Gottsched)。戈特舍德是莱比锡大学教授,通过 1730 年发表的《批判的诗学》,成为德国文艺学术界的最高理论权威,其影响力长达 30 年之久。《批判的诗学》的基本观点建立在沃尔夫美学思想之上,认为戏剧和诗是教育人民的工具,应该通过感官形象,完美表达正确的伦理和道德。他对法国新古典主义文学和艺术推崇备至,认为要改造德国文艺原有的粗野巴洛克风格,必须针对文艺题材使用详细的规则和公式化的写作、创作方法。为达到对完善的感性认知,他的方法是对审美客体付诸理性规则,同时通过宣传和教育改造审美主体的欣赏趣味。他的这些美学思想对促进当时德国文艺的转变和水平提高,起到了一定的积极作用。

但是到 18 世纪中期,德国新古典主义美学思想开始受到来自瑞士苏黎世作家波特玛(Johann Jacob Bodmer)和布莱丁格(Johann Jacob Breitinger)的挑战,最后形成了莱比锡派和苏黎世派的大辩论。瑞士苏黎世派认同莱布尼兹和沃尔夫的美学思想,但他们相信,在感性认知中人的想象是愉悦重要的来源,所以,想象才是认识事物完美属性的关键所在。他们致力于研究想象力丰富的德国民间文学,推崇莎士比亚、弥尔顿及英国文艺。波特玛在他的《论诗的惊奇》中表达出了一个观点,那就是诗所表达的世界应该是不平凡的、令人惊奇的。他们重视情感的自由运用,提倡用愉悦的方式认识完善，这就将审美主体放置到了比审美客体更加重要的地位。这一美学思想对后续出现的浪漫主义运动的发展起到了推动作用。

三、鲍姆嘉通、梅迩

在美学思想相互碰撞和发展演进的过程中，鲍姆嘉通提出了建立美学独立学科的主张。鲍姆嘉通是哈雷大学的哲学教授，是莱布尼兹和沃尔夫理性主义哲学的信仰者。他在读书求学期间就以敏锐的洞察力，从理性主义哲学在美学思想方面的解读中，看到了审美活动在人类知识体系中的独特地位，首先在 1735 年的硕士论文《关于诗的哲学沉思》中提出了美学学科的概念。

在《关于诗的哲学沉思》中，鲍姆嘉通指出，从古希腊哲学家到中世纪教父，他们都将思维世界与感性世界明确区分；思维世界作为逻辑的产物属于一种"高级"的认知过程，具有与之相对应的学科，而感性世界是"低级"的认知过程，应该归属于一种"感觉"的学科。他用源自希腊字根的 Aesthetics 来代表这一关于"感觉"的学科。在鲍姆嘉通看来，诗也就是文艺，属于一种感性表达，因此在诗中也必须以想象和情感表达真理、打动人心，而不是通过理念和说教这些逻辑方式。在这篇论文中，他继承了沃尔夫的基本美学思想，即审美是一种既清晰又朦胧的感性认知，并指出正是这种"朦胧"的感性特质，使诗具有了更加丰富的情感表达，从而构成了"诗性"。

1750 年，鲍姆嘉通发表了以 Aesthetics 为名的专著《美学》第一卷，标志着美学学科的正式诞生。鲍姆嘉通认为人的心理活动可以被细分为知、情、意三个方面；与知性对应的是有关理性的认知科学，如逻辑学；与意志对应的是有关伦理的认知科学；与情感对应的是有关感性的认知科学。他在《美学》的前言中说道："美学是关于感性的认知科学。"这一定义表明，美学并非只是关于"美"的科学，它还是一种关于感性事物的认识论，它的研究范围包括理性知识之外的所有领域，要比现在"美学"的含义宽泛许多。

鲍姆嘉通认为美是感性认识的完善（Perfection of Sensible Cognition）。这与沃尔夫对美的定义之间存在着微妙的差别。鲍姆嘉通的定义重点强调的是"完善"；沃尔夫定义中的重点却是"感性认知"，即对客体规律的感性表达。在鲍姆嘉通看来，感性认知的"完善"既可以来自审美客体本身，也可以来自感性认知过程中的审美主体。他认为美有三种可能的来源：一是客体事物和谐的内容通过主体感性认知的"完善"产生的美；二是客体事物和谐的结构通过主体"完善"的感性认知产生的美；三是客体事物和谐的形式经过主体"完善"的感性认知产生的美。总之，美是审美主体对"完善"客体"完善"感性认知的结果。

虽然"完善"的概念来自沃尔夫，但鲍姆嘉通却对其内涵进行了新的解释。他一方面沿用"完善"针对客体本来所具有的意义，例如完整无缺、多样统一、对立统一、整体与部分的和谐，另一方面把对客体事物主观认知的明晰生动当作了"完善"的一个重要内容。他在《关于诗的哲学沉思》中说：越是突显个性的事物，越能够体现出诗的性质。在他看来，要体现事物的个性，一种方法是采取各种手段对其所在空间和时间中的位置，以及与其他事物之间的关系进行准确描写，通过"极端具体"的时空和"完全确定"的具体事物达到主观认知明晰的目的。这就是说，鲍姆嘉通认为一个客体的观念或形象内涵越丰富、越具体，它也就越清晰，因而也就越完善。体现事物个性的另外一种方法是尽可能使用情感饱满的形象刻画。他说："情感越强烈，表达就越明晰生动。"比如，要表达梅花高傲的个性，可以通过刻画冬季的寒冷，充分反映出梅花所处的残酷生存环境，以强烈对比形成生动的效果。通过分析鲍姆嘉通对"完善"的解释，我们可以看出"完善"既可以体现在审美客体丰富的内涵之中，也能够通过主体感性认知得以实现。

由于健康原因，鲍姆嘉通的《美学》专著只出版了两卷，其内容只覆盖了他原计划的三分之一。他的许多观点,尤其是关于美学的"方法论"和"符号学",并没有得到深入表达,美学中的艺术问题根本没有能够涉及。他的学生梅迩(Georg Friedrich Meier)对其美学思想,尤其是人的情感在审美过程中的作用做了更进一步的研究。

梅迩是鲍姆嘉通美学思想的忠实拥护者,后来也成为哈雷大学的哲学教授。鲍姆嘉通提出艺术必须能够使人动情,但没有再做进一步的研究和论述。梅迩针对这个问题进行了深入的探讨,提出美学研究应该关注人的激情(passion),因为激情不仅强烈地影响对感性的认知,而且也是我们愉悦感情的重要来源。所以,他认为引发人的激情是文艺作品的目的之一。他指出,激情是大脑的一种行为,能够使我们产生强烈的渴望或反抗情绪;所有情感释放,无论好坏,都会给人带来一种满足的感受,因为激情作为一种强烈的情感,会使我们意识到大脑行为的存在,从而使我们得到自我满足,产生愉悦之情。此外,梅迩进一步将激情与既清晰又朦胧的感性认知特征联系起来。他相信,激情可以使我们的目标更加"清晰",同时也会使我们因为失去理智而获得更加"朦胧"感受。通过审美主体的激情,他将"清晰"和"朦胧"两种相反的状态合理地连接到了一起。

梅迩实质上是将审美主体在审美活动中的作用进行了进一步的提升,已经使我们隐约看到了近代美学思想中的一个重要概念:心智力量的自由运用(free play of mental powers)是审美中愉悦情感的根本源泉。

总体来看,鲍姆嘉通和梅迩美学思想既强调"完善"的审美客体,又认为艺术手段和艺术目的都在于激发审美主体的情感。很明显,这种美学思想中的审美观念反映的是主客观统一的观点,可以被表达为:

$$Ve = f(Mo\ Ms)$$

Mo 追求"完善"的形式和结构;Ms 强调"激情"在获得"完善"感性认知中的运用。

四、曼德松

曼德松（Moses Mendelssohn）是另外一位才华出众的思想家。他在26岁就发表了《哲学对话》和《论情感》。之后，又先后发表了《关于可能性的思考》《文学与艺术集锦》《艺术与文学的基本原理》《关于最新文学的通信》和主要是关于美学的《哲学文集》等一系列论著。

曼德松认同沃尔夫和鲍姆嘉通关于愉悦来源于对"完善的认知"和"认知的完善"的思想观点，但对于愉悦产生的机制提出了不同的看法。他认为在"完善"过程中，人的主观感知精神作用要比鲍姆嘉通所说的更大；既清晰又朦胧的感知本身还不能解释愉悦的产生；对自然的完美模仿也不是美的真正起源。他也反对杜博斯所说的仅仅依靠激发情感就可获得美的观点。他认为审美之中感性认知的过程更为复杂，是四个不同领域完善的综合结果：第一是事物本身，也就是审美客体的完善，它取决于客体的秩序、对称、部分与部分之间的理性关系等；第二是作为审美主体人的感性认知的完善，也就是欣赏者的大脑思维状态；第三是作为审美主体人的身体机能的完善，也就是和谐良好的身体机能和状态对大脑愉悦的促进作用；第四是艺术品质和才华的完善，也就是针对不同艺术种类最为有效的艺术表达手段。他相信，每种类型的完善都是审美愉悦的可能来源，都会在审美过程中带来愉悦感受。

对于感性认知的完善，曼德松提出了新的观点。他认为在认知过程中，外在事物，也就是审美客体，首先通过大脑的"决定"被转换成思维的"产物"，成为一种存在于大脑中的内在客体；这一内在客体来自外在客体，但在转换之后又与外在客体不同。表面上看，人的整个认知过程就是对外在客体认识转化和对内在客体产生认知欲望的过程。但他认为，在认识功能（faculty of knowing）和欲望功能（faculty of desire）之外，人的认知过程中还具有一种确认功能（faculty of approval）；只有通过使用这种确认功能，人才可以对认知结果加以确认，得出肯定或否定的判断，之后才能使用欲望功能。他相信，在使用确认功能时，无论结果是肯定还是否定，由于人有效地使用了自身的这种能力，都会在这个过程中产生满足感。例如，当人们对丑恶现实有效地使用了确定判断后，可以对自己的判断能力产生满足，进而得到审美愉悦。曼德松认为，这种满足感才是审美愉悦的真正来源。

曼德松得出他的结论：艺术的真谛不在于对知识认识的正确与否，也不是对自然的真实模仿或是对某种事物的欲望，而是通过艺术加工，使我们在认知过程中充分调动起思维的各种能力，形成"综合"的情感，从心灵满足中得到愉悦。他的审美愉悦与欲望无关的理论，据说对康德美学思想的形成产生了一定的影响。

与欲望功能不同，曼德松所说的确认功能可以被理解成为一种简单的生理机制，并不涉及逻辑思维和抽象概念，不属于理性认知过程。因此，他分析的审美愉悦实质上正是我们所说的审美判断结果，与艺术价值无关。我们可以从他的结论中体会到感性认知与理性认知的机制差异，并从这种差异中对审美与艺术价值判断的不同做出一种合理的解释。

关于艺术品质和才华的完善，除了对艺术非同一般的技法、传递出的精神气质等方面的介绍之外，曼德松特别强调了不同种类艺术之间的区分。他首先将艺术分为两种：一种是依靠自然符号（natural signs）进行表达的纯艺术，比如绘画、雕刻、舞蹈、音乐等；另一种是依靠人为规定符号（arbitrary signs）进行表达的文学艺术形式，比如小说、诗词、歌赋等。在纯艺术中，自然符号的含义来自被表达的形象，比如烟是火的自然符号，人无须经过特别训练就可理解；在文学艺术中，人为规定符号的含义是被约定的，比如中文的"火"字与英文中的不同，它建立在人为规定的章法之上，更加严密，需要经过训练才可以真正理解其含义。由于符号的人为约定特性，文学艺术中的符号就具有包含一切内容，进而具有表达一切情感的可能；相反，由于自然符号的含义是固定的，不能任意增加扩展含义，其表达范围就受到限制，比如，不可能用音乐描写一枝特殊的玫瑰花，也不可能以绘画表达一首特殊的乐曲。

曼德松对艺术种类的分析实质上触及了艺术作品的形式与内容关系，及其两者不同功效的问题。依靠自然符号的纯艺术是以对形式的认知为基础的；依靠规定符号的文学艺术是建立在对内容理解基础之上的。因此，对使用自然符号的纯艺术既可以进行审美判断，也可以将形式上升为内容进行艺术价值判断；对规定符号的文学艺术只能进行艺术价值判断。关于审美与艺术价值判断的本质区别，我们将在第三章详细论述。

曼德松还根据艺术与时空的关系，将其划分成以表达具体场景的艺术和以运动为表达手段的艺术，并指出了它们的不同特征。表达场景的艺术就是所谓的空间艺术，指的是在特定时刻、通过特定形式对"美"的表达，例如绘画、雕刻等；以运动为表达手段的艺术就是所谓的时间艺术，其特点是通过运动的形式对"美"加以展示，例如音乐、舞蹈、诗词等。由于空间艺术只能发生在固定单一的时刻，所以对这一时刻选择就非常重要。曼德松的这一观点表明，绘画和雕刻这类空间艺术要将所有的丰富情节和内容表达归结到时空中特定的一点，使人们在观看时能够释放所有潜在的想象能力，感受到作品在特定情节发生之前的状态，并预见其未来的结果。他的这一理论被好友莱辛借用发挥，写成了著名的《拉奥孔》。

总体看来，曼德松对审美主体在审美活动中的作用进行了更加深入的研究。通过对审美主体情感作用机制的细化分类，进一步提升了审美主体在审美判断中的地位，为康德美学思想的建立提供了更加坚实的基础。他美学思想中的审美观念应该属于主客观综合派，可以抽象表达为：

$$Ve = f(Mo\ Ms)$$

Mo 追求客体形式的秩序和规则，以及对各种形式结构的理性表达；Ms 强调主体认知功能、确认功能等心理机能在获得审美愉悦中的作用。

五、温克尔曼、莱辛

温克尔曼（Johann Joachim Winckelmann）做过教师和图书管理人员，有机会接触到宫廷和许多贵族的艺术收藏。他在 1755 年发表了《关于在绘画和雕刻中模仿希腊作品的意见》一文，初步建立了他在美学研究领域的地位。之后，他移居罗马，继续从事服务于宫廷和贵族的工作。他在 1764 年发表的《古代艺术史》使其学术成就达到了高峰。温克尔曼是最早对古希腊造型艺术进行系统研究的学者，他的论文和著作曾在欧洲掀起过崇拜希腊古典艺术之风，对后来的美学研究和文艺理论发展都产生过深远的影响。

温克尔曼认为美来自对事物内在"自然"特质的模仿。对于何为"自然"，他在《关于艺术的哲学和历史论文集》第一卷中指出，艺术应该为达到美的形态追求"自然"之物；要得到"自然"之物，就要尽最大可能避免外来、强加的干扰。这表明，他相信"自然"不是来自与审美主体理性认知相关的表象特征，而是出自对客体事物内在本性特征的真实、自然的表现。他在《古代艺术史》中分析了希腊古典艺术成就产生的原因，并归纳出三点：一是希腊气候温和的自然环境有利于人体的展示和完美发展；二是希腊人文思想的自然状态不受过多外在伦理观念的约束，有利于对人体之美的观察和模仿；三是希腊思想和人文的高尚特征，使得人体外在之美与内在之美的本质达到了一致。他所强调的自然环境、人文思想的自然状态、内外统一的人体特征这三个希腊艺术能够取得最高成就的原因，都是出自对固有的客观事实的肯定，避免主体对客体的思想干预。因此，可以说他的审美观点具有明显的客观派特征。

温克尔曼将发展的观点带入了艺术史研究之中，论证了不同艺术风格和审美形态的历史发展过程。在《关于在绘画和雕刻中模仿希腊作品的意见》中，他指出艺术随着时代的变迁会产生不同的风格。他将古希腊艺术发展历史划分为四个时期，并对各个时期的艺术风格和审美价值做出了说明。第一个时期是公元前5世纪以前，此时的希腊艺术尚处在起步阶段，艺术作品线条生硬，非常具有魄力，但作品的整体形象还没达到美的标准。第二个时期是公元前5世纪，这期间希腊造型艺术发展到了最高阶段，体现出崇高的风格，其特征是纯朴和完整。第三个时期是公元前4世纪，这一时期的艺术造型技巧发展到了高度的成熟阶段，艺术作品圆润、清秀、典雅，具有了"美"的特征。第四个时期是亚历山大之后的希腊化时期，艺术主要专注模仿，形成折中主义风格，失去了发展的活力。

从他对希腊艺术发展变化的论述中，我们可以看到温克尔曼将不同艺术风格，如魄力、崇高、典雅、折中，以及"美"的概念做了明确的区分。他以自身的主观立场为参照，将"美"的特征与"圆润、清秀、典雅"这些固定不变的客观标准关联起来，用于衡量和评价希腊艺术第三个时期作品的审美价值；这说明他的审美观念中具有明确的客观标准。此外，他进一步将希腊艺术在第二时期产生的杰作的特征定义为"高贵的单纯和静穆的伟大"（noble simplicity and quiet grandeur），认为希腊艺术杰作就像激烈情感中伟大而沉静的灵魂，海面波涛汹涌，海底深处仍寂静如常。以审美三要素关系来看，这种观点的实质是将"美"看作审美客体的某类形象特征在审美主体心中引发的特殊感受，强调的是审美客体在审美三要素中的主导地位。这从另一个方面展示了他审美观念中的客观标准。

温克尔曼将"高贵的单纯和静穆的伟大"这一标准用于雕刻作品《拉奥孔》的分析，以说明他美学思想中的审美观念。《拉奥孔》描绘的是特洛伊的神庙司祭拉奥孔和他两个儿子被大蛇缠咬，痛苦挣扎的情形（拉奥孔群像雕塑，baike.baidu.com）。他认为，拉奥孔和儿子们虽然极端痛苦，但艺术家在表达面容和身体姿态时却经过了认真的衡量，选择了比较平和的面部表情，体现出的正是对"高贵的单纯和静穆的伟大"这一固定模式的追求。

温克尔曼对《拉奥孔》评论中表达出的观点与另一位启蒙运动思想家莱辛（Gotthold Ephraim Lessing）的观点形成了鲜明的对比。对这两种对立观点的分析、比较，可以帮助我们更加清晰地认识不同美学思想出现分歧的重要原因，以及这一时期审美观念发展演变的历史过程。

德国启蒙运动发展到18世纪下半叶进入了高潮阶段。莱辛是这个阶段的代表人物之一。作为作家、剧作家和文艺评论家，他坚决支持启蒙运动主张改革社会现状的要求，并通过戏剧作品和论文揭露当时政治制度的腐朽，表达了提倡宗教信仰自由的理想。在戏剧创作上，他反对戈特舍德的艺术主张，认为法国新古典主义规则降低了戏剧艺术的水平；他提倡革新，给予莎士比亚戏剧形式有力的支持。

在美学思想研究领域，莱辛最重要的贡献被认为来自他的论著《拉奥孔：论诗和画的界限》。通过这部发表于1766年的著作，他比较了《拉奥孔》这个艺术题材在雕刻和诗中的不同处理方式，论证了诗与造型艺术的本质区别，指出针对不同种类的文学和艺术作品应使用不同的表达方式和评价标准，而且认为，只有这样才能达到不同种类作品的共同目的，这就是作品之美。

雕刻作品《拉奥孔》据信完成于公元前50年左右；罗马诗人维吉尔在公元前17年发表的史诗《伊利亚特》中也曾使用过这一题材。莱辛通过比较同一时期、同一题材的雕刻和诗，指出了两者之间的根本不同之处：诗中对拉奥孔的激烈挣扎和痛苦毫不掩饰，表现得淋漓尽致，而雕刻中对痛苦和挣扎的表现却被大大地减弱了。诗中描写长蛇环绕拉奥孔腰部三道，绕颈两道，但在雕刻中长蛇却仅仅缠绕着人物腿部和上肢的一部分；诗中的拉奥孔放声哀嚎，雕刻中人物的面孔却仅仅表现出叹息；诗里的拉奥孔穿戴着司祭的衣帽，而在雕刻中的人物都是裸体。为什么同样的题材在诗和雕刻中却采用了不同的处理手法？

针对这一问题，温克尔曼认为雕刻作为希腊古典艺术，要表现"高贵的单纯和静穆的伟大"这一最佳状态之美，所以避免了过分激烈的表达形式，弱化了痛苦的表情。莱辛对温克尔曼的观点并不认同，他指出艺术的最高标准不是固定不变的"高贵的单纯和静穆的伟大"，而是"美"本身；

雕刻作为希腊古典艺术也不例外。他相信，拉奥孔雕刻不同的表达方式源自造型艺术与文学艺术的特征不同：作为视觉艺术的雕刻和绘画，不宜在视觉上过分展示丑陋。他认为当"美"本身是最高评价标准时，艺术家会使用一切手段使作品产生美感，这些手段就包括降低作品的"真实性"，弱化拉奥孔因痛苦而产生的面部和肢体"丑陋"的扭曲。在这里，莱辛暗示出了一个重要观念，那就是在艺术创作活动中，"美"是永恒不变的追求主题，而服务于"美"的客体形态是需要根据艺术媒介和主体感受做出改变的。也就是说，判断标准不是纯粹客观不变的，而是与主体的主观感受相关的。这表明莱辛美学思想具有主客观综合派的特点。

从莱辛的分析和论述中可以看到，他的文学作品之"美"评判标准都是与理性认知紧密相关的。按照本书提出的美学概念，"痛苦""激烈挣扎""哀嚎""叹息"等描述都是主体对客体的理性认知，属于对作品的艺术价值判断，与审美不是同一概念。因此，莱辛所说的诗之"美"，实质上是作品的艺术价值，而雕刻之"美"更多体现出的是审美价值。

在探讨如何把握造型艺术的本质特征时，莱辛借用了好友曼德松的理论：造型艺术是对事物在某一特定时刻的表达，所以，艺术家必须对这一时刻的选择认真把握，使得艺术作品处在该时刻的状态能给欣赏者留下足够的自由想象空间。莱辛认为绘画、雕刻等造型艺术不宜选择表达事物发展到最高潮时的状态，否则，作为主体的观赏者就会对作品失去发挥自由想象的空间。他将曼德松的理论运用在拉奥孔雕刻之上，解释了艺术之美的产生过程：避免刻画人物在事件高潮最痛苦的时刻，从而给观赏者留下充足的自由想象空间。这种观点主要分析、论证了艺术作品之"美"出自大脑的自由想象，这说明，在他看来大脑对艺术作品的理性思维要比某种"真实的"形式表达重要得多。很明显，他强调和极力论证的艺术之"美"指的是作品的艺术价值。

另外，在探讨诗的本质特征时，莱辛同样借用了曼德松的理论：诗是表达连续发生事件的艺术，因此，运动是诗真正的主角。他不否认造型艺术在一定程度上也可以描绘动作，诗也可以描绘物体，但是他认为，造型艺术只能通过一种暗示表达连贯的动作，诗则需要直接通过对不同动作的描写刻画人物和事件。也就是说，对不同种类的艺术需要根据各自的特点采用适当的处理手法，对客体表达做出取舍。在《拉奥孔：论诗和画的界限》中提到《荷马史诗》的作者是盲人时，莱辛说到，如果我的外在视觉必须成为内在洞察力的度量依靠时，我宁愿丧失前者，使后者从限制中获得自由。他强调的是视觉实际上限制了人的理性思考和想象，而诗作为非视觉艺术可以解放想象力，使我们更加自由地运用思想和情感，充分发挥它们的效力。

莱辛美学思想的本质特征在于他把人的理性心理认知活动放到了研究的首要位置。他以对主体心理感受的不同，区别对待不同的艺术形式，打破了新古典主义强调的诗画一致，将固定不变的客体标准作为衡量一切的僵化信条的做法。这在当时极具启发性，对美学研究、文艺批评和文艺创作都产生了不小的影响。同样，这些美学思想涉及的是艺术价值判断，与我们所说的审美不同。

比较温克尔曼和莱辛的不同观点，使我们清晰地看到这一时期两种美学思想的对立。从莱辛的分析论证中，我们可以看到他与温克尔曼的分歧来自于对美本质的不同理解。正如我们在前言中所指出的，美与艺术价值是两种截然不同的认知结果：审美是主体对客体的无功利感性认知，艺术价值判断是主体对艺术作品的一种理性认知过程。莱辛在《拉奥孔：论诗和画的界限》中倡导的"美"是"艺术之美"，也就是艺术价值。他要避免的"最痛苦时刻"和提倡的"想象"都是涉及理性认知的概念，是与艺术价值判断直接相关的。因此，他所说的在艺术作品中对美的追求实质上是对作品艺术价值的追求。由于人的理性思维总是处在不断发展、变化过程之中，我们对任何一件艺术作品的解读都永远存在着不同的可能性。正是这种不同解读的可能性，使得艺术实践活动呈现出了永恒的创造性特征。

所以，莱辛追求的"美"是作品的创造性表达方式。对于视觉艺术《拉奥孔》雕刻而言，对"最痛苦时刻"的直接展示似乎是一种缺乏创意的表达，不能最好地体现出作品与理性思维相关的艺术价值。对于诗词文学作品，情况则完全不同。用文字语言表达"最痛苦时刻"本身就需要创意，再使读者将文字在大脑中转换成视觉形象更离不开想象力的创造加工。因此，他所说的针对不同艺术形式采用不同表达方式的目的是更好地实现作品的"艺术之美"，也就是我们所说的艺术价值。

温克尔曼强调的"美"属于感性认知之美。他提倡在审美过程中要避免过多地涉及对作品特征的外来干涉，就是要尽量排除来自人的理性加工。他赞赏的"高贵的单纯和静穆的伟大"，就是一种出自直观、单纯的感性情感。所谓"高贵"和"伟大"意味着与大众和大众认知理念的脱离；"单纯"和"静穆"是排除复杂结构组织和巧妙情节刺激等思想观念之后的状态。另外，"高贵"与"单纯""静穆"与"伟大"也构成了两组比较中性的概念。"高贵"一般多呈现出繁多，"伟大"也往往与轰轰烈烈相关，因此，"高贵的单纯"和"静穆的伟大"形成了两组矛盾概念的中和，由此达到了抑制理性思维发生，表达安静平和、无理性欲望的感性体验效果。温克尔曼赞赏的这种情感正是在排除莱辛提倡的"自由想象空间"引发的理性认知和由理性带来的情感波动后，留下的审美所需的直观感性世界，所以，他赞赏的正是感性世界给我们带来了"最高的美感"。他否定对"极端痛苦"特征的表达，就是因为这种特征是一种对理性认知内容的强烈展示，必然会使作品在趋于表达更多艺术价值的同时显现出较低的审美价值。有关艺术价值与审美价值的相互关系将在第三章中详细论述。可以说，温克尔曼美学思想提倡的是一种通过对理性内容的淡化，突显感性认知的审美观念。

因此，莱辛与温克尔曼之间美学思想的矛盾是由于混淆了美与艺术价值两个不同概念引起的。作为感性认知结果，"美"与主体的理性"自由想象"和客体内容无关，表现出的是一种无以言表的直观情感。作为一种理性认知结果，艺术价值与人的创意、理解方式有直接的关联，具有多样化选择的可能。莱辛所说的"自由想象空间"正是艺术价值多样化选择可能的体现。以本书提出的美学理论来衡量，两人的美学思想其实并不矛盾，他们只是分别分析、论证了美学中的审美和艺术价值判断两个不同层面而已。

温克尔曼美学思想的重点主要集中探讨的是美和审美价值问题。他主张通过某种形式规则给审美主体带来"高贵的单纯和静穆的伟大"这一特定感受形态（优美，一种审美形态），并以这种特定形态作为固定不变的度量标准，判断艺术作品水平的高低和优劣；这反映出的是一种客观派审美观点。在对《拉奥孔》雕刻分析中，温克尔曼从希腊艺术作品中体现出的美的固定形态入手，论证了由于人的心理感受来自客体的某些客观标准，所以只有当艺术作品服从这些既定的客观标准时，"美"的感受才能得以显现。

在对《拉奥孔》雕刻与诗的表达差异分析中，莱辛美学思想的关注重点是艺术价值。在对艺术之"美"的论述中，他总是以主体与客体恰当的理性关系为中心，将"美"的来源归结到两者之间恰当理性关系给人带来的最佳心理满足，并进一步认为这种心理满足源自心智力量的自由运用。莱辛从人的主观思维状态出发，论证的是作为客体的艺术表现手法必须服从主体的心理经验，才能实现作品艺术价值的目标。所以，莱辛美学思想表达的是一种主客观综合派的艺术价值判断观点，与审美观念无关。

温克尔曼的客观派审美观念可以表达为：

$$Ve = f(Mo\ Ms)$$

因为 $Ms = f(Mo)$，所以 $Ve = f(Mo)$。

Mo 包含的内容与唯理论审美观念单纯强调的比例、尺度、和谐、对称等理性概念不同，他更加注重的客体形式要能够产生某种特殊情感，如"圆润和典雅""高贵的单纯和静穆的伟大"。

第八节　康德哲学及其美学思想

康德于 1724 年出生在东普鲁士的柯尼斯堡，即现在的俄罗斯加里宁格勒市。康德金发碧眼，身材矮小，从幼年开始一直体弱。康德的父亲是位马具制作工匠，家庭并不富裕。由于整个家庭成员都是非常虔诚的新教教徒，康德从小受到了严格的家庭和宗教教育，具有勤奋、自律、高尚的品格特征。

康德学习成绩优异，16 岁进入柯尼斯堡大学。在毕业前夕其父去世，使他一家顿时失去了经济来源；为养家糊口，照顾幼小的弟弟和妹妹，他只能辍学，开始从事家庭教师工作。十一年之后，32 岁的康德才重新回到柯尼斯堡大学，以论文《论火》获得硕士学位。三个月后，他又以《对形而上学基本原理的新解释》一文通过答辩，得到了没有固定职位的讲师职务，开始了正式的大学教书生涯。他讲授过的课程有逻辑学、形而上学、人类学、道德哲学、伦理学、自然哲学、数学、物理学、力学、美学、地理学、生物学、教育学、自然法等，可谓包罗万象。虽然学术研究涉猎广泛，康德却很少远足外出，一生大部分时间都居住在柯尼斯堡，直到八十岁去世。

1770 年，康德在 46 岁才获得正式教授的讲席职位，可谓大器晚成。按照当时的学术惯例，正式就职教授职位需要举办演讲仪式。他的就职演讲论文《感性和知性世界的形式与原则》被认为是划分康德哲学思想的分水岭；在此之前被称为"前批判时期"，之后为"批判时期"。

在"前批判时期"，康德学术研究的重点集中在自然科学领域，主要成果有 1755 年发表的《自然通史和天体论》，在自然科学历史上首次提出了关于太阳系起源的星云假说。在就职教授之后，康德对唯理论和经验主义两大对立哲学体系进行了极为专注的批判性研究，在这期间没有发表任何学术成果；为此，他曾受到各方非议，据说还一度成了学界的笑谈。在十一年之后的 1781 年，康德发表了《纯粹理性批判》，并在其后的九年中相继推出了一系列涉及领域广泛、有独特见解的著作，其中包括《实践理性批判》和《判断力批判》。这"三大批判"标志着康德哲学体系的诞生，并开启了德国古典哲学登顶历史高峰的大门。

现代哲学起源于人类对自身获取真正知识的信念。问题在于用何种方法才能保证获取知识的可靠性？唯理论认为人类心灵是所有知识的可靠基础，它相信世界正像我们的理性推理所能够体悟到的一样，并坚信理性分析在获取知识上，与欧几里得几何学具有同样的逻辑效力。经验主义则认为，我们对于世界的认识全部都来自感官和对经验的反省，与直接经验无关的理性知识，如神学、心理学、宇宙论等都是不可能的。此外，极端的机械唯物主义和决定论更是将人贬低到完全被动、如同木偶一般的地步。这样，曾经摧毁中世纪神学权威和传统，使人类自身理性登上宝座的批判精神，又将人类理性自身带到了审判台之上。面对这种状况，康德看到了审查人类理性、批判各种谬误的迫切需要。清查知识的来源、知识存在的范围和界限是"三大批判"的基本目的。作为德国古典哲学的最高成就，"三大批判"不仅给当时的哲学思想带来了一场革命，彻底改变了西方哲学的发展方向，也奠定了批判哲学体系及其之后全部哲学研究的认识论、方法论、逻辑学和形而上学的基础，至今仍然被认为是西方哲学经久不衰的源泉之一。

一、批判哲学体系

《纯粹理性批判》回答的基本问题是人类能够知道什么。自从现代哲学之父笛卡尔以来，哲学家都会专注思考人类对世界能够有什么样的认知以及如何认知的问题。康德对于古往今来的哲学传统有系统深入的研究，对以笛卡尔、斯宾诺莎为代表的唯理论和以洛克、休谟等人为代表的经验主义都有详尽的了解。康德认为这两种对立的哲学思想各有对错，并试图对它们进行调和与统一。

康德指出，人类对世界的认知是同时透过感官经验和理性思考得到的。在他看来唯理论夸大了理性的重要性，而经验主义又过分强调了感官经验。康德同意经验主义的观点，认为我们对于世界的了解是透过感官得来的，但他同时相信知识的最终形成受到了人类自身理性固有思考方式的决定性影响。他指出感官为我们的知识提供了材料，而心灵则按照其本性的必然形式来组织感受到的材料；也就是说，经验在成为知识之前必须经过人类大脑的特殊加工。所以康德说，没有理性概念的感觉对象是盲目的，没有感觉对象的理性概念是空洞的。

康德认为人类的理性思考是有一定模式的，而且这种思考问题的固有模式是先于经验存在于人心灵之中的，也就是"先验的"（transcendental）。他说这种先验思考模式是通过人类拥有的时间和空间观念实现的。康德所说的时间和空间概念与牛顿的时空概念不同，并非是物质世界的客观属性，而是人类感知世界的一种主观概念。他说时间和空间是人类具有的"直观形式"（form of intuition），即一种直觉的、感性认识事物的形式。这种"直观形式"先于一切外来经验存在于我们心灵之中，就像是人类理性佩戴着的、用于审视世界的一副有色"眼镜"。康德否定了经验主义者洛克认为人类心灵是一块"白板"的学说。按照康德所说，当我们对外界事物进行认识时，总是要透过"先验"的时间和空间观念去感受各种零散元素，并按照被他称为范畴的方式，在质、量、关系、模态四个方面对感知到的各种元素进行"分析""综合"的推理和判断。他将这个过程称作"先天综合判断"（Synthetic A Priori Judgment）。"分析判断"是指主语与宾语概念相同的认知判断。例如在"飞机会飞"这个判断中的"飞机"与"飞"是同一概念，因此属于"分析判断"。"综合判断"是指主语与宾语概念不同的认知判断。例如"玫瑰花是红的"判断中的"玫瑰花"与"红的"是不同的概念，因此属于"综合判断"。康德指出，单纯依靠理性逻辑的"分析判断"不能获得新知识；单纯来自感性的"综合判断"只能获得不具普遍意义的新经验。因此，人类具有普遍意义的新知识都是通过既含有理性"分析"又包括感性经验"综合"的"先天综合判断"获得的。

《纯粹理性批判》的重要性在于它颠覆了以往人类对知识属性的认知。长久以来，知识被认为是自然世界的客观属性，因此，以往对真理的追求大多体现在对客观世界的探索上。康德则说"人为自然立法"。他论证了知识在很大程度上来自人类自身理性思维的特有方式；人类眼中"客观世界"的创造者不是上帝，而是人自己。这个观点被形象地类比为认知论上的哥白尼"日心说"革命。康德的结论表明，人对自然世界的一切认识都无法脱离自身固有的时间与空间概念的限制；人的知识在没有时间和空间框架模式下都是无法成立的，而一旦进入时空观念框架之后，所有的一切都只能被称为现象，属于现象世界（Phenomenal World）。这样一来，凭借人类自身的能力，我们就无法认识本体世界（Noumenon World），也就是他说的"物自体"（Thing-in-itself）。他认为现象世界就是人类理性认知的范围。"人为自然立法"这一结论与现代量子力学提出的测不准原理非常类似。测不准原理指出，粒子的属性是与人对其进行的观测相关的，因为观测本身是对粒子属性本身的干涉，是一种外来的作用，不可能不改变粒子本身的属性。

由于人的理性对世界认知存在着界限，我们对本体世界的认知就处在一种真空的状态，从而使自身在了解和判断本体世界时的自由意志具有了"正当"的地位。那么，具有自由意志的人如何选择做什么？这是关于如何从"善"的伦理学问题。为此，康德在他的哲学中顺理成章地开辟了伦理和宗教领域。在这个领域中，理性和经验失去了作用，只有信仰才能成为自由意志的精神支柱。康德认为，我们必须假设不朽的灵魂和至高无上的上帝确实存在，虽然这些都归属于人类理性无法认知的本体世界，因为只有它们存在，具有自由意志的人类才能够为维护伦理道德做出正确的选择。

《实践理性批判》是康德的伦理学著作，解决的正是我们应该做什么的问题。康德认为辨别是非的能力是天生存在于人的心灵理性之中的。他说我们每个人都有根本的是非标准，而且这些根本的标准不是后天学来的，而是与生俱来的固有观念。这些是非标准就是道德法则。由于道德法则是先验的，它就必然是"形式的"，所以也就不受时空之中"内容"制约，成为普遍的、放之四海皆准的标准。

康德将道德法则定义为"绝对命令"（Categorical Imperative），就是说这一法则是道德判断的绝对权威，是普世的和无条件的，应该适合所有情况。"绝对命令"将善之行为视作责任和义务；它可以被简单理解为，排除一切精神和物质利益关系之后，我们必须要做的事情。"绝对命令"体现在两方面：第一，判断一个人有道德与否，应看他的行为动机是否出自善意，而不是看行为产生的结果。比如对待一个落水之人，有些人出于责任心出手相救，有些人挺身而出可能是为了展现自己的英雄气概。在康德眼中，前者才是有道德的，因为后者将救人当成了实现自我价值的一种"工具"，是不道德的。所以，道德行为应该以人为目的，而不能以人为手段或工具，也就是说不能将别人或自己作为手段或工具，而必须当作目的。第二，道德行为还应该符合"普遍性原则"。这是指道德行为是每一个人都希望做的一种普遍行为。如果你从事某种行为，但你不希望其他人对你同样为之，那么你的行为就是不道德的。这与"己所不欲，勿施于人"的道理相同。

《纯粹理性批判》论证了"人为自然立法"，指出了人是通过自身主观的固有观念构筑了一个可以被感知的客观现象世界。《实践理性批判》指出，人主观构筑起了无限、整体、上帝、自由意志和不朽灵魂这些只能通过理性概念理解，但在客观现实中并不存在的"物自体"；它们虽然不属于纯粹认知范围，无法被我们的经验感知，却能被人类利用，为自身遵循和从事道德行为立下了准则。这两大批判一个涉及人对自然世界必然规律的认识，另一个涉及人的自由意志和道德精神，形成了两个互不相关、封闭独立的体系，解决的是各自体系之内的问题。

但是，人的道德精神必须在自然世界才能实现。当我们面对自然世界之时，自然规律是如何与受到道德准则指引的人类之间发生相互作用的？也就是说，这两个体系之间存在着什么样的关系？这是《判断力批判》所要回答的问题。人对自然世界的认识运用的是知性能力，对伦理道德世界的认识运用的是理性能力；康德认为，判断力是人类具有的第三种能力。正是通过判断力的运用，人才将由固定因果关系构成的自然世界与人类道德世界连接了起来。按照康德自己的说法，就是"使人的判断力在知解力和道德理性之间起到桥梁作用"。

二、批判美学

《判断力批判》的内容包括两个部分，它们分别是"审美判断力批判"（Critique of Aesthetic Judgment）和"目的判断力批判"（Critique of Teleological Judgment）。"审美判断力批判"是对康德美学思想的阐述。

《判断力批判》中论述的判断力指的是与人的情感相关的能力。康德认为人的三种知解能力，即知性能力、理性能力和判断能力，分别与真、善、美三个方面相关联，其中与审美相关的判断力所对应的是人的情感能力。在早期，康德不认为审美这种与情感相关的活动属于哲学研究的对象，而是将它看成心理学的研究范围。这是因为他感到审美活动的结果因人而异，似乎没有显而易见的普遍原则，应该属于与先验哲学研究无关的经验学科范畴。但是在写作《实践理性批判》时，他明显地改变了看法，开始认为审美不完全是经验学科。到了晚年，康德认为在审美活动中可以发现具有普遍意义的先天原则。通过《判断力批判》，康德明确指出审美判断是判断力运用的一种形式，它的先天普遍原则是建立在反思判断之上的。

三、反思判断

康德认为人的判断力可以分为两大类，它们是决定判断（Determinative

Judgment）和反思判断（Reflective Judgment）。决定判断是将已有的知识概念运用到具体经验之上，是一个从一般抽象概念到具体事物的过程。例如，一个医生通过学习掌握了一般病理和药理知识概念，在临床实践面对具体病人时，他需要通过决定判断将一般知识概念运用到具体病人身上，判断出病人的病因，开出具体的药方。决定判断过程本身是没有先天原则的；在决定判断过程中使用的原则是从现有知识概念中转借过来的。所以，决定判断本质上是一种把一般知识概念运用到具体事例上的技巧。

康德认为反思判断是具有先天原则的。反思判断的过程是从特殊到普遍、从具体事物到一般抽象情感的过程，是与决定判断正好相反的。例如，在我们欣赏一幅绘画作品时，出现在我们面前的是可以使人产生感性体验的各种线条、体块和色彩元素。对于这些特殊、具体的形式元素，我们的欣赏过程不是套用现成的概念去理性规范和认识这些元素，而是从这些元素提供的丰富多彩的形式中，为我们自身寻求某种普遍的情感。"反思"就是指人从本来没有任何普遍性的具体、杂多材料里，通过自身感觉的变化在自身中体验到了某种具有普遍性的情感。所以，这个普遍性不是存在于客观材料之中的，而是存在于作为主体的人的情感之中，是我们主体情感产生的一种普遍性。这种普遍性的展现过程不是由主体去"决定"客体对象，而是从客体对象"反思"到作为主体的人的自身情感之中的。所以，反思判断具有的先天原则就是它产生的、具有普遍意义的判断结果(情感)。那么，这种反思判断与审美活动之间有什么关系呢？

康德进一步将反思判断细分成三种形式，它们分别是审美判断、合意判断、好坏判断。合意判断是带着主观功利意图对事物是否达到某种标准进行的判断。好坏判断是以客观功利要求对事物是否达到一定标准进行的判断。审美判断属于一种纯粹的感性认知，是没有任何功利要求的趣味判断，也就是说在判断中没有任何理性概念的介入。这是康德从他的范畴学说中"质"的方面对审美判断的分析。无功利特征意味着主体对客体内容的忽视；因此，从这个层面上看，任何审美判断都必须同时涉及审美主体和审美客体。对这三种形式的判断,在本书第一章中已经举例作了简单的介绍。

除了无功利性之外,审美判断的另一个重要特征是它具有主观和客观双重特征属性。审美判断的主观性体现在判断是由审美主体做出的,判断的结果出自具体个人,是主观的。审美判断的客观性体现在审美主体无须通过验证先天地断言,审美判断的结果对于其他任何人应该都是有效的,并因此将这种主观的判断结果归于审美客体。例如,当我看到一朵花,并做出这朵花是"美"的判断时,意味着这朵花让我产生了"美"的主观感受,这是主观性的体现;但在我说这朵花很美时,这代表我同时在断言:既然我认为这朵花是美的,那么看到这朵花的其他人,都应该觉得它是美的,这就是审美判断客观性的体现。康德认为人在审美判断中产生的这样一种主客观双重意识是一种先天的规律,正是这一规律使主观的审美判断具有了普遍的客观意义,能够成为一种学科。在上述的例子中,我并不是知道了很多人都觉得这朵花美,才进而归纳出这么一个结论,说其他人都会感觉这朵花是美的;我是先天地断言,只要是人,应该都会认为这朵花是美的。这种客观性是反映在审美主体思想上的,而不是体现在审美客体之上的,也就是说,审美主体对自己的判断有一种客观化的情感要求。这种要求在"合意判断"和"好坏判断"中都是不需要的。例如,我享用了一顿美食,自己非常愉快,用不着别人说好。但是,如果我看了一场从审美角度来说很好的电影,我就会认为别人也应该同我一样,也可以感受到这种"美";当然,在客观上别人或许并不一定欣赏这个电影,也许并没有获得相同的美感体验。我显然不能强迫他人同意我的看法,也不需要向他人证明我的正确,但我心里会说,这是因为别人的欣赏水平有限、层次不够;一旦他们的欣赏水平达到了一定高度,他们也应该觉得这部电影是"美"的。康德将这种可以被我们共享感受的现象称作主观的普遍可传达性。康德从范畴学说"量"的方面论证了审美判断必然同时与审美主体和审美客体两者相关,具有一种主客观综合的特征属性。

康德认为,主观普遍可传达性产生的原因在于人类都具有认知功能"自由运用"的机能。他借用了曼德松认知功能"自由运用"的概念,指出人的"想象力和知解力"(Imagination and Understanding)这两种认知功能,可以在对客体形式的反思判断中不受"内容"逻辑概念认识规律的限制,充分地进行"自由运用";通过想象力和知解力的"自由运用",完成审美客体的形象显现,从而使审美主体产生了愉悦的心情。康德在讨论"美"的基本特征时,通过排除审美客体中"内容"的作用,将审美带来的愉悦与功利带来的愉悦区分开来,从而与经验主义将一切愉悦都当作美的来源的观念做出了区分。康德认为,这种每个正常人知解功能都具有的、共同一致的"自由运用"机能,使我们人类具有了"共同感觉力"。也就是说,在审美主体之中存在着"共同感觉力",这种"共同感觉力"既然可以在某一个人身上起到作用,就必然会在所有人身上发生作用,为审美判断带来了主观的普遍可传达性。

从范畴学说的"关系"方面看,康德认为审美判断的特征具有无目的的合目的性。所谓"无目的"是指审美主体不以客体任何特征为实用目的,这表达的也是审美的无功利特征;而"合目的性"指审美判断的结果都是具有共同目的的,即符合主体情感体验的唯一目的。也就是说,审美涉及主体在知解过程中的无目的性和客体形式能够提供合目的的情感体验结果。从审美三要素关系来看,康德从范畴学说的"关系"层面论证了审美判断必然具有一种主客观综合的特征属性。

康德认为审美判断的最后一个特征来自范畴学说的"模态"方面,这就是审美判断的必然性。事物都有可能使人产生快感,这是可然性;当一件东西的功能或理念确实使我们产生快感时,体现的是实然性;当一个不涉及概念或内容的判断必然使人产生快感时,这个判断就是审美判断。

审美判断的必然性同样来自人类所具有的、对形式的"共同感受力"。审美不涉及对象的概念和其他理念,审美主体只能通过感性知解力体验审美对象。由于人的感性知解力是一种"共同感受力",当它对某人发挥作用使之获得审美体验时,对其他人必然也会发生同样的作用。康德说,如果不假设人类具有这种"共同感受力",人与人之间就不可能互相了解,情感也不能够相互传达。

从康德在质、量、关系、模态四个方面对审美判断特征的分析中可以看出,康德所说的审美是一种与审美主体和审美客体同时紧密相关的反思判断,反映的是一种主客体统一的审美观念,可以用审美三要素函数关系表达如下:

$$Ve = f(Mo\ Ms)$$

其中审美主体 Ms 代表对客体形式的想象力和知解力,具有普遍的特征属性。在具体文化、社会环境条件下,当 Ms 趋于常数时,"美"可以被简化表示为:$Ve = f(Mo)$,也就是说对审美价值大小的判断仅与审美客体相关。这样,康德的理论就可以从心理机制上解释美的普遍可传达性特征和客观派美学思想产生的原因。

康德对审美判断的论述分为"美的分析"和"崇高的分析"两个部分。在美的分析中又提出了"纯粹美"(Pure Beauty)和"依存美"(Adherent Beauty)的差别。可以说在康德看来审美判断有三种基本形态,即纯粹美、依存美和崇高(Sublime)。纯粹美和崇高的概念基本符合他对审美判断的定义,依存美则与审美判断的基本概念相矛盾,反映出了他对审美和艺术价值判断两个概念的混淆。

四、纯粹美

康德将纯粹美解释为"不以对象究竟是什么概念为前提",并说它是"事物本身固有的美"。也就是说,纯粹美是审美主体对审美客体中纯粹形式要素进行审美判断的结果。在纯粹美的审美判断中,审美主体没有任何对审美客体内容的判断目的,只欣赏审美客体的形式。在这种审美判断中,审美客体本身只是被当作单纯的线条、几何体块,不具有代表任何目的或概念的内容。按照康德的定义，现代艺术中的抽象之美就可以被理解为有意利用剥除审美客体中的内容，仅仅通过形式产生的一种纯粹美。这里需要指出，具象、有内容的事物也可以成为纯粹美的审美对象，只要我们在审美时能够完全忽略它的概念和内容。典型的例子是花卉。当对花卉进行所谓的"纯粹美"审美判断时，我们是在对花卉的外观形式、色彩作审美判断，<u>丝毫不考虑花卉实际是植物繁殖器官这一知识概念</u>，或是不同花卉与不同文化、习俗之间的关系和寓意等内容。

纯粹美的概念可以用来解释艺术欣赏过程中"第一感觉重要性"的现象。当我们面对艺术作品时，首先会对客体产生一种非常直观的第一感觉或印象。这种第一感觉是在理性介入之前的感性认知，是真正的审美判断。第一感觉正是由康德所说的纯粹美引起的。当我们面对审美客体时，首先会对审美客体"形式"产生一定的感受，这种感受不需考虑"内容"，也不需进行理性思考，是对"纯粹美"的体验。

康德"纯粹美"的产生是审美主体与审美客体相互作用的结果，可以用审美三要素函数关系表示为：

$$Ve = f(Mo\ Ms)$$

Mo 仅包含与审美客体形式相关的各种要素；Ms 是对审美客体形式要素的直观感受认知。

五、依存美

康德将依存美定义为以"概念及其相应对象的完善为前提"，并说它"依存于一个概念，是有条件的美"。依存美是在审美客体的形式受到内容影响，并依附于某些概念、功利和目的的情况下产生的美。也就是说，客体能否产生美并非仅仅因自身的形式所致，还要看这一形式是否能够展现出它被内容规定的那些概念。

康德进一步将依存美划分成两种类型，它们是"与知性概念相关的依存美"和"与理念德行相关的依存美"。在"知性概念依存美"的审美过程中,他认为客体的形式受到其内容中知识概念的约束,因此,形式与某种知识概念的内容达成和谐关系是审美判断带来"美"的前提。例如,在刻画一匹赛马的审美客体中,赛马的形象必须首先符合"赛马"这个知识性概念,否则就不可能得出"美的判断结果"。在"理念德行依存美"的审美过程中,审美客体的形式受到其内容中道德观念的约束,因此,形式与某种道德理念的内容达成和谐统一关系是审美判断带来"美"的前提。例如在裸体绘画中,人物造型形式是否能够给人带来美感,与画面内容反映出的道德理念有直接的关系。如果有人首先认为作品的内容不健康,就不可能得出"美的判断结果"。

作为一种情感体验客观现象,"依存美"与康德对审美判断无功利计较的基本原则是相互矛盾的。由此可见,"依存美"与审美判断中的"美"并非出自完全相同的概念。这个矛盾现象的实质还是由"美"与"艺术"两个概念的差异引起的。康德所说的"依存美"本质上是一种"艺术美",其产生机制与审美判断不同。为免于混淆,我们还是将"艺术美"统称为"艺术价值"。所以,康德所谓的"依存美"并不是一种审美判断结果,而是艺术价值判断的结果,应该在艺术原理中对其进行深入探讨。

六、崇高

崇高这一概念在历史上首次见于公元1世纪朗基努斯(Longinus)的《论崇高》一书。该书随着罗马帝国的终结被埋没,直到16世纪才被重新发现,开始在欧洲学术界流传。在当时,崇高被认为是主体的一种特殊情感的宣泄,是与新古典主义提倡的理想背道而驰的,所以并没有得到进一步深入研究。到18世纪,英国文艺批评家才开始对崇高艺术风格有了比较细致的探讨。伯克在《论崇高与美两种观念的根源》一书中指出,崇高不像一般的美只产生纯粹的快感,而是首先使人感受到威胁的恐惧,产生一种痛感；在认识到艺术欣赏是具有自我安全的保障后，最初的痛感会随之带来快感。随着浪漫主义的兴起和审美趣味的改变，人们开始更加注重自身情感的表达，对奇特自然现象乃至"丑陋"的粗犷风格产生了喜好。温克尔曼在《古代艺术史》中也指出，广袤大海首先使我们的心灵感到压抑，之后反而会使心灵得以舒张。这些对崇高引起的矛盾心理现象的分析，应该启发了康德对崇高的研究。

康德在审美判断的论述中将"美"与"崇高"做了明确的区分。他认为，"美"来源于对象的形式这一基本概念并不适用于"崇高"。他认为崇高感的产生是以理念和道德概念为基础的，与对象的内容相关。此外，他还说崇高感的产生来源于一种间接愉悦感，是恐惧和愉悦并存的过程。在崇高体验中，主体首先体验到自身生命力受到阻碍，接着被激发出更为强烈的生命力。这个过程对于康德来讲不是简单的想象力的"自由运用"，而是加入了理性概念的思考。在康德美学思想中，理性概念和理性思考是没有被纳入审美判断的；正是由于这个原因，许多史学家认为，康德并不将"崇高"看作是一种简单的审美形态。因此，康德在"美的分析"章节中仅论述了纯粹美和依存美；崇高则是单独在"崇高的分析"中表述的。

康德把崇高划分为两种，分别为数量型崇高（Mathematical Sublime）和力量型崇高（Dynamical Sublime）。数量型崇高是由客体体积的无限庞大引起的；力量型崇高是由客体的巨大力量或气魄引起的。无论是由数量还是力量引起的，崇高的特点都在于客体的"无限大"或"无限制"。这两种情况都导致主体无法从感觉上立刻把握对象的形式，产生迷茫、杂乱、无规则等心理感受。所以康德认为崇高涉及对象的"无形式"，只能从理念和道德概念上进行审美判断。

数量型崇高涉及的是客体庞大体积对主体心理引发的矛盾。一方面，人的心理要求在认知过程中感受到对象的整体形象，将其置于自身的掌控之下；另一方面，由于客体的体积超出了想象能力的极限，主体无法在正常状态下从认知角度把握认识对象。康德认为正是想象力的这种无能状态,唤醒了主体内心中的理性"超感性的感觉",达到了对客体庞大体积的认知;这就使人额外产生了一种感性功能得到最终弥补的胜利感觉,并给人带来一种崇高的愉悦感受。

对于力量型崇高,康德将其局限在自然界的景观或现象之中,例如汪洋大海、陡峭悬崖、狂风暴雨等。他认为,力量型崇高产生原因也在于矛盾的出现:客体虽然威力巨大,但对主体不能产生实质性威胁,无法发挥支配力。这种矛盾使得主体感受到了自身超越客体的威力,体会到了自身力量的强大,由此产生了崇高的感受。也就是说,力量型崇高的事物一方面自身必须威力巨大,使我们在它面前相形见绌,首先产生恐惧的感受;另一方面,这种巨大威力对我们并不构成真正的威胁,无法支配我们。康德说,在自然威力下,只要我们自己觉得安全,威力越是可怕就对我们越具有吸引力,因为它把我们心灵的力量提高到了超乎常态的境地,使我们显示出"另一种抵抗力",有勇气与万能的自然进行较量。康德说的"另一种抵抗力"指的是人的精神勇气和自我尊严,而人的这种精神使我们的心灵体验到了自身的使命和超越自然的优越性。

这里需要特别指出,康德论述的崇高并不是一般审美意义上的、与感性体验直接相关的"美"。对审美客体巨大体积和恐惧力量的无所畏惧,对人自身想象力和反抗力的崇敬都需要理性认知的参与。崇敬本身就是一种道德概念,是一种带有功利目的的选择。例如,我们对勇士的崇敬是基于对他们牺牲自我、保护他人价值观选择的赞扬。康德所说的崇高并不是一种关于形式"美"的形态,而是与客体内容直接相关的。所以,他对崇高审美判断的解释已经超出了他对"美"的基本定义范畴。

应该说,康德对崇高的界定同样模糊了审美判断与艺术价值判断的区别。他所说的以理念和道德观念为基础的崇高是一种艺术崇高,与审美判断产生的崇高感不同。他对崇高的论述和解释表明了他对审美与艺术价值判断的差异已经有所感悟,但是,由于对审美判断机制认知的局限,康德并没有能够从感性认知角度解释审美判断产生的崇高感。实际上，审美判断产生的崇高情感完全符合康德对审美判断的定义，同样是一种没有功利计较的趣味判断。我们将在第六章"审美的基本形态"中对其详细介绍。

七、美的理想

在《判断力批判》中，康德还提出了"美的理想"，也就是"美的最高标准"问题，并探讨了如何在审美活动中认识"美的典型"。康德在讨论趣味判断和纯粹美时，排除了功利、目的和客观标准的存在，但在探讨审美机制和美的主客观双重性时，又承认在人的感觉中存在着普遍可传达性，也就是说，一切时代、一切民族对事物的感性体验都存在着某种特定的一致性。对于这种一致性，康德认为可以通过审美趣味的标准，即共同的感觉能力来表达。他说审美趣味的标准是一种存在于人的意识中的意象，人们在审美时用这种意象评估一切审美对象，而这种意识中的意象就是"美的理想"，也就是说这种"美的理想"不是存在于审美客体之中，而是显现在审美主体的感性意识之中。

承认"美"的标准实际上就是承认美具有高低级别之分；符合"美的理想"标准的是级别较高的美，反之是级别较低的美。任何对高低差别的区分都是一种"量"的概念，所以康德关于"美的理想"的结论应该是对"美"具有定量表达属性的一种肯定。康德在这里实际上明确表达了审美活动是人意识中的"标准"审美趣味对审美客体的评估，也就是我们在第一章中所说的审美主体与审美客体之间的相互作用。

这个审美判断的概念可以用审美关系三要素函数关系表示为：

$$Ve = f(Ms\ Mo)$$

其中 Ms 是审美主体感性意识中的标准意象。

在康德所处的时代存在着经验主义和唯理论两大美学流派的尖锐斗争。经验主义将美感简单地等同于快感体验；唯理论将美感看作是对客体本质理性的认知完善。康德看到了两大流派各自的片面性，通过对它们的批判将其观点统一起来；他的结论实际上已经明确指出了"美"是人对形式的感知能力与客体形式之间相互作用的结果。康德哲学思想启发了后人，对德国古典哲学的形成起到了重要作用；他的美学思想也将人类对审美判断的认知提到了一个新的高度。

第九节 浪漫主义及其美学思想

澳大利亚历史学家赫斯特（John Hirst）在《极简欧洲史》中将欧洲文明归结为三个基本要素相互作用的结果；这三个要素分别是：希腊罗马文化、基督教教义和日耳曼文化。希腊罗马文化注重理性和逻辑思辨，产生了哲学、科学和民主政治制度；基督教的传播改变了希腊人的多神论，使人们更加注重一种信仰；来自北方的日耳曼人入侵罗马帝国后，接受了基督教教义，使基督教文化不断壮大，并最终成为欧洲社会统一的主流信仰。这三个相互影响的要素发展壮大，到中世纪开始融为一体，形成的中世纪文明统治欧洲社会达一千年之久。

到中世纪后期，三种要素开始出现各自分离的趋势，最终导致中世纪文明的解体。在世俗生活日趋普及和繁荣的情况下，一些经院学者出于维护神学教义的目的，首先将信仰与世俗生活加以分离。这种主张宗教无须钳制日常生活和一切思想的做法逐渐成为一种主流意识，使欧洲社会继承下来的希腊、罗马古典文化开始摆脱迷信的成分，出现了以恢复和发展往日"古典"成就为目的的文艺复兴运动。随后，理性和自然哲学脱离了宗教的束缚，进一步解放了人的思想，在催生出科学革命的同时也改变了文艺复兴的方向。例如，这一时期出现的"日心说"否定了希腊人认为地球是宇宙中心的观念；伽利略的不同质量物体下落速度相同的实验结果，否定了亚里士多德的较大质量物体下落较快的论点。科学革命的成果证实了希腊人并不完全正确，从而打破了对古典文化的崇拜，使欧洲文明从文艺复兴初期的向希腊、罗马看齐，转向了面对未来。科学革命使人进一步认识到理性的重要性，将理性运用到政治、个人道德、社会体制、文学艺术等各个领域，开启了欧洲社会的启蒙运动。

启蒙运动要通过理性取代宗教迷信，达到消除愚昧、改造社会的目的。18 世纪末期，在启蒙运动理性的召唤下，法国大革命推翻了国王和教会的统治；但是，大革命所倡导的"自由、博爱、平等"思想在推动个性解放和情感爆发之后，走向了理性的对立面。大革命虽然推翻了陈旧的社会秩序，却并没有带来民智开启的文明。相反，法国社会变得更加动荡，充满了独裁和血腥，展现出一幅让人极度失望的画面。这宣告了启蒙运动理想的破灭。出于对法国大革命以及启蒙思想家提出的"理性王国"的失望，人们开始从整体上对理性思想及文化进行反思和批判，并最终走向反对理性主义思想的另一极端，开启了浪漫主义运动的大门。可以说，浪漫主义是对启蒙运动理性主义哲学的反叛，是对法国新古典主义取得社会绝对支配地位的不满表达，代表了一种对人类远古神秘宇宙意识的复兴。这是浪漫主义运动产生的社会背景。

浪漫主义思潮在历史上早已存在，但是作为一种思想运动，它最早源自法国启蒙运动思想家卢梭。卢梭生性善感，极为注重个人感情和趣味在认识事物过程中的重要作用。他否认理性能够使人类社会彻底摆脱愚昧，而是相信人的纯真、善良本性在自然状态下才能充分得到显现和发挥。他对社会现实怀有极大的不满，一生中长期四处漂泊，接受他人在金钱和生活上的好意照顾；他厌恶身处的近代社会，对人在自然状态下的生活充满幻想，并表现出狂热；他时常感情用事，经常被认为用忘恩负义的行为回报他人的关怀。

在文学和艺术领域，卢梭对崇尚理性的新古典主义持坚决否定的态度。在《论科学与艺术》一文中，他认为理性和社会风俗束缚并败坏了艺术，同时，艺术本身也败坏了社会风俗。他所说的艺术是指当时的法国新古典主义艺术，所说的风俗是盛行于巴黎社交界的各种陈腐规则。他的这些观点对启蒙运动之后的近代欧洲文艺发展产生了很大的影响。浪漫主义者从他那里学会了蔑视习俗的束缚：最初是抵制在服装、社交礼节、小步舞曲以及同韵对句上的规则和习惯，然后是反对艺术和恋爱上的各种束缚，最后，这种反抗行为出现在传统思想和道德统治的一切领域。

除了启蒙运动和法国大革命的负面影响对浪漫主义运动起到的催化作用之外，当时处于鼎盛时期的德国古典哲学，对浪漫主义的发展同样起到了至关重要的作用。德国古典哲学是建立在唯心主义基础之上的。主观唯心主义，例如康德哲学，把人的心灵提升到了认识客观世界的首要地位，强调人的主观能动性和灵感的作用；客观唯心主义，例如谢林（Friedrich Wihelm Joseph von Schelling）和黑格尔哲学，将客观世界的精神或绝对理念看作物质世界发展的动力，并把人的本质提升到高于一切的精神世界，认为人是绝对的、自由的存在。德国古典哲学提高了人的尊严，唤起了民族国家意识，催生了近代社会的个人主义和民族主义思想。许多浪漫主义者都自称是康德的传人，他们推崇天才和人具有的创造力量，并把创造力当作美学思想的核心；他们宁愿采用随心所欲的方式解释世界和生命，发展出了毫无限制的自我崇拜行为和艺术方式，引领了新的时代变革。因此，德国古典哲学对浪漫主义运动强调主观精神和个人主义倾向产生过深远的影响，构成了浪漫主义运动的思想基础之一。

从 18 世纪末期到 19 世纪中叶，都市文化在欧洲许多地区蓬勃发展，为浪漫主义提供了生长空间。最典型的浪漫主义者都是年轻一代，其中多数是城市中"厌学"的大学生。他们的人生目标就是体验生活，持有一种反对中产阶级理性生活的态度，非常像 20 世纪中期出现的嬉皮士。浪漫主义者将"闲散"和"懒惰"看作是一种美德和培育与众不同天才的土壤，他们的突出特征是向往大自然和大自然的神秘，在处世中大多表现出特立独行、多愁善感和行为叛逆。

发生在德国的狂飙突进运动（Storm and Drive）最能体现浪漫主义运动的早期特征。该运动是指从 18 世纪 60 年代到 80 年代在德国文学和音乐创作领域发生的剧烈变革，其名称源自当时的一出戏剧《狂飙突进》。这一时期是文艺形式从古典主义向浪漫主义过渡的阶段，也被称作浪漫主义的幼稚时期。该时期的著名代表人物有歌德和席勒，歌德的《少年维特之烦恼》就是这一运动中的典型代表作品。

从欧洲文学传统上看，中世纪骑士传奇和民间世俗文学与浪漫主义运动之间有着直接的渊源。中世纪骑士传奇和民间世俗文学曾催生出传奇诗、抒情和叙事民歌、各种寓言故事和宗教剧等多种文学题材。这些文学题材不受传统规则程式的约束，在作品中糅合进了自由真挚的情感表达和丰富想象。"浪漫"来自法语"传奇"（Romance）一词，它的本义就是指文艺作品所表达出的类似中世纪传奇故事的精神和风格。17世纪中叶，英国人第一次使用"浪漫的"一词，用于表达"传奇般的""幻想的""不真实的"概念，这在当时带有明显的贬义和否定性内涵。到了18世纪，这一词语才逐渐转变为肯定性的褒义词，被用来评价文艺作品，并获得了"宜人的忧郁"这样一种新的、在当时代表"现代感"的含义。

　　作为一种文学艺术思潮，浪漫主义是对法国17世纪新古典主义的反抗。新古典主义思想建立在集权政治之上，它既是思想专制的工具，也是注重权威，强调统一规范和法则的结果。在审美和艺术活动中，新古典主义认为个人是归属社会集体的成员，对主体和客体均采取一种约束限制的态度。浪漫主义则完全相反，它提倡采取因人而异的主观主义方式；它不是把个人看作集体之中受到限制的一员，而是作为一个独立的主体，鼓励与众不同的思想和行为。英国数学和哲学家罗素（Bertrand Russell）在《西方哲学史》中形象地说，猛虎比绵羊更美丽，但是我们宁愿把它关在笼子里；浪漫主义者却要把笼子打开，欣赏猛虎扑向绵羊时纵身一跃的壮丽。浪漫主义者想象他们自己是猛虎，要努力冲破现实"牢笼"的束缚，展示出自身的天性特征。

　　在上述社会背景、思想认知和文学传统多方面因素影响下，浪漫主义运动在18世纪末期的欧洲勃然兴起，一直盛行到19世纪中叶。总体看来，浪漫主义美学思想主要体现在下面三个方面：主观性、对民间文艺和传奇故事的重视、提倡回归自然。

一、主观性

　　浪漫主义美学思想的本质特征是主观性，因此，它在审美活动中更加注重审美主体的作用。浪漫主义批判新古典主义过于客观、理性的审美规则,提出的口号是"感情""想象""直觉经验""渴望"。如上所述,这种对审美主体个人独立思想的重视,受到了德国唯心主义哲学的直接影响。唯心主义强调自我意识对认识世界的决定性作用,从理论上为浪漫主义美学思想奠定了基础。浪漫主义在审美活动中充分展示了对审美主体的自我崇拜,并极力颂扬与众不同的艺术天才。贝多芬(Ludwig van Beethoven)就是浪漫主义在音乐艺术领域的重要代表人物。与那些以严格音乐形式创作出的乐曲和颂歌相比,他的音乐充满了对自我情感的表达和对改变现实的强烈渴望。

康德认为,人类无法通过形而上学认识世界的本质;但是,当完全沉浸于艺术活动之时,我们就会忘记现象世界的干扰,有可能体验到"物自体"。这也就是说,在认识世界本质的过程中,艺术可以为我们提供一种超越哲学的特殊途径。德国诗人、思想家席勒(Johann Christoph Friedrich von Schiller)被认为是康德哲学思想的继承人和批判者。席勒把"浪漫"和"伤感"看作同义词,认为"伤感"与古典艺术的特征相对立,属于"现代"艺术。他将艺术创作活动比作游戏玩耍,并认为它是一种真正的自由活动,因为人在艺术创作过程中可以像在游戏中一样,自己制定游戏规则。他的这种观点表达了浪漫主义者的以下信念:人的主观创作才能使我们更加接近"不可言喻"的自身感受经验,只有浪漫主义才能使我们体验到自由的感觉。

浪漫主义者甚至将艺术家比作上帝,他们认为当艺术家内心充满疯狂的喜悦时,就能摆脱现实的束缚,就可以像上帝一样,凭借自己的主观想象创造一个隶属于自己的世界。对于浪漫主义者而言,审美和艺术活动的目的可以用德国浪漫主义诗人诺瓦利斯(Novalis)的名言概括:"人世成为一场梦,而梦境变为现实"。针对浪漫主义的创作方法,他还说道:"把普遍的东西赋予更高的意义,使落入俗套的东西披上神圣的外衣,使熟知的东西恢复未知的尊严,使有限的东西重归于无限,这就是浪漫化。"

浪漫主义美学的主观性在审美判断中的体现是，强调审美主体的能动特征属性，并将审美客体纳入审美主体范畴之内。这种审美观念可以用审美关系三要素函数关系概括如下：

$$Ve = f(Mo\ Ms)$$

因为 $Mo = f(Ms)$，所以 $Ve = f(Ms)$。

作为审美主体，Ms 追求强烈对比、夸张和想象丰富的审美趣味，对审美客体的形象和听觉要素的追求倾向于华丽和神秘，以到达强烈和超乎寻常的主观效果；对作为审美客体的 Mo 倾向于异乎寻常的表达方式，力图塑造出超凡、与众不同和叛逆的形象。

二、民间文艺和传奇故事

重视民间文艺和传奇故事是浪漫主义美学思想的另一个突出特征。浪漫主义运动在德国和英国都是从搜集中世纪民间文学开始的。为鼓励发掘民间文艺和传奇故事，浪漫主义者还提出了"回到中世纪"的口号。在文艺复兴时代和新古典主义盛行之时，中世纪文学和艺术被认定是粗俗、缺少理性、风格野蛮的代表，但是到了启蒙运动后期，却开始成为浪漫主义者发掘和追逐的对象。这是因为中世纪的民间文学不被社会上层认可，在创作中没有受到理性"指导"和清规戒律的"筛选"，而且，民间文学和传奇故事使用的多是本民族语言，与单一、正统的拉丁文相比，既通俗易懂又丰富多彩，能够表现出想象的生命力和自然、真挚的情感。

浪漫主义注重主观想象，对非现实存在、遥不可及事物的渴望从已经失去的中世纪里找到了灵感。从英国小说家和诗人司各特（Walter Scott）开始，到法国的雨果、大仲马，再到德国的赫尔德(Johann Gottfried von Herder)、著名的童话作家格林兄弟等浪漫主义文学家，都以历史题材为描写对象。他们的许多作品不注重对历史真实的反映，更加关注自我想象的表现，在多数情节中往往只是截取历史的一个插曲或是传说片段，然后任凭主观想象，自由驰骋地创作。许多浪漫主义者对中世纪封建社会制度持赞赏和美化的态度；在与到来的资本主义制度所做的对比中，他们更乐于把中世纪看作是人类社会的"黄金时代"。

英国的拜伦（George Gordon Byron）和雪莱（Percy Bysshe Shelley）是"恶魔派"的著名浪漫主义诗人，拜伦更是成了浪漫主义者崇拜的偶像。拜伦本人是一个非常任性和多情之人，他的代表作品有著名的《恰尔德·哈洛尔德游记》和《唐璜》。他在作品中塑造了一批被称为"拜伦式英雄"的人物。这些人物都高傲倔强、多愁善感和对现实不满；他们特立独行，具有叛逆和反抗的性格，与中世纪传奇故事中的人物特征极为相似。

在艺术作品中对某一特定时期的故事情节、题材的认同和宣扬关系到的是作品的内容，因此涉及的是美学思想中的艺术价值判断层面。但是，浪漫主义在对艺术作品形式风格追求中表现出的则是一种特殊的审美观念。这种审美观念本质上是由审美主体对形式要素的特殊趣味爱好引起的，是对审美客体形式要素表达方式的界定。有关审美客体形式要素表达的方式将在第四章中详细介绍。

浪漫主义审美判断对形式特征的趣味爱好可以用审美三要素函数关系表达如下：

$$Ve = f(Mo\ Ms)$$

因为 $Mo = f(Ms)$，所以 $Ve = f(Ms)$。

Ms 对民间文艺和传奇故事中的形式风格表现出趣味偏好，强调形式风格的特殊地域和民族文化特征，体现出对古典"主流"艺术形式风格的反抗。

三、回归自然

浪漫主义运动中另一个广为流传的口号是"回归自然"，它最早由卢梭在《科学与艺术》中首先提出。卢梭在赞美大自然的同时，表达了对原始社会自然古朴生活状态的向往。他认为大自然本身是向善的，人的本性也是善良的。他相信，造成人类堕落、社会败坏的是人类在"文明"发展中产生的文化和制度。在这个层面上，卢梭发现了一种全新的人性，构筑了一种新的世界观。

卢梭的这种世界观也被称为自然崇拜（cult of Nature）。在欧洲语言中，"自然"（nature）一词具有两层含义，它既可以指称大自然（Nature），也可以被用来指称人与事物的本性（nature）。在卢梭的观念中，自然的种种含义也正是体现在这两个层面上。首先，卢梭对大自然做出了无限的歌颂和赞美。无论是在《爱弥儿》《忏悔录》《漫步遐想录》等文学作品中，还是在《论人类不平等的起源和基础》这样的学术著作中，他对大自然都倾注了自己全部的激情。在现实"文明社会"生活中，人与人之间的行为规则和礼节令他恐惧；只要远离了人群，即使是穷山恶水也能使他的心情轻松自得。对他而言，自然界中的一切都是美好的；尽管禽兽之间有着残酷的弱肉强食，但这只是出于自然法则的动物本能。卢梭认为，自然状态对人的发展和进步起到了无可替代的作用。例如，人以自己的动物本能与其他生物搏杀争斗，可以练就健壮的体魄和坚强的意志；随着进入文明社会，人类的身体越来越虚弱，变得胆小、怯懦、卑躬、贪图享受了。

其次，卢梭对事物的本质尤其是人的原始本性给予了极高的赞誉。传统基督教认为，人类始祖亚当和夏娃在最初无知无识的时候是完美无缺的；当他们受到诱惑偷吃禁果之后，有了善恶感和人性，也同时具有了原罪。这种原罪是与人的生存和理性发展相伴随的：是人即有罪。18世纪的启蒙运动对这种原罪概念进行了批判。与其他理性主义思想家不同，卢梭不是为了解放人性就简单地把人的原罪概念一笔勾销，而是试图从另一个角度来考察罪恶的来源问题。他将传统基督教在人类罪恶来源问题上的看法从宗教层面变更到人类历史的自然进程层面。他认为人不是天生有罪的；相反，人的本性在原始状态下是善良的。也就是说，在人类历史源头，人类生活在一个完美的境地，存在着一个人性的理想完美状态。他将人划分为"自然的人"（Natural Man）和"人所造成的人"（Artificial Man）。前者具有完美的人性，后者是进入社会之后由社会理性"加工"而成的人，沾染了罪与恶的印记。之所以如此，是因为自然人服从的法则是与大自然所赋予他的本能相协调的，这些本能，即感觉和情感，必然能够保证他倾向于与大自然保持协调一致的"善"。这样一来，他所主张的"回归自然"就从一种依据理性和道德价值标准的生活态度转变成了注重自然本能的感性审美趣味。

自然人理论的核心是感觉优先论（Primacy of Feeling）。在人类的各种机能中，卢梭对感觉情有独钟。他认为只听从感觉本能的驱使，人就不会违背大自然所施加给他的自然规则；而任何高于感觉的活动，例如思考，都使人走向堕落。他认为思考的状态是违反大自然的一种状态，沉思的人乃是一种变了质的动物。卢梭常说："你只能做你自己。"在他看来，试图改变人类个体原始本性的理性是徒劳的，也是对每个个体人性的扭曲。因此，针对人的本性层面，浪漫主义的"回归自然"强调的是人类动物性对人性的胜利，也可以说是感性对理性的胜利。

浪漫主义者继承了卢梭"回归自然"的口号，主要原因在于产业革命使他们对新型资本主义物质文明和现实的庸俗产生了厌恶，进而对社会发展带来的工业化产生了恐惧和憎恨。"回归自然"、崇拜自然人性和事物的原生状态是对工业革命、对事物和人性急剧改变的反叛，并构成了浪漫主义文艺的共同特征。对农村衰败景象的怜悯和对城市兴起的诅咒、对雄伟壮丽大自然和远方奇异情景的歌颂等内容，成为浪漫主义文艺作品寄托自由理想的途径。在浪漫主义作品中，大自然之美和崇高的景象往往同城市生活的丑恶形成鲜明的对比；作品中的非凡人物往往出没在大自然之中，并把大自然看作能够代表人类原始本性的一种神秘力量和象征。浪漫主义作品除了对本国自然景色之美的描绘，也时常充满异国风光，例如美洲的丛林和大草原、地中海沿岸各国、少数民族的生活风俗、哥特式建筑、古代的废墟等。据说在拜伦的《恰尔德.哈罗德游记》中，对大海之美的歌颂在欧洲文学作品里属于首次出现。

这种在文艺作品中对客体自然艺术风格或原生状态的重视和认同、对主体原始情感抒发的宣扬，本质上也是审美主体对审美客体形式要素表达范围的界定。浪漫主义这种"回归自然"美学思想的审美观念可以用审美三要素函数关系进行如下表达：

$$Ve = f(Mo\ Ms)$$

因为 $Mo = f(Ms)$，所以 $Ve = f(Ms)$。

Ms 反对古典主义或各种理性规则的约束，对质朴、纯真的自然形式要素表现出趣味偏好，强调对能够表达自然形式要素的自然景色、民族个性、遥远的异国风光、幽灵鬼怪、历史遗迹形象的塑造和表达。

浪漫主义美学思想内涵丰富，不同民族、不同政治立场都可以赋予它许多宽泛的概念，产生出不同的派别。一种研究方法将浪漫主义美学思想划分为两种，分别为普世性浪漫主义和民族浪漫主义。普世性浪漫主义是指那些将客体和主体看作普遍现象，并将人类普遍的内心情感和通过这种普遍情感构筑的客体相关联的思想。民族浪漫主义关心的重点在于本民族的历史、文化和自然之美，并将这些领域的内容融入艺术作品之中。还有另外一种研究方法，它将浪漫主义美学思想划分为积极和消极的两种形态。积极浪漫主义敢于正视现实，艺术作品中充满与传统分庭抗礼的反抗激情，并将理想寄托于未来新的美好生活。我们熟知的积极浪漫主义的代表人物有英国的拜伦、雪莱，法国的雨果、乔治·桑，德国的海涅，俄国的普希金，匈牙利的裴多菲等。消极浪漫主义者不愿正视社会现实矛盾，采取消极逃避的态度，并乐于美化过往的历史和生活，留恋过去，以从中寻找精神安慰和寄托。消极浪漫主义的代表作家有德国的史雷格尔兄弟，法国的夏多布里昂，俄国的茹科夫斯基，英国的华兹华斯等。这些对浪漫主义的研究涉及艺术作品的内容和理性认知范畴，属于美学思想中的艺术价值判断，与审美观念无关。

浪漫主义美学的思想内容丰富多彩，不同派别之间具有明显的矛盾性。

它既具有积极的内容又带有许多消极的成分，既是普世的又是民族主义的，既有现实成分又充满虚构和幻想，既是复古的又面向未来，既可以是没有具体作者的民俗遗产，又可以是艺术家的创作成果。这种矛盾性贯穿在整个浪漫主义运动之中。无论是何种形态，从审美层面上看，浪漫主义都将审美主体感性中的直觉和想象力置于理性客观"真实"之上，并认为审美判断只能以审美主体的内心情感和经验为引导。在浪漫主义者看来，哪里有情感，哪里就有"美"。

第十节　黑格尔哲学及其美学思想

黑格尔于 1770 年出生在德国西南部斯图加特的一个税务官吏家庭。他在 1788 年进入图宾根大学神学院学习哲学和神学，其间曾深入研读过斯宾诺莎、康德和卢梭等人的著作，并对康德二元论的哲学思想提出了批判。当时正值德国浪漫主义运动狂飙突进的年代，像当时许多知识分子一样，黑格尔也曾受到法国大革命的深深吸引，并对革命最终走向民众暴力的整个演进过程进行了深入的观察和思考。可以说，他是浪漫主义的传人，其思想也伴随着德国唯心主义哲学精神的发展而成长。

1793 年毕业之后，黑格尔来到瑞士伯恩，在斯泰格尔（Karl Friedrich von Steiger）将军家中当家庭教师。斯泰格尔是自由主义者，家中藏书颇为丰富。黑格尔广泛阅读了各种藏书，其中包括斯宾诺莎、霍布斯、洛克、休谟、莱布尼兹、伏尔泰、孟德斯鸠、卢梭、沙夫茨伯里、修昔底德等人的著作，在哲学、社会科学、政治和经济学方面积累了广博的知识。1797 年，黑格尔转到法兰克福的一个葡萄酒商家中继续从事家教工作，其间撰写过一些有关宗教的研究文章。1799 年，黑格尔的父亲去世，留下的一笔遗产使他暂时得以排除经济忧虑，重新开始了学术研究之路。

1801 年他来到耶拿市，以论文《论行星运转》取得耶拿大学哲学博士学位和学校的讲师资格，并于 1805 年成为耶拿大学的正式教授。1806 年，黑格尔完成了他的第一部重要著作《精神现象学》初稿。随着拿破仑军队攻占耶拿城，他被迫离开耶拿大学；之后，曾担任过《班堡日报》编辑和纽伦堡新教文理中学校长。1816 年，黑格尔前往德国民族浪漫主义的中心海德堡担任海德堡大学哲学教授，并开始享有盛誉。1818 年，黑格尔受普鲁士政府聘请，成为柏林大学（今日的柏林洪堡大学）教授，并于 1829 年被选为柏林大学校长。1831 年他被授予三级红鹰勋章，同年因感染霍乱去世。

黑格尔的主要学术著作有《精神现象学》《逻辑学》《哲学全书》《权

利哲学原理》《美学》《哲学史讲演录》《历史哲学讲演录》，他的哲学思想集德国古典哲学之大成，并将其推向了历史巅峰。黑格尔哲学也被认为是人类思想史上最惊人的大胆思考和推论之一，它几乎统一了浪漫主义时期涌现出的所有思想理念，具有百科全书式的丰富性，成为后世许多哲学思想的源泉，例如马克思哲学、尼采哲学、现象学、存在主义和心理分析等。从这个意义上看，他被一些学者认为是近现代以来最后一个宏大哲学体系的创立者。

与近代其他哲学思想一样，黑格尔哲学同样开始于对认识论的逻辑思考。欧洲大陆以笛卡尔、斯宾诺莎、莱布尼兹为代表的唯理论，被康德综合英国经验主义后发展成为德国古典唯心主义哲学。为了认识世界，康德将世界划分为"物质"和"精神""存在"和"意识""客观"和"主观"等诸多相互对立的要素，因此是二元论者。康德认为世界的本质是客观的绝对真理；他否认人可以清楚认识自然深处的客观秘密，而是只能凭借主观意识了解"现象"世界。所以，从认识论角度看，康德是主观唯心主义者，坚信"人为自然立法"。黑格尔却认为，虽然真理是主观的，但在人类的理性认知范围之外没有任何真理的存在。黑格尔说所有的知识都是人类的知识，是人类精神活动的产物，同时，他认为这些知识都体现在客观现实世界发展过程中，并与之完全一致。因此，黑格尔是一元论和客观唯心主义者。黑格尔有句名言："凡是真实的都是合理的，凡是合理的都是真实的。"他所强调的就是客观世界与主观理性思维的统一性。

人的主观思维与客观世界相统一，这个一元论观点是黑格尔哲学最根本的思想基础。根据康德先验综合的认识论观点，客观现象世界是"物自体"通过人的主观范畴观念转换的结果，因此，这种主观世界、客观现象与"物自体"之间的关系可以被表示为：

$$"物自体" + 主观世界 = 客观现象世界$$

这就是说，我们日常接触感受到的客观世界是事物的本体通过我们主观理性认知转换之后生成的现象。现象可以通过自然科学加以认识，所以，只要人类能够了解认知自身的理性观念，就可以通过上述三者之间的逻辑关系实现对事物本体的认知。黑格尔哲学就是对人自身以及人类社会和文化等世界诸多现象发展变化规律的认识。这一认识主要是通过对逻辑学和辩证思想的运用展开的。

一、逻辑学

黑格尔的逻辑学不是建立在传统逻辑学对固定概念的推理和演绎基础之上的，而是从对基本概念分析入手的。他首先围绕"存在"这一抽象概念否定了"二元论"。他指出，我们人类对任何一种事物"存在"概念的认识，都必须包含它的对立面："存在"的概念是针对"虚无"而言的，就像"生"针对"死"才能成立一样。因此，从概念上讲，任何事物的存在都不可能独立于其他事物，而是与其他事物以一种相互关联和矛盾的状态存在的。比如，按照传统的逻辑概念，可以将"人类"定义为会思考、可以使用工具的动物。但是刚刚出生的婴儿并不会思考，也不能使用工具。如果按照传统形式逻辑三段式的思维方式，我们就会得到"婴儿不是人"的结论。这种荒谬的结果告诉我们，对"人类"这种处于发展变化过程中的概念定义必须包含它的对立面，即"非人类"。在这种情况下运用传统逻辑方法的思考是无效的。

黑格尔将"存在"看作是事物"理念"的自我实现，也就是说，当一种事物是一个发展过程时，它是要按照某种自我的"理念"发展完善之后，才能最终得以自我实现。传统逻辑学是以一种静态时空观念看待事物的思考方式；在它的观念中"生"不等于"死"，"存在"不等于"虚无"，"婴儿"不是"老人"。但是，黑格尔逻辑学秉承一元论观点，强调"生"离不开"死"，并最终发展为"死"，如同"婴儿"将走向"老人"，"存在"源自"虚无"，并终将转变为"虚无"。这些相反的概念是同一个事物在发展变化过程中的两个极端现象。事物的"存在"与各种"现象"相连，并时刻处于各种关系及其发展变化之中，变化的最终结果就是这种"存在"之物本质的实现。从这里也可以看出，"本质"与它表现出的"现象"必然是互相依存的。

通过对"存在"概念的逻辑分析，黑格尔指出，在人类和社会发展的历史长河中，并不存在永恒不变的事物。正因为如此，黑格尔哲学并不是要对某种理论进行真理性证明，而是要通过现象揭示人类、事物及世界发展的过程及其变化规律。可以看出，他是以动态时空观念看待一切概念和事物的，这是与传统逻辑学和哲学的根本不同之处。

二、辩证法和绝对精神

西方哲学体系在黑格尔之前有一个共同点，就是它们都试图为人类对世界的认知建立起一套永恒的标准，使之不受时间和空间环境变化的影响。黑格尔通过他对"概念"的逻辑分析，认为这是不可能的。他认为除了与数学相关的概念之外，任何知识都受到时间和空间限定，因此，数学之外不存在永恒不变、处于静止状态的真理。黑格尔相信真理是一个过程，这个过程就是唯一永恒不变、有关事物变化的形式法则。这个形式法则就是辩证法（Dialectic）。

辩证法认为人类对事物、社会和自身的认知都包含在"正题、反题、合题"（thesis，antithesis，synthesis）三个基本过程之中。这是由于人类理性认知是由单一、有限的抽象概念组成的，不可能表达无限的现实，因为无限的现实是一个没有穷尽的动态过程，充满了矛盾、对立和否定。还是以"人"这一概念为例，假设"人是具有肢体、会思考的动物"。这个最初的概念是一个简单、绝对、普遍的理念，它会与现实中个别具体的"个人"构成一组对立的矛盾。因为，与简单的概念比较，现实中出现的、带有自我生理和心理特征的某一"个人"是片面的，例如身高和心理素质的不同，这样一来，具体的"个人"就否定了抽象概念的普遍性。但是，这种否定并非是永久的对立，因为普遍概念将会得到具体现实的修正。在修正过程中，普遍性与个别的具体性结合起来，形成了一个统一的新概念。新的概念将会在现实中被另外出现的、新的具体"个人"再次否定，通过这种否定之否定上升到更高一级的肯定。

对黑格尔来说，世间的一切就像一条河流，总是处在流动和变化之中。人从年幼、成熟到走向衰老；植物从发芽、开花、结果到枯萎。一百年前，大规模工业生产是人类的向往和追求，而今天，绿色产业却开始成为社会经济发展的目标。历史上的每一种思想都是以前人现有思想为基础的，任何一种新思想的出现马上就会引出抵触的想法，但两种不同思想之间的对立，又会因为有人提出另外一种不同思想融合了两种对立的观点而消除。就是说，人类认知都是从事物一个被称为"正题"的概念开始，然后进入另一个对立的被称为"反题"的概念；正、反两个矛盾总是会在第三个认知概念中得以统一；统一之后的认知又将在现实中发生新的对立，开始另一个正、反、合的发展过程，直至事物、社会发展到消除所有的对立和矛盾，使我们的认知达到最终的理性统一。这个最终理性被黑格尔称作"绝对精神"（Absolute Spirit）。

作为人类和人类社会所具有的普遍理性原则，"绝对精神"就是"世界理性"。这种"世界理性"不是柏拉图所说的、超越现实世界的"理式"，而是存在于世界之中的，是世界发展的动力和最终目的。黑格尔认为整个自然世界、人类社会和人的意识都是"绝对精神"在不同发展阶段的表现形式。因此，这种"绝对精神"能够被具有自由意志和理性的人类通过辩证思考而掌握。

三、精神现象学

黑格尔在他的《精神现象学》中对人类实现"绝对精神"的途径和方法进行了详尽阐述。他认为人的意识从自发出现到自觉形成要经历六个阶段，即"意识""自我意识""理性""精神""宗教"和"绝对精神"。

他用这六个阶段分别代表人类意识在历史中经历的从主观到客观,再从客观到绝对认知的三个发展过程。

在最初阶段,"意识"仅发生在人的主观精神之内,是人对客观对象的认识。他认为"意识"有三种最基本形式,即感觉(Sense)、知觉(Perception)、知性(Understanding),它们被称为"感性确定性"阶段。在"自我意识"阶段,人产生了"欲望";欲望是人主观对自身之外客观世界的欲求,因为人的欲望只有通过其他人或事物才能得到满足。通过实现对客观世界的"欲望",人对于客观世界会产生出"独立和依附的认识",并由此具有了对自身的"自我意识"。也就是说客观世界如同一面镜子,人通过与客观世界发生关系才能认识自身,并在这个过程中使自身具有了社会属性,同时也使自身受到了客体世界(社会)的限制。在"理性"的阶段,意识以理性的形式返回到人的自身,理性地认识到人自身及其对自由的渴望,如同黑格尔所说"我即是我,我的对象及其本质就是我",从而在人自身达成了主观与客观的统一。

意识进入了"理性"阶段后,人自身在主体内部达到了与客体的统一,但是,这并不是最终真正的统一。人还要让自己在社会客体层面上达到主体与客体统一,也就是说人的个人意识应去接受社会集体意识的检验。这一阶段被称为"精神",指的就是一种属于社会的客观意识形态,它包括社会伦理秩序、文化、道德三个方面。"宗教"阶段包括三个部分,即自然宗教、艺术型宗教、上帝启示型宗教。黑格尔通过分析不同社会类型中人的主观意识与社会客观精神之间的辩证关系,指出只有社会精神与人自身意识形成确定性统一关系,人的理性自由精神才能觉醒,人的绝对自由也才能从现实的王国过渡到精神的王国。在对"绝对精神"的分析中,黑格尔指出人的意识、自我意识、理性和社会意识的认知范围都是有限的,只有人类文化中的艺术、宗教和哲学这三种意识形态的认识范围才是无限的,它们可以使主观和客观世界达到最终的和谐统一。因此,黑格尔认为艺术、宗教和哲学是"绝对精神"的具体内容;人类在这三个领域的实践活动是对世界本质、事物变化发展过程和规律的最高认知，同时也是自身"绝对精神"自我实现的过程。

四、美学思想

黑格尔美学思想是建立在其客观唯心主义哲学体系之上的，是将辩证思想和历史发展观点贯穿运用于美学研究领域的结果。同时，由于他将艺术看作是"绝对精神"的具体体现，美学也就成了他哲学的有机重要组成部分。出于他的"绝对精神"是人类认知的最高阶段这一理念，他将美学研究主要限定在艺术活动领域，认为美学就是"艺术哲学"。基于这样的概念设定，他的美学体系以探讨艺术和艺术价值为中心，模糊了审美与艺术价值判断之间的本质不同，片面地认为真正"美"的对象就是人类的艺术作品。虽然黑格尔美学思想具有一定的片面性，但也正是因为这种片面性，他对美学中的艺术原理问题做出了比较全面的论述，而这是主要关注审美判断的康德美学思想不曾深入触及的层面。

黑格尔美学思想的主要内容体现在三卷本的《美学》之中。该著作是黑格尔去世四年后，由其学生对他的美学课程讲稿和自己的听课笔记整理编辑形成的。该著作被认为极有可能包含了学生个人理解和自我发挥的成分，因此，对其内容的准确性有一定的争议。《美学》中所表达的美学思想极为丰富，也非常系统，被许多学者认为是自亚里士多德以来最伟大的美学理论之一。《美学》第一卷主要论述了美的概念和艺术原理；第二卷是对艺术发展历史进行的详尽分析和研究；第三卷详细论述了各类艺术独立的特征和发展历史。《美学》是对黑格尔后期成熟美学思想的总结，是集西方传统美学思想和德国古典美学之大成的作品。

首先来看黑格尔对艺术的定位。在黑格尔逻辑学中，抽象概念"存在"是理性在发展过程中的自我实现；在自然中，事物都是以各种理性的物理、化学或生命形式存在于现实中的，所以概念"存在"最终还要体现在具体事物的发展变化及其相互关系之中。人作为具有自我意识,可以从事语言交流、想象、思考和意志选择的生命,人的理性被他称为主观"精神"。与主观"精神"相对的是客观"精神",它包括国家、社会权利、家庭等。主观和客观"精神"在不断发展中融为一体、完善自身,最终达到最高阶段的"绝对精神"。黑格尔认为"绝对精神"体现在三种具体形式之中,它们是哲学、宗教和艺术。

黑格尔通过他的学说给艺术做出了清晰的定位。他认为哲学是对"绝对精神"的抽象理解和概念表达,是最清晰、最明确、最高的形式,因为其自身就是理性的。但是,仅仅依靠哲学的抽象表达是不够的。人类拥有自我意识,需要有选择的权利;除了通过抽象概念的认识之外,还需要从信仰和想象理解的途径实现"绝对精神"。宗教将上帝比喻为"神圣精神",通过象征的形式,向人类展示理性的"绝对精神"。与哲学和宗教不同,艺术不是通过抽象概念或信仰,而是通过人类创作的具体感性事物,将"绝对精神"赋予其中,并使其表现出来。黑格尔说这种客观事物可以出自任何质料或形式,如石材、木材、颜色、声音、语言,并认为"绝对精神"的表达既可以通过视觉,也可以通过听觉,或是其他与我们感觉器官相连的任何方式。

在黑格尔看来,哲学、宗教和艺术的目的是相同的,都是要表达"绝对精神",三者之间的区别在于各自采用手段的不同。哲学采用理性分析,艺术通过感性表达,这两种方式分别处于两个极端;宗教介于哲学和艺术两者之间,使用说教的方式。对于人类感觉器官而言,艺术形式是最为直接和具体的,是"绝对精神"发展的第一个阶段;因此,他认为艺术最特殊的功效就是通过创作出的艺术作品,以感性的方式让"绝对精神"得以自由展示,也就是要透过艺术展示神和人的精神自由。基于艺术这种应有的功效,黑格尔认为艺术的首要目标不是模仿自然、装点环境或作为工具服务于道德培养或政治斗争,而是要使我们感受到神和人类自身的精神自由。能够达到这种功效的艺术被他称为理想的艺术。

确定了艺术在人类精神生活中的重要地位之后,黑格尔将美与艺术作品的功效直接联系起来。他认为美学不是对一般感性认知和经验的研究，而应该是对艺术的研究，所以美学应该是"艺术哲学"。这就否定了鲍姆嘉通对美学的基本定义，将"美"与事物的"绝对精神"等同起来，因此，"美"在黑格尔美学思想中就成了事物自身的一种客观属性。这种客观属性通过视觉、听觉等媒介向我们展示出事物自由精神的特征，从而将抽象的理念具体形象化。也就是说，当一个事物能够表达出这种客观自由精神时，它就是美的。在《美学》第一卷中，黑格尔对"美"做出了明确的定义："美就是理念的感性显现"（Beauty is determined as the sensible shining of the Idea）。这一对美本质的定义是他全部美学思想的出发点。

五、自然之美和艺术之美的特征

因为美是自由精神这一理念的感性显现，最美的事物就应该来自通过自由精神创作出的艺术作品。黑格尔认为自然事物本身只可能具有不含感情色彩的"形式之美"（Formal Beauty)，动植物这些有机生命本身只可能具有"感官之美"（Sensuous Beauty），而只有人类用其自由精神创作的艺术作品才能够产生"真正之美"（True Beauty）。可以看出，黑格尔将美划分成高低等级，表达了美具有"量"的属性。他认为"形式之美"和"感官之美"属于自然之美。由于自然事物都是处于发展之中的个体，且每一个体都具有一定的缺陷，不具有普遍性，并不能充分显示出自由精神这一理念。所以他认为，自然事物是一种"最浅显的客观存在"，不能完全自由地表现出普遍的理念，因此具有天生的不足，是低于艺术美的一种形式。艺术美则完全不同，它可以通过自由创作过程中的人为取舍，弥补具体事物的缺陷，使理性具有真正的普遍意义。因此，可以说艺术作品的"真正之美"是再生的、出自人类心灵之美；它是一种"自在和自为"的产品，充分显示出了普遍性的理念，具有最高的等级。

黑格尔对自然之美和艺术之美的论述和分析没能明确区分审美与艺术

价值判断两个不同的概念。按照他的观点，人类对纯粹形式的审美判断是等级较低的审美活动，对包含普遍理念的艺术价值判断是等级较高的审美活动。这种思想方法确实符合他建立在一元论基础之上的逻辑概念，并能够将美学纳入统一的"绝对精神"哲学思想体系之中，但是，仅从数量等级的高低区分审美判断与艺术价值判断的差别，本质上混淆了康德已经明确指出的，审美是一种无功利趣味判断，与艺术价值判断分别属于感性和理性不同认知范畴的事实。同时，黑格尔对"自然之美"的轻视，也表现出他对康德强调的审美判断能够起到沟通自然世界和人的理性世界重要作用的忽视。有关审美判断桥梁沟通作用的解释详见第七章。

六、美的客观属性

总之，黑格尔认为美是自然事物或艺术作品自身所包含普遍理念的感性显现。这些普遍理念不应以具体个人主观意志为标准，而是归属于人类和艺术作品自身"绝对精神"的固有特征。也就是说，美与每个具体审美主体没有直接因果关系，无论具体的审美主体是谁，无论具体审美主体个人的思想观念有何不同，审美客体一旦形成，它的美就是"绝对精神"客观存在通过感性作品的显现。这种审美观念明显属于客观派的表现，可以用审美关系三要素函数关系表示为：

$$Ve = f(Ms\ Mo)$$

因为 $Ms = f(Mo)$，所以 $Ve = f(Mo)$。

Mo 是对客观"绝对精神"的表现。

七、艺术美的特征

既然美是事物客观"绝对精神"的显现，它就会具有一定的普遍特征属性。黑格尔将美的普遍特征归纳为三点，即美是理性与感性的统一，美是内容与形式的统一，美是主观与客观的统一。黑格尔在《美学》中对这三个特征有明确的论述。

先看美是理性与感性的统一。黑格尔对美的定义肯定了艺术要用感性的表现方式，又指出这种感性所要表达的是理性内容；要使理性以感性方式显现出来，理性与感性两者就必须达成有机的统一。具体来讲，就是他认为作品中的各种要素必须协调统一，以理性规则的方式组合在一起，例如通过对称、比例、统一、韵律等手法。黑格尔曾经以希腊雕刻为例，认为希腊雕刻作品的人物面部造型比罗马的更优美，原因在于希腊作品中人物鼻梁与前额连接流畅自如，形成了有机的统一体；罗马肖像作品中鼻梁与前额的连接方式存在过大的夹角，破坏了线条的统一整体感。

再来看美是内容与形式的统一。任何内容都是由理性构成的，形式则指的是感性形象。黑格尔认为当人们面对一件艺术作品时，除了直接感受它的形式之外，都会进一步去追问和了解它的具体内容含义。因此，艺术作品外在形式的作用和价值在于引导表现作品的内容含义。他还强调指出，艺术作品形式的缺陷总是源自内容的缺陷，优美的艺术形式总是因为它的思想内容的深刻和真实。

黑格尔将艺术作品内容的具体所指限定在对"绝对精神"的表现范围之内，这是与其他美学思想，尤其是现代美学思想的不同之处。由于他认为只有用自由精神创作的艺术作品才能够产生"真正之美"，所以，具有"真正之美"的艺术内容就必须是对"绝对精神"理念的刻画。由于人类熟知的上帝和各种神明就是这种"绝对精神"理念的形象化身，艺术作品中以上帝、神明以及具有意识可以体验到"绝对精神"的人类为内容，就显得是一种必由之路了。所以，黑格尔认为要达到"真正之美"，艺术就应该将内容聚焦在具有人性的神明，或是具有神性之人的塑造之上，这就是他认为最美的艺术总是那些关于神和具有神性的人物的原因，尤其是描绘希腊神明和耶稣基督的作品。

最后一点是主观与客观的统一。黑格尔认为"绝对精神"中的普遍逻辑是万物背后的道理，美的艺术作品必定反映出了世界的"绝对精神"；另一方面，"绝对精神"也是人类生活准则和思想观念的最终归宿。这就是说"绝对精神"既是客观的存在，又是主观的理念，所以艺术作品之美一定是人类主观思想与作品客观存在的统一。这种统一出自艺术家的主观心灵，体现在客观的艺术作品之上，又必然会被具有"绝对精神"的欣赏者所接受。

上述关于艺术美特征的论述涉及作品的理性和内容概念，这些概念必须经过理性认知方能理解，因此，从本质上看是对艺术作品的价值判断，不是我们在审美原理中关注的焦点。

八、艺术发展历史阶段

黑格尔以"美是理念的感性显现"思想，对"理念"与"感性"两者之间发展变化的关系进行了系统深入的研究，并据此对艺术类型做了详细的划分。他认为"理念"与"感性"是艺术创作中的对立要素，两者的统一构成了艺术作品之美；在艺术发展的不同历史阶段，"理念"与"感性"两者统一的程度却是不尽相同的，并由此形成了不同的艺术类型。根据"理念"与"感性"之间的不同关系，黑格尔将他那个时代以及之前的艺术划分为三种基本类型，它们是象征艺术（Symbolic Art）、古典艺术（Classical Art）和浪漫艺术（Romantic Art）。此外，每种艺术类型之下又划分出不同的艺术门类，如建筑艺术、绘画、雕刻、音乐等。

（一）象征艺术

黑格尔将人类最初的艺术称为象征艺术。象征艺术也被称作前艺术。他认为在象征艺术时期，人的理性发展尚不成熟，导致人的理性与艺术作品感性表现之间产生了以下两种不平衡状态：一种是理性还没有自我意识，也就是精神尚处在不自由状态；另一种是由于文明程度的限制，理性对客体感性表达方式的认知还处在不成熟的初级阶段。在这两种状态下，当人们力求将其精神理念作感性表达时，所能够使用的感性形象总是不够清晰、不够充分，不能够与精神理念完全吻合，造成艺术形象的朦胧和象征效果。

由于象征艺术作品的客体形式不能够完全反映出人类主体的精神理念，从象征艺术作品形象之中就不能明确地感受到作品要表达的精神自由。所以，象征艺术中一般都充满比喻手法，具有极大的暧昧和神秘特征，给人一种形式压倒内容理念的感受。远古时期，东方文明中的宗教建筑，如埃及金字塔、陵墓石刻、壁画等就是象征艺术的典型代表。这些艺术作品要么以动物某种特殊的灵性象征人的精神，要么以死亡象征人的精神升华或解脱。

在黑格尔看来，象征艺术并不是一种理性的艺术状态。他认为象征艺术之"美"的价值较低，因为它不能对作品包含的理念做出完全清晰的展示。这里需要指出，黑格尔论述的对象是象征艺术作品的艺术价值，因此不能与审美价值相混淆。实际上，当一件艺术作品的艺术价值被忽视时，观赏者将会更能够关注它的审美价值；正是因为这一原因，艺术价值较低的远古象征艺术往往能够给我们带来更加震撼人心的审美价值。有关艺术价值与审美价值之间的关系，我们将在第三章详细论述。

（二）古典艺术

随着理性发展进入较高阶段，人类更好地掌握了与理性思维对应的感性表达方式。黑格尔认为这时的艺术就进入了古典时期。在古典艺术时期，人类的理性与其感性表达形式达到了完美的一致，主观精神与客观表达之间实现了真正的统一。艺术作品可以对任何主观精神进行恰如其分的描绘，彻底实现了黑格尔在对美的定义中所说的"理念"与"感性"显现的统一。他在《美学》第一卷中指出，没有比古典艺术更美的艺术了，因为古典艺术之中存在着"理想"（Ideal）。这个"理想"是指"感性形象"不再是对神或人精神的象征比喻，而是对"自由精神"的自由表达。

黑格尔眼中的古典艺术典型代表是希腊雕刻。希腊雕刻表现的神与象征艺术中的完全不同。埃及象征艺术中的神要么是借助动物的抽象符号，要么是体型朦胧和巨大，无法被人明确地掌握；希腊雕刻中的神像以具有"绝对精神"的人自身为模本，形象表达自由，并总是非常具体和清晰，与人类自身的理念形成了高度的统一。因此，他认为希腊雕刻艺术是一种最高级别的美，也就是说古典艺术形成了"美"的一种绝对客观的标准，成为"绝对美"。

需要指出的是，黑格尔论述的对象是古典艺术作品的艺术价值，不能与审美价值相混淆。由于理念与感性形象的高度统一，古典艺术作品的艺术价值最容易被理解和欣赏。当一件艺术作品的艺术价值更容易被理解和欣赏时，观赏者相对而言将会忽视它的审美价值。因此，与象征艺术比较而言，当我们对古典艺术的艺术价值关注程度提升时，对其审美价值的关注则会相应地变低。换句话说，古典艺术作品的艺术价值与它的审美价值之间具有了一种比较平衡的关系。有关艺术价值与审美价值之间的关系将在第三章详细论述。

（三）浪漫艺术

在古典艺术中，虽然人的理性与艺术作品感性形象之间实现了绝对的统一，但黑格尔认为随着人类意识的进一步发展变化，这种统一却导致了精神的不自由。人类自身毕竟只是世间万物中的一种，希腊古典雕刻中用人类自身生命形态表达万物的方式毕竟是有限的；在变化发展了的人类精神意识面前，原有的古典艺术形式就变成了一种滞后的表达形态。也就是说，随着人类精神意识的改变和表达手段的提高，用原有古典艺术有限的形象表达无限的"绝对精神"就成了一种束缚。无限的心灵发现有限的物质形态不能满足其表现的需要，于是又从感性物质世界回到心灵世界。黑格尔认为这种矛盾导致了古典艺术解体，开始进入浪漫艺术的发展阶段。

浪漫艺术所表达的精神理念与古典艺术的最大差异在于精神自由的指

向不同：古典艺术追求的精神自由表达，好比是我们通过身体姿态对精神状态的渲染，其内容表达对于我们自身之外的观察者而言是客观的、具有普遍标准的，也可以说是外向性的、受社会普遍认同和赞颂的；浪漫艺术追求的精神自由好比是通过我们面容表情对内心的展露，对其内容表达的解释是多元的、主观的和具体的，也可以说它是内向性的，强调的仅仅是个人的认同。

因此，浪漫艺术的最大特点是精神内容与感性形象之间的关系，从古典艺术中的一一对应转变成了丰富的精神内容，并不能够用一种具体的感性形象解释表达，而成为一种因人而异的关系。到了现代艺术时期，精神内容与感性形象之间的关系更是由客观的标准模仿（resemblance imitation）转变成为主观的自由再现（representation）。

黑格尔所说的浪漫艺术不完全等同于启蒙运动后期出现的浪漫主义。他所指的浪漫艺术始于中世纪，是基督教精神与世俗生活广泛结合的产物。古典艺术追求的精神更多体现在对大自然愉悦的刻画和对天堂光明、幸福生活的追求；浪漫艺术的灵魂在基督感召下，却时常是在精神深处与人世的罪恶、痛苦和丑陋相遇。正是浪漫艺术这种对神和人性的全面认知和表达，使黑格尔认为浪漫艺术对精神追求的表达是最为深刻的。从精神内容和感性形象的统一程度来看，黑格尔认为浪漫艺术之中的精神已经超越了艺术作品形象本身，更多体现出的是对个人精神、信仰、哲学理念的表达。

黑格尔将浪漫艺术进一步细分成三种。第一种是宗教艺术，其作用是通过对基督生死和苦难的刻画，揭示出能够使人舍弃生命所追求的"真正"精神自由。第二种是描绘世俗美德的艺术，但这种美德与希腊英雄追求的普世道德不同，是基于国家、家庭具体背景，对个人爱情、勇气和忠贞情感的自由追求。黑格尔认为中世纪骑士传奇，例如《堂吉诃德》就是这类艺术作品的代表。第三种浪漫艺术是那些描绘具有独立人格、坚毅性格人物的作品。他认为这些作品让我们感动的不是任何道德内容，而是人物在追求内心自由过程中展现出的人格力量和坚定的自我意志。他认为，这种对自由精神体现的方式与道德和政治理想无关，是一种"现代"和世俗的浪漫艺术形式。许多莎士比亚剧作中的人物为了自己的人格和意志付出生命，例如奥赛罗、麦克白，都是这种浪漫艺术形式的典型。

从精神内容与感性形象之间的关系来看，黑格尔认为浪漫艺术作品要表达的精神内容超越了作品感性形象可以完全有效表达的限度，使艺术作品内容与形象之间的关系从古典艺术的完美统一又发展到了失调状态，呈现出精神内容溢出感性形象的风格。

同样需要指出的是，黑格尔论述的对象是浪漫艺术作品的艺术价值判断，不能与审美判断相混淆。与古典艺术相比，浪漫艺术涉及的思想内容和理性表达手法更加丰富；这就造成了浪漫艺术的艺术价值相对较高，同时也比较难以被人理解。当艺术价值较高的作品难以被理解并使人陷入理性沉思时，将会因此降低我们对其审美价值的关注程度。正是因为这个原因，当面对艺术价值较高，同时也难以被人理解的浪漫艺术时，假如我们陷入对其艺术价值的发掘和欣赏状态时，将会无法从中获得较高的审美感受。有关艺术价值与审美价值之间的关系将在第三章详细论述。

（四）艺术的终结

黑格尔是历史上第一位谈到"艺术终结"问题的哲学家。他所说的"终结"不是指艺术创作行为的"死亡"，或者是艺术作品的消失，而是从对艺术定义的哲学角度得出的，指的是作为具有普遍社会功效的艺术作用的"终结"。

在黑格尔哲学体系中，艺术被当作是表达和实现"绝对精神"的途径之一。艺术的这一功效是通过"感性"形象对"理念"的表达完成的。在浪漫艺术出现之前，精神理念的价值存在于具有社会普遍认同的价值体系之中，可以用客观的、具体对应的感性形象加以表达，也就是说艺术作品中的"感性"形象是建立在社会统一的教育、宗教和政治思想基础之上的，能够得到社会的普遍认同。因此，艺术形式传达的都是具有普遍意义的精神内容，也就是说具体个人理解、认同的某种艺术形式所代表的精神内容，也可以普遍得到其他人的理解和认同。这种情况到了浪漫艺术阶段开始发生了改变。

随着来自浪漫艺术的个人主义挑战，作品的精神内容超越了普遍感性形象能够表达的限度；在这种状况下，艺术进入了对具体个人主观思想表达的新阶段。也就是说，个人主观世界的价值观念逐渐开始替代了具有普遍社会意义的价值观，个人精神再也无法以普遍的感性形象来表达。因此，针对不同个人的精神内容，统一的艺术形象表达方式不再具有普遍的意义。尤其是在文艺复兴运动后期，伴随着宗教改革运动，上帝和神明开始退出日常的世俗生活，仅仅被信仰者留存于内心之中。这时的艺术已经不再可能用宗教神圣之爱，或者悲剧英雄的宏大决心和力量来表达"绝对精神"；在多数情况下艺术只是作为一种世俗的个人表达工具，专注地描绘日常生活平淡无奇的细节。所以，黑格尔认为宗教改革之后的艺术发展阶段进入了"现代"时期，多数艺术作品已经不再是人类获取普遍客观真理最高、最有效的途径，而是转变成了对个人主观精神的表现。换句话说，在寻求和表达"绝对精神"的过程中，人类不再能够依附于艺术，而只能转向宗教和哲学；原有的艺术功效也就因此失去了存在的意义。

随着个体精神意识的觉醒，具有社会功效、能够有效传递"绝对精神"的艺术成为过去，走向了终结；黑格尔建立在社会功效概念之上的艺术之"美"也就不复存在了。所以，艺术的终结是黑格尔美学自身逻辑发展到浪漫艺术阶段的必然现象。在这种现象中，艺术之"美"（艺术价值）失去了用以表达统一"绝对精神"的标准。但是，作为个人主观精神世界的感性形象表达，艺术仍然具有它的独特价值；因为审美主体与审美客体之间的相互作用，艺术作品的审美价值也永远不会消失。

九、艺术的门类

黑格尔不仅认为艺术经历了不同的发展阶段，即从象征、古典、浪漫最终走向现代，他还对艺术的门类进行了细致的划分研究。根据对艺术的定义，他在《美学》中主要叙述了五种不同的艺术门类，它们是建筑、雕塑、绘画、音乐和诗歌。

（一）建筑艺术

在黑格尔看来，房屋并不属于真正的艺术，原因在于房屋本身并非自由精神的感性显现。一座房屋要成为艺术，就必须将沉重的砖石和各种材料与自由精神建立起联系；建筑艺术就是两者综合的结果。根据黑格尔的观点，建筑艺术的出现是从神庙开始的。当人们通过严谨、抽象的规则，例如对称和协调，将建筑材料建造转化为形式，很好地满足了神像的陈设和宗教仪式时，就间接体现出了自由精神。他还认为，为了更加完美地体现自由精神，建筑不应该对人的身体进行具象模仿，这与埃及神庙中许多建筑构件简单模仿人或动物的做法完全相反。他指出，建筑本身要与人的形象和其内部的神像保持明显的不同，以使建筑处于较为次要的地位，加强对神像的衬托作用。所以，他说真正意义上的建筑艺术开始于希腊古典时期的神庙。

黑格尔进一步指出，希腊古典时期之前的多数建筑物只能被称作建筑雕塑或雕塑建筑，首先，因为这些建造物都具有不依赖任何内部使用功能的某种象征意义；其次，这些建造物并没有明确的、完全满足内部神像陈设或某种其他使用要求的功能。埃及金字塔在黑格尔看来介于雕刻和建筑之间，本质上还是属于一种象征艺术；它的雕刻特征体现在建筑物本身具有的象征意义之中，它的建筑特征仅体现在内部存放法老遗体这唯一明确的使用功能中。在黑格尔看来，金字塔之所以不能被称作真正意义上的建筑，是因为它的内部使用功能不是为了满足具有生命意义之神，而是用于对死亡精神的表达。

黑格尔将中世纪教堂看作是浪漫式建筑艺术的代表。与重视室外祭祀活动、对外部空间开放的希腊神庙完全相反，中世纪教堂用封闭的空间展示了基督教从外部世界回归人类内心深处、寻找寄托的精神。哥特教堂中的立柱大多建造在内部，采用的也是与希腊神庙外部立柱围廊相反的处理手法，而且，这些立柱顶部被处理，与屋顶尖券相连，给人升腾向上、直指天堂的空间感受。所以，在黑格尔看来，古典希腊神庙是精神的住所，哥特教堂则不仅如此，它还是精神运动上升的象征。

黑格尔论述的是如何通过理性分析认识建筑的艺术价值。由于我们也可以对建筑作品进行纯粹的感性认知，也就是没有理性介入的直观欣赏活动，所以任何建筑实物都可以具有一定的审美价值。对于建筑艺术的审美价值，黑格尔并没有表述。

（二）雕刻艺术

在黑格尔看来，雕刻的艺术性是通过将粗笨材料转化为拥有自由精神的具体人像或神像实现的。从这个意义上看，他认为最美的雕刻作品来自古希腊。埃及雕刻普遍姿态僵硬，缺少变化和活力；希腊古典雕刻则通过人物姿态的变化和理想化的比例，使人物造型充满动感，体现出了自由精神。他还认为，希腊雕刻大师的艺术成就为雕刻艺术的"理想美"设定了标准，并使艺术作品能够体现出来的"纯粹之美"具体展现出来。

黑格尔在对雕刻艺术的分析中没能明确区分艺术价值与审美价值两个不同的概念。他提到的"自由精神"和"理想美"标准都是理性认知的概念，与艺术价值判断直接相关；而"变化""比例""动感"这些形式要素可以作为审美客体的形式构成法则，使人产生纯粹的感性认知。因此，雕刻艺术作品无须体现"自由精神"也可以使我们进行审美判断，获得美的感受。对于这些观念，我们将在第四章中详细论述。

（三）绘画艺术

在黑格尔看来，绘画与雕刻最大的不同之处在于它不是通过三维立体形式，而是使用色彩来实现对自由精神的表达，因此，黑格尔认为色彩是绘画艺术的精髓所在。对于他来讲，绘画的作用不是展示如何表达自由精神，而是通过色彩让我们在二维空间中看到自由精神的具体形象。他对色彩本身所具有的抽象表达能力已经有非常明确的认识，认为通过不同色彩的组合，画面可以产生出"客观的音乐"（objective music）效果。

黑格尔对绘画艺术的分析同样强调的是由理性认知产生的艺术价值，没有明确论述绘画艺术的审美价值。对绘画艺术的色彩和其他形式要素抽象表达的直观认知可以摆脱对作品内容的理性认知，构成审美价值判断。

（四）音乐艺术

黑格尔认为，音乐是一种直接表达个人主观情感的艺术，并说真正成熟的音乐开始于浪漫艺术时期。音乐与人的视觉脱离了关系，与其他艺术形式相比，它最大的不同在于对情感的表达完全脱离了空间维度，而只存在于时间维度之中。正是在这种单一的时间维度里，音乐才能够不顾及外在空间的客观特征，用直接的"呼喊"之声记载人类情感爆发；随后，经过有目的的组织，形成有节奏、协调的音调，以表达内心主观情感。黑格尔在《美学》第二卷中指出，音乐是人的精神对自身的直接回响，同时也是通过听觉对自身的认同。他还特别强调，音乐既要反映我们心灵的不同和变化，又要能够感动心灵，否则，完全程式化的音乐将不再是真正的艺术，而只能成为一种技艺。

黑格尔将音乐艺术的特征归结为"表达个人主观情感"和"记载人类情感爆发"，说明他是从审美判断角度论述音乐艺术的，因为"主观情感"和"情感爆发"都是直观感性认知的结果。正如他指出的，由于音乐艺术与视觉无关，不能直接对作品固定内容做出标准的表达，所以我们对音乐作品的理解大多是从直观感受层面进行，使我们可以首先获得审美感受。

虽然黑格尔没有明确指出审美判断与艺术价值判断的差异，从审美层面分析音乐艺术，但他对音乐艺术的特征表述是准确的。

（五）诗歌艺术

诗歌也是一种与声音相关的艺术，但是，诗歌中的声音是以具有特定内涵意义的语言形式出现的。声音对情感的表达方式最为多样、最为丰富，语言又可以将情感内容表达得最为具体。因此，诗歌的表达就具有既丰富又具体的特征。由于它的这种特征，诗歌被黑格尔称作是最完美的艺术。诗歌既利于刻画内在心灵，又擅长表现外在形象和行动，对于象征艺术、古典艺术和浪漫艺术都非常适合。所以，诗歌又被黑格尔认为是最没有局限性的艺术。

黑格尔说诗歌的另外一个重要特征是文字的乐律，这也是区别诗歌与散文不同之处的关键。组成诗歌的乐律有多种形式，它们也被称作诗体。正是诗体形式的不同，造成了古典诗歌与浪漫诗歌的差异。黑格尔认为，古典诗歌比较强调韵律的结构，基督教浪漫诗歌则更加注重文字韵律本身。

与其他艺术种类相比，诗歌及文学最能够表达作品的艺术价值，因为我们对这类艺术作品的认知必须首先通过理性参与才能达到。黑格尔称诗歌为最完美的艺术，是指它的艺术价值最高。由于诗歌都具有特殊的乐律特征，可以被我们通过感性认知加以欣赏，所以也会具有一定的审美价值。

与前人相比，黑格尔对美学的重要贡献在于他将一元论的辩证发展哲学观应用到美学之中，从而为美学中的艺术研究提供了一种具有历史发展观的理论。这种理论将艺术价值的发展变化视为一种客观历史规律，是一种崭新的理念，为后人的研究拓宽了前行的道路。在艺术发展和变化过程中，他根据艺术作品中"理念"与"形象"之间的关系研判艺术作品的形态和价值，将古典艺术具有的价值视为最高级别，并将浪漫艺术看作艺术发展的最后阶段。他断言，在浪漫艺术阶段之后，作为对"绝对精神"的表现，艺术将走到"尽头"。这种艺术哲学思想与艺术活动持续发展的现实存在着明显的矛盾，说明他对艺术和艺术价值的界定还是缺乏普遍意义的。

黑格尔美学体系轻视康德所说的审美判断，认为艺术之"美"才是美学的研究对象。按照他的理论，美学就是艺术哲学，其研究对象仅限于与艺术和与艺术创作相关的"绝对精神"表现范围；"绝对精神"之外的审美不属于美学研究的范围。这与审美活动无处不在的现象也存在着明显的矛盾。按照黑格尔的名言"凡是真实的都是合理的"来判断，他的美学理论显然无法解释伴随人类感性认知存在的审美活动的合理性。事实表明，黑格尔对美学和"美"的界定并不能够概括真正的审美活动。正是从这个角度来看，虽然黑格尔美学理论在探讨艺术和艺术价值层面上取得了巨大的成就，但它的体系结构依然存在着明显的缺陷。

19世纪的欧洲哲学存在着两种完全不同的倾向，一种是在德国哲学中占主导地位的黑格尔客观唯心主义以及以它为批判对象的新兴思想，另外一种是在英国和法国哲学中占主导地位的经验论哲学以及对它的批判。黑格尔哲学思想采用一种发散型的思考方式，通过采用辩证法这一与以往德国古典哲学不同的逻辑参照系统，试图对人类和世界的本质给出统一的表述。他所建立的美学理论以他的哲学观念为系统框架，以精神和内容绝对统一的古典艺术为坐标原点，使得他对艺术和"美"的评价结论如同他的辩证逻辑观点一样，既充盈丰富又充满矛盾。他的哲学和美学思想对后来的极端民族主义、国家专制理论及其美学思想的形成和发展产生了直接的影响，同时也为以辩证唯物主义为思想基础的现实主义美学和以个人为中心的存在主义美学思想，提供了批判和发展超越的对象。黑格尔哲学引起的不同反应，使其影响力一直延续到19世纪末。

黑格尔美学思想博大精深，也再次证实了人类美学思想的多样性特征。我们对黑格尔美学思想的梳理和概括不是为了对其进行精准考证，而是为表明美学之中包含的审美和艺术价值判断双重性特征。

第十一节　存在主义及其主要美学思想

第一次世界大战之后，西方现代思潮认为人类社会进入了终结阶段的起始状态。在这一时期，现代思想和科学技术在全球范围内实现了高速发展，给社会带来了空前的繁荣。伴随着现代社会的到来，人类拥有了前所未有的权利、科技手段和思想文明水平，因此开始抛弃包容一切的宗教信仰框架，进入了历史上的非宗教阶段。随着宗教信仰的丧失，人在精神上失去了归属感，最终发现自己在思想上走到了一种无家可归的境地，仅仅成了一种支离破碎的存在之物。在人类社会迫切需要一种理论来解释自身生存意义之时，存在主义（Existentialism）哲学就应运而生了。

存在主义哲学的主要创始人是德国的海德格尔（Martin Heidegger），将存在主义哲学和美学思想广泛传播并推向顶峰的代表人物之一是法国的萨特（Jean-Paul Sartre）。但是，作为一种思想意识，现代存在主义的渊源可以追溯到 19 世纪祁克果（Soren Kierkegaard，又译作克尔凯郭尔）的人生哲学、叔本华（Arthur Schopenhauer）和尼采（Friedrich Wilhelm Nietzsche）的唯意志论，以及 20 世纪胡塞尔（Edmund Gustav Albrecht Husserl）的现象学。祁克果、叔本华、尼采的思想是从针对浪漫主义和黑格尔客观绝对精神哲学体系的批判开始的。

近代哲学开始于笛卡尔的唯理论，其思想基础是理性主义。唯理论认为理性认知、逻辑思维是知识的来源。英国经验主义也是一种理性主义思想方法，只不过它的理性认知起点是建立在对外在经验的直接认知之上的。典型的理性主义者认为人类可以从掌握的基本原则出发，推论出其余的知识。近代西方哲学经过康德的批判和综合，再到黑格尔已经构建了一个巨大的理性主义哲学体系。这一哲学体系认为每一事物都是世间唯一绝对真理发展过程的体现，是理性的表现，因此，个人的意识和行为必须与集体精神和国家意志保持一致，并通过理性最终达到和谐统一。

但是，欧洲社会在 18、19 世纪经历的巨大社会动荡颠覆了理性主义的价值体系，使人们看到了社会和人性中的非理性一面，开始对理性主义思想进行反思和批判。存在主义思潮的思想基础是建立在非理性主义认识论基础之上的，是对近代理性主义哲学思想的反叛。存在主义强调的是个人的知觉和感性，是对非理性和个人主义的赞颂。康德哲学思想将世界和人的本质当作"物自体"，排斥在理性认知范围之外；黑格尔的一元论和历史观贬低了具体事物和个人主观思想对自我生命的价值。存在主义思想否定了黑格尔哲学中的客观"绝对精神"观念，认为事物的存在不是首先以一种被理性认知的客体状态出现的。萨特的名言"存在先于本质"，指出了事物的本质客观属性是次要的，否定了理性主义方法在认识客体中的优先地位。

对存在主义者而言，世界是无序的、偶然的、不可理解甚至荒诞的；要认识世界，非理性的直观洞察和自我内心体验才是最为重要的。他们相信，人类不只是"时代的产物"，每个人都是独一无二的感性个体，在世间只生活一次。因此，存在主义认为感性的个人是生活的主人，非理性才是认识世界的手段。

一、祁克果

祁克果于1813年出生在丹麦的哥本哈根，其父出身贫寒，后靠经营羊毛生意发迹，成为哥本哈根最大的富商之一。祁克果的父亲曾经诅咒过上帝，加之个人生活与当时主流道德标准相悖，所以他总是担心将要随时到来的上帝惩罚，使一家人总是生活在焦虑、忧郁的氛围之中。祁克果在家中排行最小，与兄长相处并不融洽，加上自己体弱多病，又有驼背、跛足的先天生理缺陷，因此总是认为自己是个孤独的"例外"。在这种异常的家庭背景下，祁克果从小就患上了抑郁症，致使性格孤僻内向，终身都为有罪和受惩的宗教情感所支配。尽管生活在悲观的情绪之中，他在青年时代却总以轻浮放荡的花花公子形象来掩饰自己的忧郁状态。

1830年，祁克果进入哥本哈根大学学习神学，其间阅读过大量哲学和文学著作，并对戏剧和音乐产生了浓厚的兴趣。1838年由于其父去世，祁克果继承了巨额遗产。1840年，他与年仅17岁的恋人订婚，次年以论文《论反讽观念》获得硕士学位。在忧郁情绪的影响下，祁克果感到自己不会获得美满婚姻，最终决定解除婚约。在婚约解除之后，他成了一个受人唾弃和耻笑的对象。后来，他变得更为孤僻，心态也更加反常，有时甚至近乎疯狂。为了解除内心的苦闷，他前往德国柏林大学学习当时颇为盛行的黑格尔哲学。从柏林大学返回丹麦之后，祁克果靠继承的遗产隐居生活并全力进行精神层面的思考。他以各种笔名出版了多部哲学、文学作品，并在自己创办的期刊上公开反抗丹麦国家教会。1855年，他昏倒在街头，于数周后怀着强烈的基督教信仰在医院去世，年仅42岁。在临终前，他坚守宗教为个人信仰的立场，拒绝丹麦国家教会的圣餐，也不肯让教会参加葬礼。

祁克果的哲学观点大多是以小说和散文的形式表述出来的，主要作品有：《论反讽观念》《非此即彼》《两个启发性谈话》《恐惧与战栗》《哲学性片断》《生命的阶段》《非科学的结语》《不同精神的启发性谈话》《致死的疾病》。

祁克果对当时主流哲学思想持批判的态度，极力反对大多数思想家通过对日常生活经验的提炼，建立客观普遍思想体系的研究方法。他认为哲学不应该将事物的客观存在当作研究的主要对象；他主张个人的行动高于普遍理论，强调要按照自己的思想生活。他的这种有关人生的哲学思想最终成了现代存在主义哲学的重要来源之一，因此他被视为存在主义哲学的鼻祖。

祁克果认为哲学研究应该从人的"存在"出发，把个人的存在和客观现实世界联系起来。他坚信哲学的起点是具体的个人，终点才是上帝。他以非理性的个人取代客观和理性世界，将其当作全部哲学的出发点，这与以往哲学的起点完全相反。他以个人的非理性情感，尤其是厌烦、焦虑、绝望等悲观情绪替代对外部世界和对人的理智认识研究,使欧洲哲学的发展过程发生了方向性的转变,所以他也被称作后现代主义的先驱之一。他对存在主义哲学的贡献主要体现在"主观真理""存在"和"个人信仰"三个观念的创造上。

(一)主观真理

19世纪中叶,黑格尔哲学已经成为欧洲许多地区的主流思想,被用来解释、说明各种问题和社会现象。他构建的"绝对精神"与具体的人性、每一个生命个体所感受到的孤独和痛苦没有太多直接的关系,却被当作人类社会的最高理想和事物真、善、美的来源。黑格尔哲学体系关心的是世界在历史发展中的客观真理,具体个人的思想和生命只能服从世界的客观真理,别无选择。这与祁克果的个人感受和理念完全不同。

祁克果指出,黑格尔及其他传统哲学关心的是绝对客观真理,并为此构建出了各自的哲学体系,但这些哲学体系与个人生命及具体的生活体验完全不相关。他认为与其寻找世界普遍的真理,不如去探寻那些因人而异的主观真理。正是由于主观真理因人而异,不具有客观标准答案,才需要每一个人根据对自身生存状况的判断做出选择和把握,因此主观真理对具体个人的生命才具有最重要的意义。他曾讽刺说,当黑格哲学的信奉者在解释世界的奥秘时,他们太过专心,以至于忘记了自己是一个人。他认为,对抽象人性的描绘是完全没有意义的,世间唯一重要的事情是每一个人"自己的存在"。

(二)存在

在笛卡尔看来,"存在"体现在三种实体之上,它们分别是神、精神和物质。到了斯宾诺沙,"存在"的实体以唯一的理性之神体现在世间万物之上。在经验主义者眼中,神、人、数学等,所有可以通过经验感知的一切都是不证自明的"存在"。哲学发展到了黑格尔时代,"存在"被抽象的逻辑范畴构建成了一座宏伟的大厦、一种世界万物和人类众生都必须遵循的终极的理性。

祁克果并不关心传统的本体论，他认为"存在"必须是一个适用于个人的概念。他只关心人的"存在"和一个人自己的生活过程。普遍的事物，例如数学中的一加一等于二，是绝对可以确定的客观真理，可是我们不会将这些客观真理当作自己每天的期待和渴望。对于祁克果而言，人生苦短，不可能浪费时间只是关心世界的本质。按照他的看法，通过理性获得的客观真理对于具体个人的"存在"是无关紧要的，真正重要的真理都是主观的，它们关乎个人利益、个人的生死，是属于具体个人的。因此，对他而言真理对个人才是真实的。他曾尖刻地说"大众是虚伪的"以及"真理永远为少数人所有"。祁克果哲学的出发点是以孤独的、非理性的个人存在取代普遍的客观理性存在，以个人的非理性情感代替对外部世界和人的理智认识，特别是代替黑格尔哲学对理性和逻辑的研究。

祁克果相信人对自身"存在"的认知，也就是人对自身身份的认识只能在自身面临重大选择、进行行动时才能获得。对他而言，描绘人或人性的普遍特征是完全没有意义的。只有当我们处于非理性情感作用的特殊关头，特别是在厌烦、忧郁、绝望等非理性悲观情绪的作用下，才会不受任何限制地表达出自我的迫切需求和意志。所以，只有当具体个人主观感性情绪出现，并迫使我们面临选择时，我们才能发现真实的自我，才能与自我的"存在"建立起真正的联系。

佛学有一则故事。一个弟子问佛陀如何才能清楚地了解世界和人的本质。佛陀将弟子比喻成一个被毒箭射伤之人，说他不会对"这支箭是什么材料做的""用的什么毒药""从什么方向射来"这些问题感兴趣；他应该希望有人能够为他尽快拔出箭来，并医治他的伤口。这则故事也是在说明人自身"存在"重要性的道理。

（三）个人信仰

重视个人信仰是祁克果哲学思想的另一块基石。这是因为祁克果认为个人主观情感的本质是非理性的，无法用逻辑理性来考证和推导，而只能靠信仰获得。当我们相爱时，常常无法确切知道对方是否付出真心，我们只能相信对方。对于信仰与非理性之间的逻辑关系，祁克果曾经富有哲理地说道："如果能够客观地抓住上帝，我就不会相信他了；正因为我无法如此，所以我才必须相信上帝。"他坚定地认为，如果我们希望拥有信仰，我们就必须时刻紧紧抓住现实中的不确定性。

许多哲学家都曾经试图用理性解释和证明上帝的存在，教会更是将上帝当作世界理性的源泉。但是，按照祁克果的观点，宗教完全属于个人信仰，属于个人感性生活的范畴，与理性无关。他认为对上帝的理性证明非但没有益处，反而是有害的，因为，当满足于理性证明结果时，人们就会失去信仰，失去对宗教的热情。正是由于这种观点，他对黑格尔哲学通过"绝对精神"进行神学思辨深恶痛绝，同时极力反对将基督教信仰理性化、将个人信仰置于国家教会控制之下的行为。

（四）人生三阶段

祁克果将人的生命存在形式划分成三个不同的阶段，它们是"美感阶段""道德阶段""宗教阶段"。根据他的观点，活在美感阶段的人只是为了享受现实中美好愉悦的时光。这样的人沉浸在感官世界，热衷于对情欲、热情、欢乐的体验，其意志完全服从于欲望，成了自身享乐情绪的奴仆。久而久之，愉悦情感的不断重复会使生活在美感阶段的人产生厌烦、空虚、忧虑的感受。祁克果认为，当一个人内心产生痛苦、畏惧、需要、模棱两可、含糊不清、荒谬等心理体验时，表明这个人正处于"存在"的状态。他相信这样的状态对人生具有正面意义，因为只有身处忧虑、徘徊和绝望之中，人才能发自内心地对自己的命运做出真实抉择，促使自身生命跳跃上升到更高的道德阶段或宗教阶段。

祁克果认为，道德阶段的特征就是人对自身生命持一种认真和限制的态度，并以符合道德原则作为生活标准。处于美感阶段的人只关注生活是否有情趣，而进入道德阶段之后，人就开始在意是非曲直。祁克果并不认为道德阶段的生活是完美无缺的。当长时间处于道德阶段之后，有些人就可能会感到焦虑不安，从而回到美感阶段的生活方式，但是，也会有另外一些人对自己的存在方式做出不同的选择，使自己的人生进一步跳跃上升到宗教阶段。在宗教阶段，生命对人生的感悟和行为准则既不来自美感的愉悦，也不来自理性所赋予的道德责任。在宗教阶段，人变成了"信仰的骑士"，依靠信仰，人无惧背离大众和社会常规，踏上对内心的朝圣之路，选择的是一种自在和自为的生活方式。

（五）美学思想

如同他在哲学思想中对世界本体并不给予特殊的关注一样，祁克果对"美"的本质没有给出明确的定义。从他的论著中可以看出，"美感"一词在他的人生哲学思想中具有两重含义：一方面，"美感"代表着人生在美感阶段、道德阶段和宗教阶段产生的愉悦和快乐；另外一方面，"美感"一词也被他用于对文艺作品的修辞方式、风格、内容结构等各种审美形式的探讨，代表着主体可以获得的个人感受。这两种"美感"含义都与他人生哲学思想中的三个基本要素，即存在、主观真理、个人信仰紧密相连。

祁克果在《非此即彼》中用不同的笔名代表持有不同思想观点的人物，并以这些人物之间的对话和争论详尽论述了三种人生阶段的优缺点和对愉悦、"美感"的认知。他以笔名写作的方式在某种程度上表达了他的中立立场，也就是"美感"是因人而异，可以有各种不同的形式存在，其对人在现实中的影响结果应该由读者做出符合自己所处生活阶段的判断。

首先来看"美感"作为愉悦在人生各个阶段包含的具体内容。在美感阶段，祁克果认为人的行为不受琐碎日常事务的牵连，也不受任何社会道德法则的限制，是一种仅仅以自我感官享受为中心的生活。他以与婚姻无关的单纯爱恋追求作比喻,说明这种对爱的追逐产生的"美感"完全受自我愉悦情感支配,视自我快乐为唯一目的。"美感"在这一阶段表现为热烈并充满活力,是人动物本能的体现;但是,由于没有婚姻和社会的道德约束,"美感"给人带来的每一次愉悦享受只能是非常短暂的,因为人的本能总是喜新厌旧,将会对现有的"美感"产生厌烦(boredom)。因此,在人生的美感阶段,"美感"所带来的愉悦总是不断变换、难以持久的。他以英国浪漫诗人拜伦作品中主人公唐璜的风流人生和对美女的尽情追求为例,指出唐璜享乐的生活方式最终令人感到空虚、绝望和厌烦。要摆脱这种困境,就需要开始伦理生活方式。

在美感阶段获得的感性体验是我们所说的审美判断结果。在这种审美判断中,审美主体以自身愉悦为唯一目的选择审美客体。很明显,美感阶段的审美观念属于主观派,可以用审美三要素函数关系表示为:

$$Ve = f(Ms\ Mo)$$

因为 $Mo = f(Ms)$,所以 $Ve = f(Ms)$。

Ms 不受任何社会伦理、道德限制,仅仅以自身对直观感性愉悦的获取为目的。

在道德阶段,人生活在道德规范之中,为了子女、家庭、朋友、同事乃至自己的宠物等担负起各种责任。责任使人将自己在生活中的"美感"与其他人关联起来,使个人对愉悦的追求受到了限制。人们认识到个人的愉悦要同时有助于他人的愉悦和社会和谐,这就使"美感"摆脱了仅仅从新颖好奇事物中获得愉悦的方式。因此,"美感"在道德阶段就转变为一种长期的精神追求,具有了目的性,从而成为一种可以获得持续快乐的源泉。也就是说,在道德阶段,"美感"不仅仅是人的感性情感在客体"形式"上的宣泄,还具有了"内容"。道德阶段的"美感"可以给人带来美感阶段无法获得的愉悦。例如,美感阶段的愉悦只能是针对主体自身,而在道德阶段,人可以通过帮助他人获得愉悦使自身间接地获得愉悦感受。他以婚姻为例,指出短暂浪漫的愉悦消失之后,为配偶和家庭承担的责任也会带来愉悦之外的美好感受。也就是说，处于这个阶段的"美感"虽然还是主观的，但已经具有了一定范围之内的"内容"标准。

道德生活与美感生活的本质差别在于人行使了"选择"的权利。在道德生活中，当面对不同事物时，人们需要根据普遍的道德法则进行取舍。这种生活时刻处于责任约束之下，人的自然感性本能将会受到压制和排斥；长久如此，人就会产生焦虑的情绪。由于焦虑情绪的产生，人才有可能做出进一步的选择，从而迈进更高的宗教阶段。因此，对于祁克果来讲，压抑、排斥、焦虑等负面情绪对人生具有正面的意义，是道德生活"美感"的组成部分。

很明显，道德阶段获得"美感"的过程显示出了一定的客观标准。祁克果认为，人在道德阶段所遵循的"责任""选择"和"精神追求"都是通过"修养"起到作用的。这种通过自身"修养"行使的"选择""精神追求"和"责任"约束与人的理性认知不同，它们已经成为人自身直观感性的组成部分，也就是说，对客观标准的遵循是一种自发的行为，不需要理性分析、判断的参与。因此，祁克果所说的道德阶段的"美感"仍然属于一种审美判断，它与美感阶段审美判断的差异在于，道德阶段强调"美感"的获得要遵循一定的客观标准，所以是一种主客观综合的审美观念。可以用审美三要素函数关系将道德阶段之美表示为：

$$Ve = f(Ms\ Mo)$$

Ms 在自发地遵循一定的社会伦理和道德基础之上，对直观感性愉悦的追求；Mo 遵循一定的客观标准。

宗教生活既不是以自我为中心、随心所欲对世界的浪漫体验，也不是严格按照一定社会规范行事的道德生活。祁克果所说的宗教生活是人将自我与超越人类乃至超越现实世界的信仰相关联的生活方式。在他看来，真正的信仰只与每个人内在独特的心灵有关，具有绝对主观的特征，是人以主观方式对精神世界的拥抱。信仰的对象超出了信仰者感性和理性所能企及的现实世界范围，它可以是艺术、科学幻想、上帝的存在等，与信仰者没有直接的利害关系，所以也不受常规理性逻辑限制，无须被客观证明，或许也不可能在客观世界实现。正因为如此，对信仰的追求也就不会使人在宗教生活中产生焦虑和失望，也就成了人生可能达到的最高阶段。

在宗教阶段中，人追求的"美感"不是简单的直观感性愉悦，而是对自己依靠幻想和创造结果的情感体验。在这个充满信仰的过程中，各种认知对象都是由具体内容组成的。无论是艺术、科学幻想或上帝的存在，所有的创造都离不开理性认知的参与。所以，宗教阶段的"美感"是我们所说的艺术价值判断结果，与感性的审美判断无关。

总之，祁克果认为在人生不同阶段中，人的"美感"标准是不同的，也就是说，"美"具有多样的形式，与主体所处的人生阶段相关联。在人生的"美感阶段"，"美感"来自审美主体对外在客观世界的追求，是对形式不断的最新愉悦体验。在人生的道德阶段，审美主体依照一定的客观道德准则选择那些能够持续带来快乐的事物或行为，从中获得"美感"体验。在人生的宗教阶段，"美感"不再是单纯的感性愉悦体验，而受到理性和主观逻辑观念的支配，是对由个人信仰创造出的客体艺术价值的欣赏结果。

祁克果美学思想将"美感"与人生的存在状况直接联系起来，赋予"美感"一种与多样人生相关的多种可能性。这些"美感"愉悦的类型和效果不同，是人生各个阶段中的不同主观意志的选择结果，体现出人在不同生活阶段中的"存在"现象。在祁克果看来，美的本质对于身处人生不同阶段的个体才具有具体和真实的含义。

祁克果美学思想还体现在他的关于修辞之美的论述中。

在《论反讽观念》的论述中，祁克果对浪漫主义在诗和小说中表现出的美学思想进行了抨击，其真实目的是批判浪漫主义的人生观。浪漫主义认为现实是空虚、没有意义和有限的世界；为了生存和实现人生价值，浪漫主义者凭借主观想象创造出与现实无关的理想世界，并陶醉其中。在浪漫的、具有无限性的虚拟世界中，人可以不负任何责任，享受自我创造出的一切和虚幻中的完美。祁克果认为浪漫主义艺术虽然可以在虚拟世界中创造出无限性，但人与现实生活之间仍然处于脱节状态，无法达成一致。祁克果同样强调文艺作品的想象功能，并认为想象是通往理想，也就是他所强调的主观真理的途径，但是，他认为无限的"诗意生活"应该是内在于心中的，也是与人生现实"存在"融为一体的。

因此，祁克果坚信人的理想世界不应该仅仅停留在诗人和艺术家的想象之中，更应该体现在具体个人的现实生活中，也就是他所谓的道德人生和宗教人生阶段的内心生活之中。在《论反讽观念》中，祁克果将美感要素的运用主要界定在现实生活过程之中，使美学成了一种对人生现实"存在"的表现。按照他的观点，人的本质应该体现在对现实的主观判断和具体的行动中，而不是体现在某种现实之外的、自我创造出的虚幻之中。

为了充分表达自己的人生观，祁克果在文学作品中运用了与传统美学不同的修辞方式。祁克果人生哲学关注的重要问题之一是如何在基督教社会成为一个具体的基督徒。他认为，由于社会教育体系的形成和教会势力的蔓延，普遍的宗教概念和知识内容掩盖了具体个人的思想光芒；在这种社会中，人被异化，无法认识到自己与众不同的独特性。针对这一问题，祁克果在他的许多论著中采用了一种独特的修辞方式，以避免形成单一或固定模式的结论。他的目的是引导读者返回到知识的原始素材阶段，在摆脱固定模式限定之后进行自我判断，得出主观真理。在他早期的《论反讽观念》中，他对苏格拉底的反讽提问方式给予了极高的赞扬，并完全赞同苏格拉底将自己比作助产士，通过不停地反讽追问，帮助谈话对象找到发现真实自我及其相应主观真理的方式。

通过比较祁克果与黑格尔美学的不同，我们更容易了解修辞方式在祁克果美学思想中具有的特殊地位。黑格尔认为美是"绝对精神"理念的感性表达，具有客观的普遍性，其内容与形式具有趋于统一的特征属性。与黑格尔这种普遍、客观、统一的美学思想相反，祁克果的"美感"是每个生命之中的具体、主观和矛盾的表现。祁克果否认黑格尔"绝对精神"对具体个人生命存在的价值,也否认辩证逻辑和理性世界是人生的最高阶段,而是崇尚具体个人的主观信仰。不仅如此,他相信在通常情况下,普遍的理性会成为实现个人信仰和人生价值的障碍。因此,祁克果认为在文学和艺术作品中必须摧毁作品具有的普遍性、客观性和统一性,也就是要反对明晰、客观化的固定修辞标准。

为摆脱内容的客观权威性对主体主观判断的约束,祁克果在他的论著中,大量使用了反讽、滑稽模仿、讽刺、幽默等修辞手法,加上使用多种不同笔名,有意使作品中各种人物的观点失去普遍和客观的含义,使读者处于一种矛盾状态,不得不对事物进行自我分析、主观判断和个人选择。此外,祁克果还认为读者在传统文艺作品中获得的现成知识太多,从而失去了运用自我意识的能力。他在创作中通过将文章内容拆解成前言、后记、注释、对话等多种形式,对作品素材作"加法"处理,将各种概念叠加之后展示在读者面前,最终达到"减去"传递普遍、统一理念的目的。通过多种手段,祁克果将对作品的判断权归还给了读者自身。可以说,阅读他的作品是读者自身的一个理解和再创作过程,必定要加入个人的主观意念。

很明显,祁克果的修辞之美所要达到的目的是反映个体人生价值和对主观真理的追求,所涉及的是理性认知内容。因此,根据我们对审美和艺术价值的区分,祁克果通过修辞手法为文学作品带来的"美感"实质上是作品的艺术价值,与审美无关。

二、叔本华

叔本华于1788年出生在德国的丹泽,也就是现今波兰境内的格但斯克。他的父亲是位非常富有的银行家;母亲是当时颇有名气的通俗小说作家,与歌德等文豪有所交往。叔本华自幼性格孤僻,与母亲关系不好,一直隔阂很深;他与常人的关系也是如此,被认为居高自傲,难以相处。他脾气暴躁,曾因不堪忍受一个女裁缝的吵闹噪声,将其推下楼梯,造成终生残疾的后果。

叔本华早年在英国和法国接受良好教育,之后跟随父亲接受商业训练。在逐步进入商业领域后,他发现自己对商业活动极其厌恶。在父亲溺水身亡后,他才得以弃商,并于1809年进入哥廷根大学攻读医学。不久,他的学习兴趣转移到了哲学和梵语文学研究上,因此转入著名的柏林大学专攻哲学。1813年,他以《论充足理由律的四重根》获得了耶拿大学博士学位。1818年底,他出版了自己的代表著作《作为意志和表象的世界》。这部著作将东西方思想融为一体,但发表后无人问津。为此,叔本华说道:"不是我配不上这个时代,那就是这个时代配不上我。"在进行了近一年的意大利休假旅行之后,他回到德国,并获得了柏林大学编外教授的资格。

叔本华对柏拉图和康德哲学思想极为推崇,分别称两人的学术成就为"神明"和"奇迹";相反,他不赞同以黑格尔为代表的思辨哲学,并傲慢地认为黑格尔是位沽名钓誉的诡辩家。他在柏林大学任教时曾有意选择与黑格尔同一时间授课,期望证明自己的观点更能获得学生的青睐。黑格尔当时正处于学术声望的顶峰,叔本华自然无法成功。学期开始后,叔本华的学生很快就所剩无几,直到最后没有任何听众。无奈之下,他只能最终离开柏林大学,移居到法兰克福,潜心投入到哲学沉思和写作中。他依靠继承的家产,过着富裕却是寂寞的生活,直到1860年因肺炎去世。

除了《论充足理由律的四重根》和《作为意志和表象的世界》之外,叔本华其他的主要论著还有《论自然中的意志》《论意志的自由》《论道德的基础》《伦理学的两个基本问题》《附录与补遗》等。他的著作在最初出版时,大多未能引起评论家和学术界的丝毫兴趣,购买者寥寥无几。直到1851年,在对《作为意志和表象的世界》作补充与说明时,他以格言体写成的《附录与补遗》仿佛在瞬间使他成了名人,为他赢得了姗姗来迟的声誉。

1859年,《作为意志和表象的世界》在发行第三版时终于引起了轰动,有人撰写了《叔本华大辞典》和《叔本华全集》,更有人在评论中说他是具有世界意义的思想家。叔本华也感叹称"全欧洲都知道了这本书"。在第三版前言中,他诙谐地写到,当这本书第一版问世时他才 30 岁,看到第三版时却不能早于 72 岁。历经 30 多年,他如愿以偿,人们也终于认识到了他哲学的价值。深受其哲学思想影响的有音乐家瓦格纳、心理学家弗洛伊德、科学家爱因斯坦,当然也包括众多的哲学家,例如尼采、伯格森、海德格尔、维特根斯坦等。

(一)意志与表象

叔本华是唯意志论哲学的始祖,其思想是对康德哲学的继承和发展。叔本华将世界划分成"意志"(will)和"表象"(representation)两个层面,"意志"是事物内在的原始动力,"表象"是"意志"在不同具体时空环境下的显现。"意志"如同康德所指的"物自体",而"表象"如同受到人的理智所决定、生成的"经验世界"。但是,叔本华认为康德并没有将问题彻底解释清楚。一方面,康德是二元论者,他的"物自体"是绝对的客体,与作为主体人的"意志"是相互分离的。另一方面,康德宣称"物自体"独立于人的意识之外,是无法被人认知的,因为人类通过时间、空间、因果关系等范畴认识事物的过程都是对客观世界的心灵主观加工,其认识结果永远只能是属于"物自体"之外的现象。

叔本华认为,康德所谓的存在于所有自然表象世界背后的"物自体"与存在于人的意识深处的基本"自我"具有完全一致的特征。这一真实的、实实在在的基本"自我"就是他所谓的"意志"。从认识论角度来看,"意志"与"物自体"的不同在于"意志"是主体、客体统一的终极存在,而"物自体"则仅仅具有客体属性。从本体论角度来看,叔本华应该是一元论者,他相信"意志"和"表象"是同一事物的两个方面,就像是一枚硬币的正反两面。

近代哲学中的唯理论、经验主义、科学主义都是将人的理性认知放在哲学思考的第一位,都认为先有主体理性认识的存在,才有对物质世界和主体自身的认知。叔本华则认为事实正好相反："意志"是第一位的，意识认知活动是第二位的，"意志"的存在先于理性认知。在"意志"和"表象"中原本没有主客体之分，只是由于人类意识的出现，才有主体和客体的人为分离。他的这种观点打破了近代哲学的理性认知基础，使现代哲学突破了理性认知的范围，走向非理性主义阶段。

叔本华进一步指出，人作为一种智慧生命不仅可以认识外在世界，还可以"直观"体验到真实和基本的自我，也就是"意志"。"意志"不受外因影响，是不可遏制的冲动，是自由的、无目的性的。它在"表象"世界表现出永无止境的追求和欲望。"表象"世界按照不同层次分成了从矿物、植物、动物到人的不同阶段；它们都是"意志"在不同时空环境中的表现，只不过有的是盲目表现出来的，例如石头总是垂直下降，有的是通过理智自觉地表现出来的，例如人类的"意志"创造出大脑，并通过大脑的智力将"意志"转化成对生命的渴望。人作为智慧生命，其特性在于我们可以从意识和身体表现的两种方式中认识自身：在人的思维中，意识作为"意志"的形式出现，并受其驱使；在身体的认知行为中，"意志"以物质存在的特征体现出来。

（二）悲观主义人生观与艺术的解脱作用

人的"意志"是真实的自我，身体是"意志"的"表象"，理性则是时刻受到"意志"驱使的奴仆。"意志"是一种盲目的无意识力量，它以生存为意向，从根本上控制着人的知觉、想象、记忆、推理和判断，影响着人的理性判断。因此，无意识的"意志"与具体个人理性意识之间存在着对立。另外一方面，"意志"又是不受时空限制的，是永恒的，但是，这种永恒的"意志"只能在具有时空特性的个体中表现出来。作为个体的人的生命和生命所处环境是有限的，这就与个体的不朽意志在时空上是矛盾对立的。

这种"意志"与个体人生"表象"之间的根本矛盾，使得具体个人永远无法满足"意志"无所不在、无时不在的生存欲求。叔本华认为世界本质就是"意志"无法得以满足的生存欲求，而正是这种生存欲求造成了世界上的一切悲伤和邪恶，引起了无休止的争斗和战争。只要"意志"的欲求没有得到满足，人就会痛苦不堪，而某种欲求一旦得到满足，不受时空限制的"意志"就会产生新的欲望。叔本华认为"意志"永远不可能被彻底满足，而不能被彻底满足的欲求使世界无法摆脱其痛苦的本质特征。人们只是永远试图使自己的欲求得以满足，但这种满足更加证明和显现了"意志"存在；这种状况被叔本华认为是世界上最悲哀的事情。所以，无论一个人是乐天派还是悲观派，在叔本华看来都不能摆脱根本的痛苦；乐天派只是对现实的躲避，是自我欺骗所造成的假象。

叔本华描绘出了一个悲观的世界，他断言，我们所处的这个世界是所有可能的世界中最糟糕、最邪恶的。人永远是"意志"的奴隶，因此，人的生活充满痛苦，是不值得过的。他在《作为意志和表象的世界》中说，我们每一次呼吸都在抗拒着死亡不断的入侵；死亡最终必将取胜，因为我们一旦降生，就落入到它的掌控之中，它同自己的猎物玩上一会儿后，就将其一口吞掉。

由于"意志"是人生所有罪恶和痛苦的根源，要想得到幸福、安享平静的生活，就必须否定或压制"意志"。叔本华认为艺术和哲学思考可以使人沉醉其中，忘却自我，从而使人从自私的"意志"中得以暂时解脱，免除受其奴役。虽然最好的方法是通过禁欲苦行的修炼，像宗教圣徒那样，做到从自我"意志"的束缚中彻底解脱出来，但是在叔本华眼中，艺术仍然具有重要、不可替代的人生价值。

（三）美的本质

叔本华涉猎广泛，对建筑、绘画、雕刻、戏剧、诗歌、小说等不同领域都有研究，他全面丰富的艺术修养为其美学理论提供了有力的支撑。在《作为意志和表象的世界》中，他在"意志"和"表象"之外又引入了柏拉图的"理式"概念，将"意志""理式""表象"三者关系作为基本框架，论证了艺术与"理式"之间的关系。他指出艺术是对"理式"的直观（intuitive）表现，"理式"作为直观的对象就是美。因此，理解"理式"与"意志"和"表象"之间的关系不仅是理解叔本华哲学的关键，也是把握其美学思想的途径。

为理解"理式"在叔本华美学中的特殊作用，必须首先明白他对康德美学思想的发展。康德对以审美客体为出发点的唯物论美学思想进行了批判，指出经验世界是人对事物主观认识的结果，不是"物自体"本身，因此审美就必然是一种与人的主观认知相关的活动。叔本华赞赏康德主观唯心主义的美学思想，认为它与客观派美学思想相比，向正确的方向迈出了重要的一步。但是，针对康德将人的审美主观认识归结为一种无功利的"反思判断"，叔本华提出了反驳。他认为康德所说的"反思判断"仍然离不开理性知识的参与，其本身是一种引导"意志"到达"表象"世界的理性认知活动。

叔本华在《论充足理由律的四重根》中，将一切"表象"世界的对象归结为四类，它们分别是与感性经验相关的事物、与理性相关的知识概念、与时空关系相关的客观存在、与心理意念相关的人类行为。叔本华的充足理由律宣称任何事物都必定具有其为何存在的理由，并归纳出这四类认知对象的"充足理由"分别为：因果关系、知性逻辑、数学性质、主观动机。这四类充足理由都依赖于人的智力和逻辑推理运用，属于人类对世界的理性认知范畴。按照叔本华的逻辑，人的"意志"正是通过理性认识的充足理由律构造并支配着"表象"世界的。

叔本华接受了康德从主观唯心主义角度给审美活动划定的界限，但是否定审美起始于依然属于理性过程的"反思判断"。他认为审美直接源自体验，是一种感性的"直观"过程。他坚信人存在着获取"直观认知"，也就是我们所说的"感性认知"的能力，而这种感性认知使我们可以凭借"感觉"而不是"概念"驾驭自我行为。他进一步认为，这种感性认知获取的过程正是"美感体验"（aesthetic experience）。既然审美是主体感性的"美感体验"过程，它就不符合认知"表象"世界的充足理由律，也就不可能与世界的具体事物直接相关。这样，叔本华就切断了在审美活动中由"意志"到"表象"世界的理性认知途径。那么由这种感性认识主导的审美活动与人的"意志"之间存在什么关系，会将"意志"引向何方？美的本质又是什么？

为解答这些问题，叔本华在他的美学思想中借鉴、融合了柏拉图的"理式"概念。如同康德的"物自体"不能被人类认识一样，叔本华的"意志"作为自在之物不从属于时间、空间和因果规律，也是不能被认知的。叔本华的"表象"世界是"意志"经过人类理性意识作用的产物，正如他在《作为意志和表象的世界》中一再强调的，"世界是我的表象"，因此"表象"世界中的具体事物是人"意志"的产物，也不可能成为与人类无关的独立客观对象。但是，叔本华认为柏拉图的"理式"作为中介形式是可以被"意志"通过感性体验到的。正如柏拉图所说，我们感知到的世界是"理式"的影像，叔本华认为"理式"作为"意志"的客体化的对象，也可以从具体的"表象"世界中被感知。他指出，艺术就是对"理式"的直接把握和表现，并包含有一种绝对的普遍性和超越时间、空间的本质，可以体现出人和世界的"意志"。

在叔本华看来，"理式"介于"意志"和"表象"之间，是一种对"意志"客观化的、最高等级的"表象"。所以，当人面对并体验艺术作品表现出的"理式"时，其"意志"不会再有欲求用理性去追问"时间""地点""原因""动机"这些与"充足理由律"相关的具体问题，也就不再关心"表象"世界。这就像是作为主体的"意志"在镜子中发现了自我，从而可以摆脱与"表象"世界之间的矛盾和冲突，忘却"意志"无处不在的诉求。因此，对于叔本华来讲，主体对艺术作品或大自然事物中蕴含"理式"的这种特殊感识就是美感体验，也就是我们所说的审美。

叔本华美学思想认为艺术家有一种特殊的能力：当要表达"理式"时，

他们可以通过自身的艺术天赋，用感性手段将"理式"体现在他们的艺术作品之中。当非艺术家要表达"理式"时，由于不具有艺术表达才能，就只能将"理式"理性化，用各种理性概念替代生动、丰富的直觉感受。不幸的是，在这种替代过程中"理式"不可避免地受到主体理性概念的曲解，失去或改变原有的客观成分。

从叔本华的论述中，可以看出他将审美的本质看作是对"理式"的感性认知。当主体直观感受到"理式"时，就会摆脱"意志"对自身的束缚，也就摆脱了"意志"的各种欲求和带来的痛苦，从而得到内心的平静和愉快。这种内心的愉悦就是康德所说的无功利的愉悦，也是叔本华描绘的"无痛苦的境界"和"最高的善和神的国度"。审美过程对于叔本华而言就是通过摆脱对"表象"世界的理性认知，排除"意志"带来的欲求和痛苦。这种美学思想关注和探讨的是感性的审美体验，表达的是我们所说的审美观念，与艺术价值判断无关。

由于不受时空约束，当主体直观客体时获得的就不再是"意志"的"表象"，而是能够显现事物"理式"的审美客体。在叔本华看来，世界原本只是由"意志"和"表象"构成，"理式"既不属于"意志"也不属于"表象"。这意味着，"理式"一方面独立于时空环境，仿佛具有"意志"的特征；另一方面，"理式"可以被主体感受体验，又具有"表象"的特征。"理式"与"表象"的不同在于它具有普遍性，不受个体事物所处时空环境、因果关系的限制。因此叔本华的"理式"不是一种实体，而只是一种观念的存在，且它只能被直观感知，不能被理性认知。"意志"和"表象"之间原本并无主体和客体之分，但当"意志"开始对"表象"进行感知时，"理式"作为沟通"意志"和"表象"之间的桥梁才显现在意识之中，成为审美主体的客观对象。

因此，美感体验的主观和客观属性都体现在"理式"上。"理式"不随时间发生变化，是万物永恒客观属性的显现。作为"意志"和"表象"的中介，它既是"意志"的一部分，也是"表象"的一部分，具有一种复合特征。当审美主体直观到"表象"事物的"理式"时,"理式"这个中介就受到了审美主体的认同,从而成为审美主体的特征属性;与此同时,"理式"也使"表象"事物转化成了审美主体的对象,也就是审美客体。根据叔本华的美学思想,正是由于"理式"意识的产生,原本主、客统一的"意志"和"表象"发生分离,形成了审美主体和客体,构成了审美活动。

作为解决人的"意志"与"表象"世界之间冲突的一个重要手段,审美在叔本华哲学思想中占有极为重要的地位。在他看来,美的本质就是一种可以被主体"直观"感受到的"理式"。这种"理式"可以使审美主体沉浸其中,摆脱自我"意志"的奴役和来自"表象"世界的困扰。他的审美观念,既重视审美主体的"直观"作用,又强调审美客体所体现的"理式",属于典型的主客观综合派,可以用审美三要素函数关系表示为:

$$Ve = f(Ms\ Mo)$$

Ms 是摆脱自我"意志"控制后的审美主体,具有能够"直观"感受事物"理式"的能力;Mo 不受具体时空环境影响,能够在具体事物或艺术作品中体现出普遍的"理式"。

(四)美感体验类型

叔本华将美感体验分成两种基本类型,它们分别是美和崇高(the beautiful and the sublime)。当摆脱自我"意志",进入到平静、无我状态的审美主体从客体中体验到"理式"时,审美主体获得的美感体验就是"美"。叔本华认为自然界的事物,尤其是植物,最容易使人感受到"美"。

根据他的观点,有两类审美客体会对"美"的体验会产生阻碍作用:第一类是过于"刺激"的审美客体;第二类是对审美主体过于"敌对"的审美客体。当审美客体处于这两类情况下,审美主体的"意志"将会被诱发或激发出来,从而阻碍主体进入平静和无我的状态。

第一类"刺激"的审美客体包括两种。一种是诱人的美食和美色,例如餐桌上的各种食物、情色裸体等,它们会不可避免激发出人的欲望,从而阻碍审美主体的"直观"和达到无我状态。另外一种是令人生厌、产生抵触情绪的事物。叔本华认为,上述这两类事物作为艺术表达对象都是不合适的。

第二类"敌对"的审美客体是对人类生存产生威胁的事物,例如广袤的沙漠、无际的星空和海洋等。人在这类体量或能量巨大的事物面前会变得如此渺小,不再可能进入平静的美感体验状态。但是,在人们认识到客体的巨大威胁之后,如果能够无视威胁,并使自己摆脱"意志的恐惧和不安",就有可能对这类审美客体产生美感沉思。叔本华认为,在这种状态下的美感就是对崇高的体验。

与康德对崇高类型的划分类似,叔本华同样将崇高划分为两种,即力量型崇高和数量型崇高。力量型崇高与审美客体对审美主体造成的力量冲击相关;数量型崇高与审美客体对审美主体造成的心理冲击相关。叔本华认为崇高体验具有数量等级的差别;审美客体对审美主体的冲击越大,崇高体验感觉的等级就越高。

叔本华关于崇高的审美观念可以用审美三要素函数关系表示为:

$$Ve = f(Mo\ Ms)$$

其中:审美客体 Mo 是包含有庞大数量或巨大力量的要素,即 $Mo \to \infty$;审美主体 Ms 的心理意识能够战胜自我"意志"的控制,摆脱理性认知的干扰,上升到可以与 Mo 相匹配的地位,即 $Ms \to Mo$。

美与崇高心理感受的区别体现在以下两点。首先,当进行"美"的体验时,审美主体的意识与"意志"的分离是在自然、无意识状态下完成的;在崇高体验时,审美主体的意识首先感受到审美客体的威胁,然后又主动与"意志"分离。其次,在"美"的体验中,审美主体全部的心理感受是单纯的愉悦;在崇高体验中,审美主体得到的是痛苦和愉悦相互交织的心理感受。

这里需要指出,叔本华在对美和崇高的论述中强调的是如何对艺术作品进行审美判断。在美和崇高体验中,"刺激"和"敌对"的审美客体必定会使审美主体的理性认知功能受到激发，对"刺激"和"敌对"的原因、表达手段和效果等问题进行理性思考，从而不可避免地将审美判断转换成艺术价值判断。在美的体验中避免"刺激"的审美客体，与在崇高体验中无视威胁和摆脱自我意志的恐惧和不安一样，目的都是为了避免理性认知在审美活动中的出现。叔本华的这些论点表明，他的美学思想注重的是艺术作品的审美功效，对艺术价值判断采取了一种排斥的态度。

（五）艺术种类的等级

世界万物都是"理式"的载体，它们所包含的"理式"特征都是可以被直观感受的，因此，按照叔本华的观点，人从一切事物之中都可以获得某种程度的美感。叔本华认为由于包含"理式"多少和复杂程度的差异，不同种类的艺术会有相应的等级差别。为了阐述自己的观点，他在《作为意志和表象的世界》中，从"理式"等级差异层面探讨了各类艺术的区别，并按照"理式"等级由低到高的顺序，对建筑艺术、风景园艺、绘画雕刻、文学艺术、音乐艺术进行了排列，说明建筑艺术能够给人带来的美感体验最低，音乐艺术带来的美感体验最高。

叔本华认为除了音乐之外，其他所有艺术都是对"理式"的模仿或直接表达。由于不同种类的艺术采用的媒介材料不同，它们对"理式"模仿或表达方式自然会有所不同。他指出，建筑艺术使用笨重的石头和木材作为基本媒介，反映出的是与物体的质量、重力、坚固程度、光影等相关的"理式"，也可以体现出各种建筑材料和建造者的意志。在他看来，建筑艺术对"理式"的表达受到建造材料和建筑用途的限制较大，也就是说受到较多规则和目的的限制，因此，无论是在数量上还是在复杂程度上，对各种"理式"的表达也就处于比较低级的一端。

如果以 $Mo\text{-}a$ 代表建筑艺术（其中 a 代表建筑 architecture）由"理式"多少构成的等级，叔本华这一观点就是指 $Mo\text{-}a$ 中的"理式"覆盖范围最小，相对等级最低。

叔本华认为风景园艺的构成材料是具有生命的植物，所以能够体现出的"理式"等级要高于由无生命建筑材料构成的建筑艺术。他同时指出，由于园艺师对植物的掌控不可能像对无生命的建筑材料一样严格，因此风景园艺中表现出的人格意志要少于建筑艺术，更利于展示出自然本身的"理式"。

如果以 $Mo\text{-}l$ 代表风景园艺艺术（其中 l 代表园林景观 landscape）中由"理式"多少构成的等级，叔本华的这一观点就是指风景园艺作品的等级高于建筑艺术的 $Mo\text{-}a$，即：$Mo\text{-}l > Mo\text{-}a$。

在绘画和雕刻中，艺术家对作品的掌控要高于风景园艺和建筑艺术，可以不受因果关系、手段、目的等表象世界的约束，对"理式"进行更加自由的表达。另外，在绘画和雕刻艺术中，叔本华认为无生命的静物绘画和雕刻艺术的等级要低于有关风景和动物的绘画和雕刻；而有关风景和动物的绘画和雕刻艺术的等级又低于对人物刻画或描绘。与当时官方学院派的理论不同，他认为表现普通民众和世俗场景的艺术作品，与描绘历史名人和宏大场景的艺术作品具有相同的等级，因为这些作品都可以对普遍人性和意志所包含的"理式"进行同样的表达。

如果以 $Mo\text{-}p.s$ 代表绘画和雕刻艺术（其中 $p.s$ 代表绘画和雕刻 painting & sculpture）由"理式"多少构成的等级，叔本华的这一观点是指绘画和雕刻作品的等级高于风景园艺的 $Mo\text{-}l$，即：$Mo\text{-}p.s > Mo\text{-}l > Mo\text{-}a$。

关于诗歌、文学和戏剧，叔本华认为它们能够表达出更复杂、更多的"理式"，属于更高等级的艺术种类。诗歌、文学和戏剧是由抽象文字组成的概念，能够通过各种不同的概念组合来表达丰富的"理式"，尤其是能够表达人的思想、行为和感觉。相对于建筑、园艺、绘画和雕刻艺术形式，诗歌、文学和戏剧艺术在创作和表达过程中受到的限制更少，可以包含并呈现出更多的理念，并能够覆盖到从自然到人类自身的各个领域。在诗歌、文学和戏剧艺术领域内，他又认为诗歌具有最高的抽象表达能力，可以不受具体事件和人物所限，捕捉到人类在生存中激发出的真实情感。

从艺术题材方面来看，他认为悲剧是最高等级的艺术形式，因为悲剧所表达的"理式"最为复杂，也是世界的最终归宿。

如果以 *Mo-p* 代表文学艺术（其中 *p* 代表诗 poetry 及其他文学艺术）中由"理式"多少构成的等级，叔本华的这一观点就是指文学艺术作品的等级高于绘画和雕刻艺术的 *Mo-p.s*，即：*Mo-p* > *Mo-p.s* > *Mo-l* > *Mo-a*。

在所有的艺术形式中，叔本华最为推崇的是音乐。他认为音乐在所有艺术中具有最高的等级，并确信古典和浪漫音乐最能够揭示世界的本质。不像其他艺术只是从表象世界出发，对"理式"进行表达或模仿，叔本华认为"绝对音乐"（与具体表现事物无关、没有道白解说或歌词）与表象世界时间之外的其他外在条件无关，是对"意志"的直接表达，人对它的感知无须借助"表象"世界的任何理性认知途径。因此，在他看来对音乐的体验就是直接对意志化身的感受（feeling of embodiment）。人不可能直接体验到"意志"，因为体验总是与外在"表象"的时空条件相关。但是音乐作为"意志"的化身，最为接近"意志"；对音乐的体验就是对"意志"最有可能、最直接的体验。他曾说，这个世界可以被称作形体化了的音乐，或者也可以将音乐比作形体化了的"意志"。

如果以 *Mo-m* 代表音乐作品（其中 *m* 代表音乐 music）中由"意志"构成的等级，叔本华的这一观点就是指音乐艺术的等级 *Mo-m* 高于文学作品的等级 *Mo-p*，即：*Mo-m* > *Mo-p* > *Mo-p.s* > *Mo-l* > *Mo-a*。

叔本华对艺术不同等级的思考没有表达出艺术价值与审美价值的差异。按照我们的界定，他对建筑艺术、风景园艺、绘画和雕刻、文学艺术进行等级划分的"理式"概念与理性认知相关，不能被称作审美价值判断过程。除了音乐艺术中的"意志"，叔本华在对其他艺术种类等级分析中提到的"理式"都不是感性认知的对象，因为这些"理式"，例如建筑艺术中物体的质量、重力、坚固、光影，风景园艺、绘画和雕刻中的生命和人格，文艺作品中人的思想、行为和感觉等都包含抽象的概念和理性认知结果。他在音乐艺术的等级分析中强调的是人对"意志"的直观感受，这表明他所说的音乐艺术的价值是一种审美价值。也就是说，由于没有区分艺术价值和审美价值，叔本华在对建筑、风景园艺、绘画和雕刻、文学艺术等级排序中使用的是一种艺术价值判断标准，在对音乐艺术的分析中使用的却是审美判断标准。这种错误的双重标准正是没能正确区分艺术价值和审美价值的结果。

除了不符合我们对审美与理性认知无关的界定之外，叔本华关于艺术等级的论述也与他将美看作是"纯粹感知对象"（pure subject of cognition）的表述自相矛盾。叔本华认为，"理式"作为直观的对象就是美。所谓"直观"就是感性认知的过程，与理性认知和抽象概念无关。所谓"纯粹"就是指排除来自理性的人为干扰。我们通过抽象概念和理性思维从艺术作品之中感受"理式"就是对作品艺术价值的判断。文学艺术对"理式"的表达更是必须通过理性认知将文字抽象概念转化为具有各种不同内容的"理式"，所以这一过程更是应该归属于艺术价值判断，与我们所说的审美判断无关。

作为现代哲学的先驱，叔本华打破了近代哲学以理性主义作为基础的研究传统，将不可知的"意志"与人的情感和行为结合起来，构成哲学和美学思想的出发点。正如英国哲学家和美学家鲍桑葵（Bernard Bosanquet）在《美学史》中所指出的，叔本华深刻地认识到了感官是唯一与"美"相关的器官，审美应该是一种不受理性制约的感性认知，不属于理性认知的范畴。

在历史学家看来，叔本华哲学体系并不是非常严谨，因为他的本体论、认识论、美学、伦理学之间的联系缺少必要的逻辑推理。他的各种思想也被认为是西方哲学与东方佛教思想的混合，许多内容多是对人生的洞悉和对生活经历的感悟。虽然他的意志决定论和美学思想对后世产生了很大的影响，他的悲观主义思想在西方哲学史中却很少受到推崇和赞同，并成为尼采和存在主义思想家面对的重大问题和哲学障碍。

三、尼采

尼采于 1844 年出生在普鲁士莱比锡的一个乡村牧师家庭。儿时的尼采性格忧郁内向,时常沉默不语。父亲和弟弟早离世后,他被家中信教的祖母、母亲、妹妹和姑姑们团团围住,变得娇惯、脆弱、更加敏感和孤僻。家庭环境促成了他早熟,并养成了清教徒般的纯朴生活和思维方式。这些经历对他日后成长为一个充满反叛精神的诗人和哲学家产生过深远的影响。

尼采少年时代就表现出对音乐和文学的热爱。他幼年时曾受教于普鲁士当时最好的女钢琴家,中学就读于名校,受到过严格的古典文学训练。1864 年,20 岁的尼采进入波恩大学,起初攻读神学和古典语言学,但不久停止了学习神学。尼采对当时盛行的黑格尔、费希特、谢林等人的哲学颇为不满,也不喜欢实证科学和政治学,但始终保持着对文学和古典主义艺术的热爱。他热爱希腊诗人,崇尚希腊神话中各种具有鲜明特点的人物,并能把他们巧妙地同德意志民族精神结合起来。此外,他具有极高的音乐修养,对巴赫、贝多芬,以及歌剧巨匠瓦格纳等人的作品充满崇敬之情。

1865 年,尼采在旧书摊上购买了一本叔本华的《作为意志和表象的世界》。他对这部著作爱不释手,心中充满了异常的激动,完全沉浸其中。尼采当时正处于人生低潮,体验着生活的痛苦,几乎濒临绝望。他感到叔本华的著作就像专门为他所写,使他看清了世界的本质和自身的心境。尼采感到非常困惑:为何像叔本华那样的天才会被现实抛弃,其伟大著作只在偏僻角落才能被偶然发现?叔本华成了尼采心中的偶像,也使他成了唯意志论的信仰者和继承人。

1869 年,年仅 24 岁的尼采被聘请为瑞士巴塞尔大学有史以来最为年轻的古典语言学教授。同年,他在巴塞尔大学发表的题为"荷马和古典语言学"的就职演讲,使他成了巴塞尔学术界的精英和当地上流社会的新宠。在巴塞尔大学期间,他结识了许多学者和朋友,其中就有著名的剧作家瓦格纳。

1872年，尼采发表了第一部专著《悲剧的诞生》。这部著作充满浪漫色彩、美妙的想象和反潮流气息，成了他一生丰富多彩哲学思想的起点。与叔本华一样，尼采哲学的中心问题同样是关于生命的意义。他在这部著作中宣称要赋予生命一种审美的意义，要靠艺术来拯救人生。他猛烈抨击了德国人粗俗的傲慢和愚笨，并借用法国作家司汤达的名言说道："我一来到世上，就是战斗。"《悲剧的诞生》发表之后，虽然引来了不少狂热的喝彩，但也因为著作不合乎学术研究的传统规范，遭到了当时许多主流语言学家的排斥，使他的学术名声受到了损害。

从1873至1876年，尼采先后发表了四篇有关文化批判的长文，并编辑成《不合时宜的考察》一书。第一篇《告白者和作家大卫·斯特劳斯》立足于文化自身利益，批判了当时的强权政治和庸人学者。第二篇《论历史对于生命的利弊》，指出生命因历史的重负而患病，呼吁解放生命，创造出一种新的文化。第三篇《作为教育家的叔本华》，抨击了传统哲学脱离人生，要求以叔本华为榜样，真诚地探索人生问题。第四篇《瓦格纳在拜洛伊特》，重点批判了当时的艺术现象。

1879年，因患有严重的神经衰弱、胃病和眼疾，尼采辞去了巴塞尔大学的教职，开始了在意大利和法国长达十年的游历和写作生涯。他的生活虽然像苦行僧一样，但其创作生涯进入了黄金时期。正是凭借自己在孤寂中对生命的体验和感悟，他打破了以往哲学思维的逻辑秩序，寻找到了一种强有力的人生哲学。这期间完成的主要著作有《快乐的科学》《查拉图斯特拉如是说》《善恶的彼岸》《道德的谱系》《瓦格纳事件》《偶像的黄昏》《反基督》《尼采反对瓦格纳》等。

尼采的写作风格迥异于传统哲学论著。他的哲学著作没有系统和严密的逻辑论证，却充满格言、警句和隐喻，从文采飞扬之中显露出激扬豪迈的思想。尼采对人的本质给出了全新的定义，并致力于批判西方传统的基督教文化，否定以基督教信仰为基础的传统道德体系，同时极力提倡一种昂扬奋发的人生哲学。他热爱生命，肯定个人价值和多样人生的存在意义，为人类思想体系注入了新鲜血液。尼采之后，西方传统哲学体系土崩瓦解。正是从这个意义上来说，尼采的哲学思想开辟了一个崭新时代，对现代哲学和后现代哲学的发展都产生了深刻的影响。

1889年，尼采进入他生命的最后10年。据说由于不被世人理解，他无法忍受长期的孤独，在大街上抱住一匹正在受马夫虐待的马，最终失去了理智。他先是住进精神病院，之后被母亲接到家中照料。1897年，因母亲去世，尼采又迁居到妹妹家中，直到3年后去世。

（一）悲剧艺术美学思想

《悲剧的诞生》是尼采探讨美学问题的专著。它通过回顾历史，指出了古希腊悲剧艺术诞生和衰败的原因，并对悲剧艺术的本质进行了大胆推测和分析，提出了独到的见解。这部专著借古论今，对瓦格纳音乐剧和德国悲剧文化给予了极高的赞誉，批判了当时盛行的理性主义文艺传统。

悲剧被许多古典文艺理论奉为文艺的最高形式和精髓所在。按照叔本华的观点，人生注定是一场悲剧，其根源在于有限生命与意志无限欲望之间无法避免的矛盾。在《悲剧的诞生》中，尼采将叔本华所说的这种矛盾具体归结为人性之中两种根本对立精神的结合，这就是阿波罗精神（Apollonian）和狄俄尼索斯精神（Dionysian）。他认为古希腊悲剧艺术的诞生就源自这两种对立精神之间的冲突和相互作用。正是这两种精神之间冲突所带来的内心痛苦令人深刻体会到了人生的悲剧特征，也使古希腊艺术达到了最高成就。尼采的结论完全不同于源自温克尔曼的古典美学理论所持的观点，即古希腊艺术在最高阶段呈现出的繁荣源自古希腊人内心的和谐与静穆。

在希腊文化中，阿波罗精神与狄俄尼索斯精神分别代表着两种不同的自然倾向。阿波罗和狄俄尼索斯在希腊神话中同为宙斯之子。阿波罗为日神，是光明、秩序和理智的化身，给世界带来了逻辑规则。尼采认为，阿波罗精神催生的是造型艺术，如绘画和雕塑，其光辉使万物显示出华美的外观，并赋予世界一种清晰和静穆之感。狄俄尼索斯为酒神，是混乱和非理性的化身，象征着情欲的放纵，代表着生命的活力。尼采认为酒神的感情冲动揭开了日神世界华美的外表，其癫狂是对个体生命欲火坚不可摧的表达，带来的是舞蹈艺术和音乐艺术。这一点与叔本华将音乐与人的意志直接关联起来的道理完全一致。

　　日神精神使艺术更加符合理性的逻辑和规则，是对世界客观、"真实"的本质表现；酒神精神为艺术带来的是感性特征，使我们产生主观的幻觉，成为"真实"世界的对立面。所以，尼采认为只有当我们以主观、感性的艺术面对现实时，才能对抗我们毁灭于"真实"世界的结局。也正是这个原因，尼采将酒神精神视为人生的动力，并在生活中以感性、冲动的酒神艺术对抗"真实"的世界。按照他的观点，我们需要运用与理性对立的感性来创造艺术，挑战人类自身的命运，在现实中进行自我拯救。悲剧艺术中的酒神精神正是这种"感性"艺术的体现。

　　尼采在《悲剧的诞生》中表达出的美学思想深受叔本华哲学的影响，是从美学的不同层面对世界本质做出的回应。如果说日神精神体现的是叔本华所说的表象世界，那么酒神精神就是意志的体现。叔本华美学思想关注的是审美；他以"理式"作为途径，通过对美的关注压制或淡化了意志。尼采美学思想同样以人的意志为起点，但采用了不同的手段，是对叔本华"理式"作用的否定。尼采认为即使生活充满苦难，人生也是具有价值的。他强调和推崇悲剧艺术世界观，正是因为看到了酒神精神在表达人类意志作用上的价值。他认为只有在感性的酒神精神状态中，人类才能以个体的欲火为武器，并用坚不可摧的生命意志，在艺术创造过程中战胜在现实中不可战胜的理性世界。由此，人类就能够产生出一种快感，一种不受时空约束、形而上的慰藉。这就是尼采对非理性的酒神精神高度赞扬的原因。尼采美学思想中的快感体验完全不同于叔本华的审美体验，是对艺术创造和艺术价值判断的结果。

尼采进一步指出，自从苏格拉底理性哲学思想产生之后，希腊悲剧艺术开始走向衰落。在希腊悲剧中原本采用了许多致幻的表现手法，体现和传达出了一种非理性的人生态度。由于苏格拉底理性主义思维方式的影响，酒神创造精神在悲剧的形式和内容中都受到了不断的抑制。这就使日神精神与酒神精神之间的对立冲突失去了平衡，导致悲剧的基础遭受到掠夺性的破坏。他在另外一篇论著《快乐的科学》中指出，当苏格拉底接受审判，并放弃一切生的机会喝下毒芹酒时，他是将毒芹看作人生困境的解药，是感性本能对现实理性的屈服。尼采宣称，由此可以看到苏格拉底的理性主义思想早已病入膏肓。

根据尼采的观点，自从理性主义在西方美学思想中建立起统治地位之后，希腊悲剧开始走向衰落，再也无法达到原有的艺术高峰。这种思想观点是对自苏格拉底以来的西方理性主义美学思想传统的反叛。尼采一再强调古希腊艺术成就中的悲剧基础，是因为他相信理性和感性是宇宙之中同等重要的两种伟大力量。人类的生存目的正是在认识到自身命运被宇宙残酷、黑暗的理性现实所笼罩时，用感性创造出一个能够生活于其中的梦幻世界。尼采说我们必须重估一切价值，抛弃我们宗教、道德和哲学中的颓废形式，把文化、教育、文明的一切带到公正的酒神面前接受审判，为人类生存创造出一种崭新的价值标准。

在尼采看来，完全沉浸于日神精神之中的任何个人或社会都是不健康的；最为理想的状态是同时对日神和酒神两种精神的注重。这正是尼采崇拜酒神精神，从悲剧艺术着手探讨人生价值的意义。日神精神和酒神精神分别代表的是现实世界和人的主观精神世界；他的古希腊悲剧艺术理论正是从这个角度出发，以一种大胆的推测和分析，指出了两种精神如何在艺术创作和表达过程中相互交织，使人类在对两个世界的体验中变得更为自信和健康。

需要特别指出，尼采《悲剧的诞生》讨论和表达的是一种艺术思想。他所说的"日神精神""酒神精神""冲突""内心痛苦"等都是理性认知的结果，涉及的是美学思想中的艺术价值判断。他对希腊古典艺术最高成就特征的论述与温克尔曼的观点明显不同。两人对希腊古典艺术最高成就特征的不同结论实际上并不矛盾，因为两人关注的是美学思想中的两个不同层面：温克尔曼关注的是希腊古典艺术的审美价值；尼采分析、论述的则是它的艺术价值。以两种并不相同的价值判断结果相比较，是美学思想矛盾产生的根源。

（二）权力意志和超人哲学

"权力意志"一词最早出现在尼采1882年出版的《快乐的科学》之中。作为完整的思想观念，又在《查拉图斯特拉如是说》和《权力意志》两部著作中被反复表述过。《查拉图斯特拉如是说》是尼采在1883年至1885年以散文诗体写成的，它几乎涵盖了尼采的全部哲学思想，是一部里程碑式的作品。尼采借用拜火教创始人查拉图斯特拉之口，正式提出了"权力意志"和"超人哲学"，道出了对生命、痛苦、欢乐和未来希望的深邃体悟。作品充满了激昂与进取的精神，被后人认为是一部关于超人的圣经。《权力意志》则是在他去世后，由其妹妹通过对他笔记的整理，编辑出版的遗作。

尼采权力意志哲学中的"意志"概念起源于叔本华，但两人在对待生命的意义这一关键问题上有着本质的差别。作为一种最原始的欲求，叔本华所说的"意志"是一种"生存意志"（will to live）。在叔本华看来这种"生存意志"是第一位的；之后，人类才产生了第二位的理性思维。人的本质作为一种"意志"应该是完全自由的，不受任何控制和约束，但是，"表象"世界却在时刻限制人的"意志"，造成了人生的痛苦。因此，叔本华宣称"意志"与"表象"之间的矛盾冲突注定了人生是一场无法避免的悲剧。尼采赞同人生终究是悲剧的观点，但他并没有停留于此。尼采不甘心忍受"生命意志"最终的毁灭和人生悲剧终点的到来；他要逆流而上，探寻人生的幸福和快乐；他要创造新的人生哲学，赋予生活进取向上的意义。

尼采认为叔本华的"生存意志"是消极和无意义的，必然导致对人生的否定，使人悲观厌世，迷失人生方向。在尼采看来，生命的本质和价值并不是简单的"求生存的意志"，而是一种更高层次的"求权力的意志"（will to power）。也就是说生命的本质不再是消极的生存，而是主动的、为超越自身及其他生命，进而拥有更为强大"权力"的生存。

此外，尼采"权力意志"哲学思想还深受达尔文进化论思想的影响。但是，他反对达尔文认为生命是一种被动的、受环境变化而引发的为自身生存展开的演化过程。当时的实验生物学发现，达尔文所说的"生存斗争"现象可以在分子级别上得到证实：微小的细胞和机体组织就具有争夺有限资源，扩张自身以变得更加强大的机制特征。尼采将这种自身扩张现象理解为生命对"权力"追求的基本内在本能。这样一来，尼采用"权力意志"替代了叔本华的"生存意志"，使之成了生命的本质。

尼采将"权力意志"应用到人类社会，形成了独特的道德价值体系，并以此对人类传统信仰进行了最彻底的批判。人的精神生活在欧洲有两千年是围绕着上帝这个核心展开的。人将自己看作上帝的子民，在付诸各种理性思考，证明上帝存在之后，谦卑、恭顺地拜倒在上帝脚下，并将道德和审美价值寄托于上帝的理念之中。随着近代科学和启蒙运动的发展，上帝存在的基础受到了动摇，并出现了瓦解的征兆。由于社会没有产生出新的信仰，人们仍旧普遍继续着对上帝的顶礼膜拜。在这种背景下，尼采在他的《快乐的科学》中首次公开发出了"上帝已死"的呼喊，对社会传统理念和道德标准进行了无畏的批判。

尼采毫不留情地指出了宗教道德背后的虚荣、伪善和平庸现象，使人们看到了理性主义无理的一面。在他看来，宗教道德的善恶、好坏观念以"平等"原则为目标，否认的是人与人之间的强弱差别，是以弱者的标准对强者进行的否定。鹰认为吃羊是"善"，然而用羊的眼光来看就是"恶"；鹰不需要这种善恶的道德观来约束它吃羊的行动，只有软弱的羊才需要强者对弱者表现出的关爱。尼采将这种弃强就弱的道德观念称为奴隶的道德标准，认为它不符合生命的"权力意志"，因为，生命的本质要服从"权力意志",也只有强者的价值标准才符合"权力意志"的本性。

尼采的主人-奴隶道德理论认为基督教伦理道德的实质是对生命和主人意识的否定和贬低。应该指出,尼采并未完全认同弱肉强食的道德观念;他批判的重点是基督教传统伦理道德,包括禁欲、怜悯、同情与无私之爱等观念,认为这些不过是经过伪装的无能,是一种残缺和病态的道德标准,因为它们扼杀了生命的"意志",使人变得衰弱、怯懦和无力。尼采主张一切具有热情和创造能力之人,都应该冲破基督教伦理的压抑,忠实于自我,过一种创造性的生活。虽然他的道德价值观念给人类社会带来过许多争议和不同的理解,但它揭示出了一个事实:就像主人与奴隶的道德价值是完全不同的一样,人类社会最初并没有绝对统一的道德标准。他要竭力证明,基督教伦理道德通过对人类心灵的约束,压抑着人的"权力意志"本能;要使人类获得自由和自身的发展,并避免人类社会以弱者道德为标准走向衰落,就必须"杀死"上帝。

尼采的道德价值观将人生痛苦经历与美德建立起了直接联系,这一点对理解"权力意志"和"超人哲学"美学思想非常关键。他指出对更多、更强"权力"追求的意志是一种盲目、非理性、永恒不息的生命过程,是世界和人的本质。在追求和超越"权力"的过程中,经历一定程度的痛苦是不可或缺的;痛苦既是自我控制的手段,也是生命创造活动的动力。当人在追求或得到"权力"时,即使此刻他正在承受着悲伤,也会具有一种快乐的体验。这与叔本华对待"意志"的方式截然不同。叔本华是通过直观的审美活动排除"意志"对人生的困扰,使我们在获得审美体验的同时忘却身处的悲剧人生。尼采主张人类在追求和提升自我"权力"的过程中超越叔本华的悲观人生,即使不可避免地走向死亡,也可以最终获得快乐。

尼采深信他的道德价值观为人类的发展道路扫清了一切障碍。人类再也无须受传统理性的束缚,可以通过对"权力意志"的不断追求,改变怯懦、不思进取的平庸人生,达到自身的不断升华。最终,他认为人将获得人类独有的尊严,完全超脱于禽兽之上,发展达到一种"超人"的状态。

"超人"是超越人类的一个更高级的物种;他既征服了他人,也征服了自己,成为自己真正的主人,不再向别人寻求自我行为的理由。"超人"的出现是尼采"重估一切价值"和"权力意志"道德观的必然结果。他将人类看作过渡的桥梁,是一个处于动物和"超人"之间的状态,正在等待"超人"的来临。"超人"是他最高的理想人格,只有少数人能够符合这种标准。在尼采心中,恺撒、歌德、拿破仑是比较接近"超人"的历史人物。

(三) 美学思想

尼采不仅是哲学家、语言学家,还是一位文化评论家、诗人和作曲家,拥有极高的艺术天赋和修养。他热爱音乐,曾经说道:"没有音乐的生活是一个错误。"除了在早期的《悲剧的诞生》中对悲剧艺术的发展及其艺术魅力做了深入的探讨之外,他的美学思想还闪耀出现在其他各种专著、散文、格言和诗歌之中。总体看来,尼采美学思想涉及的是对人生、意志和世界之间相互关系的分析和认知,属于艺术和艺术价值判断的层面。下面从主观性、多样化、多变性三个方面对其进行一些简要的概括。

首先,尼采美学思想具有强烈的主观特征属性,这与"权力意志"哲学思想的本质密切相关,是哲学思想在美学中的必然表现。作为生命的本质,他所说的"权力意志"决定了人类的一切行为和价值观念,也成了人生意义和情感愉悦来源的基础。他曾说,当面对人生悲剧和残酷的现实世界时,我们可以从艺术家那里学到如何美化生活,使它对我们更具吸引力,更加可爱。例如,在画面中可以去除不必要的事物,或是选择在日落时分观察自己想要看到的景象。实际上,他认为艺术中的主观创造可以将我们从现实世界之中拯救出来。对于尼采而言,艺术活动所要表达的正是由人的"权力意志"本能驱动的个人价值。这种与具体个人价值紧密相关的主观艺术表达正是尼采赞扬和极力追求的。

其次,尼采美学思想具有明显的多样化特征属性。这种多样化特征是由"上帝已死"和"超人哲学"思想所决定的。在对上帝的否定和对超人的期盼中，尼采建立起了以"虚无主义"为基础的全新价值体系。他对黑格尔、叔本华和瓦格纳的批判是对统治人类思想的传统哲学的蔑视。他的"超人哲学"重估一切价值，反映了人类现代意识的觉醒。尼采自称是"欧洲最彻底的虚无主义者"；他否定一切不变的真理和终极价值，认为这些仅仅是人为的解释；他提倡以自我为中心的个人主义，强调超越自我的"权力意志"和以"超人"为目标的生存意义。

在虚无主义否定了"权力意志"之外的其他一切人为理性标准之后，多样性就成了尼采价值观的唯一选择，并自然地体现在美学思想之中。在尼采看来，艺术世界与真实世界通常都是相互对立的。人在真实世界的悲剧存在不仅体现在无可避免的终极死亡之上，还表现在人对世界本质的认知不可避免地存在于错误和幻觉之中。当我们面对科学时，总会发现自身的无知和认知能力的局限，由此对真理追求无法得到满足而产生失望情绪。针对人类在认知能力上的可悲处境，尼采主张将这种认知局限转化成一种"对抗力量"（counter-force），使我们在与真实世界的较量中成为一种有价值的存在。艺术对真实世界的多样性表达就是一种认知的幻觉，这种幻觉对于尼采来讲，起到了与真实世界的有效对抗作用。

除了主观性和多样性之外，多变性是尼采美学思想的第三个特征属性。从本质上看，"权力意志"和"超人哲学"强调的是勇于进取的人生态度和价值观念。在这种人生态度和价值观念的驱动下，艺术和艺术价值判断的标准一定会呈现出一个不断发展和自我超越的过程。

从尼采自己的论著中就可以看到这种艺术价值标准的不断改变。例如，尼采在《人性的，太人性的》中先是讥讽现代人活得像影子般苍白无力，说他仅仅欣赏斯宾诺莎、歌德、柏拉图等人；之后竟开始由衷地赞美"影子"，并讥讽柏拉图过分"津津乐道于东拉西扯"。他赞美科学，称实证主义是人类的出路，但有时又对此表示怀疑。他将诗人看作是嘲讽的对象，似乎忘记了在《悲剧的诞生》中表达的"艺术拯救人生"的信念。他的美学思想充满了不断的变化，表现出许许多多的前后矛盾。也正是这些矛盾的存在，使他的思想内涵充满张力和棱角，对抗着冷酷的现实世界。他的格言，"人像大树一样，越是向往高处的阳光，它的根就越要伸向黑暗的地狱"道出的悖论现象，就是他美学思想充满矛盾的绝佳体现。

通过对尼采美学思想与人生哲学对位关系的梳理，可以看到他的美学思想实质上是他人生哲学的立体展示。他嫉俗愤世的文笔、孤独而充实的生活、虚无主义的信念本身就是活生生的艺术作品；他人生中展现出的欢乐和痛苦、美好和丑恶、奋斗和挣扎、和谐与矛盾等所有的一切都是他人生艺术中的内容。在了解尼采美学思想的三个主要特征之后，我们再回头审视他早期的《悲剧的诞生》就不难发现他极力推崇悲剧艺术的原因。这是因为悲剧中的酒神精神体现的正是人的主观意志，而酒神精神与日神精神之间的对立，为艺术内容的多样化和不断的发展提供了持续的动力。

尼采与叔本华的美学思想都是建立在意志哲学基础之上的，但将两者相比，我们不难看出两者之间存在的根本差异。叔本华认为只有当我们否定"意志"、忘却自我之时，"意志"才可以与我们自身的理性相分离；只有在这种时刻，我们才能沉浸于艺术之中，直观感受到艺术带来的愉悦。叔本华的美感体验与理性认知带来的内容无关，属于美学思想中的审美判断。尼采对艺术本质的认知与叔本华的完全相反。上帝已死，在失去了传统伦理标准之后，人类的生活意义是什么？尼采的回答是将艺术看作能够给人提供力量和想象的工具，用艺术的思维和创造实现"意志"对命运的抗争。对于尼采而言，艺术是人的抗争和追求；他的美感体验充满着对内容的逻辑思考，是艺术价值判断的结果，与审美无关。因此，叔本华与尼采美学思想之间的差异实质上反映的是审美与艺术价值判断之间的不同。可以说，叔本华的审美观念与尼采的艺术思想分属美学的不同层面，之间并不存在矛盾；相反，也许两者的结合才能构成意志哲学完整的美学思想体系。有关审美与艺术价值判断差异的论述详见第三章第五节的内容。

四、海德格尔

海德格尔于 1889 年出生在德国巴登邦梅斯基尔希郊外的一个罗马天主教家庭。由于家庭并不富裕，他只能在教会的资助下接受中学教育，为将来从事牧师职业作准备。1907 年暑假期间，海德格尔从教堂神父那里借到了布伦塔诺（Franz Clemens Brentano）的《论亚里士多德关于存在的多重含义》（又译为《根据亚里士多德论"是者"的多重含义》）一书，开始对"存在"这一概念的意义产生了浓厚兴趣。可以说这本书形成了他毕生哲学事业的起点。

1909 年，海德格尔在教会资助下进入弗莱堡大学。他先是主修神学，辅修哲学；到 1911 年，他放弃了从事牧师职业的打算，改为专攻哲学。随后，他跟随现象学创始人胡塞尔潜心研究现象学，并于 1914 年完成了博士论文《心理主义的判断学说》。在弗莱堡期间，他还曾参加有关新康德派哲学的研究班，从而受到了新康德主义的影响。

获得博士学位不久，由于第一次世界大战爆发，他应征入伍，但两个月后因健康欠佳而退役。在 1916 年，他以《邓·司各脱关于范畴的学说和意义的理论》一文获得讲师资格。之后又到战场服役，直至 1918 年第一次世界大战结束。战争结束后，海德格尔先为胡塞尔当助教多年；1923 年在胡塞尔的推荐帮助下，获得马尔堡大学聘用，开始担任哲学教授。在教学期间，他开始认真关注亚里士多德以来哲学中有关"存在"的问题。他将人的主体特征概念扩展到历史和主体具体存在的环境中，并对许多思想家，例如圣奥古斯丁、路德、祁克果、胡塞尔、尼采等，以及他们的学说进行了深入的研究。1927 年，海德格尔发表了《存在与时间》。这部著作使海德格尔声名鹊起，同时也奠定了现代存在主义哲学的理论基础。1929 年他辞去马尔堡大学的职位，回到弗莱堡大学接任了胡塞尔退休之后的哲学教席职位。

（一）《存在与时间》

海德格尔被认为是 20 世纪最重要和最受争议的哲学家之一。他在西方传统哲学的基础上，超越已有的本体论和认识论思想体系，直接追问"存在"的本质和人的存在意义，为西方哲学中最古老、最基本的"存在"问题构筑了新的框架，改变了西方哲学的走向。《存在与时间》一书是海德格尔哲学思想最系统的表述，也直接奠定了存在主义哲学的理论基础。迄今为止，此书也被认为是最具影响力的哲学著作之一。

海德格尔对"存在"（Being）问题的关注最早源自德国哲学家、心理学家布伦塔诺。布伦塔诺在《论亚里士多德关于存在的多重含义》一文中指出，亚里士多德在《形而上学》论著中给出了"存在"的多种表现形式以及相应的多种含义。海德格尔对"存在"的多重含义的统一性产生了困惑，并由此开始了对"存在"本质的探索。

世界各种事物都是不同形式的"存在"，而哲学就是起源于对各种事物"存在"本质的关注和认知。海德格尔认为在两千多年的形而上学研究中，人们对"存在"这一基本哲学概念的关注非常不够，没能了解"存在"概念的本质意义。他认为，以往的研究要么将"存在"的概念当作很普通和不言而喻的，要么认为它是无法定义的；这就导致已有的"存在"概念有许多问题，因此有必要将"存在"意味着什么彻底梳理清楚。

首先，海德格尔认为哲学从源头上出现了错误。以往的哲学将"存在"看作是具体和独立的客体，研究的不是事物在具体环境中的"存在"，而是不变的孤立"实体"。在开启近代哲学研究时，笛卡尔就是沿用了这种观念，将世界划分成主观和客观两个不同的部分，使人和物分别成为完全独立的研究对象。海德格尔认为孤立"实体"的概念与具体存在的事物不同，应该将两者区分开来加以研究。我们一般所说的"存在"应该是事物在具体时间中的一种状态。在人类看来，这种事物的存在是具有某种特殊用途的状态。例如，我们所说的锤子之所以是锤子，是因为它可以被用来敲打钉子；如果没有敲打钉子的需求，就不会有锤子这一概念的存在。他强调的是，一个具体事物的存在状态发生在与其他事物密切相连的过程之中，而且在这个过程中，各种事物的"存在"不是独立的主体和客体，而是互相密切关联的。

另一方面，海德格尔认为人在具体环境下的存在状态是独特的；把人当作物质世界的普通一员或者一个独立的主体，都是错误的认知概念。人是一种有生命意识，能够认识到自身存在的特殊存在者；人与其他事物的存在时刻发生着紧密的联系。人在存在过程中与接触到的其他事物或人发生相互作用，并表现出各种不同的现象；正是通过对各种现象的认知，也就是通过周围世界的存在，人才能够存在。同时，世界也是由于人类的存在被认知到的，并成为各种具体的存在。作为一种存在，人唯一不变的就是不断的改变。所以，研究人的存在就是研究人的变化可能性。

因此，在海德格尔看来，"存在"就是事物的相互作用和关联，是主体和客体的融合，而不是明确的区分。海德格尔将人在具体环境下的存在称为"此在"（德文 Dasein，英文 being-here），以与传统哲学中的主体概念区分开来。"此在"表示的就是人此时此刻的存在。这样一来，海德格尔就将人的存在与时间直接联系来。在"此在"状态中，人的心灵和躯体是统一的；在"此在"状态中，主观的人与人所在的客观环境也是统一不可分开的。

作为与时间相关、此时此刻的存在，"此在"必然会表现出与众不同的特征。海德格尔指出，"此在"与其他"存在"的根本不同来自人类所具有的一个基本特征：人的出生和死亡。人的生命从一开始是被抛之于世界的：人的出生时间、来到世界时的社会地位等一切状态都是不能自己选择的。人出生状态的被动性，决定了"此在"在最初阶段总是以一种"非本真状态"沉沦于世界，沉沦于与他人的共在。人在参与其他人的活动中，大多会丢失自己的本真，被迫地筹划自身。海德格尔将人在"非本真状态"下表现出的现象归纳为：闲言、好奇、两可。另一方面，人的死亡是每个人都不可能逃避的，是人一生中唯一可以确定之事。正是人都必然死亡这一基本特征决定了人必须生存。海德格尔称人的这种生存状态为"向死而生",其本质就是对现实的挑战。在对现实的挑战中,人才可能实现自我的"本真状态"。因此,生活在出生和死亡对立的两级之间,"此在"就时刻处于"本真"和"非本真"两种矛盾状态的选择之中。

海德格尔指出,当"此在"意识到自己的生命有限性之后,整个存在过程都会弥漫着悲剧色彩,并会产生出焦虑,即一种被称作"畏"的情绪。在这种情绪作用下,"此在"呈现出一种基本的存在方式,这就是他所说的"操心"(care)。在他看来"操心"是"此在"的本质。当被抛之于世界并不停地走向死亡之时,除了必须面对各种事物并"操心"自己的命运之外,"此在"没有其他选择。在海德格尔的观念中,人对于他被抛之于的那个世界,对于他所处的时代和历史、身世和伙伴、家庭等都无法选择;而且,在人能够自由选择之处,他也只能进行一种选择,而且要为此种选择承担所带来的一切后果。正是由于清醒地认识到了人生的诸多风险,"此在"才能勇敢地直面自身的处境,用"操心"对待一切认知活动。也正是承担起了人生的风险,"此在"才能够"操心"筹划着自己的生存,实现自我超越,使自身获得"本真状态"成为可能。

《存在与时间》中的另一个重要概念是时间。西方哲学自古希腊时代就分为两派:赫拉克利特从时间流逝的角度主张一切都在变化,导致事无定型;巴门尼德从超越时间的角度否定变化,主张"存在"是不变的。柏拉图将两种不同的观点巧妙地融合在一起,将在时间流逝中改变的归结为现象,将超越时间永恒不变的归结为本质。之后的西方传统哲学对事物本质的追问都是假定与时间无关的。这表明,受到时间限制的人类总是想要超越时间,探求不受时间限制的事物本质及其意义。

海德格尔相信"存在"与时间是不可分割的,尤其是人的"此在"更与时间紧密相连。他认为人从出生到死亡这一存在过程中的具体存在状态都与时间有关。也就是说,"此在"的改变正是由时间的改变引起的,只能在时间维度中加以描述。另外,其他一切实体的具体存在与"此在"之间的关系也是可以由时间度量、决定的。因此，海德格尔将时间看作是与"此在"紧密相连、不可区分的要素，并认为时间是连接各种状态的"此在"以及"此在"与其他事物存在之间的桥梁。

海德格尔所说的与"此在"相连的时间概念与日常所说的时间是完全不同的。无论从自然科学角度还是从哲学角度来看，人们日常对时间的概念是基于一种假设，也就是在人的生存世界之外，有一种自在的，从过去到现在、再到未来的时间之流。这种时间之流被认为以一种无始无终、均匀流逝的客观方式存在着，与人的存在状态无关。这种时间概念的核心是"现在"，现在之前发生的是过去，还未发生的是未来。与上述时间概念不同，"此在"时间概念的核心则是"未来"，而且这种"未来"是有限制的。这是因为与"此在"相关的所有可能中唯有未来的死亡是一定会发生的，所有的"此在"都在走向这个有限未来中的固定时刻。此外，他认为时间不是客观的，它与人的"此在"紧密相连；"此在"只能在时间中生成并塑造自己，而时间也只对"此在"具有意义。时间与"此在"的这种密切关系决定了时间的非均匀流逝和可逆性。例如，当"此在"回想过去某一事件并同时规划未来时，"此在"就同时身处过去、现在和将来几种不同的时间状态之中。因此，与"此在"相关的时间不一定是匀质的，也不是不可逆向流动的。

《存在与时间》的主要结论可以归纳为以下几点。首先，"此在"与事物存在之间是一种相互依存和作用的关系，不能用独立的主体和客体概念简单划分。其次，个人的生存是属于自我和独一无二的，是对现实的挑战，因此也是不可能被他人所代替的。最后，人的存在是一个不断随非匀质时间改变和自我实现的过程。由于时间的非匀质和可逆特征，人在存在中就可以跨越均质时间的限制，对自己的思维和行动做出不受时间限制的想象和不同可能性的选择。所有这些意味着"此在"不是简单不变的事物；"此在"可以突破现实，向着有利于自我存在的方向发展，也有可能向着不利于自我的方向发展。选择有利于自我发展方向的存在方式，就是选择了自身和获得自身，就是"此在"的"本真状态"；反之，"此在"就会失去自身，处于"非本真状态"。

"此在"的本真状态更为原始，是人的内在属性；非本真状态只有基于本真状态才有可能存在。也就是说，只有当人具有本真状态的可能时，他才有可能失去自身。因此，海德格尔认为，本真状态和非本真状态之间不存在道德的高低之分，它们之间的差异只是"此在"处于不同时间下显现出的不同状态。人往往首先就处于他的非本真状态中，通过自身的存在发展进入本真状态。这实际上表明，我们所处的现实多为非本真状态；这些非本真状态为人的存在提供了动力，促使人向着本真状态发展。

（二）现象学本质还原

人的存在状态随时间不断发生改变，并随时面临着对其他事物存在状况的判断和选择。如何判断和确定事物的本质，发现事物的可能性并进行有效的选择，就成了实践存在主义哲学思想的关键。判断和选择必须借助于有效的思想工具。海德格尔哲学的思想工具来自奥地利哲学和心理学家胡塞尔创建的现象学。

在胡塞尔之前，传统西方哲学大多不满足于从现象中认识事物。"现象"一词在古希腊特指能够用感官观察到的事实。由于世界万物变化无常、丰富多彩，哲学家只能构想现象背后存在着不变的本质。中世纪神学将现象与本质统一在上帝之中，认为现象是事物内在本质的自我外在显现，并相信人类通过来自上帝的理性可以掌握现象背后的本质。文艺复兴运动之后的经验主义对现象与本质之间的必然理性联系提出了质疑，休谟更是彻底质疑了理性对认识事物本质的作用。传统哲学获取事物本质的途径是对现象的抽象和概括，要么将事物的本质总结为一种不变的实体或者是某种理念，要么完全否认事物本质的存在。到德国古典哲学时期，康德把现象与本质规范为两个对立的概念，指出人类的理性所能认知的范围仅限于现象世界，事物的本质世界是不可知的。根据康德的理论，人类对世界的一切认知活动，包括哲学、科学、艺术等都是对现象的认识。这样一来，从现象的概念就衍生出了现象学（Phenomenology）。

现象学是一种哲学方法，也就是人类认识世界的观察方法。这种观察方法被称为现象还原法。现象还原方法的独特性在于它与传统哲学的观念相反，认为事物的本质存在于现象之中；要发现事物的本质，就要回到我们能够感知到的事物本身，也就是回到现象之中，因为只有现象是可以被人的感官直接认知的。现象学拒绝从思想逻辑上超越认识事物的直接依据，也就是现象，并认为事物的本质只能通过它在具体存在状态中所表现出的各种现象来认知和说明。现象学认为既然我们对事物本质不可能有任何直接的把握，人类理性的唯一研究对象无非就是事物的现象。在胡塞尔看来现象就是人类理性本身，因为没有经过理性判断和认识的现象是不存在的。因此，所有的现象都是针对人类理性认知而言的；认识了现象就是了解了本质。从这个层面上看，可以将现象学看作是对康德哲学思想的发展。

本质的现象不是任何现象，而是事物表现出的纯粹现象。为了关注这些纯粹现象，就必须通过排除任何已有的、先入为主的观念，比如传统的概念、理论以及习惯的思维方式，用我们的感官直接观察现象。在这种被称为"直观"的过程中，我们可以从事物在我们意识中显现出的众多现象中，还原那些在所有变化的现象中保持不变的必然内涵，也就是事物本质的现象。

现象学认为概念是人为抽象构想出来的；如果概念不是服务于对现象的体验和理解，而只是为规范事物表现出的丰富现象的话，它就会导致思想的萎缩。现象学首先通过一种被胡塞尔称为"悬置"的方法，将一切有关事物实在性的问题和已经存在的判断"加上括号"，排除在考虑之外。这一方法的目的是排除我们习以为常、用来规范认识现象的理论和观念预设对我们思想的干预，让现有的、我们观察世界的知识和信念统统失效，将我们观察的目光不受干扰地集中在事物本身，使其显示出自己的真实面目。也就是说把科学的、宗教的或者是日常对世界的习惯看法都统统悬置起来，存而不论。这样一来，我们观察到的就是事物自身显示出来的东西，即纯粹现象。通过这种方法，我们所得到的纯粹现象就会比用传统认知方法得到的更加丰富和深刻。

以对苹果的认识为例，传统方法会首先预设人为认识主体，苹果是客体，将主、客体二元分离；苹果这一概念就是将主体通过感官最初接受的各种味觉、视觉、触觉等印象集合起来，再经过心灵的抽象加工，使这些印象组合起来，最终得到美味、有营养价值的苹果概念。现象学反对这种认识方式，因为，如果我们首先"悬置"苹果这一作为食物客体的概念，以现象还原的方式来感知，就会发现这一被称作苹果的事物的本质，是与时空环境相关联的。比如，当我们面对敌人的攻击时，手中的苹果就不再是美味的营养果品，我们可能会将它投掷出去，作为攻击对手的武器；如果再假想我们退回到上帝创世的年代，亚当手中的苹果则是一种邪恶之果。可以看到，当我们运用"悬置"方法直接感知事物本身，而不是仅仅关注当下已有的概念和印象时，就会不只看到它在当下时刻向我们呈现出来的东西，或者说一个客体对一个主体的部分显现，还能同时看到与它连带的、可能显现出的所有现象。换句话说，我们不仅可以看到事物当下的现实性，还可以看到无数的可能性。这里讲的可能性既指空间上的无穷多样的变化可能，也指时间上无限的变化可能。

所以，掌握现象学的关键就是要看到事物潜在的可能性高于现实性。只要"悬置"现有概念化知识对我们思维的控制，我们就能通过纯粹直观，看到事物在不同存在状态下的众多不同现象。那么如何从通过"悬置"方法获取的众多现象中发现与事物本质相关的现象？现象学采用的是本质还原法。这种方法大体来讲主要是通过描述法、自由想象法、地平线法三种方式进行的。

描述法是指，先不认定对象事物是什么，而只对看到的现象做出直接描述，由此将对象的纯粹现象凸显出来。有时，仅对看到的现象直接描述是不够的，因为还存在许多潜在、可能发生的现象；这种情况下，我们就要配合使用自由想象法，通过自由想象改变事物的存在条件，尽可能挖掘出对象的所有纯粹现象。比如，想要知道"人"到底是什么，可以自由想象：如果一个人在车祸中受伤，失去一只手之后还是人吗？如果失去两只手呢？失去一只脚后还可以被称作人吗？显然，在这些情况下还是人，是残疾人。那么到底什么情况下不能称作人呢？这就要用地平线法。地平线代表的是人的"视野"或是"视域"。人看任何东西都有视域范围，在自己的视域范围中才能见到世界。所以在本质还原过程中，要不断增加、扩展自己的视域；通过不断的描述和自由联想一直到最后进入最大视域，可能会发现如果没有头就不能算是人了。

海德格尔作为胡塞尔的弟子，其存在主义哲学也是对现象学的发展和运用。海德格尔认为客体事物的本质与认识它的主体，也就是"此在"，息息相关。"此在"在对世界存在的认知过程中，具有无限丰富的体验可能，所以，只要我们尽可能少地使用知性筛选，回到活生生的生命体验之中，就能直接"看到"事物的本质，进而在自身的存在过程中做出选择。另外一方面，由于人的"此在"与时间紧密相连，"此在"的本质也就只能够从与具体时间相关的现象中表现出来。海德格尔正是运用现象学的方法，试图对事物和人之中隐藏着的本质状态进行时机化的揭示。

（三）美学思想

海德格尔没有完整的美学思想体系，似乎也不想专注解决具体美学问题。他在美学层面的论述是存在主义哲学和现象学方法的自然延续，为美学研究提供了一种不同于传统的新途径，推动了存在主义美学思想的发展。他在1935年发表的《艺术作品的本源》被认为是美学思想的集中表达；通过对该文论点的梳理，我们可以对其美学思想做出一些解读。

首先需要指出，海德格尔美学思想关注的重点是艺术价值判断。在《艺术作品的本源》中，他主要探讨的是艺术、艺术作品、人和真理等问题；

他将艺术作品的含义与人的存在、真理等理性认知和生活内容联系起来，论述表达的明显是艺术和艺术价值判断问题，并不涉及我们所说的与感性认知相关的审美判断。

海德格尔美学思想的表述是从对艺术本质的探讨开始的。什么是艺术？什么是艺术作品和艺术家？他认为，传统美学理论并没有真正解决这一系列基本问题。一方面，传统美学理论把艺术作品当作是艺术家认知和把握的对象，把人和艺术作品置于主体与客体的对立关系之中；另一方面，还把艺术作品看成是主体的体验对象，将艺术作品与人的认识错误地对立起来，使艺术作品成了与真理无关，仅具有享乐功效的东西。这种二元对立的思想观念与存在主义哲学背道而驰，是他坚决反对的。

对于存在主义而言，人和事物的存在不能按照传统认识论划分成主体和客体；人与事物之间的界限被存在与环境之间的密切关系彻底消融。在面对艺术作品时，人不是在单向地欣赏艺术作品，而是同时受到艺术作品存在的影响，改变自我存在状态的过程。海德格尔反对传统美学中的"感受"学说，认为对艺术作品的体验不是单纯来自人的"感受"。由于一切事物都是与时间有关的相互作用存在，"艺术体验"对于海德格尔来讲也就成了人与艺术作品在存在过程中相互作用产生的现象。这种存在主义哲学的基本观点是他看待艺术价值的大前提。

在《艺术作品的本源》中，他明确指出艺术作品和艺术家是互为前提的两个要素。艺术作品来源于艺术家的创造活动，而艺术家又只能靠作品才能成为艺术家。这两个要素都依赖于艺术这个"第三者"，正是艺术使艺术家和艺术作品获得了各自的称号。所以说，体现出艺术价值的作品是艺术品，从事艺术活动的人就是艺术家。这就是说，在海德格尔的观念中艺术是先于艺术家和艺术作品而存在的，就像是一种先验存在的概念。

关于艺术的本质以及如何使它从艺术作品与人的相互作用中得以显现的问题，海德格尔在《艺术作品的本源》中做了详尽的论述。他采用循环论证的方法（Hermeneutic Circle），以人的身份从艺术作品中推断艺术的本质，同时又以对艺术本质的分析判断艺术作品，形成一个连接各个组成部分的逻辑链条。也可以说，他采用自圆其说的方法论证了艺术、人、艺术作品三者之间的关系。

海德格尔从分析艺术作品开始，指出任何艺术作品中都含有物的属性：石材建筑艺术作品中有石头，木刻作品中有木材，绘画作品中有颜料，音乐作品中有声响，诗词作品中有文字。但是，这些物的属性本身并不构成艺术作品的本质。那么什么是构成艺术作品实实在在的本质呢？他列举了西方思想史对物的三种定义，即物是其特性的承担者，物是感知多样性的统一体，物是成形的质料。他认为这些对物的理解都没能揭示出物的本质，因为这些定义所解释的都只是固定不变的存在者，而不是与具体环境和时间相关的存在本身。在他看来，使物成为艺术作品的关键在于作为存在状态下的人赋予物的具体器具特征，也就是物的含义。也就是说，艺术作品的本质是人与物的相互关联，是两者之间相互作用产生的内容含义。

为进一步详细表述，海德格尔以凡·高的画作《一双鞋》为例，对作品中鞋的器具性特征作了非常具体的分析。他通过罗列出这双鞋引发的各种联想和含义，比如农妇受到大地无声的召唤、劳动步履的艰辛、一望无际永远单调的田垄、湿润而肥沃的泥土、成熟的谷物对农妇的馈赠等，表明他从一双对于劳动者具有的工具属性之物中看到了一个充满劳作、焦虑、辛酸和喜悦的生活画面。他说鞋这个器具代表的是具有物质属性的"大地"；"大地"通过艺术作品显露出了鞋子主人农妇的"世界"真相。

"大地"和"世界"是海德格尔在美学思想表述中特有的重要概念。他的"大地"指自然现象，如山、河、风、雨、雷、电、阳光等；这些自然现象在艺术作品中由各种无生命的材料组成，例如石头、木材、金属、色彩、语言、音响等。他的"世界"是指作品中的人物、民族和存在于其中的世界和文化环境的总和。"世界"是有生命的，不能离开人的生存，不是独立于人之外的客体。海德格尔说："石头是没有世界的……农妇却有一个世界。"在他看来，"大地"的本质是自我封闭的，"世界"的本质则是开放的;"大地"和"世界"之间的对立是封闭与开放的对立,形成了一种抗争。

海德格尔认为,艺术的本质就是通过作品中器具的实用性,使之与人的"存在"相结合,为我们建立起一个"存在"的世界,揭示出器具在"存在"状态下的本质。他说艺术的本质是真理在作品中的自然显现。他所谓的真理是事物"存在"的真实,是事物相对于人的"此在"的存在。到此,我们就不难理解为什么海德格尔在表达美学思想时总是讲到真理,却很少谈"美"。在他看来,艺术之"美""真"与"存在"都是事物的真实状态,三者是一个东西。这样看来,真理在艺术作品中的自然显现就是艺术之"美"。这里的艺术之"美"就是我们一再强调的艺术价值,不同于审美之中的"美"。明白了这一点,就比较容易根据现象学方法去解读海德格尔美学思想中有关艺术价值的来源问题了。

海德格尔对凡·高这幅画作背景的处理极为赞赏。他认为,画作背景对场景具体的时间和地点都做了虚化处理,有助于观者对鞋子实用性能,也就是事物现实性的排除;当观者排除了鞋子的现实性之后,才更能够将观看重点放到鞋子本身的"存在"事实之上,并使鞋子主人的世界在与观者的相互作用中得以显现。他甚至提到了背景中的色彩和线条没有形成任何有意义的格式塔图形,更加有利于揭示鞋子这一器具的本质。按照现象学的观点,我们也可以将海德格尔所说的这种虚化背景和降低事物实用性效果的表现看作是现象学中的"悬置"手法,其目的是突显出"存在"的本质。

当排除了作品的器具实用性后,就为我们建立艺术世界,昭示出艺术真理提供了更多、更大的可能性。为使这种可能性得以实现,海德格尔使用了现象学的本质还原手法,将作为"大地"的鞋子与农妇的存在"世界"进行了艺术的结合。曾经有艺术评论家指出,根据史料记载,凡·高画作中的鞋子并非属于农妇,而为画家自己所有,据此证明海德格尔对画作解读的错误。海德格尔没有对质疑做出解释。其实,鞋子在显示生活中的归属问题并不重要，海德格尔是要通过自由联想对作品内容的解读来显示艺术的真实。艺术的真实不同于现实的真实。通过对作品内容的心理联想和描述，鞋子展现出的是对于观看者"此在"所理解的鞋子主人的生存世界真相。这就是他所坚持的主张，即主体和客体在艺术世界中是相互关联、无法区分的，同是艺术场景的参与者和解读者。

总之，海德格尔美学思想关注的是人和艺术作品内涵的存在现象，以及它们之间的关系，而所有这些都涉及理性认知和内容表现，属于艺术价值判断的观点。海德格尔相信艺术的价值源自艺术作品表达出的真理；这个真理并不是作品表面呈现的简单事实，而是个人依据自身存在状态对作品信奉和解读的结果。

他的这些美学思想将人和艺术作品的表达看作是受时空环境影响不断改变的存在现象，道出了艺术价值判断的基本原理。他的艺术价值观并不直接涉及本书讨论的审美原理问题，但是对我们理解审美原理有一定的帮助作用。他认为人和艺术作品之间是一种相互作用的关系；这一观点虽然是针对艺术价值判断而言的，但是对这种相互作用机制的分析可以被用来理解审美过程中主体和客体之间的相互作用。只是我们在借用这一观点时，要明白审美判断与艺术价值判断的不同：审美判断中主体与客体的相互作用是通过感性直观进行的，针对的是形式要素；艺术价值判断中主体与客体的相互作用的是通过理性认知发生在内容要素之中的。

由于艺术价值是具体个人在具体时空条件下对作品内容的"真实"解读，艺术价值判断结果就可以也应该是多样的、随时空环境改变的。审美价值判断则不同；如康德所说，审美判断是具有一定客观属性的，也就是说在一定范围内具有普遍的标准。这种普遍标准存在的原因在于审美判断仅与审美客体的形式要素和主体对这些形式要素的感性直观相关，与人的多样存在环境以及由此引发的多样理性认知内容无关。由于形式要素本身，以及人对形式要素的直观能力都具有一定的普遍性，审美价值判断的结果就具有了普遍性特征。有关形式与内容、审美与艺术价值判断之间的对应关系我们还将在第三章第四和第五节中加以论述。

  海德格尔对艺术及艺术作品价值判断的观点，再次反映出美学思想的多样性特征。对海德格尔美学思想的概括总结不是为了进行精准美学历史的研究，而是要显示区分美学思想之中审美和艺术价值判断不同层面的重要性，并借鉴他的有关人与艺术作品相互作用的观点。

第十二节　结构主义及其美学思想

结构主义（Structuralism）不是一种传统意义上的哲学学说，它并不专注事物的本体问题，更加关心对认识事物方法的研究。作为一种认知方法，结构主义强调事物的整体性，认为事物都是复杂的统一整体，任何组成部分的性质都不可能被孤立理解，而只能把它放在一个整体关系的结构中，与其他部分联系起来加以分析和研究。因此，结构主义致力于发掘联结事物之中诸要素的关系网络和结构特点，并通过这些网络和结构对事物做出表述和解释。自 20 世纪下半叶以来，结构主义被广泛应用于语言学、人类学、心理学、文学艺术、建筑创作等诸多学科的研究领域，试图使相关学科能够像自然科学一样达到精确化的水平。作为一种文化思潮，结构主义几乎影响到欧美文学和艺术理论创作的所有领域，从小说、戏剧、诗歌到各种视觉艺术。

如同任何一种文化运动，结构主义的形成同样经历了一个萌芽和成长的过程。文艺复兴运动以来，科学技术和文化发展进入了高歌猛进的时代。人类对事物的认知开拓了许多新兴领域，知识和文化的深度和广度达到了全新的水平。许多有识之士对科技和文化研究琐碎领域的划分和过于关注局部细节的倾向感到不满。他们认为，整体对于局部来说具有逻辑优先的重要性，因此渴望以一种综合体系化的方式看待研究对象的整体结构，并从中发现规律。随着 20 世纪初期现代社会的到来，人类对事物自身形式的研究在语言学上出现了一个比较大的突破。这一突破来自语言学家索绪尔（Ferdinand de Saussure）的学术成就。

一、结构主义语言学

索绪尔于 1857 年出生在瑞士日内瓦。早在中学时期，他就对语言学就产生了浓厚的兴趣；大学期间，他先在日内瓦大学学习化学、物理学和博物学，之后转入德国莱比锡大学学习历史语言学，并开始从事印欧语言的历史比较研究工作。1878 年，索绪尔在柏林大学发表了成名作《论印欧系语言元音的原始系统》，引起欧洲语言学界的注意。这篇论文提出了语言是集体习俗的思想，并认为各种语言在语法、语源、语音等方面具有某种共同的结构形式特征。从 1881 年开始，他在法国巴黎高等研究学院任教，讲授古代语言和历史语言学，直到 1891 年回到日内瓦大学。在日内瓦大学，他先后三次开设"普通语言学"课程，并在教学中提出了许多全新的语言学原则、概念和理论。1913 年索绪尔去世之后，他的学生收集了听课笔记和他的手稿，于 1916 年首次整理出版了《普通语言学教程》，把语言学塑造成了一门对后世影响巨大的独立学科。

现代语言学思想对结构主义的形成起到了至关重要的推动作用。索绪尔认为，人类社会在表达和传递认识成果时，离不开相对自足的形式系统。人类的语言、我们所用的交通信号、数学等都是具体的形式系统，所有这些形式系统都是自我封闭，具有各自规律和结构特征的。索绪尔的贡献就在于抛弃了传统语言学从语言发展历史中研究语言的方式，并率先从语言在特定时期的结构特征、形式和功能相互关系中研究语言。他的研究方法对现代语言学以及其他许多学科的发展都产生了深远的影响。因此，索绪尔被后人称为现代语言学和结构主义之父。

在《普通语言学教程》中，索绪尔对语言学中的各种要素进行了系统划分，提出了多组包含对立要素的概念，并且在这些对立要素之间建立起了结构性联系。"语言"（language）和"言语"（speech）是索绪尔建立的一组对立要素。"语言"是指人"言语"活动中的社会属性部分，是抽象出的形式规则，它不受个人意志的支配，是社会成员共有的，也可以说是客观存在的。"言语"源自"语言"，是"语言"活动中受个人意志支配的部分，它的发音、用词和造句带有个人特点，可以说是主观的存在。"语言"和"言语"密切相关，互为前提。在同一社会成员中，尽管每个人的"言语"特点不同，社会成员都可以相互理解和交流。这是因为"语言"本身是内在统一、自我满足的逻辑结构系统。索绪尔认为，语言学要将"语言"作为对象，研究它的系统特征，以确定构成"语言"的基本单位及其组合规则。对"语言"和"言语"概念的划分为结构主义建立了根本的法则：在一个整体系统中，局部因素创造出事物的独特个性，整体系统控制局部因素，处于优势地位。

另外一组对立要素是"能指"（signifier）和"所指"（signified）。索绪尔创造性地指出语言是一种符号系统，由"能指"和"所指"两部分组成。"能指"是声音或音响形象，"所指"就是声音或音响形象代表的含义。符号的"能指"具有客观属性，"所指"则带有主观可变的特征。索绪尔指出语言符号具有任意性特征："能指"或"所指"本身并没有特殊的意义，它们之间的关系可以用任何符号来表达，也就是说可以用任何符号表达某种语言概念。例如，中文用"苹果"一词代表苹果这个概念，英文则以"apple"表示苹果，我们也可以发明其他的词语来表达苹果的概念。但是，当我们将"苹果"这一符号的"能指"和"所指"固定下来之后，它就在特定语言系统中具有了固定的特殊意义。索绪尔指出符号的本质具有社会属性，是同一社会集体中每个成员都要接受、使用的系统，也就是说，一旦符号在"能指"和"所指"之间建立了特定的关系，社会性就成了它的一个内在特征。因此，在一个语言系统中，符号受到要素之间的相互制约，符号的意义取决于它在语言结构中的关系。可以说，语言系统的内在结构关系是创造和表达这个世界的一种方式。从这个角度来看，不是语言依赖于世界的存在方式，而是世界的存在依赖于假设的符号系统；正是语言中的符号及其结构系统构成了我们存在于其中的世界。这是他将语言学研究的重点放在符号系统及其结构上的根本原因：结构主义更感兴趣的不是单一事实本身，而是事实背后的各种要素之间的结构关系。

另一组对立的概念是"历时"（diachronic）和"共时"（synchronic），它们在语言学中分别代表着两种不同的研究方法。历时性语言学是传统的语言研究方法，关注的是语言的历史演变现象；它从语言在时间维度上的渐进、变化、增加与消失，来发现和研究时代变迁对语言的影响，所以历时性语言学关注的是语言与社会演变之间的关系。共时性语言学关注的是某一时代的语言，力求寻找稳定的体系和有秩序的语言结构；它不关注外部环境的影响，是对语言自身内在要素的研究。索绪尔认为，在语言中起作用的是符号与意义之间的对应关系；由于各种符号及其意义只能在共时性系统中形成一个以固定对应关系为基础的系统，所以共时语言学优于历时语言学。他对共时性语言学的肯定，实质上是对研究语言结构系统重要性的肯定。

二、形式主义思潮

除了索绪尔对语言内在结构系统的研究之外，另一个促使结构主义发展成长的重要因素是 20 世纪初在俄国文学界兴起的形式主义思潮。

俄国文学界的形式主义思潮以 1914 年申克罗夫斯基（Viktor Shklovsky）发表的《词的复活》一文拉开了序幕。这一思潮的代表人物是申克罗夫斯基和雅各布森（Roman Jakobson），他们的主要思想观点在于对文学本质的重新界定。首先，他们认为形式具有不受内容支配的自主性；内容不能决定形式，形式可以为自己创造"内容"。其次，他们指出文艺作品的内容是不确定的，随着不同的阐释者会表现出不同的意义，而完成后的文艺作品的形式却是固定不变的。因此，俄国形式主义认为只有从形式入手，文学研究才能够达到如科学一样严谨的水平。

俄国十月革命后，形式主义者被迫前往欧洲其他国家，客观上扩大了这种文艺思潮的影响范围。在第二次世界大战中，形式主义文艺思想的研究中心又转移到生活相对平静的美洲大陆，并开始了与其他学科相互交叉、结合的过程。

以雅各布森为例，他在 1920 年从莫斯科移居到捷克首都布拉格，把形式主义思潮传播到了东欧，使之与索绪尔的语言学、胡塞尔的现象学等学科相互融合,形成了"布拉格语言学派",并提出了"结构主义语言学"一词。第二次世界大战爆发前夕,雅各布森又辗转到了美国,先后任教于哥伦比亚大学和哈佛大学。他的《语言学和诗学》《文学和语言学研究的课题》等论著奠定了他作为著名语言学家和诗学家的地位。雅各布森认为文学的研究对象不是文学,而应该是文学性,也就是使作品成为文学的内在技巧和构造原则。因此,他主张文学研究的焦点应该集中在作品本身,例如作品的文体、语言、手法、结构、技巧等形式因素,而不是有关作者的生平、经历等与文学作品相关的外部背景研究。人类日常语言以满足一般普通交际为目的,其特征是按照常规习惯的构词、语法、修辞等方式构成的,易于理解和相互交流。文学语言在他看来具有不同的特征,因为它是对日常语言的修辞加工、情节结构的扭曲和变形结果,其目的是达到一种"陌生化"的效果。只有通过修辞中各种比喻的运用和情节结构的倒叙、插叙等手法,才能构建出文学语言生动鲜明、感人心魄的特征,从而表现出文学自身的价值和意义。

从广义上看,结构主义无疑是形式主义思想的一种特殊形态。俄国形式主义继承了索绪尔以来的现代语言学传统,发展了结构主义思想,并将其与文学、艺术研究具体结合起来,对结构主义的成长起到了不小的推动作用。

三、列维-斯特劳斯

对结构主义全面走向世界舞台起到关键作用的是在法国出生的列维-斯特劳斯(Claude Levi-Strauss)。列维-斯特劳斯早年就读于巴黎大学,学习哲学、法律和社会学。1935年,他来到巴西圣保罗大学教授社会学,并用了4年时间对巴西的原始部落进行了民俗学和人类学考察。第二次世界大战中,他在旅居美国期间结识了雅各布森。在雅各布森的影响下,列维-斯特劳斯把结构主义语言学方法运用于人类学和神话学的研究之中,成为结构人类学的创始人。他用语言学的结构模式解释亲属关系和神话传说，先后发表了《亲属关系的基本结构》《热带的忧郁》《结构人类学》《图腾制度》《野性的思维》《神话学》等著作，奠定了把结构主义方法引入到其他社会学科研究的重要基石。正是列维-斯特劳斯将结构主义方法成功应用在人类学研究领域，并取得了举世瞩目的成果，才使得结构主义思潮在20世纪下半叶走向高峰，广泛地进入哲学、美学、历史学、心理学等学科的研究领域。有人认为结构主义为人类提供了一种统一标准的研究途径，几乎可以适用于所有的学科。

列维-斯特劳斯相信社会是由文化关系构成的，而文化关系则具体表现在各种文化活动之中，也就是物质生产与精神思维活动中。他认为一切文化活动中都存在着一个内在的、超越个人意志的结构体系，将事物的各种要素按照一定规律组合成统一的整体。在人类学和神话研究中，他主张从事物的整体结构中考察和把握各种现象。在对亲属关系的研究中，他首先试图找到对不同民族、不同时代都普遍有效的人类思维结构及其构成原则。以分析亲属关系为例，列维-斯特劳斯提出其结构关系由四组二元对立的基本关系组成，它们分别是兄妹关系、夫妻关系、父子关系、舅甥关系。兄妹关系、夫妻关系互为对立；父子关系、舅甥关系相互对立。他指出所有亲属关系都是建立在这两组基本对立结构关系之上的。

列维-斯特劳斯把结构主义方法同样应用于神话学研究领域，认为在神话看似混乱的内容背后存在着对人类心灵普遍有效的原始逻辑或"野性"思维结构。在他看来，这种原始逻辑或思维结构以一种集体无意识的逻辑原则和秩序体现在神话的基本结构之中。为寻找神话中的这些逻辑原则，他采用的基本方法是将神话故事中的"事件"进行拆解，从中找出构成"事件"的各种二元对立要素，并在此基础上，通过合乎逻辑的解释和分析，展示要素在整体结构系统上的确定关系。例如，他指出许多不同民族文化的神话中都有乱伦、弑兄杀父的事件，其实质都是对人类基本亲属关系结构中所包含的自然与文化之间冲突、协调关系的认知表达。

总之，列维-斯特劳斯受现代语言学启发，认为人类心理有一种基本的共同倾向，那就是对事物进行二元对立的分类，之后再进行对立要素的关联，形成结构系统。这些结构系统具有自恰封闭性和整体优于局部的特征，并且通过对立要素之间的差异使其达到可理解性。他将人类思维看作是自然和文化之间的中介，认为人类文化是心理思维结构的投射结果，思维必然会反映到文化和社会的基本结构之中。因此，亲属关系、图腾和神话故事这些人类文化都具有二元对立思维结构的本质特征，是思维本质结构表达出的具体信息。

结构主义思想在 20 世纪 60 年代开始在欧美逐渐盛行，成为与存在主义针锋相对的主流思想运动之一，并最终占据了主导地位。与结构主义同一时期盛行的萨特存在主义主张人和事物的存在优先于其本质，也就是说，存在主义认为在人和事物绝对自由地展示自我之前，无法谈论、发现其本质，因此，人和事物应该是绝对自由、不受限制的。结构主义则认为人的行为和一切事物都是存在于特定的文化、社会和心理环境之中的，势必受到由这些因素构成的网络结构的制约。从结构主义与存在主义的比较中，我们可以更加清晰地看出结构主义的基本特征。

四、结构主义美学思想

严格说来，并不存在一种统一的结构主义美学学说。所谓结构主义美学，是指运用结构语言学分析和研究模式对艺术作品的结构形式和符号特征欣赏和解释的现象，以及由这一现象形成的美学思潮。作为一种欣赏和解释艺术作品的方法，结构主义在文学和艺术领域产生过重要的影响，其中不少影响是直接的和主动的，也有不少是间接、潜移默化的。从 20 世纪的立体主义、新风格运动到表现主义、超现实主义、抽象主义等许多艺术流派中都可以发现结构主义思想方法的身影。下面从结构形式、逻辑自恰和符号三个方面对结构主义美学思想做一些简要的介绍。

（一）结构形式

结构主义美学思想首先强调的是结构形式对艺术作品起到的关键作用。结构形式与一般所说的形式有所不同。一般的形式仅是事物外在的形象特征，而结构形式是指影响事物内部基本要素之间相互关系的稳定模式。一般外在形式的改变并不直接影响事物的本质特征，但结构形式的变化则会改变维持事物本质特征的稳定模式，从而使一种事物转变成为另外一种事物。结构主义认为，一切现象的本源都是心灵先天构造能力对事物结构形式的构造结果，语言、神话、亲属关系、艺术等莫不如此。这样一来，通过构建出艺术作品稳定不变的结构形式，对其进行感受和解读就成了结构主义方法在艺术创作和欣赏中的主要目标。

在视觉和听觉艺术中，对整体结构形式的重视早已存在。例如，我们最常见的对作品形式要素的"构图"也是一种对结构形式的创造和理解过程。所谓构图，就是对作品进行一种形式结构的划分和组建。虽然对构图的追求是视觉艺术的重要内容之一，但在现代主义运动开始之前，人们很少会从作品纯粹结构形式中思考艺术作品的美学价值，即结构形式自身的审美价值和艺术价值。现代抽象艺术改变了传统艺术的美学范畴，使我们可以将审美和艺术价值判断的对象放在结构形式本身，仅仅关注作品的构图形式特征，例如对称、一定的节奏、特殊的比例、图形模式等结构形式特点。

结构主义认为，具体艺术作品的内容只不过是相当于语言学中的"言语"，并不是最重要的；最重要的是从具体艺术作品的"言语"中归纳出艺术"语言"的语法结构形式。这一美学思想甚至影响到与艺术相关的建筑设计领域。现代建筑的开拓者之一沙利文（Louis Sullivan）提出"形式服从功能"，主张建筑功能内容的重要性高于形式；但是，现代建筑后期的许多建筑师却主张"功能跟随形式"，将建筑的形式构成逻辑原则放在高于功能内容的地位，并创作出了许多杰作。荷兰出生的蒙德里安（Piet Mondrian）受到立体主义的启发，开创了几何抽象画派。他在绘画中排除任何具象内容,将复杂的绘画"言语"简化为纯粹的形式构图"语言",以最基本的直线和色彩元素结构形式展现出的特点使人产生各种情感体验(蒙德里安,baike.baidu.com)。蒙德里安作品的内容就是对结构形式的刻画,可以被看作结构主义美学思想运用的例证之一。

对于结构主义而言,艺术作品的重要内容就是结构形式。从这个层面上看,可以说许多抽象艺术作品是结构主义美学思想一种表现。一般艺术作品是利用大量细节内容将结构形式包裹在其中,使我们较难直接感受到作品真实结构形式的存在。结构主义美学思想的不同之处在于对结构形式的显露:它抛开常规艺术作品反映的内容,首先关注对结构形式规律的研究,并将结构形式的美学价值放在首要地位。

结构形式的美学价值可以体现在审美和艺术价值判断两个不同的层面。我们对作品结构形式的欣赏和体验既可以通过感性认知进行,也可以通过理性认知实现。对结构形式的感性认知和体验属于审美判断,获得的是审美价值;对结构形式的理性认知和解读是艺术价值判断,获得的是艺术价值。在审美判断层面,直观感受结构形式是唯一目的;在艺术价值判断层面,对结构形式的分析和理解是欣赏体验的前提,最终构成了结构形式的内容解读。

文学与视觉、听觉艺术不同,它的美学价值主要体现在艺术价值判断上。这是由于文学作品是以文字为载体的,所以对任何文学作品结构形式的欣赏和体验必须首先对文字载体进行理性解读;只有在对文字理性解读之后,才能对文字之中蕴藏的结构形式进行欣赏。因此,与视听艺术作品不同,通过理性认知对文学作品结构形式的欣赏和体验过程属于艺术价值判断,与审美无关。

(二)逻辑自恰

结构主义美学思想的另一主要特征是强调艺术作品内在结构形式的逻辑自恰性。所谓自恰性,是指结构形式的表达要建立在整体统一的特征之上。作品的结构形式表现在局部与局部、局部与整体之间的关系之中。不同作品的结构形式可以是各种不同的类型,但同一作品之中的所有结构形式必须符合统一的逻辑特征,能够自圆其说。结构主义艺术作品正是通过内在结构形式的逻辑自恰突显出各自与众不同的形式特征,给人带来深刻的印象和强烈的感官冲击。

对结构形式逻辑自恰的重视使结构主义艺术作品都能够呈现出很强的整体感特征。在构建内在的结构形式关系中,无论一个作品多么复杂、多么具有多样化特征,它都要符合完整统一的逻辑。这不仅因为作品局部之所以有其存在的意义在于它是整体的组成部分,还由于对作品符号系统的解读只能在统一、自恰的逻辑系统内进行。只有符合完整统一的逻辑才能在"能指"与"所指"之间达成统一,形成有明确意义的符号系统,否则,符号的"能指"和"所指"之间的关系必然出现混乱。所以,注重作品的整体逻辑统一是结构主义思想方法的必然结果。不同作品之间的逻辑可以是不同的,甚至是对立矛盾的;不同结构形式逻辑之间没有本质的优劣差别,但每个作品之中的各种结构关系必须符合统一的逻辑。

对结构形式统一逻辑的注重,使结构主义作品总是能够表现出局部服从整体、表层服从深层的结构形式特征。在许多结构主义视觉艺术作品中,我们可以看到各种以单一主题结构形式构成的作品;这些单一结构形式保证了逻辑自恰,使局部与整体之间处于高度的统一状态。在20世纪后期现代主义建筑设计中,结构主义手法被许多设计大师广泛使用。贝聿铭设计的华盛顿国家美术馆东馆就是佳例之一。该设计利用三角形地段的形式特征,将三角形作为形式结构的基本元素,使之融入建筑平面和空间的塑造之中,形成了一个完全自恰的逻辑系统(华盛顿国家美术馆东馆,baike.baidu.com)。路易斯·康的许多作品中也总是能够表现出统一结构形式的魅力。他提出"形式引起功能",将形式结构置于设计构思的首要地位,总是从材料、自然环境、文化历史等素材中为作品找到一种基本形式结构,并以此为整个作品的出发点(Louis Kahn, wikipedia.org）。

（三）符号

结构主义将语言命名为第一符号系统，把神话、叙事文、视觉艺术等都列入第二符号系统。在美学中，符号系统的运用体现在两个方面：一是对文学和艺术作品"能指"，也就是符号形式的表达；二是对文学和艺术作品"所指"，也就是符号内容的认知。第一个方面涉及的是作品文字、视觉和听觉形式要素的构成。形式要素的构成既可以通过感性认知被欣赏和体验，也可以通过我们的理性认知被分析和理解。第二个方面涉及对符号"所指"内容的理解和欣赏，只能通过理性认知的参与才能够完成。因此，结构主义美学对符号"能指"形式的体验既可以反映在审美层面，又可以体现在艺术价值判断之中；对符号"所指"的分析和解读只属于艺术价值判断。

结构主义文学和艺术对作品符号"能指"的表达非常重视。这一点并不难理解，因为任何作品要实现最终的"所指"都必须首先具备恰当的符号"能指"，也就是构成作品形式的基本要素。结构主义对作品形式要素的追求非常执着，其背后的逻辑非常简单：艺术作品的形式要素就是作品语言符号的"能指"，离开了它就无从谈及"所指"内容。在结构主义看来，"能指"是人为假定的形式，本身没有具体的内容含义，所以任何一个作品的"能指"形式都会有许多不同的潜在可能。只有对不同"能指"形式的潜在可能进行深度挖掘，才能获得对"能指"最恰当的刻画和表达，也才能为属于艺术价值判断的"所指"内容创造出最佳的前提条件。

由于"能指"和"所指"之间的关系是人为设定的，艺术作品之中符号的"所指"含义就与人为的设定和主观理解紧密相关，这就是结构主义艺术作品在许多情况下比较令人费解的根本原因所在。"能指"与"所指"之间并非一一对应的固定关系；一个"能指"符号可以具有多种"所指"内容，一个"所指"内容也可以用不同的"能指"形式表达。因此，对符号系统"所指"内容的确定和理解离不开理性认知的参与，只能属于美学思想中的艺术价值判断。

符号"能指"的形式不是前面论述的结构形式，而是构成结构的形式要素。例如，我们可以将许多圆形排列组成一个三角形结构图形，也可以用许多正方形平面排列组成同样的三角形结构图形；这里的三角形是一个结构形式，圆形和正方形则分别是两个图形中的"能指"形式要素。由于"能指"与"所指"之间是一种自恰的逻辑关系，圆形和正方形就可以是同一"所指"内容的不同"能指"形式。这是"能指"形式的多样性特征。正是"能指"形式的多样性特征使结构主义艺术创作和审美能够呈现出丰富、多样的可能性。

对艺术作品中"能指"形式的审美判断是一种对客观存在的感性认知过程。艺术作品的"能指"形式是人为假定的，具有主观特征属性；但是，在对作品进行的审美体验中，"能指"形式元素的表面特征是被固定下来的。这种固定形式一旦确立，就是既定的客观存在，对它的审美判断就是对作品客观形式的感性认知。这样，结构主义美学对符号形式的审美就必然是建立在作品客观属性基础之上的，属于一种客观派审美观念。

与符号"能指"的审美判断相比，结构主义美学关于符号"所指"的艺术价值判断过程和结果是复杂和多样的，尤其在文学作品中更是如此。这是由于在与符号"所指"相关的艺术价值判断中，我们必须将个人理性认知的结果赋予作品之中，从而使作品拥有了复杂、多样的主观特征属性。布拉格学派的穆卡洛夫斯基（Jan Mukarovsky）对语言学和美学都有深入的研究。他明确指出文学语言是一套"自主符号"系统，并认为这一系统的指向不是符号以外的实际环境，而是作品本身的世界。也就是说，文学语言可以与外界实际环境发生偏离或者隔绝，形成一个偏离日常实用语言指称的特殊世界。所以，他认为对标准语言规范采用的主观"歪曲"是诗的灵魂，它使诗人能在日常公认的语言形式之外找到自己诗意的表现方式。

雅各布森同样认为诗歌的语言特征体现在符号"能指"形式与"所指"

内容对象之间的"脱节"现象之中，毕竟只有这样的"脱节"才能让读者的思维充分调动起来，并从语句的隐喻和借喻方式中，把想象引申到所能企及的最远疆域。他还认为任何艺术作品都可以根据它们使用借喻还是隐喻来确定其特征。浪漫诗人、象征诗人主要是利用隐喻的优势，英雄史诗、现实主义作品主要是在借喻上占有优势。特定文艺作品的创作者也正是通过运用隐喻和借喻的方法在语义上显示出个人的风格和趣味。这种对隐喻和借喻的运用显示出了艺术价值判断的多样性和复杂性。

总之，结构主义美学的关注重点是结构形式、逻辑自恰和符号系统的构建。结构主义美学思想既可以表现为一种审美判断，也可以成为艺术价值判断。当我们对结构主义作品的结构形式、自恰逻辑和符号"能指"进行与内容无关的感性认知时，就是对其进行审美判断。当我们不是单纯对结构形式、自恰逻辑和符号"能指"的形式做直观体验，而是对它们做更加深入的理性追问、分析和解释时，例如对结构编排方式、技巧、目的、效果和意义的关注，我们就是在对作品进行艺术价值判断。

结构主义美学思想并不是建立在本体论意义之上的，而是建立在共时性语言学基础之上的，它对结构形式、内在逻辑和符号系统的表达是在共时性框架下进行的。强调共时性意味着排除了时空变化的干扰，能够从复杂多变的现象中创造出孤立不变的结构形式、逻辑秩序和符号系统。这样的共时观念造成的结果是，作品之中结构形式、逻辑规则和符号不一定是唯一的，但却是自恰正确的。与以往形而上学哲学思想相信事物背后存在着唯一本质的观点相比，结构主义的结构形式、逻辑规则和符号背后的真实意义不是唯一正确的，而是人为规定的，可以因环境和人为因素影响改变。

结构主义美学思想重视对作品内在稳定结构形式、统一逻辑规则及符号系统的挖掘、表现和欣赏体验。在对作品的审美判断中，通过感知艺术作品的结构形式、逻辑规则和符号"能指"形式，将情感体验的焦点集中在作品的客观属性上，并不涉及背后逻辑的正确与否；在艺术价值判断中，结构主义对文学、艺术作品深层结构形式、逻辑规则和符号系统的关注重点又转移到主体的主观理性认知和欣赏体验上，为作品内容释义的多样化提供了可能性。换句话说，对结构主义作品的审美判断是对艺术作品结构形式、自恰逻辑和符号"能指"客观特征属性的直观体验，对它的艺术价值判断则是对艺术作品的主观解读。针对同一件作品，结构主义可以分别在审美和艺术价值判断两个不同层面进行欣赏体验，为我们对作品进行感性体验和理性诠释提供了无限的可能。这正是结构主义美学思想能够丰富多彩，甚至是充满矛盾的原因所在。

结构主义审美观念属于一种客观派美学思想，可以用审美三要素函数关系作如下表达：

$$Ve = f(Ms\ Mo)$$

因为 $Ms = f(Mo)$，所以 $Ve = f(Mo)$。

Ms 追求事物的客观结构形式、统一逻辑规则和符号的"能指"形式；Mo 代表作品中的结构形式、统一逻辑规则和符号的"能指"形式。

第十三节　解构主义及其美学思想

解构主义（Deconstructionism）在 20 世纪 60 年代缘起于法国哲学家德里达（Jacque Derrida）对结构语言学的继承和批判研究。

德里达于 1930 年出生在当时还是法国殖民地的阿尔及利亚。他在 19 岁回法国就学时，对自己的犹太族裔、法属阿尔及利亚等多重身份颇感困惑。据说，这种个人身份的多重性对他后来发展解构主义哲学思想起到了不小的作用。在巴黎高等师范学校学习期间，他深入研究过胡塞尔和海德格尔的现象学，受到过结构主义、存在主义、马克思主义、弗洛伊德精神分析等学说的影响。在 1956 和 1957 年，他曾在美国哈佛大学深造，之后，一直在巴黎高等师范学校任教。此外，他还曾担任过美国约翰霍普金斯大学、耶鲁大学等名校的访问教授。

1963 年，针对后现代主义哲学家福柯（Michel Foucault）的一篇文章，德里达在巴黎哲学学院做了题为"我思与癫狂的历史"的讲演，在法国学术界初露锋芒。1966 年，在美国约翰霍普金斯大学的一次国际学术研讨会上，他发表了"结构、符号与人文科学中的嬉戏"的演讲，矛头直指结构整体论和符号意义分析的概念，批判了当时已经在国际学术界盛行的结构主义思想。他使用了源自海德格尔的"解构"一词，以示对结构主义文学结构的拆解和对传统思维理解模式及习惯的解构。他这次著名的讲演，标志着"后结构主义"或"解构主义"的兴起。1967 年，德里达出版了《文字语言学》《声音与现象》《书写与差异》三部著作，对语言这一人类文化传播媒体的解读方式提出了挑战，并由此对整个西方哲学传统和文化进行了肢解和批判，正式确立了解构主义思想的理论基础。

德里达的解构主义思想对西方后现代社会的人文科学，尤其是文学评论、艺术实践等领域都产生了广泛的影响，他本人也被誉为 20 世纪下半叶最有影响力的哲学家和思想家之一。

一、结构的无序性和符号的"延异"

解构主义产生的直接原因是对结构主义文学和语言学的批判。第二次世界大战后，从盛行的结构主义中逐渐脱胎出了一种叛逆的文学批评思潮，对权威和传统精英思想提出了挑战。这种新型思潮否定了结构主义重视统一结构形式的基本思想原则，将结构主义的理性概念放置在感性主义盛行的大时代背景之下，认为结构主义的思想方法没能摆脱传统的形而上学，因而有必要对其进行扬弃。德里达的贡献在于通过对结构语言学符号理论的系统批判，奠定了这种新型思潮的理论基础。

结构主义从共时角度强调事物内在结构和符号意义的相对稳定性和有序性，但忽视了一个问题，就是任何结构都不可能是一成不变的。从历时经验的角度来看，结构都是会随时间发生改变的，绝对的稳定性和有序性是不存在的。例如人们欣赏一部文学作品，会随时间的改变对作品产生不同的理解和联想；这样一来，作品的静止结构和符号意义在被欣赏过程中就成了运动、变化的东西。德里达从这种最基本的观点出发，对结构主义的偏颇观点和与经验现实脱节的现象大做文章，得出了与之完全相反的结论，那就是语言系统中的"能指"与"所指"之间不存在统一和固定不变的对应关系。

德里达认为所有书面语言的文本都是紊乱和充满矛盾的，不可能表达出绝对统一和固定不变的概念。他否定索绪尔关于符号"能指"的客观存在特征，指出当读者面对符号的某一种"能指"形式时，与之不同的其他符号"能指"将会同时出现在读者的头脑之中。这是因为一个符号的"能指"形象只能来自于不同符号形象之间的差异和对比效应，而绝对不会自己呈现在我们面前。他同时指出，符号的"所指"意义也只能靠其他不同的符号来解释。例如，当我们看到字母"B"时，我们会同时想到"A""C"或其他字母；正是因为我们想到并比较了其他字母，我们才会肯定看到的是"B"。我们看到的"B"被德里达称作"在场"的存在，我们想到的其他字母被称作"不在场"的存在。当通过字典查看某个字时，我们也是通过其他不同的字来对它进行解释的。也就是说，我们要了解任何符号，都必然要联想到与它对立或不同的其他符号的"能指"和"所指"；任何符号都不能独立表明其自身的意义，都需要其他不同的符号来解释，而其他的符号又要借助于另外的符号。这样一来，任何符号"能指"本身就与其他符号有着密切的关系，"所指"也会飘忽不定；符号"能指"与"所指"之间也就没有绝对和最终的固定关系，符号的意义也会随着人的联想不断发生没有止境的演变。德里达将这种现象称作"延异"（Différance）。延异现象使符号的意义产生紊乱，使任何写作文本形式和内容之间的矛盾在阅读和理解阶段都不可避免。

德里达将对"延异"现象的分析结论推演到文学、认识论和哲学高度。他认为一种概念只能来自与之相反的概念，文本作者不可能控制与其语言意图相反概念的存在，事物也没有必然的理性结构和永恒不变的意义。这就与结构主义的主张发生了根本对立。根据索绪尔的理论，一组符号"能指"与"所指"之间的关系应该是对应统一的，符号的意义是一种存在于符号之外的主观固定约定。德里达则指出，语言符号之外没有任何固定不变意义的存在；任何意义都存在于对符号的不同主观理解之中。

德里达所说的结构不稳定性和符号的"延异"现象与量子力学的发现有着相似之处，都对后现代社会人类思维方式的改变产生了深刻的影响。量子力学的测不准原理表明，在微观状态下，粒子的速度和位置不能被同时准确测量，对其中一个物理量测量得越准确，另一个物理量就会变得越模糊。这是因为作为观测者的人在观测对象过程中，不可避免地与对象发生相互作用，干预并改变了对象的存在状态。测不准原理表明，对事物的客观认知和测量是不存在的，在认知过程中主观和客观其实是相互纠缠，不能截然分隔开来的。

二、反逻各斯中心主义

在对文本结构和符号系统矛盾性分析的基础上,德里达进一步对西方几千年以来所崇拜的"真理""思想""理性"和"意义"等观念打上了问号,对逻各斯中心主义(Logocentrism)提出了质疑。

德里达借用海德格尔的观点指出,从柏拉图开始,哲学出自为了赋予事物某种目的和意义的欲望,总是忽略二元对立要素的平等地位,带有"偏见"地选择可见的"在场"事物主导我们的思想。例如,我们总是在哲学和文学结论中选择或表达"好"优于"坏","理性"优于"感性","主动"优于"被动"等概念。这种带有"偏见"的选择结论意味着在万物背后必须有一个原则、一个中心意义、一种支配性的力量、一个被歌颂的英雄、一个潜在的神或上帝。在这种选择下,真理成了永恒不变的终极逻各斯,凌驾于人和万物之上;选择永恒不变的逻各斯被认为是知识的逻辑,背离逻各斯就意味着走向谬误。这种观念根深蒂固,成了西方文化的传统,因此,作为传递知识的语言文本需要具有某种中心论点,不能存在内在的逻辑矛盾,必须顺理成章。

德里达反对逻各斯中心主义、挑战西方传统理性文化的思想深受大的时代背景影响。康德古典唯心主义哲学用先验的思维形式来弥合感性经验与理性认知之间的鸿沟,提出人的理性认知仅限于现象世界,物自体是人类理性无法认知的;这从理论基础层面动摇了启蒙运动以来理性主义取得的巨大思想成就。之后,哲学家对形而上真理的问题失去了兴趣,开始占据统治地位的是分析哲学、实证主义、实用主义和意志哲学。19世纪末期,西方近现代哲学向非理性主义转变并取得重大突破。尼采宣称"上帝死了",要求"重估一切价值",并用叛逆思想颠覆理性和传统思维方式,对客观的形而上真理观念进行了最根本的否定。这种非理性主义成了德里达解构主义对传统理性文化发起挑战的思想渊源之一。

另外两场促使解构主义产生、发展的重要思想运动,分别是海德格尔的现象学和欧洲左翼思想文化运动。现象学源自对传统本体论的否定；它反对西方哲学形而上学的理性主义认识论，为解构主义提供了一种思想方法。第二次世界大战后，社会主义运动在东欧普遍遭遇挫折；相反，同样从启蒙运动理性主义中发展起来的资本主义却显得朝气蓬勃。这种状况是对科学社会主义理论分析预测的否定，被左翼学者认为是理性主义失败的标志。在这种郁闷的时代背景下，激进左翼学者被压抑的激情只能转向非理性思想，反抗两千多年以来根深蒂固的理性权威，并选择语言这一人类社会赖以生存的根本要素，开始全面否定文化、信仰、社会制度和机构组织等一切现象中的传统理性规则，对逻各斯中心主义解读事物的方式进行了解构。

对于如何准确定义解构主义，存在着很大的分歧。德里达本人认为无法用传统语言定义解构主义，只能说它不是传统意义上的分析、批判或应用方法。因为在他看来解构主义是建立在对传统语言本身批判基础之上的，准确的定义将会使其自身的解构无法实现。他主张任何概念都不是一种固定"在场"，而是一种来去自由的踪迹，因此难以限定，无时无处不在。换言之，解构主义一旦被贴上定义的标签，确定成为固定的概念，它随之就会被解构掉。德里达认为在没有获得更为有效的定义之前，只能临时性将解构主义称为一种分析、批判或者解读的方法。

美国文学评论家、传记作家理查德·艾尔曼（Richard Ellmann）认为，解构就是对理解的系统拆解，而且这种拆解是通过每个读者发现文本结构中的矛盾，对符号不同"所指"意义的寻找达到去除语言文本原有中心理念的目的实现的。这样一来，解构主义彻底否定了理性主义先后建立起的以神、理性、人自身、实验工具和媒介语言为中心的各种逻各斯中心主义思想体系。正如德里达所说，宇宙之中没有上帝，没有中心。也就是说，宇宙自然之中是没有目的和意义的；目的和意义只是人类自身的构想。解构主义打破了事物现有的结构秩序和固定的理性主张；它不仅针对语言文本，还针对既有的社会秩序、伦理道德秩序、婚姻秩序、文化意识上的秩序和主张,当然也包括了美学思想中的固有观念。

从整体上看,我们可以归纳出解构主义具有的两大基本特征,它们分别是开放性和无终止性。在开放性方面,解构主义表现在不受任何传统逻各斯中心主义的限制,相信语言和文本结构没有固定不变的意义,提倡语言和思想的多元性。解构主义认为语言作为一种媒介与世界有着本质的区别。语言之中充满矛盾和各种暗喻,存在着多种解读的可能性,致使各种哲学观念也只能成为人的臆造,与文学作品之间没有本质的差别,不可能客观地表达世界的本质。解构一个词、一句话、一个命题、一种信念和中心思想就是通过对它们的主观分析,找出二元对立中被压抑和隐藏的要素,用以改变和拆解原有文本所声称的某种理念、道德标准以及它们所依赖的、人为制造的理性等级观念。

在无终止性方面,解构主义相信对文本结构、符号形式和内容的分解可以一直进行下去,不能做出最终的判断或给出最终的结果,因为最终的判断或结果就意味着做出了逻各斯中心主义的选择,与解构主义思想相矛盾。解构主义二元对立观念与黑格尔辩证思想的根本区别也在于此。辩证思想中二元对立的正反双方最终要走向综合统一,构成一个完整的整体。解构主义认为对立元素不可能走向没有矛盾统一。

解构主义否认任何文本在所使用的语言范围之内可以确立自己的结构、整体性和内容含义,并宣扬文本主体结构的消散、符号"能指"的自由和意义的"延异"。通过对原有文本或事物的分解,解构主义排除了任何具有逻各斯中心主义特征的加工过程,以各种要素的组合展示出对世界本来面目不做任何具有等级意义的表达,并以此证明语言的多义性和文本意义的不确定性。这就与人在传统思维过程中的习惯做出了最彻底的决裂,形成了与传统"加工"过程相逆的、无止境的分解。这种分解没有客观目的,没有综合统一,更像是一种主观的自由嬉戏。

三、美学思想

解构主义对语言文本这一人类文化传播载体提出了根本性的挑战，从而导致对传统美学思想的全面否定。德里达以人对符号解读产生的"延异"现象为理由，认为在写作和阅读中永远存在着作者无法控制的偏差。由于这一原因，文艺、艺术作品一旦产生就会脱离作者成为一个独立的存在，其"能指"和"所指"必定与作者的原意发生偏离。这就是说，涉及审美层面的形式和涉及艺术价值层面的内涵意义都不能被作者控制，而是存在于符号自身的"延异"作用之中。于是，根据德里达解构主义的思想观念，文学和艺术作品并不具有某种可以将自身与哲学作品区分开来的固定本质。德里达曾明确指出，文学与哲学文本没有差别。

以往的美学思想和理论是基于文学和艺术作品都具有某种独特、固定不变的本质提出的。当认为这种独特的本质是一种存在于作品内部客观不变的属性时，审美和艺术价值判断就成为对作品自身客观独特属性的追求、表达和欣赏过程；当认为这种独特本质源自欣赏者自身时，审美和艺术价值判断就成为一种主体对自身美学思想、心理能力的追求和表现过程。这种对独特本质存在的假设基于逻各斯中心主义长久以来形成的思维习惯，它使我们在面对艺术作品时，总是沿着理性指向的一种"正面"途径去理解艺术作品，而忽视用由于"延异"作用而产生的另外一些相反的、非理性和"负面"的方式看待作品。

在解构主义彻底打破了对文学和艺术作品本质特征的"幻想"之后，美学再将文学和艺术的本质界定在作品载体媒介之中，并对载体媒介进行各种结构形式的归类和分析就完全丧失了依据。因此，解构主义美学理论认为，在文学、艺术的创作和欣赏过程中，蕴含在题材文本中的那种证明自身的本质并不存在。也就是说，对于解构主义者来讲，美的本质和作品的艺术价值不可能是作品中的客观存在。这样一来，德里达解构主义理论就排除了审美过程中客观派美学思想存在的可能。

作品本身没有固定不变的本质特征，那么艺术作品的特征又来自哪里？根据解构主义的观点，任何事物的意义都来自符号及其产生的"延异"作用，因此文学、艺术与其他文本之间的差别只能来自文本面对读者时"延异"作用产生的效果，也就是只能体现在主体对客体的解读和欣赏过程之中。这样一来，对文学和艺术创作活动的解读和体验就没有了统一的格式或标准，如何创作和体验作品的形式，如何对作品内容解读就取决于作为主体的艺术家和欣赏者自身。

如何欣赏文本才能使其转变成为一种艺术作品？要全面回答这个问题，需要在后续的艺术原理中做深入的探讨，而这里先给出一个结论。简单地说，艺术的本质在于创造。通过有意识的创造活动，我们能够感受到通过其他途径无法获得的情感表达和体验；这是艺术作品有别于哲学或其他文本的本质内涵。对于解构主义者而言，将任何作品之中的传统文本结构和符号进行解构表达本身就是一种创造性活动。因此，对于解构主义而言，正是解构手法的创造性运用使作品具有了艺术特征。

美国电影导演昆汀·塔伦蒂诺（Quentin Tarantino）的许多作品中都显示出了解构主义的重要特征。《低俗小说》是他的成名代表作品之一。影片被解构成六个既彼此独立又相互关联的故事。六个故事分别讲述了不同的事件，但它们都有着共同的艺术处理手法，之间松散相连；每个故事中使用黑人与白人、男人与女人、不同黑帮等二元对立元素，这些元素所形成的符号语言催生出各种"延异"效果。全片以循环、倒叙、插叙多线并进的叙事方式否定了以正常的自然时间顺序构成的统一结构形式。这就像一个叛逆者将一块手表拆解还原为一堆难以重新组合的零件，迫使人们自由联想和重新组装的创造行动。解构主义以表面复杂、荒谬、混乱的现象为符号，给作品文本提供了多种解释和阅读的可能，同时也为试图给故事寻找统一的结构秩序设置了难以逾越的障碍。这种障碍正是解构主义之所爱，因为它构成了作品艺术价值的来源。

下面我们从艺术作品创作和欣赏两个不同的过程，对解构主义审美和艺术价值判断两个不同层面进行一些简要的分析。

首先来看作品的创作过程。解构主义文学、艺术作品的创作过程是一个被主体主导的主观过程，体现在对作品结构有意识的拆解和对语汇或视觉符号形象的人为设定两个方面。在作品结构的拆解方面，主体不受传统理性或普遍观念的约束，否定创作过程对作品整体结构的客观标准设定；相反，主张作品多中心和碎片化效果，有意模糊作品的主题特征或中心思想，以非逻各斯理性代替传统的表达方式。否定完整整体结构的实质是对传统文本结构表达方式的质疑，因为当作品结构在"延异"作用下不能准确表达作者想要表达的特定意图时，任何理性、完整的结构都是徒劳和丝毫没有意义的。

以毕加索为主要成员的立体主义画派的绘画艺术是对作品整体结构肢解表达的佳例。立体主义认为，我们习以为常的再现事物的方法是以特殊可见角度的结构表达为基础的，并不是对事物在空间中真实状态的反映。为获得心中的真实形象，立体主义艺术通过对事物的解析和重新组合，形成由局部碎片和分离结构组成的视觉形象（立体主义，baike，baidu.com）。发生在 20 世纪初期的立体主义与解构主义理论基础的依据虽然不完全相同，但它们先将事物完整结构进行拆解，再将事物的局部片段按照主观意愿排列展示的艺术手法是不谋而合的。

在解构主义语汇或视觉形象的创作中，主体关注的是对传统"能指"和"所指"关系的颠覆与重构，通过从逻辑上否定传统美学、力学和事物正常的功能概念，以便能够引发出语汇或视觉形象在"延异"中产生出的新内涵。例如，在视觉艺术中使用与传统美学截然相反的凌乱或单调乏味的"丑"与"恶"造型，在构图中否定传统的力学平衡和稳定感受，在内容中颠倒事物的使用功能或模糊不同功能之间的界限。所有这些与传统手法相反的使用目的在于，通过创造出支离破碎、充满矛盾的状态催生出认知的不确定性，将解构主义的思考过程用艺术方式呈现出来。

比利时画家马格利特（René Magritte）著名的关于烟斗的绘画作品就

是符号重构、语汇叠加运用的佳例，曾在哲学和绘画领域引发了诸多的兴趣和思考。他的作品中绘有一支烟斗，并在画中加注"这不是一支烟斗"的句子。作品中视觉形象符号是一支烟斗，但文字符号说它不是（真实的）烟斗。两种不同的符号系统分开来看都是正确的，但叠加在一起形成了"能指"与"所指"之间的错乱，展现了图形和文字语言之间不可言状的模糊和复杂关系，并以一种创造性方式将这种关系投射到人的心理体验之中。

从上述分析中可以看出，解构主义作品的创作是与内容和理性思维紧密相关的，完全是一个由主体理性认知主导的艺术价值判断过程，其艺术创作的目的并没有考虑纯粹形式的直观体验，因此是与审美判断无关的。

虽然解构主义作品的创作目的与审美无关，但是在对解构主义视听艺术作品的欣赏过程中，我们依然可以对其进行审美判断。这是因为视听艺术作品中包含的形式要素在解构之后仍然是一种纯粹形式的客观存在，可以被我们通过直观进行感性认知。作品中被解构的客观形式仍然会在欣赏者的直观感受中发生"延异"改变，对于不同的主体显现出不同的"延异"结果；同样，因作品中形式的不同，也会被"延异"出不同的形式。也就是说，作品形式为审美主体带来的直观感受是审美主体和审美客体共同作用的结果。所以，解构主义美学思想的审美观念是一个以审美客体为基础，被审美主体引导的主客体综合作用过程。

对解构主义作品的审美判断将会更多地受到艺术价值判断的影响，这是因为与其他美学思想相比，解构主义的艺术价值判断是一个比较复杂的过程。在解构主义艺术价值判断中，对艺术作品的理性认知会产生两种不同的结果：当欣赏者对解构主义具有比较丰富的鉴赏经验或是对某类作品的解读方式比较熟悉时，能够很快对作品的内容做出一定的理解，并对其艺术价值的高低做出相应的判断；相反，当欣赏者缺乏一定的解构主义鉴赏经验或是对作品类型比较陌生时，将会陷入长时间的理性思考过程中，或者完全放弃对作品的解读。当欣赏者能够快速完成或是完全放弃理性认知和解读时，就能够摆脱理性的纠缠，就有可能将对作品的认知焦点投射到直观感受的审美层面。当欣赏者无法摆脱对作品的理性思考时，就不可能进入审美判断过程。审美判断和艺术价值判断是两个不能同时进行的认知过程；在面对解构主义支离破碎的视听形式要素时，由于受到好奇心的驱使，欣赏者将会首先关注作品的内容和意义，使解构主义审美判断成为一种更容易受制于艺术价值判断的附庸。

总之，解构主义文学和艺术的最大特征是否定对中心结构、形式和内容的传统表达，否认对文本的权威解说；在对作品文本的理解和阐述中提倡不同观点，反对非黑即白的传统理论。这样一来，传统文学、艺术作品的确定意义就转变为无穷无尽的多种含义，成为一种无休止的"所指"游戏。在这种游戏中，一切体现在形式、概念和范畴等级中的固有确定性都是可以在符号的生成和确立过程中被推翻的。因此，在解构艺术的形式和内容中，怀疑作品中一切符号"能指"的固定对应"所指"特征，以主体对符号解读为基础，编织、建立一种自恰于主体自身的思想体系就成了唯一目的和手段。这种美学思想的审美观念是建立在审美主体和客体相互作用基础之上的，可以用审美三要素函数关系表达如下：

$$Ve = f(Ms\ Mo)$$

Ms 是对作品符号形式要素的直观感知能力，与对解构内容进行的理性认知无关；Mo 是作品符号形式要素的客观呈现，与对形式要素的解构内容表达无关。

参考文献：

[1] 弗兰克·梯利.西方哲学史[M].英汉对照版.贾辰阳,解本远,译.长春：吉林出版集团有限公司,2014.

[2] 鲍桑葵.美学史[M]彭盛,译.北京：当代世界出版社,2008.

[3] 张云鹏,胡艺珊.现象学方法与美学：从胡塞尔到杜夫海纳.[M].杭州：浙江大学出版社,2007.

[4] Peter B Lewis. Arthur Schopenhauer [M]. Reaktion Books, 2012.

[5] Martin Heidegger. Being and time [M]. State University of New York Press, 2010.

[6] 康德.判断力批判[M].北京：人民出版社,2017.

[7] Oleg V Bychkov, Anne Sheppard. Greek and Roman Aesthetics [M]. Cambridge University Press, 2010.

[8] Mark D Stansbury-O Donnell. A History of Greek Art [M]. WILEY Blackwell, 2015.

[9] 朱光潜.西方美学史[M].南京：江苏人民出版社,2015.

[10] 陈志华.外国古建筑二十讲[M].南京：生活·读书·新知三联书店,2002.

[11] 皮亚杰.结构主义[M].倪连生,王琳,译.北京：商务印书馆,1984.

[12] Donald Crawford. Kant's Aesthetic Theory [M].The University of Wisconsin Press, 1974.

[13] 约翰·赫斯特.极简欧洲史：为什么欧洲对现代文明的影响这么深[M].席玉苹,译.桂林：广西师范大学出版社,2011.

[14] Peter Burke.The Italian Renaissance: Culture and Society in Italy[M]. The Folio Society, 2018.

[15] Umberto Eco. Art and Beauty in the Middle Ages [M]. Yale University Press, 2002.

第三章
Chapter Three

感性世界的理性基础
The Rational Foundation of Sensory World

通过回顾西方美学思想的主要发展脉络，我们使用已经建立的基本概念对各种美学思想的审美和艺术价值判断层面进行了区分，并以数学函数关系统一表达了不同的审美观念，由此，建立起了一种对不同美学思想及其审美观念的统一比较和评价标准。

下面我们将深入分析、论述各种审美观念赖以建立的统一理性基础。

第一节　物质世界的统一度量

物质的形态和种类丰富多样，从功效和来源上看，可以被划分为有机物或无机物、物理物质或化学物质、化合物或混合物、金属或非金属、矿物或合金、天然存在物或人工合成物等类型。从形态上看，物质在宏观可见条件下可以分为固态、液态和气态，在微观条件下可以分为等离子态、超固态、中子态等形态。正是因为物质具有如此多样的存在形态，人类对其本质以及它们之间相互关系的认识经历了漫长的历史过程。

一、对物质世界感性特征的认知

人类对物质世界本质的认识最早是建立在它的感性特征基础之上的。公元前6世纪，古希腊米利都学派的哲学家泰勒斯和阿那克西米尼（Anaximenes）先后提出世界的本源分别是"水"和"气"。毕达哥拉斯学派则认为事物的本质是神秘的"数"。稍后，赫拉克利特提出"火"是万物的基质和灵魂。他们的理论都有一个共同之处，那就是世界的本质出自一种具体的事物。那么，一种事物如何转化为万物？这引出了哲学上"一"与"多"、"变"与"不变"之间关系的问题。赫拉克利特认为宇宙处于永不停息的变化之中，火变为水，又可变为气和土；但是，埃利亚学派的巴门尼德却认为世界的变化是人类感官的虚构，永恒不变才是事物的本质。

为解决不同理论之间的矛盾对立，恩培多克勒（Empedocles）在公元前5世纪提出了世界由绝对不变的土、气、火、水四种元素构成；万物的变化是由这四种元素之间"爱"和"恨"的作用引起的元素组合变化派生出来的："爱"导致物体形成，"恨"使事物走向毁灭。这是一个非常符合人类感性认识的解释。

与恩培多克勒同时代的阿那克萨戈拉（Anaxagoras）认为元素的数目肯定多于四个，因为我们如此丰富的世界不可能仅仅通过如此少的元素种类组合而成。而且，在他看来，土、气、火、水是一些混合物，根本不是构成事物最基本的元素。他认为：构成万物最基本的物质是具有不同性质、数目无限多、体积无限小的元素；不同元素具有不同形式、颜色和气味，元素总的数量和性质是恒定不变的，不能增加或者减少，在属性上也不能改变；元素的不断结合与分离构成了千差万别的事物。

阿那克萨戈拉认为，推动事物基本元素结合和分离的力量来自于另外一种独立、普遍存在的基本力量，并把这种力量称为"奴斯"（Nous），有宇宙的心灵（Cosmic Mind）和理智之意。在心灵和理智作用下，原始的物质混合体发生旋涡运动，产生了星辰、太阳、月亮和气体等一系列事物，并使稀与浓、热与冷、暗与明、干与湿相互分离。于是，浓的、冷的、湿的和暗的结合为大地，稀的、热的、干的和明的结合为天空，从而构成了有序的宇宙和天体，也形成了地球上的各种事物。

阿那克萨戈拉的学说并没有明确定义"奴斯"的属性。他倾向认为心灵或智慧是一种最稀薄的事物，不与其他事物相混合，因此，他的"奴斯"学说是一种模糊的二元论。到苏格拉底和柏拉图时代，"奴斯"一词才转变为独立于物质世界的精神实体，成为二元论和唯心主义的思想基础。黑格尔更是集前人之大成，将这种精神理念发展构建成了一种统治世界的绝对客观存在。

恩培多克勒和阿那克萨戈拉的学说为后来的自然科学发展铺平了前行道路。在各种物质起源和相互作用学说的启发下，古希腊哲学家留基伯（Leucippus）率先在公元前5世纪创立了原子论，提出了万物皆由原子组成的观点。他认为原子是构成物质的最小粒子，自古以来就在无限的虚空中运动着，既不能被创造产生，也不能被毁灭，它们的组合构成了世界万物。

留基伯的学生德谟克利特（Demokritos）继承并发展了原子论学说，为后来的现代原子学说的发展奠定了基石。德谟克利特通晓哲学，在古希腊思想史上占有重要的地位。他早年接受过星象、神学、数学和天文学方面的训练，对几何学也有一定的造诣；同时，还被认为是音乐家、画家、雕塑家和诗人。

德谟克利特认为宇宙由原子和虚空组成；原子永恒存在于宇宙之中，不能被从无中创生，也不能够被消灭；世界的任何变化都是由原子的结合和分离引起的。德谟克利特的原子论与阿那克萨戈拉学说的主要差别体现在下面几个方面。第一，阿那克萨戈拉假定各种元素都具有不同的性质；德谟克利特则认为无数的原子只是在形状、大小等量的方面不同，就像不同的文字都是由同样的字母拼成的一样。第二，阿那克萨戈拉相信元素可以被无限分为越来越小的微粒；德谟克利特却认为原子是不可分割的物质粒子。第三，阿那克萨戈拉没有谈及物质中具有真空，这就意味着物质是实体存在；但是，德谟克利特坚持将物质中真空的特性作为原子运动的前提条件。第四，阿那克萨戈拉将心灵看作是事物有目的运动和改变的原因；德谟克利特却把运动视为原子固有的特征，变化是事物自我内在的一种机械自然属性。

德谟克利特还用原子论对心理学和认识论问题进行了解释。他将灵魂看作是由物质的最小微粒原子组成的，并认为我们呼吸着灵魂原子，使生命得以存在，死亡就是灵魂原子的消散。他相信：事物的"影像"是由从事物中不断流射出来的原子形成的，人的感觉和思想就是这种"影像"传输到感官和心灵并发生作用生成的；当事物中流射出的原子在传输过程中发生相互干扰时，我们就会产生幻觉；如果没有受到干扰，就会通过感官与灵魂的作用形成真正的知识。此外，他还认为只有当从物体中流射出的影像与感官流射的影像相似时，知觉才有可能产生；神也与人一样，是由原子构成的，只是神生命比人更长，更为理性。通过原子流射学说，德谟克利特解释了影像、幻觉、知识和信仰等许多现象。

从原子论角度，德谟克利特还对感性认知和理性认知做了区分。他认为感性认知是认识的最初级阶段，理性认知是一种更为精致的工具。由于原子的微粒和虚空状态不能够为感官所认识，人并不能感知一切事物。因此，当感性认知在这种微小领域内无法发挥视、听、嗅和触觉功能的时候，就需要理性思考的帮助。

德谟克利特的原子论将古希腊自然哲学的唯物论思想推向了极致。虽然他的原子论学说存在着不少错误和不完善之处，但对物质世界本质认识的最终形成起到了先导作用。他的学说重点在于关注所有事物内部统一的特征属性，为不同事物之间的相互关联提供了解释。这种一元唯物论思想到苏格拉底时代开始发生了重大转变。

二、对物质世界本质的理性思考

在社会经济发展的推动下，以智者为代表的新兴思想对早期自然哲学探索事物共同属性的方法进行了否定。这些新兴思想更加注重事物与人类思想之间的相对关系，与早期自然哲学仅仅关注存在于事物之中的绝对真理有很大的区别。在智者看来，人的思考和行为是不应该有固定标准的，物质世界的本质特征更不是他们关心的对象。

面对来自智者的挑战，苏格拉底将早期自然哲学对世界本质的思考引向了以认识论为基础构建的知识体系,并把目光放在了如何正确运用人类理性对事物做出正确的分析和判断之上。也就是说,他注重的是对认识过程的研究。之后,柏拉图通过对苏格拉底思想方法的发展,首次建立起了形而上学认知体系,并将这一思想体系全面运用于自然哲学、心理学、伦理学、美学、经济和政治等多个领域。

柏拉图相信万物是两种基质结合的成果。他认为,事物最本质、最具重要价值的基质是"理式",次要的基质是具体的"物质"。在这两种基质中,"理式"是真实的理性存在,"物质"是感性的存在。世界由永恒不变的"理式世界"和不断变化的"现象世界"所组成;人类感官所接触到的现象世界仅仅是真实"理式世界"的"感性"影像,是不同时空条件下呈现出的变化特征。也就是说,具体物质并非世界的本质;世界的本质是一些抽象、永恒不变的"理式",物质世界正是这些"理式"在具体时空条件下的衍生物。这些"理式"也可以被简单理解为"概念",与现代科学所说的事物背后的"规律"非常类似。

柏拉图的"理式"学说将世界划分成理性和感性二元,不仅为解释事物本质与现象之间的矛盾提供了一种极具启发性的理论,更为重要的意义在于对后人认识世界的思维方式产生了深远的影响。与早期自然哲学探索的物质世界相比,柏拉图的"理式"是一种无法通过人类感性认知的精神存在,因此,对这种精神"理式"认知的唯一途径只能是理性的抽象思维和逻辑推理。这就极大地推动了作为人类重要思想工具的认识论的发展。从这个角度看,柏拉图的客观唯心主义哲学观念是对人类认知活动的重大贡献。

在柏拉图哲学基础之上,亚里士多德开创了形式逻辑学,对后世认识论的发展和自然哲学研究的走向起到了决定性的作用。在对世界本质的认知中,亚里士多德对柏拉图的二元论提出了批判,建立了"理式"形式和物质内容相统一的一元论学说。他保留了柏拉图永恒"理式"形式的原则,但是拒绝了事物"理式"形式的超验性,认为"理式"形式与事物的内容不能分离。

亚里士多德作为古希腊哲学的集大成者，对希腊早期自然哲学四大流派的思想进行了概括和总结。首先，他称造成事物产生和存在的内在基本材料为"质料因"。显然，米利都学派自然哲学家提出的元素学说，以及留基伯和德谟克利特的原子论都可以归属于"质料因"范围。其次，他将事物发生变化和运动的原因称为"动力因"。赫拉克利特的"火"、恩培多克勒的"爱恨说"可以被看作是对"动力因"的具体解说。再次，事物自身产生和变化所体现出来的最终模式或结构是"形式因"。"形式因"的来源应该与毕达哥拉斯学派关于"数"的理论，以及柏拉图的"理式"学说相关。最后，亚里士多德认为任何事物的存在都有被称为"目的因"的终极目的，也就是巴门尼德和柏拉图所强调的永恒不变的"理性"。通过因果概念，"四因说"对事物出现和存在的普遍条件进行了全新的提炼和升华，将认识论的发展推上了更加注重逻辑分析的轨道。

从公元前334年开始的希腊化时期到之后的罗马帝国，再到中世纪，西方自然哲学研究基本上继续沿着柏拉图和亚里士多德开创的道路发展前行。其间，人们以逻辑思维为工具，对物质世界的本质以及神和上帝的存在进行了不断的理性演绎和解说。这一过程如此漫长，到14世纪的文艺复兴运动为止持续了大约1600年之久。虽然人类在这一时期对物质世界本质特征的认知水平没有得到根本的提高，但是正是在此时期，尤其是在中世纪"理性"对人性的压抑中，围绕着对上帝无所不在的证明，使西方文明的逻辑思维能力被锤炼到了叹为观止的水平。伴随着大航海时代的到来，感性世界的物质财富与人类理性思维汇合成一股洪流，使人类文明进程从西方世界开始觉醒，由此推动了近代自然科学在天文学、力学领域的萌芽和发展。

最初对解除人类思想禁锢起到重要作用的是哥白尼（Nicolaus Copernicus）的日心说理论，后来以日心说理论为起点，开普勒（Johanns Kepler）、牛顿（Isaac Newton）等近代科学巨人发展出了全新宇宙观念。

这些观念对事物之间相互作用规律的发现使人类拨开了宇宙的神秘面纱，开始从宏观层次认识物质世界的本质特征。

哥白尼于 1473 年出生在波兰，具有文艺复兴时代巨匠全才的典型特征。他先是学习天文学和数学，在 23 岁时又到意大利攻读法律、医学和神学。之后，他在教堂任职，从事教士工作。他在 40 岁时提出了日心说；通过常年的观测和数学计算，最终完成了《天体运行论》一书，并于 1543 年发行出版。

虽然古希腊天文学家阿利斯塔克（Aristarchus）和赫拉克利特在公元前 300 多年左右就已经提出过太阳是宇宙中心的学说，但由于该学说与地球不动这一人的主观感受相矛盾，因此并不能够被广泛接受。相反，罗马帝国时期出生于埃及的著名学者托勒密（Claudius Ptolemaeus）在公元 2 世纪所著的《天文学大成》，继承了主要由亚里士多德创造的地心学说，将地球视为静止不动，居于有限宇宙的中心。在总结前人 400 年的观测成果基础之上，托勒密用演算和推理的方法，精心构造了一个具有 11 层天体的宇宙结构，并利用"均轮"和"本轮"理论比较完满地解释了在当时条件下观测到的行星运动状况。在漫长的中世纪，地心说又经过教会的改造，最终与以上帝为中心的神学相互吻合，从而被人们奉为经典。在哥白尼日心说出现之前，托勒密地心学说已经流传了 1400 多年之久。

随着天文观测精确度的逐渐提高，人们发现了地心学说的许多不合理之处。到文艺复兴运动时期，思想的解放使人们期待着能有一种更加科学的天体系统取代地心说。在这种历史背景下，哥白尼的日心说理论应运而生。哥白尼只是将地球看作月球轨道的中心，他相信宇宙的中心在太阳附近，所有天体都以太阳为圆心做圆周运动；人在天空中看到的太阳运动和其他任何行星运动现象，都是地球自转运动使观测者产生的错觉。

哥白尼的《天体运行论》是当代天文学的起点，它使日心说理论得以流传，为后人正确认识太阳系的星体运行及分析星体之间的引力作用打下了良好的基础。由于他的学说数学计算非常不准确，理论与实际观测现象之间还有很大的不符。这就驱使其他天文学家对行星运动进行更为准确的观察和思考，其中最著名的是丹麦天文学家第谷（Tycho Brahe）。后来开普勒以第谷积累的大量观察资料为依据，最终推导出了星体运行的正确规律。正是日心说对传统宇宙观的否定，推进了人类对宇宙认识的革命。由此，天文学从陈旧观念和宗教神学的束缚下解放出来，对传统自然哲学中的错误观点开始了重新认识，促进了近代自然科学的产生。

哥白尼的工作对后来的伽利略（Galileo Galilei）和开普勒是一个不可缺少的序幕，而他们两人又成了牛顿的主要引领者。伽利略和开普勒的发现使牛顿有能力向人类展示了宏观世界的运动三定律和万有引力定律。因此，从历史的角度来看，伽利略和开普勒的成就构成了近代科学的出发点。

三、参照体系、自然规律的数学模型

伽利略于1564年出生在意大利的比萨。作为数学家、物理学家和天文学家，伽利略被称为近代科学之父。在伽利略之前，人类的物理学知识是建立在亚里士多德物理学基础之上的，其中缺少事实依据，充满了臆断和主观思辨。伽利略在历史上首先通过实验方法进行力学研究，还在1609年发明了人类历史上第一台天文望远镜，并在观测天体中取得了大量成果。他将数学、物理和天文学知识融会贯通，扩大、加深并改变了人类对物质世界的认识，开创了以实验获取数据，并通过逻辑定量研究事物运动规律的科学方法。

伽利略的主要成就包括从实验中总结出自由落体运动定律、惯性定律和伽利略相对性原理。他对自由下落物体的运动规律作了细致的观察思考，从实验和理论上否定了亚里士多德的较重物体下落较快的观点。他指出物体下落的速度与它自身的重量无关；如忽略空气阻力，重量不同的物体在自由下落时同时落地。伽利略在他的《关于托勒密和哥白尼两大世界体系

的对话》和《关于力学和运动两种新科学的谈话》中，记录了他的关于物体惯性定律的理想斜面实验；从理想斜面实验的结果中，他推想得出结论：一旦物体获得运动速度，如果它不再受力，就将以这一速度匀速直线地运动下去。伽利略得到的结论，打破了出自亚里士多德、统治人类思想一千多年的观念：在外力停止作用后，运动的物体便归于静止。伽利略相对性原理指出：对事物的一切认知都是建立在不同参照系基础之上的；作等速直线运动的任何参照系都是具有同等效应的惯性系；在所有的惯性系中，运动力学服从统一的规律，具有一致的数学表达形式。

伽利略的科学实验结果和惯性参照系等效原理的发现不仅修正了人们习以为常的错误理念，还部分解释了地球和其他行星天体自身的运动现象，有力地支持了哥白尼的日心学说。但是，行星围绕太阳运行及事物之间相互作用的普遍内在规律和原因，仍然有待得到正确的解答。

出生于1571年的开普勒是位杰出的天文学家、物理学家和数学家。他在大学学习期间接受了哥白尼的日心学说，并在1596年发表的《宇宙的奥秘》中提出了一个由五种正多面体和球体构成的宇宙模型，试图利用神秘的数字理论和基本几何类型统一解释宇宙构造的奥秘。虽然这一受到毕达哥拉斯和柏拉图哲学影响的理论缺乏事实支撑，但因它展露出了开普勒的数学知识和创造才能，获得了天文学家第谷的青睐。因此，开普勒受到邀请，前往第谷在布拉格附近的天文台从事助理工作。

1601年第谷去世，开普勒继承了第谷神圣罗马帝国皇家数学家的身份。他通过分析第谷毕生积累的大量精确天文观测资料，先后发现了行星运动的轨道定律、面积定律和周期定律。这三大定律认为：所有行星分别在大小不同的椭圆轨道上运行；在同样的时间内，行星向径在其轨道平面上扫过的面积相等；行星公转周期的平方与它同太阳距离的立方成正比。开普勒三定律将看似杂乱无章的行星运行归纳到了统一的数学规律之内，并与实际观察结果达成了完美的统一。开普勒的卓越贡献为他赢得了"天空立法者"的美名。

但是，开普勒这位"天空立法者"并没有能够给出行星统一运行规律背后的真实物理学原因。揭示统治宇宙万物相互作用力学规律的工作后来是由牛顿完成的。

四、宏观世界物质的普遍特征属性：质量

牛顿出生于 1642 年，距哥白尼日心学说的发表几乎过去了整整一百年，距开普勒发表三大定律也已有 33 年。在当时的科学主流社会中，几乎已经没有人怀疑日心学说理论了；困扰人们的问题是行星凭借什么能够在天空中围绕太阳做椭圆运动，这种运动产生的原因又是什么？

当时最流行的是笛卡尔曾经提出的涡旋理论。笛卡尔认为，宇宙之中充满了一种极其精细的微小神奇颗粒。这些颗粒之间没有任何空隙，所以它们的运动只能是在相邻小颗粒位移时，一个挨着一个地连环传递移动；这种传递移动结果形成了涡旋，在宇宙中裹挟着星体随之运动。他用这种理论为星体总是沿特定轨道运动，并能悬浮在似乎空无一物的空间中而不坠落提供了一种可以想象的解释。

出生于 1544 年的吉尔伯特（William Gilbert）是英国女王伊丽莎白一世的御医，同时也是一位物理学家。他在 1600 年出版的《磁石论》中提出了地球是一个永磁体的观点。他用观察、实验方法科学地研究了磁与电引起的种种现象。他还研究了磁针与球形磁体间的相互作用，发现磁针在球形磁体上的指向和磁针在地面上不同位置的指向相仿。他发现了球形磁体的极，并由此断定地球本身是一个大磁体，提出了"磁轴"和"磁子午线"概念，向人们揭示了地球磁性的面目。吉尔伯特对电也进行过详细研究。他用琥珀、金刚石和蓝宝石等材料做摩擦实验，发现它们都具有可以吸引微小物体的性质。他认识到电是一种实在的物质，将希腊文"琥珀"一词作为"电的"(electric) 概念，并且把像琥珀这样经过摩擦后能吸引轻小微粒的物体称作"带电体"。

吉尔伯特对近代物理学的重大贡献还在于他提出了质量、力等新的概念。他在《论磁》中说，一个均匀磁石的磁力强度与其质量成正比。这应该是科学历史上第一次独立于物体的重量而提到的"质量"概念。通过对物质磁力和电现象的研究，吉尔伯特揭示了自然界中某种普遍的相互作用力与所有物质都具有的"质量"属性之间的关系。这无疑为人类理解宇宙和物质世界打开了一扇窗户，提供了一个全新的研究方向。

在吉尔伯特地球磁体学说基础之上，开普勒提出了行星围绕太阳转动是受到了太阳吸引力作用的结果，认为太阳发出的类似于磁力的流，沿着椭圆切线方向推动着行星公转，这种磁力的强度随着与太阳距离的增大而减弱。开普勒用磁力机制解释椭圆轨道的产生，还曾用月球与海水间的磁性吸引来解释海水的潮汐现象。在开普勒行星运行磁性引力的启发下，1645年法国天文学家布里阿德（I. Bullialdus）提出了一个重要的假设：开普勒力与离太阳距离的平方成反比。

前人的这些研究成果为牛顿的科学发现奠定了坚实的基础。

牛顿少年时代学习成绩一般；中学时酷爱读书，成绩开始变得非常出众。1661年，牛顿进入剑桥大学的三一学院。1665年发生的大瘟疫导致学校关闭，他只能返回林肯郡乡下的伍尔索普老家。在此后的两年里，他在家中研究力学、光学和微积分，获得了非凡的成就。二十年之后，在哈雷（Edmond Halley）的鼓动和资金赞助下，牛顿将他多年的研究成果进行了整理，于1687年正式出版了《自然哲学的数学原理》。这一著作对近代天体运动科学和力学的研究成果进行了系统的总结，对三大运动定律、流体力学基本原理和万有引力定律进行了描述。

牛顿第一定律也被称作惯性定律，它表明任何一个物体在不受外力或受到外力的合力为零时，总是保持匀速直线运动或静止状态，直到有作用在它上面的外力迫使它改变这种状态为止。第二定律指出，物体加速度 a 的大小与作用力 F 的大小成正比，与物体质量 m 的大小成反比，即 $a=F/m$。第三定律解决的是物体直接接触时相互作用的问题，它指出相互作用的两个物体之间的作用力和反作用力总是大小相等，方向相反，并作用在同一条直线之上。

在三大运动定律和前人对行星轨道研究的基础之上，牛顿又凭借他非凡的数学能力证明了太阳与行星之间的引力与两者之间距离的平方成反比，与太阳质量和行星质量的乘积成正比。在研究了许多不同物体之间遵循同样规律的引力之后，牛顿把这个规律进一步推广到自然界中任意两个物体之间，成为了万有引力定律：自然界任意两个物体都是相互吸引的，引力 F 的大小与这两个物体的质量 m' 和 m 的乘积成正比，与它们之间距离 r 的平方成反比。用公式表示为：

$$F = G m' m / r^2$$

其中 G 为万有引力常数。

牛顿三大运动定律和万有引力定律，在实践中被证实正确地反映了在惯性参考系中宏观物体低速运动的规律，并把地球上物体的力学问题和被古人认为神圣的天体力学统一到了一个基本的框架之中。牛顿力学形成的一套最基本概念，创立了经典力学的完整理论体系，实现了自然科学的第一次大统一。

在 17 世纪之前，人类在探寻宏观事物变化规律时总是将其与事物的微观本质直接相连。由于受到技术条件的限制，无论古希腊的元素论、原子论，还是近代笛卡尔的微粒涡旋理论在当时都是无法得到证实的。这无疑从方法论上阻碍了对宏观事物普遍规律深入探究的可能性。有证据表明，开普勒行星运动三大定律的发现并没有引起与他有书信交流、同样在探寻宇宙奥秘的伽利略的任何重视。究其原因，也许在于伽利略还没有看到足以支撑行星运行规律与物质微观内在本质的联系。

牛顿之所以能够使人类对自然界的认识产生质的飞跃，就在于他在理解宇宙规律时采取了与前人不同的态度和观察视角。在可以被我们日常观察到的经典物理体系中，物体都是具有质量并占据一定空间的事物。牛顿在思考物体运动和变化过程时，正是将"质量"这种所有宏观事物共有的基本特征当作研究对象，只关注"质量"以及"质量"在运动中与力的关系，完全忽略物体在微观领域的本质问题。他没有被物体之间的吸引力是如何实现的这类问题束缚手脚；这种态度，使他可以绕开诸如"力的本质"之类极其困难的问题，以数学方法在可感知的宏观层面上建立起了"质量"与运动和作用力三者之间的关系，从而获得了对宏观事物运动状态和事物之间相互作用的认知突破。我们可以说，事物的运动之所以共同遵守牛顿定律，是因为它们都具有共同的特征属性：惯性质量和加速度质量。

虽然牛顿力学取得了巨大的成功，但是万有引力定律存在着一个非常大的隐患：它并不能解释引力在两个没有任何接触的物体质量之间是如何瞬时传递的。最终，他只能将这种瞬时传递的原因归于神秘的"超距作用"。

在18和19世纪，人类在对电和磁现象的研究中开创了电磁学。1785年，法国科学家库仑（Charles-Augustin de Coulomb）首先从实验中得出库仑定律，证实了静止点电荷之间的相互作用力与它们分别具有的电荷量的乘积成正比，与它们之间距离的平方成反比。库仑定律中电荷所具有的电荷量与万有引力中物体具有的质量都代表着特定物质的"数量"多少，是非常类似的概念。1837年，英国科学家法拉第（Michael Faraday）引入了电场和磁场的概念，指出电和磁的周围都有场的存在。到了19世纪60年代，英国科学家麦克斯韦（James Clerk Maxwell）预言了电磁波的存在，建立了电磁场理论，并给出了描述电场、磁场与电荷密度、电流密度之间关系的数学方程组。他从理论中发现，电磁波在真空中的传播速度与当时实验测得的光速非常接近。麦克斯韦认为这不是一种巧合，它表明光与电磁现象之间有本质的联系，并由此提出了光在本质上也是一种电磁波的猜想。

麦克斯韦的电磁场理论不仅统一了电学、磁学和光学，还使当时许多物理学家得以从牛顿"超距作用"的束缚中解脱出来，接受了引力是通过一种被称为"以太"的介质进行传播的思想。因此，科学家开始通过各种手段试图证实宇宙中"以太"的存在。

1887年，美国科学家迈克尔逊（Albert Michelson）通过著名的迈克尔逊－莫雷实验，揭示了光速在不同惯性系和不同方向上都是相同的，不受任何传播媒介的影响。这个实验结果使当时的物理学界颇为震惊，也是原本想要通过实验测量"以太"速度的迈克尔逊不愿看到的，因为实验结果不仅否定了有关万有引力传播途径的假设，也使人们无法解答"光"这种电磁波如何能够在宇宙真空中传播的问题。无论如何，这在物理世界各种谜团几乎已经完全被揭开的19世纪末期似乎算不上什么大问题。英国物理学权威、热力学创始人之一的汤姆逊（William Thomson）就认为当时的世界已经基本被人类掌握，迈克尔逊－莫雷的实验结果被他形容为经典物理学晴朗天空中仅存的"两朵乌云"之一。但是，正是这朵乌云带来的问题最终动摇了经典物理学的基础，成就了爱因斯坦（Albert Einstein）的相对论。

爱因斯坦于1879年出生在德国的一个犹太裔家庭，在青少年时代除了表现出对哲学和数学的喜爱之外，似乎并无异于常人之处。1894年，爱因斯坦随父母移居意大利；两年之后，进入瑞士联邦理工学院就读师范物理专业，并于1900年大学毕业。1902年，他在大学毕业两年后才以试用者身份入职瑞士专利局。在工作期间，他默默无闻，潜心思考，一直持续到1905年。在这一年，爱因斯坦连续发表了5篇划时代的物理学论文，创造了科学史上的一大奇迹；其中有关狭义相对论的论文改变了经典物理学对物质世界认识的基础，构成了现代物理学的一个崭新开端。

狭义相对论的提出来自爱因斯坦对已有物理学原理之间矛盾现象的敏锐观察。相对性原理是运动力学的基本原理。它是伽利略在论述哥白尼日心说，分析地球运动的相对性时，给出的一条重要结论：任何力学现象引起的运动都是相对于不同参照系而言的；不同参考系中的匀速运动与静止不动是等价的。也就是说，力学定律在一切惯性参考系中都具有相同的形式，这在牛顿经典力学中得到了完美的证明。根据力学相对性原理，从不同参考系中观察到的光速必须要通过参照系之间相对速度的叠加转换。但是，在不同参照系中，光速保持不变却是不争的事实。电磁力学中的这一现象不符合经典力学的相对性原理。

为了解决上述矛盾，爱因斯坦以天才的想象力提出了时间和空间的相对性效应，将经典力学中运动的相对效应发展成为不同参照系中时间和空间的相对效应，否定了经典力学中不变的绝对时间和空间概念。他通过数学推论发现，处于相对运动惯性系中的时间要比相对静止惯性系中的时间走得缓慢，物体的长度也将会变短，而且速度越快，时间变得越慢，长度变得越短；当参照系速度接近光速时，时钟就会几乎停止。爱因斯坦的结论是，对所有时间和空间的度量都是和运动的物体联系在一起的，因为只有这样，光速才能保持不变，电磁理论也才能像经典力学一样在不同参照系中具有统一的表述形式。

此外，狭义相对论还得出另外一个对理解事物本质具有重要意义的结论，那就是表达质量与能量等效关系的质能方程：$E = mc^2$。在经典物理学中，质量和能量是两个独立、完全不同的概念。爱因斯坦则认为质量本身就是能量的一种形式，而能量同样是事物质量的一种表现。质能方程说明，质量和能量是不可分割的：一方面，可用质量 m 来表达一个系统内物质的数量多少；另一方面，也可以用能量 E 对其进行度量。质能关系的重要性还体现在广义相对论对万有引力产生原因的解释和理解上。

狭义相对论发表后，爱因斯坦并没有停止他的思考和发现之旅。虽然，狭义相对论在惯性系条件下统一了当时已经发展成熟的牛顿力学和电动力学，但是无法解释牛顿的万有引力理论。牛顿万有引力是超距的，能够在两个物体之间瞬间传递，也就是说其传递速度是无穷大的；这与狭义相对论认为光速是所有物质运动的极限前提条件相冲突。爱因斯坦必须发展相对论学说，以解释万有引力的产生机制问题。

在牛顿力学中，质量被定义为物体内所包含物质的数量，也就是物体的体积与其物质密度的乘积。在牛顿力学方程中有两种不同质量的表达形式：一种是惯性质量，另一种为引力质量。这两种概念的质量在实验中被证明是相等的。以惯性质量和引力质量成等效关系作为依据，爱因斯坦通过思想实验的方式，于 1907 年提出了均匀的引力场与加速运动的参照系是等价的等效原理。由此，他得出结论：引力效应与处于匀加速运动非惯性参照系中的匀速运动完全等效。这从基本原理上解释了伽利略自由落体实验中，物体下落速度与质量大小无关的现象，也就是说物体受万有引力作用的运动轨迹与物体的质量无关。所以，爱因斯坦认为引力效应并非源自一种真实存在的力，而是一种由于几何空间自身改变引发的物体运动状态。通过这种崭新的视角，爱因斯坦将万有引力统一到了他的相对论之中。

1915 年，爱因斯坦正式发表了广义相对论，给出了引力场方程。广义相对论提出了时间与空间相互交织在一起的四维时空观念，在更广范围内修正了牛顿万有引力定律。在四维时空中，任何质量的存在，都会使其所处的四维时空发生弯曲，而弯曲的时空又会改变其内部物体质量的运动状态，使物体沿着四维弯曲的黎曼空间的短程线运动。爱因斯坦将弯曲时空看作引力场，引力场又导致了引力效应，从而解释了困扰经典力学引力的超距问题，并更加精确地解决了天文学中许多经典力学无法解决的问题，极大地促进了现代物理科学的发展。

纵观人类对宏观物质世界的认知过程，我们可以看到，影响物体运动的普遍规律和不同事物之间相互作用的是事物具有的"质量"。我们这里所说的质量概念指事物内部物质数量的多少，例如当物质是电荷时，物质"质量"的多少也就是指其内部的电荷数量。因此，我们可以说在宏观状态下物质的普遍特征属性是"质量"。不同事物之间正是通过它们内部所具有的"质量"这一共同属性发生着最基本相互作用的。通过所有事物共有的"质量"特征属性，我们就可以度量事物之间的相互作用。当宏观物质处在静止或低速运动状态之中时，爱因斯坦引力场公式可以被简化为牛顿万有引力公式；牛顿万有引力理论仍然是宏观物质在常规低速运动状态下很好的近似规律，其公式对引力的计算不受任何影响。

五、微观世界物质的普遍特征属性：波粒二象性

在 17 世纪之后，人类对事物普遍特征属性的认知除了首先在宏观状态下取得了长足进展之外，在微观领域也开始走向一场认知革命。物理学和化学研究的发展逐渐使人们对物质的微观性质和结构有了更多的了解，先后提出了物质结构的分子说、元素说和原子说。

1661 年，《怀疑派化学家》的出版被认为是化学科学的起点。该书的作者波义耳（Robert Boyle）于 1627 年出生在英国的一个贵族家庭，青年时代曾在家庭教师陪同下游历欧洲各地，具有极其开阔的眼界。波义耳在学习医学过程中时常配制药物，对化学实验产生了浓厚的兴趣。他认为必须使化学摆脱从属于炼金术或医药学的地位，发展成为一门探索事物本质的独立科学。在总结前人知识的基础上，波义耳通过一系列化学实验否定了亚里士多德以来传统的元素概念，指出传统所说的火、水、气、土等实际上不是真正的元素。他认为，日常物质形态有的能够进一步分解成更为简单的成分，有的却不能再被化学分解。他把不能再用化学方法做进一步分解的物质叫元素，并认为物质最终是由元素构成的。之后，波义耳又提出微粒说，认为各种元素都是由微粒构成的，化学变化就是微粒之间的结合与分解过程。

对微观物质世界的探索由英国科学家道尔顿（John Dalton）加以总结和发展，他在 1803 年提出了更加完备的科学原子论学说。道尔顿认为元素是由物质的最小单位原子组成的，同一种元素所含有原子的大小和质量都相同；他还指出，化合物是由一种元素与另外一种元素化合而成的。道尔顿设计了一整套原子符号来表示他的理论，令原子学说得以推广。此外，他还指出每种元素的原子在质量和形态上都具有不同的基本特征，并提出了测定组成各种化合物原子数量以及每种原子的相对重量，也就是原子量的概念。道尔顿的原子论将古希腊哲学中直观和纯粹思辨的观点发展成了可以用实验方法定量测定的近代科学。他不仅揭示出一切化学现象的本质

都是原子运动的结果,为化学成为一门真正的科学奠定了基础,同时也为原子科学的发展开启了大门。

到 19 世纪末期,人们开始通过物理方法对原子内部结构有了正确的认识,并逐步建立起了现代原子结构理论。1897 年,英国剑桥大学著名的卡文迪许实验室第三任主任 J. J. 汤姆逊(Joseph John Thomson)在对阴极射线进行的研究中,发现阴极射线是由一种质量很小、带有负电的粒子束组成的。通过随后对这种粒子质量的计算分析,他验证了这种粒子既不可能是分子,也不可能是原子,而是一种质量大约为最小氢原子质量两千分之一的新粒子。这种比原子更小、不可再分的基本粒子后来被命名为电子。电子的发现表明原子并非是物质的最小粒子,这不仅改变了人类几千年以来认为原子不可再分的看法,同时也打开了通向基本粒子物理科学的大门,标志着一个科学新时代的开始。

在基本粒子研究中首先做出重大发现的是 J. J. 汤姆逊的学生,原子物理学之父卢瑟福(Ernest Rutherford)。卢瑟福在研究铀岩天然射线时发现了带正电的 α 射线和带负电的 β 射线。之后,他在与助手进行 α 粒子散射实验中发现有少数 α 粒子在轰击金箔原子时会发生角度很大的偏转。这种现象与 J. J. 汤姆逊之前提出的原子模型明显不符。1911 年,卢瑟福提出了原子的有核模型理论,指出原子的质量集中在中心带有正电的原子核,电子环绕原子核运动;原子内部有很大的空隙使绝大多数 α 粒子可以穿过,少数 α 粒子的大角度偏转是与原子核碰撞的结果。1919 年,卢瑟福还用 α 粒子轰击氮原子核,从中打出了一种新的粒子,并将其命名为中子。卢瑟福的原子模型理论成功地解释了 α 粒子散射实验结果,为建立现代原子核理论打下了基础。

几乎在 J. J. 汤姆逊发现电子的同一时期,德国物理学家普朗克(Max Karl Ernst Ludwig Planck)提出了微观世界的量子学说,使人类开始认识到基本粒子世界与宏观世界的本质差别。在宏观世界中,物体能量的改变被认为都是连续的,可以被任意取值的。但是,普朗克发现只有将辐射能量假设为不连续的，并为设定的最小基本能量单位的整数倍时，才可以很好地解释黑体辐射研究中的实验现象。1900 年，普朗克正式提出量子论。他认为，就像原子作为一切物质的构成单位一样，"能量子"是构成能量的最小单位。

1905 年，爱因斯坦将能量子概念引入光的传播过程之中，提出了"光量子"概念。光量子概念成功地解释了光可以激发产生电子的光电效应，爱因斯坦也因提出该理论获得了 1921 年度的诺贝尔物理学奖。在 17 世纪，牛顿也提出过光的粒子学说，并通过粒子运动力学原理解释了光的反射和折射现象。但在进入 19 世纪之后，英国著名科学家托马斯·杨（Thomas Young）通过双缝干涉实验无可争辩地证明了光是一种波；麦克斯韦的电磁方程组也在理论上证实了光是电场和磁场相互激发产生的一种电磁波。这样一来，普朗克和爱因斯坦的研究成果无疑地表明，光除了具有已经被证实的波动性之外，还具有粒子属性。光的这种波动和粒子双重特征属性被称为光的"波粒二象性"（Wave-particle Duality）。

在光具有波粒二象性特征的启发下，法国物理学家德布罗意（Louis Victor de Broglie）创立了物质的波动概念和波动力学，将波动性特征的适应范围扩展到了所有粒子。他在 1924 年的博士论文中明确提出，波粒二象性不只是光量子才具有的；一切粒子，包括电子和质子、中子，都具有波粒二象性特征。他的理论被总结表述为 $\lambda = h/mv$，其中 h 为普朗克常数，波长 λ 代表物质的波动特征，质量 m 代表物质粒子特征，v 表示粒子的运动速度。当时，丹麦物理学家玻尔（Niels Henrik David Bohr）已经发现了符合实验结果的氢原子能级公式，而德布罗意的物质波粒二象性理论成功解释了玻尔能级公式的成因，揭示了原子内部不同电子运行轨道分布的奥秘。德布罗意的物质波理论使他荣获了 1929 年度的诺贝尔物理学奖。

物质粒子的波动特征不遵循牛顿经典力学定律，不能用明确和单一的数值表示。在不受外力的情况下，微观粒子既不静止也不保持匀速直线运动；在受外力作用时，力和粒子加速度的关系也不符合牛顿第二定律。为了定量研究和描述微观粒子波粒二象性的运动方式，奥地利物理学家薛定谔（Erwin Schrodinger）于1926年提出了量子力学中的一个基本方程，也就是薛定谔方程。该方程将粒子在系统内的状态看作是一种随时间和空间变化的波函数（用 Ψ 表示）；若给定系统的初始条件和边界条件，就可由此方程解出波函数，描绘出微观粒子随时间变化状态的规律。薛定谔方程是量子力学最基本的方程之一，其地位与牛顿运动定律在经典力学中的地位相当。由于对量子力学的重大贡献，薛定谔在1933年荣获诺贝尔物理学奖。

在德布罗意物质波理论提出以后，人们曾经对它的物理学实质意义提出过各种各样的解释。物质波不同于机械波，不具有周期性的震动；也不同于呈周期变化传播的电磁波。1926年，德国物理学家玻恩（Max Born）发表研究成果，在诠释物质波的物理学意义的同时，也解释了薛定谔的波函数。玻恩的理论表明，物质波的物理学意义是指物质在空间中某一点和某一时刻可能出现的概率；物质波在某一地方的强度与在该处找到物质粒子的概率成正比，即：

$$p(r,t)=c|\psi(r,t)|\mathrm{d}x\mathrm{d}y\mathrm{d}z$$

其中：p 是坐标 r 和时间 t 下的概率；ψ 是坐标 r 和时间 t 下的波函数；$\mathrm{d}x\mathrm{d}y\mathrm{d}z$ 代表粒子所处空间的体积元；c 是比例常数。

由于成功地将物质波解释为一种概率分布，并得到了实验概率统计数据的证实，玻恩获得了1954年度的诺贝尔物理学奖。

波粒二象性是统一微观物质世界的一个重要属性。事物由各种基本粒子组成，各种粒子的性质有很大的不同。例如，光子没有静质量，电子、质子等都有静质量；光子的运动速度永远是 c，电子、质子等却可以有低于光速 c 的各种不同的运动速度；电子带负电，质子带正电，光子不带电。正是波粒二象性特征使所有不同的粒子统一在了概率波规律之中，并确保了我们对微观世界进行有规律的认知活动成为一种可能。

波粒二象性也被认为同样是宏观物质世界的一种属性。在宏观世界中，根据德布罗意波动和粒子性之间的关系（$\lambda = h/mv$），随着物体质量 m 的增大，宏观事物的粒子特性就变得过于显著，代表波动性的波长 λ 就会减小；波长的减小使物体的波动特征减弱，以至于难以被察觉而已。物质的这种固有波动特性从本质上表明所有事物都具有先天的不确定性；这种不确定性是物质的内在秉性，导致事物的运动和自然发展变化呈现在一种有规律的概率之中。只是事物的质量越大，其概率变化范围越小而已。换句话说，当事物的质量减小时，其波动特征就会凸显出来。

第二节　信息的度量

我们正生活在信息时代。从各种印刷出版物到每天 24 小时不间断的电视节目，从个人电子穿戴设备到属于第二生活空间的计算机网络平台，信息正在对人类生活起着不可替代的作用。通过制作、处理和储存信息，人类正在全球范围进行着到目前为止最大规模的互动和交流；这种互动和交流涉及文化、科技、政治和经济等领域。信息已经成为现实世界最为基本的重要组成部分之一。

生命、思维、空间、时间、质量和能量等等，所有这一切都无法脱离信息而独立存在。有机生命细胞中 DNA 所包含的是各种信息，电磁场中呈现出的是信息，一幅绘画作品以及人对作品的感知和理解传达出的同样也是信息。从信息角度认知和描述世界越来越成为当今科学研究的一种趋势。信息科学的方法被广泛运用在计算机科学、量子物理、生物学、神经科学等领域。此外，信息科学的基本概念也被越来越多地运用在社会科学研究过程之中。那么，这种与世界如此紧密相关的信息是怎样被度量的呢？

一、信息的度量与不确定性

信息的英文一词 information 来自拉丁语，其动词具有"指导""规则化""形式化""概念化"等意义。信息的内容包罗万象，存在于各个领域。牛津字典对信息的定义为：事物所呈现或被认知的现象，或是事物通过组合顺序传递出的特征。对信息概念的定义又可以从不同学科的多种角度给出。电子学和计算机科学认为信息是电子线路中传输的信号；管理学可能认为信息是为了满足决策的需要而经过加工处理的数据。从本质上看，信息是事物存在的方式或运动状态，是对社会、自然事物特征、现象、本质及规律的描述。针对不同领域的不同内容，如若给出信息的统一定义，只能是个很抽象的概念。

从 20 世纪初开始，在如何提升电子通信系统传输信息能力的研究过程中，对信息度量的研究得到了逐步和系统的发展。瑞典裔美国人奈奎斯特（Harry Nyquist）首先对信息的理论研究做出了重要贡献。作为贝尔电话实验室的工程师，他在 1924 年发表了《影响电报传输速度的因素》一文，对信号传输开展了定量研究，为后来信息论的发展奠定了基础。

在 1928 年，美国西部电子公司科学家哈特利（Ralph Hartley）发表了《信息的传输》一文，将信息作为一种可度量的概念运用于信号接收器的研究中，并建立了以十进制为基础的信息数量单位的数学模型。在第二次世界大战中，英国数学家图灵（Alan Turing）也使用了类似的方法破译德军的密码信息。但是，对信息量化和实用计算做出突破性研究的还是数学家和电子工程师香农（Claude Shannon）。

香农于 1936 年从美国密西根大学毕业，获得数学和电子工程学士学位。之后，他还在美国麻省理工学院获得了数学博士学位和电子工程硕士学位。他曾于 1940 年在普林斯顿高等研究所从事过短暂的研究员工作，随后加入了贝尔实验室。在普林斯顿高等研究所工作期间，香农就开始了对信息论及有效通信系统的思考。1948 年，他在《贝尔系统技术杂志》上发表了论文《通信的数学理论》；次年，又发表了《噪声下的通信》一文。这两篇论文系统论述了信息的定义，并针对怎样进行信息数量化，如何更好地对信息进行编码，提出了信息量的数学表达公式。香农的研究成果为数字通信系统建立了模型，并阐明了信道容量、信源编码和信道编码等一系列通信技术中的基本问题。香农的论文成为信息论的奠基性著作，为现代电子通信、计算机科学、互联网技术和人工智能等新型学科的发展奠定了理论基础。2001 年香农去世，贝尔实验室和麻省理工学院相继发表讣告，都尊崇他为信息论及数字通信时代的奠基人。

香农信息理论的基础是熵的物理学概念。他创造性地将物理学中熵的概念与信息内容的不确定程度建立起了等价关系，并以二进制为基础确立了信息量化的计算方式，为数字通信和世界的数字化发展开启了大门。随后，在与其他学科的交叉渗透中，信息论的研究已经从仅限于通信系统的数学理论狭义范围扩展开来，形成了被称为信息科学的庞大体系。

熵的物理学概念是由德国物理学家克劳修斯（Rudolf Julius Emanuel Clausius）于1865年首先提出的。作为热力学奠基人之一，克劳修斯在建立和解释热力学第二定律时引入了熵的宏观概念，用于描述一个热力学系统中输入热量相对于温度的变化率，即 dS = dQ/T，其中 T 为物质的热力学温度，dQ 为热传导过程中的输入热量，dS 为系统中熵的改变。

对熵微观本质的认识来自奥地利物理学家玻尔兹曼（Ludwig Edward Boltzmann）。玻尔兹曼在热力学研究中运用统计物理学理论对熵进行了明确的阐释。1877年，玻尔兹曼通过论证指出，熵可以被定义为玻尔兹曼常数乘以系统分子状态数的对数值，即 $S = k \ln \Omega$，其中 S 是熵，Ω 代表系统中分子的无序程度（即某客观状态所对应的微观态数目，或者说是宏观状态出现的概率），k 被称为波尔兹曼常数。玻尔兹曼的理论发展了麦克斯韦有关分子运动的学说，把一个物理体系的熵和其内部分子分布的概率联系起来，并指出热力学第二定律意味着一切自发过程，总是从概率小的状态向概率大的状态变化，从有序向着混乱和无序发展变化。也就是说某一系统对应的微观态数越多，它的内部混乱无序程度也就越大，则该系统的熵值也越大。玻尔兹曼用统计学的方法阐明了热力学第二定律中的熵表达的是系统状态的无序程度，也就是反映系统内部不确定程度的物理量。

香农总结了前人的研究成果，指出一个系统的信息量就是系统内部的不确定性程度，也就是说一条信息的信息量的大小与它的不确定性直接相关。比如说，我们要搞清楚一件非常不确定的事，或是我们一无所知的事情，就需要了解大量信息。相反，如果对某件事已经有了比较多的了解，我们不需要太多信息就可以把它搞清楚。如果我们对某件事情已经了如指掌，那么我们将不需要任何信息，也就是零信息量。"太阳从西边升起"这么一条信息所包含的信息量就远大于"太阳从东边升起"，因为后者是一个确定不变的事实，而前者是一个相当不可能发生的事件；前者的发生代表了太多的可能性：是否太阳系发生了重大变故，或是现有的物理学法则发生了变化？

香农认为对信息的度量就等于对不确定性的度量；一个系统内的不确定性越高，其内部的信息量就越大。从这个角度看，信息量与玻尔兹曼对熵物理概念解释的数学模型机制完全相同。在借鉴热力学理论的基础之上，香农将信息量的概念与玻尔兹曼对熵的解释建立起了联系；他把信息中的有效平均信息量称为"信息熵"，并给出了计算信息熵的数学模型：

$$H(x) = E[\log_2(1/p(xi))] = -\sum p(xi)\log_2(p(xi))\ (i=1, 2, 3, \cdots, n)$$

H 代表信息熵，其内部有 n 种取值，每种取值对应概率为 Pi；式中对数以 2 为底（$\log_2$），单位为比特（bit）。

信息熵也被称为"香农熵"，其深入的技术细节问题不是我们探讨美学问题需要进一步关注的重点。在这里，我们只通过下面的例子对度量信息量数学模型的概念加以简单的解释。

以甲、乙两个足球队的比赛为例。要了解已经结束的比赛结果的信息，最少只需猜问 1 次："是甲队赢了吗？"或"是乙对赢了吗？"就可以得到答案。所以，有关比赛结果的信息量就是 1 个比特单位。就是说信息量是事件的不确定性，它等于为消除不确定性所必须进行选择的次数，即：

信息量 = 不确定性 = 选择次数 = 1

假设有五场比赛分别为 a、b、c、d、e，那么就需要最少通过问 5 个问题才能获得所有 5 场比赛的结果。五场比赛的总信息量就是 5 个比特单位：

$$a+b+c+d+e = 5$$

假如有 16 支球队参加比赛，通过最少几次猜问可以获得哪支球队赢得冠军的信息呢？首先，可以问冠军是否在 1 至 8 号队伍之间；如果答案是肯定的，就继续问是否在 1 至 4 号队伍之间；如果是否定的，再问是否在 5 至 8 号队伍之间；如果答案是肯定的，再问是否在 5、6 号队伍之间。以此类推，我们需要最少提问 4 次就可以得到最终的答案。这样，猜问

16 支球队的比赛冠军结果的信息量就是 4 个比特单位。也就是说,通过最少 4 次就可以消除不确定性。可以看到这里的信息量(4)与可能情况(16 支球队)的以 2 为底的对数相关($\log_2 16 = 4$,或 $2^4 = 16$)。也就是说,信息量 H 与信息有效符号 N 之间存在着对数关系:

$$H = \log_2 N$$

此外,信息量的大小还与系统内符号出现概率的大小有关;概率较大的不确定事件所代表的信息量较小,概率较小的不确定事件所代表的信息量较大。当一个极不可能发生的事情发生时,我们就接收到了相对更多的信息,也可以理解为信息的强度比较大;而当我们了解到一个常见的事情发生后,我们就接收到了相对较少的信息量,也可以说这类信息强度较弱。例如,中国足球队战胜巴西足球队的信息量就远远大于中国乒乓球队战胜巴西乒乓球队的信息量。这是因为前者几乎是一个不可能发生的事情,一定暗含着许多内幕情况;而后者是铁定的事实,似乎无须述说,信息量趋于零。所以,在信息度量数学模型中,符号 N 的出现与否就与其在系统内的概率分布 P 成反比关系,表示的是一种在某种概率下可能事件发生时携带出的信息量:

$$H = \log_2 (1/P) = -\log_2 P$$

将各种可能表示出的信息量乘以其发生的概率之后求和,就表示了整个系统所有信息量的一种期望值。从这个角度来说信息熵还可以作为一个系统复杂程度的度量,如果系统越复杂,出现不同情况的种类越多,那么它的信息熵就比较大。如果一个系统越简单,出现情况种类就很少(极端情况为 1 种情况,那么对应概率为 1,其对应的信息熵就为 0)。

香农的信息量数学模型为解决数字通信基本技术问题提供了前提条件,使人类社会进入计算机时代和人工智能时代成为可能。同时,信息理论也使我们获得了一把统一的标尺,用于测量和比较各种不同的信息,从而开辟了人类认知领域的一块新天地。

二、信息与冗余度

香农信息理论包含的另一重要概念是信息的"冗余"（redundancy）。冗余是指除去传输信息时所需的最小限度信息量之外，出现在信号源、编码、信号通道或系统中的其他额外信息。

信息冗余增加了信息总量，自然会降低信息在交流和传输过程中的速度和效率。但是，由于信息在交流和传输过程中存在着不可避免的衰减和干扰，信息数据代码时常会发生改变或遗失，使信息内容遭到损坏。为提高信息代码的抗干扰能力，在信息交流或传输过程中或多或少地加入一定的冗余度，可以增强其抗干扰的能力。例如，英文中"right"（右）与"write"（写）的发音一样，如果仅仅说"write"这个单词，将会难与"right"区分；这时，当我们加入"by hand"这部分冗余（"写"当然是用手完成的，所以"用手"是额外的信息），形成"write by hand"之后，就会在发音相同的"干扰"情况下对两词进行区分。中文同音字所占比例更高，因此通过使用更多的词组，也就是提高冗余度才能保证信息内容的准确传达。

提高冗余度是一种信息传递的安全机制，它保证了即使在传递的过程中受到一些干扰或损坏，信息也能够完整抵达和被正确接收。当我们在嘈杂环境中隔空喊话，收听者有可能只能接收到只言片语；但是只要喊话者有意加入足够的冗余度，收听者就可以在大脑中把貌似支离破碎的语言片段拼接成一条信息。所有语言都可以通过内在的规则，例如句型和句子结构等形成一定的冗余度，以保证自身能够比较准确地传递"核心"信息。

在传播学中，信息冗余是一种非常必要的技术手段。在与陌生人进行信息传递时，我们往往需要在精练内容之上附加一定的冗余度；这样一来，除了能够消除不确定性以外，还可以通过礼貌用语、内容重复，使整个信息更完整、更适于传递。比如，在核心谈话内容开始前，先相互问候，聊一些客套之事，这样的方式虽然显得比较保守，但会拉近与陌生人之间的距离，确保交流的顺畅。熟人之间的交流就不需要这么麻烦，可以省词缩句，快速进入主题，减少交流的冗余度，这样说者轻松，听者愉快。可以看出信息冗余度的大小与文化表达和所处环境有着一定的关系。

不同信息和不同信息传递媒介都具有不同的特征，这些特征可以用信息熵和冗余度的差别加以表述。根据信息熵数学模型，并考虑文字或字母符号使用概率的不同，可以测算出汉字的平均信息熵比英文的大。中文汉字的平均信息熵是 9.65 比特，英文的平均值为 4.03 比特。这表明汉字的平均信息熵较大，不确定性和复杂程度高于英文。在相同字数情况下，汉字的词义丰富，或者说相对于同一数量的信息，汉字所用符号相对较少，比较简练。但从另外一个角度看，单个中文字的信息量较大，从而使含义比较模糊，处理难度也比较大。与英文相比，在字符数目相同的情况下，中文信息的冗余较大，信息抗干扰能力就显得较强。

总之，一个系统内部信息的本质是其具有的不确定性。任何信息都可以根据其内容的不确定程度和冗余程度进行具体定量测定。通过量化测定，所有信息就具有了统一的数量标准，使不同信息之间的量化比较成为可能。

第三节　虚拟现实、虚拟质量和虚拟微观世界的特征属性

从哲学上看，可以将对世界本质的认识分为唯物主义和唯心主义两大基本派别。唯物主义认为世界的本质是物质的，是不依赖于人的意识或精神而独立存在的客观实在，是第一性的；意识或精神世界则是物质世界在人脑中的反映，是第二性的。唯心主义被认为持有相反的观点；它将意识或精神看作是第一性的，物质是第二性的，是意识决定了物质的属性特征，也就是说物质是精神的产物。两种哲学思想实质上并不矛盾，它们截然对立的观点源自观察者所处参照系的不同。

一、两种参照体系：现实物质世界与精神虚拟现实

唯物主义最早萌芽产生于人的朴素认知土壤之中。古希腊早期自然哲学家基于对现实世界的直观感受和粗浅自然知识，开始了对物质世界本质的探索。他们探求世界的出发原点是独立于人类意识或精神范围之外的物质世界，认知过程大多带有猜测的成分。因此，直观可见的物质世界自然成了人们观察和思索的依据。随着人类理性思维水平的提高，在观察、实验和归纳过程中开始严格地采用科学论证逻辑体系。在17世纪，随着近代自然科学的产生，尤其是牛顿力学的出现，人类窥视到了物质世界的部分本质，进而将物质世界的运动规律推广到一切可能的认知领域，使哲学进入了以永恒不变的现实世界为绝对观察中心的机械唯物主义阶段。机械唯物论与复杂多变的社会现实之间存在着不可调和的矛盾；这种矛盾在随后的西方思想思辨中又催生出了辩证唯物主义，将事物的能动性解释为世界多变和矛盾现象背后的原因。唯物主义是人类探索物质世界产生的直接成果，它立足于现实物质世界，关注的焦点是物质世界的本体，是一种以现实物质世界为参照体系观察世界的思想方法。

西方哲学史中最早出现的唯心论者应该是苏格拉底之前的阿那克萨戈拉。阿那克萨戈拉认为，组成物质世界的各种固定元素是在被称作宇宙头脑的"奴斯"理性作用下生长和改变的，并由此构成了宇宙之中各种丰富的事物。苏格拉底将希腊哲学的关注焦点从自然物质世界推向了对人类自身认知思维方法的研究，从而开启了对心灵意识世界关注的大门。西方唯心主义完整思想体系最早出现在柏拉图哲学之中。柏拉图将变化万千的现实世界的共性归结为独立于物质之外的抽象"理式"，以解释直观现象世界背后的各种理性规律。这种被称为客观唯心主义的哲学随后衍生出了新柏拉图主义、中世纪神学、黑格尔绝对精神等一系列客观唯心主义思想体系。唯心主义的另外一种表现形式是主观唯心主义，例如康德的先验哲学思想。主观唯心主义将每个具体个人的感觉、经验、心灵、意识、观念、意志等主观思维成果看作是现实世界得以呈现的根源。也就是说，外部物质世界派生于每个人的主观认知，是具体个人主观世界的显现。可以说，唯心主义是人类在探索自身思维和认知过程中发展出的认识论思想成果，它的关注焦点是人类意识和精神世界，是以人的主观认知为参照体系看待世界的结果。

因此，唯物主义与唯心主义哲学观念的不同，源自在观察认知世界时所选择参照体系的不同。当研究某一事物时，我们必须首先对参照体系做出选择，因为只有在选定参照体系之后，才能够对事物进行相对性的研究和表述。在特定参照体系中的研究结果必然带有与参照体系相关的属性特征；如果更换参照系统，认知结果所具有的属性特征就会发生改变。这就如同物理学中的相对性原理一样，当以运动的汽车为参照体系时，我们看到的是车外快速移动的树木；当以静止的树木为参照体系时，我们看到的是疾驰的汽车。两种不同的结论源自同一个现象。这里最为重要的是，在不同参照体系中的不同现象都要服从相同的物理学基本规律。

正像对世界的认知存在着唯物主义和唯心主义两种相互对立的认知体系一样，世界本身就存在着许多不同的参照体系。例如，宏观世界与微观世界可以是一组对立的参照体系；有机世界与无机世界可以是一组对立的参照体系；西方世界与东方世界可以是一组对立的参照体系；农业社会与工业社会也可以是一组对立的参照体系。在众多不同的参照体系之中，物质世界与精神世界是一组非常重要的对立参照体系。作为美学研究的对象，自然事物、文学和艺术作品构成的正是人类精神世界参照体系中的重要组成部分。

美学研究对象构成的世界与物质世界看似全然不同，是一个由人类意识活动组成，并且只能通过意识进行欣赏和理解的世界。无论自然风光、文学和艺术作品采取何种实体物质的展示和传播形式，我们都只能运用主观意识对它们进行创作和欣赏。换句话说，任何自然风光、文学和艺术作品的实体物质形式和内容都有赖于人类认知的参与，只有这样才能最终实现对作品的审美和艺术价值判断。我们可以将这种依赖于人的主观意识活动构建起来的世界称为虚拟世界或虚拟现实。

作为与现实物质世界不同的参照体系，虚拟现实是一种虚构的真实世界，它的真实性是建立在个人主观意识之上的。因此，虚拟现实参照体系的真实性都是与具体个人相关的。也就是说在虚拟现实参照体系中，由于虚拟世界的形式和内容都是建立在个体独特意识基础之上的，对于虚拟世界之外的其他观察者而言，它的特征属性是因人而异的；但是，对于任何虚拟世界之内的个体来讲，其所处虚拟现实参照体系中的世界真实性都是具有不变的"客观"属性特征的。

所以，虚拟世界参照体系具有主、客观双重属性特征。对置身其中的每一位创造者或体验者来说，它是一种真实和有效的客观世界；对置身其外的观察者而言，它是一个主观虚拟的世界。所谓真实性和有效性是指特定的虚拟世界在特定时空条件下，会让特定的个人产生固定不变的意识和感受。这就如同在计算机系统中通过模拟展现出的虚拟现实一样，虚构的事物在所处的参照系中同样可以被认为是真实和有效的。如同在现实物质世界之中的事物一样，虚拟现实中的事物同样可以被真实地感知和体验；

按照等效原理，虚拟现实中的虚拟事物遵守与现实世界之中完全等效的基本物理规律。

唯一与现实物质世界的不同之处在于，虚拟现实完全依赖于人的主观意识而存在。一旦脱离了主观意识的关注或参与，虚拟现实将会即刻消失，不复存在。

二、虚拟现实的本质及其度量：信息量

虚拟现实是依赖人的思维和意识存在的世界，也就是说，人的主观思维和意识是虚拟现实得以存在的前提条件。各种思维和意识的结果构成了虚拟现实中的"真实"事物。但是，这些"真实"的虚拟事物并不能够独立存在；它们是被意识想象、虚拟出来的，其存在完全依赖于具体个人的主观意识。那么，在这种主观真实世界之中，虚拟事物是否具有可以独立于人的主观意识、能够被"客观"衡量的特征属性呢？如果在主观虚拟世界中存在着可以被"客观"衡量的特征属性，那么，我们就有了对由人的主观意识构造的"真实"虚拟事物进行科学衡量和研究的基础，也就有了进行量化分析的可能性。

正如本章第一节所述，在宏观和微观现实物质世界中，各种不同事物的共同属性、运动规律和相互作用是分别建立在质量和波粒二象性基础之上的。在宏观世界参照体系之中，正是因为物质质量的存在是独立于人的主观意识范围之外的客观属性，经典力学的基本规律才能够通过事物共同拥有的质量概念在不同事物之间建立起来。不同事物质量之间存在的根本自然规律就是质量之间的相互作用规律；按照爱因斯坦广义相对论理论，这种相互作用将使质量之间产生引力效应。假如物质的"质量"是其内部包含的电荷数量，则这种"质量"之间的相互作用就符合电磁作用规律。在事物为微观粒子的状态下，随着粒子质量的减小，质量之间的相互作用效应消失，事物的共同属性特征被热力学第二定律、波粒二象性、互补性

原理以及测不准原理等量子力学的基本规律取代。在波动性特征作用下，微观粒子的运动和变化方式失去了确定状态，分别呈现出概率分布和熵增趋势等特征。

需要说明的是，虽然波粒二象性和不确定原理表明物质的客观状态依赖于观测这一意识活动的参与，但这种科学规律本身是一种客观的存在，无须观测意识参与或认可。

审美活动是虚拟世界中的意识活动。任何审美客体都需要通过人的意识才可以在审美判断中得以呈现；任何审美主体对审美客体的认知感受同样是一种意识活动。更具体地讲，审美就是审美主体的意识与审美客体的意识显现之间的相互作用，其作用结果就是"美"。那么，这种意识与意识显现之间的相互作用机制是什么？

在上一节对信息的论述中，我们已经明确指出任何思维和意识都是信息的传达，都可以用信息的形式加以客观呈现。因此，我们可以将信息看作是一切思维和意识的共同属性。这也是我们可以用计算机信息技术作为手段，储存和表达任何自然事物和文学、艺术作品的原因。虚拟现实就是思维和意识的存在；这些思维和意识就是虚拟的物质，它们存在的共同本质特征是信息，也就是说都可以用信息的形式加以表达和存储。因此，虚拟事物就与信息具有了等价关系。

与现实世界中的物质一样，虚拟物质的客观本质特征应该同样是它们的"质量"，只是这种"质量"是一种与真实质量不同的虚拟质量。既然虚拟事物等价于信息，那么，表示信息含量多少的信息量就与表示虚拟事物多少的虚拟质量具有了等价关系。也就是说，思维或意识的信息量等价于它们的虚拟质量。我们可以将这些概念之间的等价关系表示为：

思维或意识＝虚拟事物＝信息

虚拟事物的客观本质＝虚拟质量＝信息量

第四节　形式与内容的二象性

对于人类认知而言，任何事物都是形式和内容的综合产物。作为审美客体的艺术作品和自然事物也不例外。审美客体都是由媒介材料、色彩原料、表面肌理、构造方式等要素组成的；这些要素是客观的存在，它们的集合构成了审美对象的形式。任何艺术作品的创造都首先具有某种原始的概念和目的；作为作品的一部分，这些来自艺术家的原始概念和目的被欣赏者领悟和理解，构成了作品的内容。自然界中的审美对象，无论是秀丽的山水风光还是无垠的沙漠，也都是具有某种内容的。所以，对于艺术作品和自然对象而言，形式和内容是两个必不可少的组成部分。

按照亚里士多德的四因学说，任何事物的产生都来自四种基本的因素：质料因、动力因、形式因和目的因。质料因指构成了事物的基本材料；动力因是促使事物发生变化的因素；形式因是事物最终表现出来的表面模式和结构；目的因是指针对外在环境，事物存在所具有的内在目的性。任何审美对象的形式都是由具体的媒介材料和表达形象构成的，而审美对象的内容都是由内在动力和某种具体的目的构成的。因此，我们可以说亚里士多德所说的质料因和形式因是审美对象形式的来源，动力因和目的因则是对象内容的来源。

从亚里士多德四因说理论中，我们可以看出形式与内容的本质区别在于它们与人的关系。媒介材料和表达形象与人之间的关系是相互独立的客体与主体关系，也就是说事物形式本身与人没有必然的联系，可以不受人的存在影响。由事物的内在动力和某种具体目的构成的内容与人之间的关系是相互依赖的，也就是说"动力"和"目的"的存在是人理性认知的内容。以一个特定的苹果为例，它的外形、大小和它产生颜色的表面材质是固定不变的，可以不受人的认知影响；但是，这个苹果的相关用途、营养价值、生长过程和价格等一系列内容都是人赋予它的理念。因此，形式与内容的本质区别体现在它们与人的关系中；这种与人之间的关系必然反映在人对形式和内容的不同认知方式之中。

事物的形式和内容与人之间关系的本质差异是什么？形式和内容之间又具有什么样的本质联系？要回答这两个问题，就需要将形式和内容的概念与人的认知方式进行比较和区分，从中找出本质的不同。

事物的形式和内容是不同认知方式的产物，它们之间的本质区别与人的认知方式紧密相关。形式和内容都是人的认知对象，它们被人为划分成不同的概念，必定具有不同的认知特征属性。我们之所以称事物的某类特征属性为形式，另外一类为内容，是因为我们对这两类特征属性分别采用了不同的认知方式。因此，要从本质上明确形式和内容之间的差别及相互关系，就必须将形式和内容与人的认知方式建立起对应的关系。只有从人的认知功能层面理解了形式和内容的本质含义，才能够正确理解形式和内容在美学中的相应地位，并确定形式和内容与美学两大组成部分（即审美和艺术价值判断）之间的相互对应关系。

在正常情况下，我们每个人都具有两种不同类型的认知能力，它们分别是感性认知和理性认知。人类运用这两种认知能力感受和认识事物之中与之相对应的层面：事物的感性层面和理性层面。也就是说，当关注事物的感性层面时，我们运用的是感性认知能力；当关注到事物的理性层面时运用的是理性认知能力。

感性认知是人类依靠感觉器官对客观形式的直观感受，理性认知是人类对客观形式的主观加工、组织和概念化过程。英国经验主义代表人物洛克将人对事物的认知分为两个过程："感觉"过程和"反思"过程。他说"感觉"是人通过感官的闻、尝、听、看或触摸被动地获得外界事物的"简单概念"，而"反思"是将得到的"简单概念"进行分类和加工处理，最终派生出"复合概念"。他还将事物的属性分为"主要"和"次要"两种类型。"主要属性"不以人的主观感觉发生变化，比如重量、长度、数量、密度、运动等，是可以被感官客观再现的；但是，事物的"次要"属性，比如颜色、味道、声音、冷热等，是外在事物在我们"感觉"的基础上通过主观分析、判断和认知加工的结果，不是事物本身固有的特征。洛克所说的、通过"感觉"获得"简单概念"的过程就是感性认知过程，这一过程中的认知对象只能是与事物"主要属性"相关的形式要素；而通过"反思"获得"复合概念"的过程就是理性认知过程，其认知对象属于事物的"次要属性"，都是与人的主观理解和加工相关的内容要素。康德通过对经验主义和唯理论的总结，更加具体地将认知功能划分为先验感受和心灵加工两个阶段。先验感受就是这里所说的感性认知，指感官通过人类先天固有的时空概念模式获取"直观形式"的过程；心灵加工对应的就是理性认知，指人类将"直观形式"作为材料，按照自身心灵本性的方式组织和加工的过程。这里所谓的"直观形式"是指没有经过人类任何理性组织和加工的形式，也就是"纯粹形式"。

感性认知是建立在对形式要素的直观感知基础之上的。当面对任何事物时，我们都要首先通过感觉器官将事物的外部形式特征转化生成为各种感性知觉；这些感性知觉的获取不需要任何主观逻辑分析和理性加工的介入。理性认知能力是建立在人类感性认知、逻辑分析和理性加工综合运用之上的，是对事物的规律、与时空环境的关系和存在目的的主观认识。感性认知的对象不受认知主体的理性影响，其特征属性总是客观和固定不变的；理性认知的结果受认知主体理性分析和逻辑推理的影响，是可以随时空环境发生改变的。面对任何事物，人总是要首先获得感性认知，之后才能运用理性能力获得理性认知结果；这就像我们必须首先获得原始"材料"，才能根据不同的理性要求加工生产出各种"产品"。可以说，感性认知是认知能力的初级阶段，理性认知是高级阶段。

从认知过程和结果的特征上看，感性认知与理性认知是对立的。感性认知的特点是直接性、具象性和普遍性。感性认知的直接性体现在它不需要任何理性思考，可以瞬时完成；具象性表示它不需要创造新的抽象概念，针对的是事物现有的表面形象；普遍性是指由于正常人类感觉器官的结构都在一个类似的范围之内，对同一事物的感性认知结果具有普遍一致性的特征。理性认知的特点是间接性、抽象性和特殊性。理性认知的间接性体现在它需要理性思考和加工，必须在一定的时间跨度中才能完成；抽象性表示它必须借助抽象概念和逻辑运用，涉及的是事物组成要素之间的因果关系和目的等；特殊性是指由于每个人的知识结构和理性思维能力都与他人不尽相同，对同一事物的理性认知结果都会是不同的。感性和理性两种认知特征的对立属性决定了人在运用感性能力时，就不可能同时运用理性能力；在依靠理性能力的同时也不可能单纯运用感性认知能力做直观感性判断。

相互对立的感性认知与理性认知在一定条件下又是可以相互转化的。当对一个事物的感性认知结束后，或是当某个事物的感性层面持续重复出现时，人的主观意识就会自然地对这种感性认知进行概念化的分类处理和逻辑加工，原有的初级感性认知就会向理性认知转化。也就是说，引发和保持感性认知的前提条件是事物表面特征的鲜活性；当事物表面特征的持续存在导致它失去鲜活性时，认识必将由感性阶段上升为理性阶段。同样，如果某种理性认知已经成为一种普遍认同的结论时，我们就不再需要逻辑的分析和判断，原有的理性认知对象将会转化成为较低等级的感性认知对象。也就是说，原来的理性认知对象就成了被直观感受的感性认知对象。

感性认知和理性认知的不同特征，决定了它们只能作用于事物的不同层面。由于感性认知不涉及任何理性分析过程，它的对象只能是事物的表征，也就是事物的"纯粹"形式。所谓"纯粹"，是指对形式的认知不涉及其存在的原因、目的以及其他与逻辑推理相关的概念。由于理性认知涉及概念和逻辑分析过程，它的终极对象就是对事物表征背后存在原因、目的和意义等问题的思考和分析，也就是事物相对于认知主体产生的内容。所以，感性认知对应的是形式，理性认知对应的是内容。

在认知过程中，任何艺术作品、自然风光的形式和内容分别与人的感性认知和理性认知相对应。也就是说，由于感性认知与逻辑分析和理性概念无关，它只能是与艺术作品和自然对象的形式相关；由于理性认知与逻辑分析和理性概念相关，它的认知对象是与艺术作品和自然事物的内容相关的。

人对艺术作品和自然风光形式的认识存在两种不同的途径，既可以通过直观感受能力对其进行感性体验，又可以透过理性分析对其进行理性认知。通过直观感受能力对形式的认知能够瞬时完成，无须理性分析和思索，是对事物外在形象和结构的本能感受，主要包括对事物使用的媒介材料、构图要素或结构形式的识别等。当人运用理性对形式的成因、目的、效果等进行分析、理解和判断时，形式就将转化成为内容的组成部分。也就是说，艺术作品和自然风光的形式之所以被称为"形式"，正是因为它是人类仅仅对艺术作品和自然风光外在特征进行直观感性认知的结果。

艺术作品和自然事物的内容是对认知和体验者表达出的主题、意义、风格，以及背景和文脉等，属于人类知识和文明范畴。很明显，对知识和文明的认知只能在时间的维度中通过人的理性才能够达到。因此，艺术作品和自然风光的内容之所以被称为"内容"，只是因为它是人类对其进行理性认知的结果。

需要指出的是，强调形式特征的抽象艺术也是具有内容的。抽象艺术作品的出现是抛开作品表面具象内容，以纯粹形式挑战认知主体意识的结果。抽象艺术将作品的最终内容留存在作品欣赏者的思维之中，由欣赏者对内容展开无限的遐想，使内容具有了一种更加主观的特征。在抽象艺术作品中，虽然创作者提供的作品具象内容为零，但是"零"本身也可以被看作是具有内涵意义的一种内容，也许这种"零"内容会导致欣赏者更加主动地参与到艺术作品的理性认知过程之中，最终产生出对内容更多可能性的主观理解和感悟。抽象艺术作为一种概念本身就是理性思维的结果，是作品内容的一种极端表达形式。

当然，在极端情况下，抽象艺术的作者可以在作品中完全否认任何内容的存在，也没有意愿让欣赏者从作品中获取任何内容。这种情况下，艺术作品就会转变成为一种对纯粹形式的认知对象，不再具有任何理性认知价值，或者可以说其理性认知价值为零。当这种情况发生时，我们可以说作品仅具有审美价值，不再有任何艺术价值。有关审美价值与艺术价值的不同特征和相互关系将在下一节具体论述。

作为审美对象的自然事物除了具有形式和表面内容之外，还可能会为观赏者带来不同的深层感悟和理解，产生因人而异的内涵。也就是说，作为审美对象的自然事物虽然不是人为的艺术作品，但它们在表面内容之外还具有可以被我们加工理解出的内容。这些内涵内容产生的机制就如同抽象艺术内容生成的机制一样，是一个被主体联想、创作的主观认知过程。需要特别指出的是，当观赏者参与自然事物内容的联想和创作时，就会从单纯的审美主体转变为进行艺术价值判断的主体。

形式与内容的不同源自两者出自人的不同认知类型，这样一来，感性和理性认知之间的关系也必然会相应地反映到形式和内容的相互关系之中。

关于形式与内容之间的关系，首先需要澄清下面几点。从欣赏者的认知角度来看，（纯粹）形式并非源自内容，因为感性认知并非源自理性认知。通过人的感觉器官直观感受到的形式都是直接源自人的感性认知能力；在正常情况下，感性认知总是先于理性认知出现，这是由人类思维进化历史发展过程决定的。由于人与人之间感性认识能力差异的存在，即使表达相同的内容，人也不一定在感性层面使用完全相同的形式。内容并非被动地源自形式，因为理性认知是人主观能动性的表达，并非完全被动地源自感性认知。特定的内容依赖于人特定的理性思维能力和特定的思维过程，是感性认知与理性思维综合的产物。由于人在理性认知能力上存在差异，即使面对相同的感性形式也不可能产生完全相同的内容理解。内容与形式有着紧密的联系，一定的内容并非只与一种固定形式模式相连。也就是说，一个固定的内容可以用不同的形式加以表达；一种固定的形式也可以分别表达出不同的内容。

那么在认知层面上，内容与形式之间是否存在着某种普遍的相互关系？答案是肯定的。受理性认知与感性认知之间相互对立关系的影响，内容与形式之间具有一种类似于波粒二象性的关系。

形式与内容之间的二象性关系是指，任何客体事物对于认知主体而言都具有形式和内容两个不同的层面；当认知主体直观感受形式时，就会在同一时刻忽略内容；当关注和理解内容时，就不能够同时直观感受形式。这是因为对内容的理解与对形式的直观感受分别源自人的不同认知能力。感性与理性这两种不同认知能力是大脑认知能力的两个不同层面。当我们将大脑认知能力的焦点集中在感性直观时，就会缺乏理性认知能力；相反，当大脑被用于理性认知时，就自然会缺乏感性认知能力。也就是说，人的意识活动不可能同时聚焦在感性认知和理性认知之上，而只能选择将焦点对准其中一个层面。

这种理性与感性认知能力之间的二象性规律源自世界的基本自然现象：物质的波粒二象性。正如前面所论述的，形式类似于洛克所说的事物的"主要属性"。对于主体的感性认知而言，形式具有独立于主体之外的客观属性。形式的这种客观、固定不变属性类似于事物的"粒子"特征，这种"粒子"特征可以用我们在上一节中所说的信息量加以客观表达。当我们感受形式时，形式的信息量对于我们来讲就是一种虚拟质量，能够显示出事物的"粒子"特征。内容类似于洛克所说的事物的"次要属性"。由于与认知主体的理性认知能力相关，内容不具有独立、固定的客观属性。因此，一个事物的内容是随着主体的理性认知能力而"波动"的。更加重要的是，当认知主体关注内容时，作为形式信息的虚拟质量就会由于不被关注从人的认知中自动消失，使内容的波动特征独自呈现出来。所以，形式与内容的二象性特征使我们在直观感受艺术作品和自然事物的形式时，必然无法最大限度地关注内容；在集中精力对内容进行主观解读时，必然无法同时对形式进行最强的直观感受。我们可以借用德布罗意的物质波概念，将内容与形式之间的这种二象性关系总结为一种反比关系，并表示为：

$$C \propto 1/F$$

其中：C 为事物被理性认知时呈现出的主观内容信息；F 为事物被感性认知时呈现出的客观形式信息。

除了上述形式与内容之间的相互关系之外，人对形式的体验和对内容的理解也分别具有不同特征属性。

由于人对形式的体验是一种感性认知结果，就必然会反映出感性认知的特点，这就是对形式体验的直接性、具象性和普遍性。对形式体验的直接性是指它是一个瞬时发生的过程。虽然对形式的体验可以反复不断地重复，但每次重复体验的感受结果将会有所不同。人的第一感觉能够最真实地反映出对"纯粹"形式的真实感受；重复体验获得的感受中往往会包含对内容的理解和认知，将不再是纯粹的形式体验。所以，在对形式的感性认知判断中，我们需要重视的是发生在第一感觉中的体验效果。形式的具象性特征指它不涉及任何抽象概念的参与和解读；一旦我们对形式进行抽象的分析和解读，形式就转化成了一种理性认知的内容。形式的普遍性是指任何形式都具有一定的、不受人类主观理性干扰的客观度量标准，这种固定的客观度量标准就是我们上面所说的形式的"粒子"特征体现。有关如何客观度量形式的问题将在第四章中详细论述。

由于人对内容的理解是理性认知过程的结果，就会必然反映出理性认知的特点，这就是对内容理解的间接性、抽象性和特殊性。人对内容理解的间接性是指领会任何内容都不可能是瞬间完成的，需要在一定的时间跨度进行分析、比较和论断。因此，人对内容的理解总是会随着时空环境的影响发生变化。内容的抽象性特征是指它总是包含各种概念和逻辑分析，离不开抽象的思维和解读。内容的特殊性是指对内容的解读都会受到具体个人主观理性能力的限制，得出与他人不同的结论；这种不同的主观结论就是我们上面所说的内容"波动"特征的体现。我们将在后续的艺术原理中详细论述内容的"波动"性特征。

通过上述分析，我们可以明确得出以下结论：形式与内容是事物的两个不同层面，具有不同的属性特征。对事物纯粹形式的认知源自人的感性认知能力；对事物内容的理解源自人的理性认知能力。我们用自身的感性认知能力对事物进行的直观体验，才是对纯粹形式自身的感受；任何对形式的主观理性分析和思考都属于事物的内容范畴，不再是对纯粹形式层面的认知。

第五节　审美与艺术价值判断的二象性

美与艺术价值分属两个不同的概念，美学研究正是针对由这两个不同概念构成的审美原理和艺术价值判断原理展开的。美与艺术价值的不同体现在审美与艺术价值判断过程中的三个方面：第一，审美过程与艺术价值判断过程具有完全不同的目的性；第二，审美过程与艺术价值判断过程分别具有不同的认知特征属性，也就是分别运用的是人类不同的认知能力；第三，审美与艺术价值判断所覆盖的范围不尽相同。

按照康德对审美过程是无功利趣味判断的标准来衡量，审美的目的仅仅是满足人类感官对事物的一种感受，并不涉及任何与自己、他人和社会利益相关的任何目的；审美的这种无功利目的性决定了审美是一个直观感受的过程，运用的是感性认知能力。相反，艺术价值判断具有一定的目的，是一个追求功利，展示、理解和体验理性思想的过程；这就决定了它必然是一种借助分析、想象和创造的理性认知活动。审美活动的对象可以涵盖从自然世界到人为艺术作品的所有领域，只要是人的感官能够触及的事物都有成为审美对象的可能。严格来讲，艺术价值判断的对象是人造或人为参与的艺术作品，因为自然世界本身不是人类理性认知和创造的成果。当然，在我们通过理性对自然世界进行认知加工之后，自然风光也可以成为一种艺术价值判断的对象。

从上述三个方面可以看出，造成审美与艺术价值判断本质差别的原因在于人类不同认知能力的运用。因此，深入了解人类不同认知能力与美学不同层面的关系是研究审美和艺术价值判断差别的关键所在。

正如上一节所述，人具有感性认知和理性认知两种能力；任何人类活动都是认知能力具体运用的结果，审美和艺术价值判断也不例外。按照第一章中得出的结论，"美"（Ve）是审美活动中的三个要素之一；另外两个要素分别是审美主体（Ms）和审美客体（Mo）。审美是审美主体与审美客体之间的相互作用，"美"作为相互作用的结果，同时与审美主体和审美客体相关，即：$Ve = f(Ms\ Mo)$。因为审美是一个感性认知过程，在这一过程中人运用的只能是感性认知能力，所以这种审美主体、客体之间的相互作用必定是主体对客体的感性认知。

实际上，任何客体与主体之间的相互作用都可以被划分成两个阶段。第一个阶段是认识功能的初级阶段，即感性认知阶段。在该阶段中，主体不动用任何理性认知能力，对客体的感知属于直观感受。也正是在感性认知阶段，主体和客体分别成了审美主体和审美客体。人的感性认知能力高低在一定程度上受后天环境的影响，但这种能力本身是与生俱来的。审美主体通过直观感受识别客体中可以被感性认知的要素，结束感性认知过程。从感性认知机制层面上看，审美也是审美主体发掘自我感性认知能力的过程。在直观感性体验阶段过后，主体可以进一步对客体进行高级阶段的理性思考和分析，得出进一步的理性认知结论。理性认知是通过关联、猜测、分析、综合等逻辑手段进行的，这一过程展示的是艺术家或欣赏者的理性认知能力。

因此，直观的感性认知阶段是真正的审美阶段。在审美阶段中，审美主体不是运用理性去"懂"审美客体，而只是需要运用感官去感受。感受是一个主观的过程，感受的结果可能因人而异，似乎并无正确与否的客观理性标准。在随后的理性认知过程中，关联、分析、功利标准和价值的选择是不可避免的，需要具有某种依据和标准，需要"懂"艺术。理性认知过程不符合审美的无功利趣味判断基本特征，不再是审美判断过程，而属于美学中的艺术价值判断过程。在艺术价值判断中，审美主体将转换为艺术价值判断主体，审美客体将变为艺术价值判断客体。

另外，经验告诉我们真正的审美判断都是瞬间产生的，不会经历理性分析和判断；这也说明审美主体与客体之间的相互作用只能是一种感性的直观过程。任何人，无论是具有深厚的文化背景还是浅薄的知识，在真正的审美感受过程中都不需要理性和逻辑的参与，便可以获得对艺术作品或自然事物的审美感受。这种直观感受会让我们对客体产生出一种情感体验，例如欣喜、崇高或是丑陋。这种情感体验是出现在理性认知之前的，也是所有人都可以根据个人感性认知能力获得的。即使某些人由于缺乏自信，不愿或不能够表达出自身的直观感受，这种直观感受带来的情感体验的确是一种可以在瞬时获得的真实存在。

这里强调的审美判断与理性认知无关，指的是审美主体的审美判断过程与其理性认知能力无关。审美判断这一直观感性认知过程背后存在着理性的原理；这一原理正是我们要在本章最后阐明的。

与上述审美感性认知过程相反，艺术虽然离不开感性认知的参与，但是其最终的价值判断是一个由理性认知主导的过程。艺术从来就是一个充满分歧和争议的领域；从对艺术起源的认知、艺术的分类、艺术的功能、艺术的服务对象到对艺术统一的定义都存在着不同的学术观点，见仁见智。在这里，我们只探讨如何根据艺术的特征对其基本属性作出合理的界定，以明确审美与艺术价值判断的本质差异，从而便于对审美原理做出明确的表述。对艺术及艺术价值判断的详细论述和研究请见后续的艺术原理论著。

从历史角度来看，对艺术这一概念的定义大多受到时代和文化背景的影响，其原因在于对艺术本质的理解往往来自于艺术的功能和目的。任何艺术活动的功能和目的都是时代和文化环境的产物，因此对于艺术本质的理解也就必然会被打上不同时代、不同文化和环境的烙印。

柏拉图将艺术的目的归为一种对现实世界模仿的活动，认为它是人类的一种非理智和低等的认知行为。柏拉图的这种观点在很大程度上是没能明确区分艺术价值判断与审美判断的结果。同时代的亚里士多德虽然也将艺术活动看作是人类的一种模仿行为，但他认为通过展示这种模仿的天性，人类表现出了与动物的本质不同。可以看出，亚里士多德并不否认艺术活动中包含的理性认知特征，强调的是艺术行为必须借助人类理性的一面。从更高的维度来看，17世纪之前的艺术整体上都可以被看作是手艺和技巧总称，与人类从事的其他技术活动并无根本差异；这也可以解释为什么文艺复兴时代的巨匠都是文化和技术全才。随着17世纪近代科学的诞生，人们将以追求客观真理的科学与追求主观创造和想象表达的艺术做了明确的区分。所以，从认知类型来看，艺术活动与科学一样，同样属于理性认知范畴。艺术活动的独特之处在于它与主观创造性有着必然的联系。科学活动是通过众多的现象发现世界的唯一真理；艺术活动则是根据个人对真理的主观解说，创造出不同的丰富表象。换句话说，两者的认知手段相同，目标相反：科学是从现象到客观本质，艺术则是从对本质的主观理解到现象；它们是在同一条道路上反向前行的理性认知活动。

另外，艺术在自身领域之内又被划分成许多不同的种类，增加了对艺术本质认知的难度。例如，艺术可以被分为以纯粹追求创造和想象能力为目的的美术、以对其他事物起修饰作用的装饰艺术，或是以实用功利为目的的应用艺术。当然，也可以按媒介载体将艺术分为绘画艺术、雕塑艺术、音乐艺术、电影艺术、建筑艺术和以人的某种姿态为表达方式的行为艺术等。这些现象均表明，艺术的目的和手段是不断拓展的、不受时空环境限制的。

实际上，对艺术定义的矛盾性和多样性本身就是艺术自身基本特征的展现，它表明艺术活动本质上就是一种不断改变、需要不断创新的事物。因此，对艺术这一概念的定义一定会受到不同时代和文化环境的影响，并随时代的变迁处于不断变化之中。要理解任何一种艺术就必须认识和理解它所处的时代和文化环境；从这个层面看，对艺术的认识和理解也自然离不开理性的分析。我们只能通过理性认知的过程才能够实现对艺术价值的判断。

牛津字典将艺术定义为人类通过视觉、听觉和行为等手段，对自身创造、想象能力的运用和表达。视觉、听觉和行为都是感性媒介，也就是说，艺术是以感性媒介为手段的创造和想象活动。感性的手段必然会带来感性的认知，而这种感性认知正是上述分析中所说的审美过程。这说明任何艺术作品都可以被当作审美对象，都具有审美属性特征。但是，人是一种不安分的动物，是需要不停从事创造活动的。可以说，创造是人的天性，人一旦安分守已就会成为真正的动物。因此，人不会只满足于感性的审美体验，一定会进一步走向艺术创造和艺术欣赏。要达到艺术创造和艺术欣赏的目的，仅仅依靠感性认知是不够的。要实现艺术作品内在的创造和想象内容价值，就必须运用理性认知能力。正是由于每个人的理性认知都会受到社会和时代环境的影响，艺术作品在人的不同理性认知能力作用下一定会表现出必然的矛盾性和多样性。

在任何艺术作品的创作中，理性认知能力的运用也是必不可少的。这是因为任何艺术作品的创作都离不开对题材、表达方式、媒介材料、受众群体等诸多方面的思考和选择。所有这些思考、选择都是理性和逻辑判断的结果。要欣赏和理解艺术作品中的这些相关内容，也就只能通过理性和逻辑判断来进行。因此，任何艺术作品的创作必定也是一个充满理性思考和判断的过程。

总之，从上述对审美和艺术价值判断的分析中，我们可以得出以下结论：美与艺术价值是人对事物不同层面的认知结果，分别具有感性和理性的属性特征。审美是人类通过感性认知能力对事物感性层面的认知。在审美中，人对审美客体的感性认知是主观的，因此认知结果可以与他人不同，并且无须担心自己的审美判断结果是否正确，是否与他人一致；但是，由于人作为一个生物种类，其感性认知能力是具有一定普遍性特征的，这就导致主观的审美判断结果具有了客观普遍性的倾向特征。关于人类感性认知能力的普遍性特征，我们将在第五章中详细论述。艺术价值判断是人类通过理性认知能力对事物理性层面的认知。与审美不同，对艺术作品的理解既需要主观的理性分析，又需要对艺术历史发展客观过程的掌握，并要求在此基础之上对艺术未来走向做出主观的理性预测。因此，艺术价值判断是一个复杂的过程，它不仅需要客观的专业知识和判断标准，同时也需要主观理性认知能力的参与。由于具体个人理性认知能力的不同，艺术价值判断必定会产生不同的结果，使任何艺术作品的价值都具有一定的独特性。

在上一节的分析中，我们已经明确指出，人的感性认知对应的是事物的纯粹形式，理性认知对应的是事物的内容，因此，运用感性认知能力的审美判断就只能是对纯粹形式的直观感受，运用理性认知能力的艺术价值判断就只能是对内容的欣赏。也就是说，审美的对象只能是客体的形式，因为只有客体的形式与感性认知相对应；艺术价值判断的对象是由客体生成的内容，因为只有内容与理性认知相对应。据此，我们通过人的感性认知能力将审美与对形式的直观感受过程建立起等价关系；同时，通过人的理性认知将艺术价值判断与对内容的理性认知过程建立起等价关系。上述两种等价关系可以表述为：

审美＝对客体形式的感性认知
艺术价值判断＝对客体内容的理性认知

审美与艺术价值判断是我们从美学角度感受客体对象的两个不同层面，它们使不同艺术种类体现出不同的特点。对文学作品的感受离不开理性认知的参与，除了文字符号的"能指"形式具有可以被直观感受的功能以外，它在整体上不具备作为审美客体的形式特征属性。对文学作品的感受需要首先理解文字表达的内容；只有通过理性认知了解和把握内容之后，才能进一步获得一定的心理体验。也就是说，对文学作品内容的理解以及随后获得的感性体验都是建立在理性分析和逻辑运用上。因此，文学作品在一般情况下不能够被看作是审美对象，而只能被当作艺术价值判断的对象。

基于同样的道理，任何音乐的节奏、音响和旋律等要素都可以直接刺激听觉器官，使我们无须通过理性认知便可以产生感性心理体验；同时，节奏、音响和旋律等音乐要素对非专业人员而言并不具有明确的客观意义，一般情形下引起的也大多是感性心理体验。因此，从认知属性特征上看，音乐的感性认知特征成分较高，音乐是最具有审美特征属性的艺术类型。当然，我们也可以完全从理性认知角度对作品的乐理知识、技巧、旋律内涵意义等内容进行分析和欣赏。但是，由于声乐符号"所指"与"能指"

之间没有直接和固定的对应关系，对音乐"所指"内容的理解就需要一定的专业知识。所以，虽然音乐作品也可以被理性认知，并从中呈现出艺术价值，但对于不具备专业知识的普通欣赏者而言，音乐作品能够显示出的艺术价值是最低的。

与分别处于艺术价值、审美价值两个极端的文学和音乐不同，绘画、雕塑、戏剧和建筑等视觉艺术可以在审美和艺术价值中都呈现出一定的水平。视觉艺术作品的表达形式都是由各种形象和色彩组合而成的，这些形式要素都可以使普通人通过直观感受获得审美体验。视觉艺术作品表达的内容在正常情况下也都在普通人理性认知范围之内，能够使我们从对内容的理解中获得艺术价值判断。在现代视觉艺术中，由于对艺术创新的不断追求，许多作品在内容认知层面表现出了一般理性认知能力难以理解的一面。这种现象对作品艺术价值和审美价值的体现都构成了挑战：如果观赏者最终能够理解作品内容，将会被其与众不同的艺术价值深深吸引，无法摆脱理性的"干扰"，也就难以进入直观感性的审美过程；如果观赏者不能够理解作品内容，并始终有艺术价值判断的困扰，也将会影响对作品审美价值的感受。

审美和艺术价值判断之间的这种矛盾关系源自形式与内容之间的二象性关系。我们已知，对形式和内容的认知分别运用的是感性认知能力和理性认知能力。这两种认知能力是相互矛盾的，不能够在同一时刻同时发挥最大效力。当运用感性能力做纯粹感性认知判断时，就不可能同时付诸理性；当运用理性能力作理性认知判断时，虽然也需要感官的参与，但最终的判断结果是依靠理性分析和逻辑思考完成的。在获得理性认知结果后，人会产生感性体验；这种对理性认知结果的感性体验与直接来自感性认知的体验是不同的，不能混淆。因此，受内容与形式之间二象性关系的影响，艺术价值判断与审美之间也必然会表现出一种类似于波粒二象性的关系：在纯粹的审美判断中，必然无法同时进行纯粹的艺术价值判断；在集中精力关注作品的艺术价值时，必然无法同时集中精力进行审美判断。我们可以借用德布罗意的物质波概念，将审美与艺术价值判断之间的这种二象性关系总结成为一种反比关系，并表示为：

$$Ve \propto 1/Va$$

其中：Ve 为审美判断关注程度；Va 为艺术价值判断关注程度。

审美与艺术价值判断之间的二象性关系是美学研究的基本原理之一，它使审美与艺术价值判断之间既存在一定的联系，又充满矛盾。当面对艺术作品我们关注的是审美判断时，就一定会忽略对它的艺术价值判断；相反，当我们关注于艺术价值判断时，就一定会忽略对它的审美判断。

从审美层面上看，现代艺术和当代前卫艺术中的许多作品难以被普通人接受，其原因正是这些作品的创作目的是艺术创新，更加关注的是艺术价值属性；这样一来，在追求卓越艺术价值的过程中，普通人关注的审美在作品欣赏中必然会被忽视。相反，精雕细刻的工艺作品，由于经过工艺大师或匠人的历代传承，往往可以在审美层面达到登峰造极的境地；但是，它们在直观感受层面积累出的较高审美价值，反而使其在内容创新之上不再具有太多的艺术价值。

当面对一件艺术作品时，首先需要明确自身的观赏动机：我们是要进行艺术价值判断，还是审美？当目的是对作品进行艺术价值判断时，我们就需要对作品的内容进行理性思考；假如是为了获得审美感受，我们就不能运用理性审视内容，而必须排除各种理性概念的干扰，直观感受作品的形式。在艺术创作中同样如此，需要在审美和艺术价值判断之间作出平衡和取舍。我们可以像许多现代艺术作品一样，抛开作品的审美价值，专注于由内容和意义带来的相关艺术价值。当然，也可以像文艺复兴大师一样，在美与艺术价值之间两者兼顾，寻找到审美感性体验和艺术价值的平衡之点，使艺术作品成为形式和内容并重、统一的载体。

第六节　审美原理

　　审美判断是审美主体与审美客体之间的相互作用，这是我们在第一章中对审美本质作出的初步定义。通过第二章对西方主要美学思想发展的历史回顾，我们展示了这一定义对解释美学思想之中各种不同审美观念的有效性。本章前面的几节对自然物质世界的统一度量、信息的统一度量、虚拟现实及其特征属性等方面做出了总结，并明确了审美判断是对纯粹形式的感性认知。同时，我们也提到了当内容可以转化为形式时，审美也就与这种可以转化为形式的内容相关。

　　由于审美与形式要素的对应关系，在审美主体和审美客体之间的相互作用中，审美主体的本质就是对形式要素数量程度大小的感性认知能力，审美客体的本质就是自身形式要素多少的程度。我们将审美主体对形式要素数量程度大小的感性认知能力称为感受能力。感受能力越大，代表审美主体越能够从感性层面接受更多的形式要素，就如同重口味之人更偏爱食物中具有更多的调料一样。我们将审美客体自身形式要素多少的程度称为感染能力；感染能力越大，代表审美客体具有的形式要素含量越多。也就是说，审美主体代表的是审美感受能力（Aesthetic Sensitivity），审美客体代表的是审美感染能力（Aesthetic Expressibility）。因此，审美判断就是审美主体感受能力与审美客体感染能力之间的相互作用，相互作用的结果是"美"。

　　从本章第二节对信息统一度量的探讨中，我们得到结论：任何事物都可以被转化成信息加以统一度量；这就像在现实物理世界之中，任何具体事物都可以被转化成质量或能量加以度量一样。作为事物的特征属性，审美客体所具有的形式要素感染能力，以及审美主体对形式要素的感受能力也不例外，均可以用信息加以表达和度量。对审美客体感染能力度量的论述详见第四章；对审美主体感受能力度量的论述详见第五章。

一、感受能力与感染能力相互作用的度量

就人类对世界已有的科学认知而言，物质之间存在着四种基本作用力，由此形成了事物之间的各种相互作用。这四种基本作用力分别是万有引力（Gravitational Force）、电磁力（Electromagnetic Force）、强核力（Strong Nuclear Force）和弱核力（Weak Nuclear Force）。万有引力是宏观事物质量之间的相互作用；电磁力是事物内部电荷粒子之间的相互作用，它是摩擦力、推力、拉力等日常所见相互作用的本质原因；强核力促成原子核内部质子与质子、质子与中子紧密结合在一起，并使原子核保持稳定状态，形成各种事物的独特属性；存在于原子核内部的弱核力导致中子衰变为质子并同时释放出 β 射线，使原子核属性发生改变成为可能，推动了一种物质变化成为另外一种物质。宇宙之中所有促使事物之间保持一定关系和发展变化的相互作用现象，都可以用这四种基本作用力加以解释和度量。

这四种作用力在作用范围和强度层面上存在着明显的差异，分别具有各自不同的特征。万有引力和电磁力的作用范围不受限制，相互作用事物之间的距离均可以达到无限远，因此，两者都被称作长程力。强核力和弱核力都被称为短程力，因为它们只能在原子核内部微小距离之间发生作用。强核力作用范围的级别是 10^{-15} 米，只有 1 厘米的 10 万亿分之一；弱核力的作用范围更小，仅为 10^{-18} 米。为比较四种基本作用力的强度大小，我们假设强核力为 1，那么弱核力只有 10^{-6}，电磁力为 10^{-2}，万有引力则仅为 10^{-38}。可以看到，与同为长程力的电磁力相比，万有引力的强度要微弱得多，这就是在日常现实世界中，物体质量之间的万有引力可以忽略不计的原因。

虽然审美主体感受能力与审美客体感染能力的相互作用发生在大脑信息与事物信息之间，作为世间一种相互作用，它也必定服从自然法则，可以用一种基本作用力加以解释。否则，如果感受能力与感染能力之间的相互作用不能用任何一种已知的基本相互作用加以解释，就说明世界还存在

另外其他的基本相互作用类型。这一假设的结论是与已知的科学事实相矛盾的，因此，感受能力与感染能力之间的相互作用必定可以用某一种已知的基本相互作用加以解释。利用这种反证方法，我们可以确信这一结论的正确性。

也可以从另一角度思考这个问题。审美主体对形式要素的感性认知能力和审美客体形式要素的大小最终都反映在人的意识之中，这两种意识都可以被看作是虚拟现实中的虚拟事物，所以，任何审美主体与审美客体之间的相互作用，都可以被看作是虚拟现实之中虚拟事物之间的相互作用。假如我们将虚拟现实看作是一个独立的参照体系，它与现实物质世界参照体系可以形成一种等价关系。虚拟现实中的一切由信息构成，形成的一切都是虚拟物质。如同现实世界的物质一样，由信息组成的虚拟物质也都具有"质量"，这种"质量"就是虚拟事物的信息量。我们可以将虚拟事物之间的相互作用看作是"虚拟作用"（Virtual Interaction），它与真实世界中事物之间相互作用的差别只是参照体系的不同。正如我们在关于现实世界物质度量中所表述的，在不同参照体系中，宇宙自然法则是统一不变的。这就是说，虚拟现实中的虚拟事物之间的相互作用同样遵循与之对应的基本相互作用规律。我们可以在虚拟现实中驰骋想象，夸张表现，但是，作为宇宙世界的组成部分，形式要素之间的相互作用依然遵循基本的自然法则。如果虚拟现实中虚拟事物形式要素之间的相互作用与基本自然法则无关，人类就如同存在于两个毫无联系的系统之中，思维认知将不可能理解自然现实，自然现实也不可能影响人类的思维。

既然如此，我们就需要确定，审美主体的感受能力与审美主体认知对象审美客体的感染能力之间的相互作用遵循何种自然法则。

在自然世界已知的四种基本相互作用中，我们可以采用排除法来确定感受能力与感染能力之间的相互作用类型。强核力与弱核力都是短程作用力，只发生在原子核内部；显然，它们与审美主体与审美客体之间的相互作用不属于同样的类别。排除了短程力之后，就只有万有引力和电磁力这两种基本相互作用成为可能的选项。因此，我们首先可以得到一个明确的判断：审美主体感受能力与审美客体感染能力之间的相互作用应该是一种与万有引力和电磁力类似的长程力。

万有引力是由于物体具有质量而在物体之间产生的作用力；电磁力是电场力和磁场力的统称，分别是由静止电荷和运动电荷引起的作用力。对电磁力的研究最先始于对电场力的研究。在电场力与磁场力之间存在的对应关系被逐渐发现后，麦克斯韦用数学语言阐明了电与磁是同一事物的两个不同侧面，最终统一了电场力和磁场力。作为电磁力的基本形式，电场力也被称作静电力。我们用静电力与万有引力作比较，了解两者之间的相似和不同之处，以便对感受能力与感染能力之间的相互作用属性特征做出进一步的判断。

先看万有引力和静电力之间的相似之处。万有引力和静电力都是长程力，在相互作用事物没有任何接触的情况下都是通过力场实现相互作用的。此外，这两种作用力的大小都与相互作用物质之间距离的平方成反比。还有，这两种作用力的大小都与受到作用物质数量的多少成正比：在万有引力的情况下，作用力大小与力场中物质的质量多少成正比；在静电力的情况下，作用力大小与力场中物质的电荷量多少成正比。

再看万有引力与静电力之间的两个重要不同之处。在力的相互作用方向上，万有引力是质量之间的相互吸引，使不同物质趋于相互接近。静电力的作用方向则存在两种不同的具体情况：当相互作用的电荷正、负相异时，作用力的方向导致电荷之间相互的吸引；当相互作用的电荷同为正电荷或者同为负电荷时，作用力方向导致电荷之间相互的排斥。在力的强弱程度上，万有引力与静电力之间也存在着巨大的差异。万有引力作为一种弱力，只能在巨大质量的引力场作用下才被人体验到；静电力则是一种强力，它的作用可以在日常生活中被随时感受到。

两种长程力的不同特征使我们看到，审美主体与审美客体之间的相互作用与静电力更为相似。首先，作为感受能力与感染能力相互作用的结果，审美价值也会在人的心理体验层面呈现出"方向"的差异。所谓"方向"的差异是指，相同"数量"的审美价值可以给人带来不同心理感受。例如，"优美"与"崇高"和"喜"的心理感受是不同的，即便它们审美价值的"数量"都相同；与此相关的内容我们将在第六章第三节中详细论述。审美价值具有的这种"方向"的差异与静电力作为一种矢量，存在着正、负方向的不同类似。其次，审美是生活中普遍常见的现象，也可以说是一种力度强、非常容易被感受到的相互作用。所以，将感受能力与感染能力之间的相互作用看作是类似于静电力的相互作用更加符合逻辑。

静止电荷之间相互作用的变化规律和度量可以用库仑定律表达为：

$$F = kq_1q_2/r^2$$

其中：q_1、q_2 分别为真空中两个静止电荷所带的电荷量；r 为两个电荷质点中心之间的直线距离；F 为静止电荷 q_1 和 q_2 之间相互作用的静电力；k 为静电力常量。

在不考虑静电力常量 k 时，静止电荷 q_1 和 q_2 之间的静电力 F 可以被表示为与相互作用的两个电荷量的乘积成正比，与电荷之间直线距离的二次方成反比，即：

$$F \propto q_1q_2/r^2$$

我们将审美主体与审美客体之间的相互作用看作是类似于静止电荷之间的相互作用，并按照对静止电荷之间相互作用的度量方式，将审美主体感受能力与审美客体感染能力之间的作用力表示为：

$$Ve \propto Ms\,Mo/r^2$$

其中：审美价值 Ve 代表审美判断的结果；Ms 代表审美主体（个人，或具有统一感受能力的群体）所具有的感受能力；Mo 代表审美客体（艺术作品或自然事物）所具有的感染能力；r 代表审美主体感受能力与审美客体感染能力之间的审美距离。

也就是说，审美判断结果的数值大小，即审美价值，与审美主体感受能力和审美客体感染能力的乘积成正比，与感受能力与感染能力之间的审美距离平方成反比。

正如我们所述，审美主体感受能力和审美客体感染能力是虚拟现实中的存在之物，必定具有与它们自身对应的特征属性，因此，对感受能力和感染能力属性的测定并不是十分困难。关于如何测定审美客体感染能力和审美主体感受能力量值大小的方法，我们将在后续的第四章和第五章中详细论述。

二、审美距离

我们将审美主体感受能力 Ms 与审美客体感染能力 Mo 之间的距离 r 称为审美距离（Aesthetic Distance）。我们都有过这样的感受：在审美活动中，当认同某个审美客体时，都会对它产生"亲近"的感觉。这种"亲近"感觉就是我们与客体之间审美距离拉近的结果。我们的审美判断感觉越是强烈，表明审美距离越是趋于缩小。这说明在人的感性世界，审美距离是一种真实的存在，而且它的数值大小是与感受能力和感染能力数值大小直接相关的。

与质量或电荷之间的距离不同，审美距离不是一般三维空间中的物理距离，它的数值大小只能通过特定的方式获得。我们将感受能力 Ms 和感染能力 Mo 看作是虚拟现实中的两种信息；这两种信息自身是虚拟现实空间中的真实存在，并可以用信息量加以度量。但是，信息量并不独立存在于三维物理空间之中，信息量之间的距离也不是能够通过使用一般物理工具可以测定的。因此，找到如何具体表达和度量审美距离 r 的方式，是能否对审美判断进行定量表达的关键所在。

距离是一个计量不同事物间隔的数量概念，在数学、物理、计算机等领域对距离有多种不同形式的表述和计算方式。我们最常见的是欧几里得距离（Euclidean distance），它表达的是欧几里得空间中两点之间的直线距离。牛顿万有引力定律和库仑定律中的距离就是欧几里得距离。还有一些经常使用的其他距离概念,比如曼哈顿距离(Manhattan distance)、切比雪夫距离(Chebyshev distance)、汉明距离(Hamming distance)等;这些距离概念是建立在不同物理概念或非物理空间基础之上的理论距离。以信息理论中的汉明距离为例,它指的是在两个等长字符串 s_1 与 s_2 之间,将其中一个字符串变成为另外一个字符串所需要作出的最少替换次数。比如在字符串"1111"与"1001"之间的汉明距离为2,因为只需要最少改变两个字符就可以使两者相同;"Kathrin"和"Karolin"两个单词之间的汉明距离为3,因为只需要最少变换3个字母就可以使两者一致。可以看到,事物之间距离的概念和计算方式是多种多样的,与其所在的空间形式和概念前提直接相关。"距离"在本质上就是对事物之间某种属性差异的度量。

审美判断中的审美距离与万有引力定律和库仑定律中的距离不同,它不是现实物理空间中的距离,而是虚拟现实之中两个信息量之间的距离概念。在现实物理世界中,事物存在于多维空间之中,其特征属性与多维度空间相对应,表现出的是多样性。在万有引力和静电力作用中,质量、电荷量以及质量或电荷之间的物理距离分别属于事物在不同维度中的不同特征,具有各自不同的度量方式。质量和电荷量是对物质在"数量维度"中的度量结果;距离则是对物质在"空间位置维度"的度量结果。在现实世界中,相同数量的物质在空间中可以处于不同的位置,也就是说物质的"数量"和"位置"分别属于不同维度,因此具有不同的度量方式。

但是,在审美主体感受能力和审美客体感染能力所在的虚拟现实中,纯粹形式信息的维度是单一的,除了信息量之外,再没有其他属性特征的存在。也就是说,在纯粹形式信息构成的虚拟现实中,只存在一个可以对其度量的层面,或者说只有一个维度,即信息量的大小。信息量既是度量信息在虚拟现实中所具有"物质"数量多少的属性,同时也决定了其自身在虚拟现实中占据的位置。我们可以认为,正是由于信息量的不同,不同的信息在虚拟现实空间中占据着不同的"位置",使不同信息之间出现了位置的间隔。例如,信息量为100bts 与信息量为200bts 的不同信息之间的位置间隔为：200bts - 100bts = 100bts。不同信息之间位置的间隔就是它们之间的距离。因此，在纯粹形式信息构成的虚拟空间中，不同形式信息之间的距离就是它们不同信息量之间的差别。

需要指出的是，审美距离与美学中现有的"心理距离"不是同一种概念。心理距离是一个社会心理学概念，指个体对另外一个体或群体亲近、接纳或难以相处的主观感受程度。作为心理学概念，心理距离还没有可以科学度量的方法。审美距离是不同形式要素信息量之间的距离，是可以被准确、有效定量测定的独立参数，它的大小等于审美主体感受能力与审美客体感染能力分别所具有的信息量之差，即：

$$r = Ms - Mo$$

这里需要说明的是，审美距离是以审美主体感受能力 Ms 减去审美客体感染能力 Mo。因为审美判断和审美判断之后的审美体验都是以审美主体为中心进行的，所以审美距离是感受能力与感染能力的间隔，也就是 $Ms - Mo$。强调这一点是因为存在着感受能力小于感染能力的情况，也就是审美距离为负数的可能。虽然审美距离的平方结果仍然为正数，并不影响审美判断数值的计算结果，但审美距离的负数特征在美的形态分类中具有一定的含义；详细内容请见第六章第三节。

三、审美判断的数学模型

在确立了审美距离的概念及其度量方式之后，我们就可以用数学公式将审美主体感受能力与审美客体感染能力之间的相互作用转化表述为：

$$Ve \propto Ms\, Mo / (Ms - Mo)^2$$

其中：Ve 代表审美价值，也就是"美"；Ms 代表审美主体感受能力的大小；Mo 代表审美客体感染能力的大小。

到此，我们可以进一步从理性机制层面给出美的本质定义：美是审美判断的结果，其价值与审美主体感受能力和审美客体感染能力的乘积成正比，与审美主体感受能力、审美客体感染能力之差的平方成反比。

我们从上述数学表达公式可以直接推导出一些结论，并从这些结论中对审美活动中的一些常见现象做出清晰和量化的合理解释：

（1）当审美主体感受能力和审美客体感染能力中的任何一项等于或趋于零时，该审美主体与审美客体之间的审美判断价值或"美"感数值为零：

因为 Ms 或 Mo 等于或趋于零，即 $Ms\ Mo = 0$

所以 $Ve \propto Ms\ Mo/(Ms - Mo)^2 = 0$

如果审美主体不具有任何对形式要素的感受能力，或者是不能够沉浸在对形式要素的感性认知状态，Ms 将为零，审美主体就无法从审美客体中获得任何审美体验；如果审美客体不具备形式感染能力，Mo 将为零，审美主体同样无法从审美客体中获得任何审美体验。这两种情况就是我们常说的在审美活动中出现的对牛弹琴现象。

（2）当审美主体感受能力与审美客体感染能力趋于接近或相等时，审美主体感受能力与审美客体感染能力之间的审美距离趋于或等于零。在这种情况下，审美判断的价值或"美"感数值趋于无限大：

因为 $Ms = Mo$，即 $Ms - Mo = 0$

所以 $Ve \propto Ms\ Mo/(Ms - Mo)^2 = \infty$

在这种情况下，因为审美主体感受能力与审美客体感染能力高度相似或相等，即使审美主体感受能力和审美客体感染能力的绝对数值都并不高，审美判断的价值或"美"感数值也会趋于无限大。这种情况就是我们常说的情人眼中出西施现象。

（3）当审美主体感受能力与审美客体感染能力之差较大，或者趋于无限大时，我们可以将审美主体感受能力与客体感染能力之间的审美距离看作是趋于无限大。在这种情况下，审美判断的价值或"美"感数值就会变为极小，或趋于零：

因为 $Ms - Mo = \infty$

所以 $Ve \propto Ms\ Mo/(Ms - Mo)^2 = 0$

我们可以将审美活动中常见的审美疲劳现象归属于这种情况。审美疲劳的本质在于审美客体原有的与审美主体相匹配的感染能力急剧下降，增大了审美距离。审美客体感染能力的下降，出自客体的形式要素在历经审美主体长时间重复体验之后转化成了内容要素；这种情况下，当主体试图从理性层面认知客体时，客体在主体意识之中就因此失去了原有的形式感染能力。而且，当审美客体的形式要素转化为理性认知对象之后，审美判断就会因此转化成为艺术价值判断。有关形式和内容要素的相互转化问题，以及审美判断与艺术价值判断之间的关系已经在本章第四节、第五节中做过详细的论述。

（4）假设审美主体感受能力为审美客体感染能力的 X 倍，则审美主体与客体之间的审美判断或"美"感数值可以被表达如下：

$$Ve \propto Ms\, Mo / (Ms - Mo)^2$$

因为 $Ms / Mo = X$，即 $Ms = X Mo$

所以 $Ve \propto X Mo\, Mo / (X Mo - Mo)^2$

$$Ve \propto X / (X - 1)^2$$

这一结果表明，审美判断或"美"感的数值大小在本质上与审美主体感受能力 Ms 和审美客体感染能力 Mo 各自的绝对数值并没有直接关系，而是与两者的比值直接相关。这说明我们不能脱离审美主体感受能力和审美客体感染能力之间的关系谈论美学中的"美"感问题。不存在脱离审美主体或者脱离审美客体的"美"；"美"感与审美主体感受能力 Ms 和审美客体感染能力 Mo 的比值（Ms / Mo）存在着函数关系，也就是说与两者相对数值的大小相关。

参考文献:

[1]弗兰克·梯利.西方哲学史[M].英汉对照版.贾辰阳,解本远,译.长春:吉林出版集团有限公司,2014.
[2]朱光潜.西方美学史[M].南京:江苏人民出版社,2015.
[3]人民教育出版社物理室.物理(高中第一册)[M].北京:人民教育出版社,2005.
[4]人民教育出版社课程教材研究所.物理(选修3-1)[M].北京:人民教育出版社,2014.
[5]Jimmy Soni, Rob Goodman. A Mind at Play: How Claude Shannon Invented the Information Age[M]. Simon & Schuster, 2017.
[6]课程教材研究所,物理课程教材研究开发中心.物理(选修3-3)[M].北京:人民教育出版社,2010.

第四章
Chapter Four

感染能力的本质及其量化法则
The Essence of Aesthetic Expressibility and the Principle of its Measurement

本章所要探讨的是审美客体感染能力的特征属性，以及如何对其合理量化的问题。

第三章已经明确指出，感染能力是审美客体形式要素的集合，代表着审美客体包含形式要素的多少，也就是形式要素的"数量"；同时，感染能力的数值也代表它在空间维度中的位置。当审美客体包含较多数量的形式要素时，它所具有的感染能力也就较高，在其空间维度中的位置数值也就较大。审美客体具有的形式要素就像物体之中具有的质量或电荷量，其数值越大，对审美主体感受能力的作用就越强。也就是说，感染能力 Mo 与形式要素的多少成等价关系，即：

$$Mo \propto 审美客体形式要素的多少$$

这样一来，了解审美客体形式要素的本质，发展出一种对其数量多少进行有效度量的方法就成了量化感染能力的关键。

在现有的审美和艺术创作理论中，存在着一些被普遍认可的"形式美"构成法则。这些关于客体形式的构成法则本质意味着什么？它们与我们这里所说的审美客体感染能力又有着什么关系？对这些问题的回答，是我们深刻理解审美客体形式要素的途径，也是理解审美判断本质特征及其与艺术价值判断之间差异的必要过程。

第一节 构成法则

现有的美学理论普遍认为，形式构成法则是人类在审美和艺术创作实践过程中对美的形式规律的经验总结和抽象概括。形式构成法则又被一些人称作"形式美"法则，因为它被认为是培养和提高对形式之美的敏感程度，使人们能够更好地创造和欣赏"形式美"的有效手段。依据我们已经阐述的审美原理，形式构成法则涉及的是纯粹形式要素之间的组合规律，只与人的感性认知相关；在审美判断中，形式构成法则的根本作用在于促使审美客体感染能力达到审美主体所期待的水平，以确保审美判断产生最大的价值。

形式构成法则是建立在人类普遍认同的审美主体感受能力基础之上的，也就是说，它针对的不是某个具体的审美主体，而是针对人类整体感性认知能力而言的。因此，形式构成法则是一种可以改变形式要素数量多少，并使一般审美主体都能够普遍接受的法则。下面我们利用已经阐明的审美原理，以视觉造型艺术为例，对形式构成法则的本质及其具体内容进行一些系统的分析和研究，并对审美客体感染能力的量化方式给出合理的建议。

在视觉造型艺术中，形式构成法则也被称作构图规律，是人类在长期审美和艺术实践活动中总结出来的普遍性原则。这些原则包含的构图规则和技巧，并非全部都是关于审美客体自身的规律，许多规则和技巧涉及认知主体的理性认知能力，包含了对艺术价值判断规律的总结。因此，我们有必要从审美原理的角度出发，将涉及主体理性认知的规则和技巧筛选出来，使我们在对客体形式要素构成规律的研究中排除主体理性认知的影响，从而保证对审美客体感染力的研究和表述具有绝对的客观标准。也就是说，要使这些形式法则仅仅涉及客体形式本身，不受主体理性认识的"干扰"。

针对不同审美对象的媒介类型，形式构成法则的内容不尽一致，但总体来看主要体现在对象形式要素组成的以下方面，它们是变化、统一、平衡（对称和均衡）、比例、尺度、节奏、韵律、层次、和谐、呼应、肌理等。下面我们将对这些形式构成法则逐个加以分析，通过排除主体理性认知的影响，发现属于客体自身形式要素构成机制的本质特征。

一、变化

变化（variety）即事物的差异和多样性，是事物存在、发展和更新的根本动力。形式的变化体现在万物形式千差万别之中，是能够使我们对形象和色彩保持兴趣、关注和最终认知的原因。形式变化具有两层含义，一是事物系统内组成部分之间的差异，它使事物内部呈现出不同的形式元素；二是事物与外部环境之间的差异，它使事物在对比和衬托中得以凸显。可以说，任何事物都是由形式要素的变化构成的；没有任何形式要素变化的事物将不会具有任何认知意义，我们也将不会对其产生任何感性认知。所以，形式要素的变化是事物自身具有的属性特征，是一种并不依附主观理性认知的客观存在。当然，对变化这种形式要素属性特征的认知也可以从感性上升为理性，在人的直觉感受基础之上再进行理性的分析和逻辑加工。当直观感受到事物的形式变化之后，我们可能会进一步联想到变化发生的原因、发生的方式等问题，从而开启对形式变化的理性认知过程。从这个层面上讲，变化又是一种具有双重认知功效的形式要素：它既可以被当作一种纯粹形式要素构成规则使用在审美判断之中，又可以被上升到理性层面成为艺术价值判断的内容构成规则。

作为一种审美客体的形式构成法则，变化的本质是不同要素之间的对比。这种对比可以体现在各种不同层面上，例如要素形状之间的差异、要素空间位置的不同等。无论差异表现在何种层面，不同形式要素的并置就可以使我们直观感受到形式的变化。例如，我们在画面中将不同视觉形象结合在一起，就是在运用变化法则。直线与曲线的结合、有机形体与几何形体的结合、鲜明与暗淡色彩的结合等都是增加形式要素客观变化程度的方法。

当然，变化法则的运用可以使人产生出独特、与直观感受不同的兴趣；这些兴趣是对感性的理性解读，引导出的是对客体的艺术感受，属于艺术价值判断的过程。

二、统一

统一（unity）是通过某些协调关系和内在秩序将不同形式要素聚合在一起，是对不同事物共同性和相互联系的表达。在统一这个法则中，变化是前提条件，统一是对变化强弱和方式的限制及程度的选定。统一的表达和合理运用就是将变化要素进行有内在联系的设置与安排，并控制在某种可以被人掌控的范围之内。这就意味着统一的概念与人的理性认知紧密相关。由于统一的标准是一种人为理性的设定，所以，统一不是一种纯粹的形式要素构成结果，而是属于艺术价值判断的内容要素构成法则。

统一是人对形式要素变化程度直观感受之后的判断和应对，因此，要达到统一就不能缺少对事物变化的理性认知和解决方法。通常情况下，可以将达到统一的方法归纳为三种，它们是形式要素的简单化、重复运用和紧凑组合。形式要素简单化是指有目的地减少变化的数量，使人在较少的变化要素中更加容易把握和理解要素包含的内容。例如，黑白铅笔画更容易给人统一的感觉，因为它去除色彩，简化了形式要素变化的数量，从而降低了理性认知的复杂程度。形式要素的重复运用是指作品内部的相同形式要素主题不断出现，也可以是指在一系列作品中相同形式的出现。从理性逻辑上看，重复本身就意味着部分与部分之间存在着联系，具有统一的趋势。紧凑组合是指在构图中将不同形式要素尽可能地无间隙排列，给人一种完整如一的感受。例如，格式塔造型就是一种利用人的先验"完形"心理活动，通过互为背景"正""负"空间形象的紧密组合，在不同的独立形式元素基础上，给人一种统一图形的感受（格式塔造型，image.baidu.com）。这三种形式要素统一方式的运用都是在人的理性认知能力运用中将纯粹形式变化转化成了内容。

三、平衡

严格地说，平衡（balance）是一个力学概念，表示以感受中心（视觉或听觉冲击最强的地方）为支点，所有形式要素形成的力矩能够相互抵消，从而使视觉或听觉在感受中保持一种稳定的平衡状态。

平衡有两种基本类型，即对称平衡（Symmetrical Balance）和不对称平衡（Asymmetric Balance）。对称状态的平衡是自然界常见的一种形式，如动物的肢体、植物的叶子和花瓣。对称符合人的自然习惯，是一种规整和原始的形态。由于对称平衡中的形式要素呈现对称状态，要素的力矩相等，因而我们不需要通过理性认知过程，就可以通过直觉非常自然地获得安定和整齐的感受。对称平衡是审美客体形式要素固有的一种属性特征，可以被人直观感受认知，具有天然的平衡效果。对称平衡是艺术创作中常见的手法，能够比较容易产生震撼的审美效果，其原因就在于它无须借助理性，可以直接触动人类感觉器官并激发出内心深处最原始的情感。

对称形态的类型可分为轴对称和点对称。在平面构图中，如果一个图形沿着一条直线对折后两部分完全重合，这样的图形就是轴对称，这条直线即为对称轴。如果平面图形绕着平面上一个固定点旋转一定角度后能够与初始图形重合，这种图形就属于旋转对称图形，这个固定点就是旋转对称中心。这种对称形态的详细划分当然是理性认知的结果。只有当对称平衡是一种感性认知对象时，它才能够成为审美客体的形式要素构成法则，因此，加入理性分析之后的"轴对称"和"点对称"概念就转化为内容要素，成了艺术价值表达的手段。

与对称平衡不同，不对称平衡是一种必须借助人类理性认知能力才可以获取的感受。不对称平衡是物体在不同外力作用下，仍保持静止或匀速运动的状态，是所有外力集合为零的结果。不对称平衡的本质是不同形式要素之中多种不同外力的特殊存在状态，要感受力的集合是否为零就必须运用理性对形式要素的质量、受力和力矩大小，以及形式要素是否稳定等一系列现象做出判断。所以，对不对称平衡的判断既来自人对生活中物理运动现象的经验总结，也来自对力学平衡概念的理解，这些都与人的理性知识紧密相关。因此，不对称平衡并非仅与审美客体本身相关，它实质上是一种与主体和客体同时相关的属性，不是能够直接给人带来感性认知的纯粹客体特征属性。

平衡的前提条件是形式组合要素差异的存在，也就是形式要素之间的对比。对称平衡是相同形式要素在空间中处于不同位置的一种特殊对比状态；不对称平衡是不同形式要素在空间中处于不同位置的一种平衡状态。两种平衡的本质都是形式要素的对比。

四、比例

比例（proportion）是形式要素部分与部分、部分与整体之间的数量关系。人类在长期审美和艺术实践活动中一直运用比例处理形式要素之间的大小和体量关系，并认为形式要素之间恰当的比例更利于美感的呈现。在现有的形式构成法则中，一些比例关系属于对纯粹形式要素构成的总结，如黄金比；一些比例关系则与形式要素具体表达的内容相关，如最优的人体比例仅是针对人体这一具体内容而言的。这里需要指出的是，当形式比例关系与具体内容相关时，比例法则就超越了审美的纯粹形式范畴，与艺术价值判断发生了联系，不再是单纯的审美问题。

无论是哪种比例关系，形式比例关系的本质同样是不同要素之间的一种对比。这种对比关系可以是形式要素之间长度或高度之间的比较，也可以是面积或体积之间的比较，或者是色彩明暗或强弱之间的比较等。无论是何种要素之间的比较，比例使形式要素之间产生了明确、固定的数量关系。对这种数量关系的选择和控制虽然源自人的理性思考，但是只要其结果是一种客观数量关系的存在，不再受认知主体的影响，它就是一种审美客体的形式要素构成法则。

五、尺度

尺度（scale）表示一个物体相对于另外某个物体的大小，也用来表示处事或看待事物的标准。物体的尺度大小是决定我们对其感知效果的重要因素之一。例如，从电影院大尺度屏幕上可以比从小尺度电视机中获得更好的观看效果。在许多情况下，我们都以某种客观不变的度量标准作为衡量事物大小的手段；这种情况下，作为许多学科常用的一个概念，尺度就是一种客观的标准，可以被感性直观认知。在不少审美和艺术活动中，尺度表示的是物体相对于人的尺寸大小；在这种情况下，度量物体大小的标准就来自人的主观感受，需要理性认知的参与。

因此，我们说尺度构成法则应该包括两个方面的含义：它既可以仅与客体形式要素相关，在某些情况下，又可以与主体的理性认知能力发生直接联系。当物体的用途功能与人无关时，其尺度是对其尺寸的客观衡量，不受作为认知主体人的影响；当物体的使用功能与人相关时，其尺度是以人为衡量标准的，也就会与认知主体的理性思维发生关系。当尺度标准与人的理性认知相关时，度量客体的任何尺寸标准都是由人制定的。在考量审美对象和艺术作品形式要素尺寸大小时，如果我们的度量标准是理性思考的结果，尺度构成法则最终总是要落实在与人的关系上。在多数情况下，这些与人相关的尺度又总是与经过人的理性思考得到的某些具体内容相关。例如某件雕塑作品整体高度的尺度是否合适，要看它具体所处房间的大小；而房间的大小最终又与人对房间的使用目的相关。只有当尺度概念与人的纯粹感性认知相关时，它才属于审美形式要素的构成法则；否则，与理性思考关联之后的尺度概念就会升华成为艺术价值判断的内容要素构成法则。

需要强调指出的是，原本与理性认知相关的尺度概念也可以转化成为属于感性认知的形式要素构成法则。崇高的审美感受就是尺度中的主观理性内容转变为客观形式要素的一种现象，具体论述详见第六章第三节。

六、节奏、韵律

节奏（rhythm）和韵律（metre）是两个近似却非常不同的概念，由于它们之间的关联性极高，以至于不少人都难以将两者真正区分开来。节奏和韵律是源自于音乐的概念。节奏既可以用于对音响节拍的描述，又可以用于对事物运动变化规律的刻画，意指诗词、乐曲或视觉形象变化展开的步调或速度。因此，节奏的本质是一种客观的规律性重复，它以时间概念作为度量的尺度，其存在不受人的主观因素制约。最为常见的节奏是按照一定的条理和秩序，将形式要素重复连续排列，形成某种律动的状态。可以说节奏就是客体自身在时间维度中有规律可寻的某种变化，在本质上也是形式要素的一种对比。节奏可以由同一形式要素简单、等距离的连续排列构成，也可以由不同形式要素按照一定秩序的排列组成。节奏一词强调的是客观变化规律本身，不受主体理性认知的任何影响。

当我们在节奏中注入具体的思想内容和个人主观情感时，就产生了韵律感受。韵律是在节奏基础上赋予的各种情感色彩。也就是说，它是节奏的具体组成内容，是可以被人的理性体验到的情感变化。"韵"字的本义指有节奏的声音，又泛指情趣，也就是人对声音的主观感情理解。这种带有人为情感的理解无疑是一种主观理性体验过程。诗词中的平仄韵律、韵文中的对偶都是对发音感受协调与否的研判，都是建立在人对客体主观理解和感受基础之上的。在音乐中，韵律就是乐曲节奏变化中符合某种规范的旋律，它使某种节奏具有了主观理性认可的情调。例如，当节拍"咚、喳、喳"与"喳、喳、咚"的停顿间隔相同时，两组节拍的节奏是相同的，但是，由于强弱音的组合顺序不同，两组节拍给人的韵律感受内容是不同的。

总之，节奏仅仅是指有规律的变化速度，着重的是某种客观变化形式本身；韵律则是节奏形式要素组合变化的样式，如音的高低、轻重、长短组合，它给主体带来的是情感内容。因此，节奏是对形式要素变化速度的客观度量；由于不需要理性认知的参与，它是一种与审美相关的形式构成法则。韵律赋予节奏具体的内容特征，从而使人可以从相同的节奏中获得不同的主观理性认知和体验，所以，韵律是一种内容构成要素，与需要理性思维的艺术价值判断直接相关。

七、层次

层次（gradation）是指对立形式要素之间的缓慢过渡。光线由强逐渐变弱，物体由大逐渐变小，一种颜色渐渐转化成为另一种不同的颜色，这些都是形式要素层次的体现。任何一件艺术作品或一个审美对象都是由不同形式要素的对比组合而成的；正是形式要素对比产生的刺激使人的感觉器官获得了"唤醒"。但是，形式要素之间强度过高的对比对于感觉器官将会过于粗莽，这就如同从安详的沉睡中被突然惊醒一样，会使我们充满不安或恐惧。因此，在许多情况下，在对比要素之间加入适当的过渡，形成渐变的层次是非常必要的。

层次的运用可以体现在视觉、听觉、触觉要素的所有方面。在与视觉相关的审美和艺术活动中，形式要素的大小、形状、图案式样、排列方向、肌理变化、色相、色调、饱和度等都可以成为获取层次的手段：造型从大到小、从方到圆的逐渐转变，构图从聚到散，材料的质地从单一到多样繁杂，表面纹理从复杂到简单，色相由红到绿、色彩从冷到暖、明度从亮到暗的渐进等，都可以体现出富有层次的变化，在对比要素之间建立起过渡关系。这种层次过渡法则的运用除了降低对比形式要素之间的冲突强度之外，又增加了对比形式要素的存在数量，也就是将一个高强度的对比转化为许多较低强度的对比，进而使单一的冲突转化成为丰富的感受。因此，层次构成的本质同样是形式要素之间的对比。作为一种客观存在，层次产生的形式效果本身不受审美主体理性认知的影响。

艺术作品的层次感还具有一些其他功效。例如，素描绘画中通过黑白之间各种灰度层次的运用可以在二维平面空间中刻画出对象的三维立体效果,使画面具有深度感,丰富了视觉效果。这种对形象的立体层次刻画离不开人的主观理性认知,是审美形式要素向内容要素的升华,属于艺术价值范畴的一部分,不再与审美形式要素构成法则相关。

八、和谐

和谐（harmony）一词源自希腊语,本义为"结合物""同意""不同事物的一致性",在美学范畴内是指将不同事物组合在一起,构成新的整体。和谐构成的基本含义包括两个方面的内容。一方面,新整体的形式构成要素之间必须存在差异,例如直线与曲线、方形与圆形、蓝色与橙色等不同形式要素的组合构成了和谐产生的前提。当事物中形式要素之间缺乏差异时,将会给人单调、乏味的感受;加入不同形式要素创造出与众不同的丰富感觉,正是和谐构成手法的目的。另一方面,不同形式构成要素之间必须具有某种共同的特征,只有这样,不同形式要素才能够和平相处在同一事物之内,形成一个整体。

在音乐中,和谐是指两个以上同时出现音符的组合,常见的有和弦、伴唱等不同形式。古代音乐创作的重点主要是按照一定节奏,将一系列单个音符前后组成旋律。然而,仅由节奏构成的旋律比较单调。为丰富乐曲的效果,人们后来采用了两种改进方法：一种方法是利用和声,即加上辅助的伴奏或伴唱,烘托主要旋律,形成主调乐曲;另一种方法是在原有旋律之上增加其他旋律,通过处理好不同旋律音符之间的对应关系,形成多声部的复调乐曲,使我们可以同时清晰感受到多个旋律的存在,进而展现出各种不同的气势,造成前呼后应、此起彼落的丰富效果。从17世纪开始,音乐的创作重点除了音符"横向"的组合外,更多的是放在不同音符在同一时刻的"纵向"和谐关系上,使旋律、节奏、和谐成为音乐创作的三个主要因素。

在视觉艺术中,和谐是指不同视觉元素以具有某种相同特征达到能够共同存在的效果。在绘画艺术中,达到和谐的途径非常多样,既可以是色彩原理的运用,也可以是对同一比例、尺度等视觉形式要素的合理搭配。以下用色彩和谐为例进行简单介绍。

任何颜色都有三种基本的属性,它们是色相、明度、饱和度。实现色彩和谐的方法可以分为以下几种,它们是补色(complementary colour)和谐、明度和谐、饱和度和谐、同类色和谐等。

补色和谐指通过互补颜色搭配取得和谐的效果。互补色是指任何一种颜色在色环中旋转180度后对应的另外一种颜色,例如红色和绿色、蓝色和橙色、黄色和紫色都是互为补色的(色环,baike.baidu.com)。两种互补颜色之间的色相对比程度是最强的,它们之间具有一个共同的特征,那就是都能够从色相上最强烈地衬托对方。因此,虽然补色之间的色相差别最大,但把它们放在一起是最和谐的。通过互补色获得和谐是一种形式要素的构成方式,其本质是建立在形式要素色相对比最大化基础之上的。

明度和谐是指通过相同明度色彩的搭配取得和谐效果。在颜色中加入黑色后,其明亮程度将发生改变;加入的黑色越多,明度越低。当色相不同的颜色搭配时,如果它们的明度都是相同的,它们就具有了共同的特征,就是互为和谐的。明度和谐是一种形式要素的构成方式,其本质是建立在具有相同明度形式要素对比基础之上的。

饱和度和谐指通过具有相同饱和度的色彩搭配取得和谐效果。在颜色中加入白色后,其色彩的饱和度将会发生改变;加入的白色越多,饱和度越低。当色相不同的颜色搭配时,如果它们的饱和度都是相同的,它们就具有了共同的特征,就是互为和谐的。饱和度和谐是一种形式要素的构成方式,其本质在于形式要素具有相同饱和度基础之上的对比。

同类色和谐指通过相同色相的色彩搭配取得和谐效果。同一种颜色在不同明度、饱和度下会呈现出不同的视觉效果;由于它们具有共同的色相特征,在相互搭配时,就是互为和谐的。例如,将各种亮度不同的深蓝、浅蓝、灰蓝等各种蓝色系色彩加以组合,就可以产生和谐的效果。同类色和谐是一种形式要素的构成方式，其本质在于形式要素在相同色相基础之上的对比。

除了上述形式要素的和谐构成之外，也可以通过内容要素之间的协调获得和谐效果，例如通过作品风格和价值观的协调一致获得和谐效果。

风格协调一致是通过具有相同风格元素的搭配取得的。形式要素在一定的文化背景下会体现出某种总体特征；当这种总体文化特征具有一定代表性时，就构成了一定的风格。由于任何文化特征都是理性认知的结果，所以风格特征是形式要素升华为内容之后的结果。也就是说，风格协调与否取决于人的理性思考和判断，是对感性认知的升华。因此，一般情况下，通过风格协调达到和谐属于艺术价值判断的范畴，与审美判断过程无关。

价值观协调是指相同理念的艺术作品互相搭配取得和谐效果。任何艺术作品都会反映出一定的价值理念。例如，现代艺术中的立体主义与超现实主义信奉的理念不同，两种艺术表达出的价值观念必定不同。当我们对特定艺术流派的价值观念持肯定态度时，就会对该流派的其他作品持同样的肯定态度。所以，具有相同价值观念作品之间的组合将会取得一定的和谐效果。对价值观念的判断同样属于理性认知，因此，通过价值观念协调取得的和谐同样属于艺术价值判断范畴，与审美判断无关。

九、呼应

呼应（echoing）也可以被称作回应，原本是有问有答之意。呼应本质上是一种互动方式，指事物局部的形状、色彩、质地、声音强弱等要素在构成中的上下、前后、左右等方位之间的相互联系和照应。这种联系和照应既可以对人在视觉和听觉中的直观感受产生作用，又能够使人产生局部之间相互关联的理性认知印象。也就是说，呼应既可以是一种感性认知方式，也可以成为一种对事物产生的理性思维。

因此，呼应这一构成规则既可以成为审美客体形式要素之间的组合手段，又可以使感性形式要素上升为内容要素。仅仅发生在感性认知层面上的相互关联和照应感受是形式要素之间的呼应，这种呼应通过某些图形、符号或声音重复出现的信息激发引导感觉器官对审美客体产生额外的关注，增加审美主体对客体感性认知的强度。例如，一种或几种类似颜色同时出现在绘画作品的不同部位，可以使不同画面空间获得更多的关注。呼应的本质是相互关联的形式要素在不同时空方位层面上的对比。通过形式要素之间的对比，呼应法则可以增加作品形式要素的信息量，从而提高作品的整体感性识别程度，达到"形式美"的构图目的。形式要素之间的呼应是一种加强感性认知的方式，属于审美形式构图法则。

呼应可以被升华为内容要素的构成方式，这主要发生在对情景和思想内容的认知之中。例如，画面中不同人物的相同行为和姿态，或是文学作品中首尾内容的相互照应。内容要素的呼应可以使作品情节更加曲折，内容更加丰富和生动，强调出某种情景或思想内容的重要性。这种内容要素之间的呼应与人的理性思维直接相关，是一种增强理性认知的方式，属于艺术价值判断的法则，与审美无关。

十、肌理

自然事物的千姿百态都是通过一层表面的"肌肤"特征呈现出来的，这种表面特征被称作肌理（texture）。一般来讲，肌理可以被分为触觉肌理和视觉肌理。触觉肌理出自真实存在的物体，如各种建筑材料、雕刻艺术作品表面给我们带来的不同触觉感受。视觉肌理则是一种通过幻觉对触觉肌理的模仿。例如在绘画、影视艺术作品中对各种事物触觉肌理的表现，使我们通过视觉感受、体验到肌理的存在。

肌理又被称为质感，源自构成事物材料的不同或是材料组织、排列规律的差异。材料的不同、组织或排列规律的差异形成了事物不同的表面特征，使我们可以感受到各种各样的组织结构，例如冰面的平滑光洁、砂石的粗糙斑驳、皮毛的轻软疏松、山岩的厚重坚硬等。肌理的特征是相互比较的结果,所以它的本质是不同事物表面特征之间的对比。如果我们将这种对比看作是一种客观属性,仅对其进行直观感性认知,肌理就是一种形式要素构成法则。但是,当我们将肌理特征当作理性认知的素材时,例如将"坚硬"与"山岩"或是"金刚石"相关联,"坚硬"这种纯粹的感性形式特征就被升华成理性认知对象,转变为艺术价值判断的内容要素。

第二节　形式要素构成与内容要素构成

通过以上分析，我们可以将现有的形式构成或"形式美"法则归纳划分为两大种类，它们分别属于形式要素构成法则和内容要素构成法则。形式要素构成法则仅与人的感性认知相关，是对客体形式直观感受规律的总结；内容要素构成法则与人的理性认知相关，是对理性加工认知客体内容规律的总结。当审美主体将理性认知用于形式要素时，形式要素构成就将转化为内容要素构成，我们称这种现象为形式要素构成的升华。当形式要素构成可以不受主观理性认识影响、仅与客体自身相关时，我们称之为纯粹形式要素构成法则；当形式要素构成必然与主观理性认知关联时，我们称之为纯粹内容要素构成法则。

审美判断中常见的、属于形式要素构成法则的有以下几种：

（1）变化，可以与理性认知关联，升华为内容要素构成法则；

（2）对称平衡，可以与理性认知关联，升华为内容要素构成法则；

（3）比例，可以与理性认知关联，升华为内容要素构成法则；

（4）尺度，可以与理性认知关联，升华为内容要素构成法则；

（5）节奏，纯粹形式要素构成法则；

（6）层次，可以与理性认知关联，升华为内容要素构成法则；

（7）呼应，可以与理性认知关联，升华为内容要素构成法则；

（8）和谐，可以与理性认知关联，升华为内容要素构成法则；

（9）肌理，可以与理性认知关联，升华为内容要素构成法则。

常见的作为纯粹内容要素的构成法则有以下几种：

（1）统一；

（2）韵律；

（3）不对称平衡；

（4）张力。

形式要素既可以传递客观信息又可以被人的理性升华为内容要素传递

主观信息。在传递客观信息时，形式要素使我们产生直观情感体验；在传递主观信息时，内容要素则使我们开启思维，产生理性价值判断。正是形式要素构成法则的运用使审美客体产生了感染能力；对内容要素构成法则的运用，或者当形式要素构成升华为内容要素构成时，最终形成的是客体的艺术价值。审美是人将自身感性认知能力运用于对形式要素构成直观感受的结果；艺术价值判断则是人的感性认知上升为理性认知的结果。当我们从形式要素构成角度感受、探讨事物或艺术作品时，例如感受和体验作品的节奏和变化时，我们就是在从事涉及感性认知的审美活动；当我们从内容要素构成角度关注、体验、谈论艺术作品时，例如分析作品的统一、韵律、张力时，我们就是在从事涉及理性认知的艺术价值判断活动。

审美与感性认知、艺术价值判断与理性认知是美学中的两种不同认知关系。区分和掌握这两种不同关系，可以帮助我们更好地理解并解释美学中的各种现象。

我们可以按照表现内容将绘画划分为静物画、风景画、人物和肖像画。一般来讲，相对于人物和肖像画，静物画和风景画的受众群体都会比较大，在常人看来也更容易获得普遍的欣赏效果。这种现象的深层原因在于静物和风景表达更多的是由变化、比例、节奏、层次、和谐等形式要素形成的构成规则，对这些形式要素及其构成规则的欣赏需要的仅仅是层次较低的感性认知能力。人物和肖像画中除了包含对形式要素构成的表达之外，更多的是对人的情感、文化背景和价值观念等内容要素的关注和刻画，而且这些内容要素往往是作品表达的重点所在，因此，对人物、肖像画的理解和欣赏就同时需要感性和理性两种认知能力，需要付出更多的认知"成本"代价，是一个相对层次较高的认知过程，难度也就相对较高。我们常说的美无处不在，表达的正是审美活动是一种最基本的感性认知过程，是人对自身天然感性能力随时、随地的本能运用。

一些形式构成法则在审美和艺术创作中受到格外重视，也显示出更能够打动人心的效果，其主要原因也在于它们是最容易被感性能力认知的。

对称平衡历来就是一种重要的形式构成法则,古埃及金字塔、罗马万神庙、巴黎罗浮宫、北京故宫等经典建筑的平面布局都遵循对称平衡的形式构成法则。这些建筑给人的印象之所以难以磨灭,根本原因之一就在于对称形式构成仅仅需要我们以自身都具有的最原始、最简单的感性认知能力对其进行直观感受。如果这些建筑采用非对称平衡布局形式,我们就要通过理性思考和判断才能够获得对它们的理解和欣赏;这固然会为我们带来艺术价值体验,但这种体验缺少的是感性力量不假思索、暴发式的原始冲击。当然,上述对称式建筑尺度形式要素的宏大也是它们能够震撼人心的原因之一。这类建筑总体造型的尺度都不以人为标准,因而在形式要素构成中都可以采用夸张手段,使我们在不需要理性认知参与的过程中获得原始、有力的审美直观感受。

第三节　形式要素构成的本质：对比的维度

按照我们上面的界定，形式要素构成法则不同于内容要素构成法则；形式要素构成是审美客体形式自身的客观属性，造就的是审美客体形式要素的感染能力。我们下面将进一步探讨这些形式要素构成法则的共同属性特征。

任何形式要素构成法则的前提条件是不同形式要素的存在，或者是相同形式要素不同组合方式的存在；这些不同的形式要素、不同的组合方式形成了各种不同的构成规则。这些规则的名称是人给予的，但是其组合构成方式不受人的主观思维影响，是客观的存在。如果不考虑各种法则的名称，它们都可以被看成是各种不同的形式要素集合，或是某种形式要素不同组合形态的呈现。不同形式要素的集合、相同形式要素的不同组合，它们的本质都是形式要素的对比。不同形式要素之间是对比，相同形式要素的不同组合方式也是一种形式的对比。因此，我们可以说形式要素构成法则的本质就是形式要素的对比。

在上面的分析中，我们阐述的变化、对称平衡、比例、尺度、节奏、层次、呼应、和谐、肌理并不是形式构成法则的全部，如果可以想象并列举出新的形式要素组合方式，我们就可以增加一种新的形式要素构成法则。这些形式要素的不同构成方式可以被看作是对不同感性认知"方向"维度的表达。所谓感性认知的"方向"表示的是，在"数量"级别相同的情况下，感性认知情感体验的类别差异。例如，对"节奏"与"尺度"两种形式要素构成感性认知的"数量"级别可以是完全相等的，但是两者给人的情感体验可以是不同的。我们将相同"数量"感性认知在心理体验上的不同看作是感性认知的"方向"维度差别。这样一来，对形式构成所包含信息的度量结果除了"数量"大小指标之外，还存在"方向"维度上的差别。由于这些"方向"维度差别是形式要素构成方式的不同引起的，对它的认知就需要理性判断的参与。这就是说，"方向"维度给人带来的不同心理体验是理性认知作用的结果，我们无需将其纳入审美客体感染能力度量的范围。所以，我们可以将所有形式构成法则的本质简单地看作是形式要素在所有不同感性认知维度中的对比。

也就是说，我们可以将所有形式要素的对比归纳成不同维度之中形式要素之间的对比：变化是不同形式要素在各种我们可以想象到的感性认知维度中的对比结果，它可以发生在体量大小维度中，也可以发生在明暗关系、色相等维度中，还可以发生在空间中位置维度中；对称平衡是相同形式要素相对于空间维度某一特定原点位置的对比；比例是不同形式要素在尺寸维度中对比的结果；节奏可以被看作是形式要素在时间维度中的对比结果；层次是形式要素在色彩、明暗关系维度中的对比；呼应是相关或类似形式要素在四维时空中的一种对比；和谐是不同形式要素在确保某种相同特征（维度）前提下的一种对比；肌理是形式要素在表面材料特征维度中的展现出的差异（对比）。

总之，一切形式要素的构成法则都是形式要素对比在各种不同维度中呈现的结果。这些不同的维度可以体现在形式要素的数量特征上，即点、线、面、体积的大小上，也可以表现在形式要素的空间位置上，还可以反映在形式要素所处的时间中。形式要素对比的感性认知维度数量远远超出我们生活中的物理时空维度，它是以形式要素不同的组合方式存在为基础的，涉及人的感性认知能力能够触及、抵达的一切领域。

第四节　形式要素的极限对比

在审美和艺术实践活动中，存在着另外一些令人耳熟能详的形式构成法则或原理，如黄金分割、优美曲线与完美圆形、互补原理等。人们在广泛运用这些构成法则或原理时，错误地认为它们就是美的化身。从审美客体感染能力的角度来看，这些法则或原理的本质与形式要素对比强弱程度有着内在的本质联系：它们是人类对形式要素对比，也就是审美客体感染能力极大化追求的体现。下面对这些法则或原理的本质进行一些简要分析，以加深我们对形式要素对比与审美客体感染能力之间等价关系的认识。

一、黄金比例，一种和谐前提条件下的极限对比

黄金比例（Golden Ratio）又被称为黄金分割，是一个无理数，无限不循环，一般可以表示为 1.618 或 0.618。古希腊学者在对几何图形的研究中首先提出了黄金比例概念。他们发现一些图形中包含着固定比例分割的线段，例如，五角星中按照长度顺序排列的四条不同直线相互之间都保持相同的比例，也就是黄金比（Golden ratio，wikipedia.org）。欧几里得在公元前 300 年左右撰写的《几何原本》总结了前人的研究成果，对黄金分割的特征做了进一步系统论述。进入中世纪后，黄金分割被披上更加神秘的外衣，成为一种神圣的比例。德国天文学家开普勒称黄金分割为神圣分割，曾将其用于天体运行的模型研究之中。人类对黄金比例的浓厚兴趣还来源于对大自然奥秘的关注。黄金分割被认为存在于不少自然事物之中，例如在一些动植物组织结构、人类身体构造的比例中都存在着非常接近于黄金分割规律的现象。在西方美学中，黄金分割自古以来都被认为具有崇高的艺术性、和谐性，蕴藏着丰富的美学价值。为最大限度地展现美学价值，在很多工业和民用产品、建筑物、艺术品的设计与创作中都普遍运用了黄金比例原理。

简单地说，黄金比例（分割）就是将一条直线的长度分割成长短两段，若短段与长段的长度之比等于长段与整条直线全长之比，那么这一比值就等于 0.618；如果长段比短段等于直线全长比长段，那么这一比例就是 1.618。在对黄金分割的定义中，欧几里得将其描述为"对直线极端和均值的分割"。这里的"极端和均值"分别表示黄金分割点的极端唯一特性，以及分割之后产生的不同线段之间比例的等值特征。

一条直线中存在着无数个可以将其分割为两段的点，在分割后出现的两条线段与原来的线段之间也会存在着各种不同的比例；只有当一条线段被黄金分割之后，所得到的三条不同长度线段之间的比例数值才能够保持一致。也就是说，一条线段被黄金分割后，产生的三条不同长度线段形成了形式要素之间的对比；由于这三条线段之间的比例关系是一致的，由此构成了对比形式要素之间的和谐。所以，黄金分割的本质是使线段形式要素在保持和谐状态下产生出的对比，并由于对比的存在使线段产生了感染能力。对任何线段做出一次分割都可以得到三条线段，并由此产生形式要素的对比；但是，只有在黄金分割的情况下，形式要素之间的对比才是出自和谐维度中的对比，由对比产生的感染能力也就具有了和谐的因素。这种和谐的感染能力是经过最少分割（一次分割）之后得到的，其功效也是最高的。我们也可以说黄金分割是使一条直线在和谐维度下的分割形式。如果将多条经过黄金分割的任意直线组合在一起，我们就会获得许多长短不同的线段的对比；这些对比线段之间的关系仍然能够保持为相同的比例，即黄金比。这意味着黄金分割可以使无数条线段的对比保持在同一个比例关系中，从而能够在一种和谐维度中将对比强度保持在最大的极限状态。

除了对线段的划分之外，黄金分割原理还被运用在平面图形的构成之中。当一个矩形的长边与短边之比为 1.618 时，该矩形被称为黄金矩形。黄金矩形同样被认为能够令人愉悦，具有内在的美感，因此被广泛应用于建筑设计、雕塑、绘画、工业设计领域。日常生活中许多与长方形相关的产品也都会参照黄金比例设计，构成和谐悦目的黄金矩形。例如，传统的电影屏幕和电视机外形、许多写字台面、画框和镜框、书籍、旗帜、火柴盒等，它们短边与长边之比都被尽可能地设计为 0.618。

对黄金矩形青睐的原因也并不神秘，同样是因为它在同一比例下包含有形式要素极限对比的可能性。当我们在黄金矩形中划分出一个正方形后，剩余的部分依然是一个较小的黄金矩形；对这个较小的黄金矩形可以再次划分出一个新的正方形，剩余的部分是一个更小的黄金矩形，这个更小的黄金矩形依然可以被用相同的方法再次划分下去。从理论上讲，可以用上述方式将一个黄金矩形无限地分割下去，形成无数个大小不同的正方形和黄金矩形，构成无数个形式要素的大小对比。与直线黄金分割一样，无数个形式要素对比意味着感染能力的最大极限可能性，而所有这些构成感染能力的对比又同时与一个使所有对比要素保持和谐的黄金比例相关。可以说黄金矩形是一种能够构成或者说能够使人在想象中生成既和谐又是数量最大化的形式要素对比方式（黄金矩形，image.baidu.com）。

黄金矩形构图原理在艺术创作活动中得到了广泛的应用。将艺术作品中的各种主要形式要素置放在黄金矩形线段出现的位置，就可以使形式要素对比在保持和谐状态下达到最大化，也就是在形式要素和谐的前提条件下，使作品的感染能力达到最大化。详细查看利用黄金矩形对希腊帕提农神庙立面的造型分析，以及对达·芬奇画作《蒙娜丽莎》的研究，我们可以发现这些作品构图方法的本质正是如此。

黄金比例和黄金矩形对我们感官产生诱惑的原因并不在于它们本身具有"形式之美"，而是因为它们包含的形式要素极限化对比可以产生强大的感染能力。任何审美客体自身都不存在固有的形式之美，无论是 0.618 还是 1.618 的比例，它们不是美的本质。美是审美主体感受能力与审美客体感染能力之间作用的结果，在这种相互作用中，客体本身发挥作用的是形式要素产生的感染能力。当我们在艺术作品的形式构成中运用黄金分割和黄金矩形原理时，可以使作品形式要素在同一黄金比例数值基础上保持一种和谐状态，同时能够生成数量最大化的形式要素对比，并由此使作品具有的感染能力趋于极大化。这就是黄金比例的魅力所在。

既然如此，黄金比例和黄金矩形就不应该是唯一能使审美客体产生较大感染能力，同时又使其整体处于和谐状态的分割和组合方式。清华大学建筑学院的王南老师经过深入研究后发现，中国传统古典建筑中存在着一个与西方黄金比不同的比例关系。他指出，中国传统的天圆地方文化信仰将方圆组合视为一种造型的基本形式，由此将圆与其内接正方形组合中圆的直径与正方形边长之比视为一个固定的比例参数，将其反复用于古典建筑营造的整体及局部细节之中。这一比例实际上就是正方形对角连线长度除以正方形之边长，即$\sqrt{2}$，大约等于1.41。通过对500多个现存古典建筑的分析考证，他证实了这一比例在建筑体量、功能划分、建筑长宽与高度比例、内部空间比例等实际运用中的真实性（中国古典建筑的营造密码太神奇了，baidu.com）。

中国古典建筑通过运用1.41这一比例给人带来丰富、和谐感受的原因同样在于它能够使形式要素在和谐的前提下，产生出极限对比的效果。不变的1.41参数能够使建筑整体与局部、局部与局部之间保持一种和谐关系；同时，这一固定比例的反复使用可以最大限度地提高建筑中各种形式要素的对比。因此，只要按照正方形对角线长度和边长比例关系组织并安排建筑的各种尺寸，形成不同形式要素之间的对比，就可以在保证形式要素之间和谐的前提下，使建筑形式的感染能力趋于最大化。中国古代工匠正是通过使用这一形式构成技巧，在和谐的前提之下充分展现出了建筑形式感染能力的最大潜力。

实际上，任何比例在艺术作品中的统一运用，都可以使形式要素之间的对比处于和谐状态。公元前1世纪的罗马建筑师维特鲁威在《建筑十书》就指出，建筑部件应该符合统一的比例体系；他相信，只要建筑部件符合统一的比例，就可以达到和谐效果。那么，为什么我们在艺术创作中乐于使用如黄金比这些固定的比例关系呢？原因在于黄金比例在提高形式要素感染能力并使之保持和谐的同时，还给古希腊哲学家带来了理性主义的无穷魅力；而 1.41 作为圆形直径与内接正方形边长之间的比例，同样代表着中国传统文化对天圆地方宇宙观念的理性追求。理性文化思想的介入将纯粹的形式要素构成升华成了内容要素构成，将审美过程转化成了艺术创造和价值判断的过程。这些特殊比例关系能够在产生极限感染能力的同时与特有的文化内涵相结合，使艺术作品迷人感性的外表具有了理性特征，因此在艺术价值创造中被长期视为完美的形式构成手段。

当我们将这些具有特定文化内涵的比例运用于艺术作品时，就不只是在从事审美活动，同时还在进行艺术价值判断活动。在艺术价值判断中，"美"就不是我们关注的唯一目的，或许根本就不是我们的目的。在审美活动中，我们需要考虑的是作品中的形式要素构成，例如确保形式要素的和谐并同时尽可能地提升感染能力；在艺术价值判断中，我们更多需要思考的是作品中的内容要素构成，如统一。从这个层面上看，可以说天圆地方观念对中国传统建筑美学的影响是存在于艺术价值判断之上的，是统一建筑艺术创作的一个文化理性概念。所以，我们可以说 1.41 这一起源于文化概念的构图分割比例是中国古典建筑艺术价值判断的重要手段，而不能将其单纯归纳为一种审美构图手段，虽然这种比例可以被用来提高建筑形式要素自身的感染能力。

从上述对形式要素极限对比原理的分析来看，不论是黄金分割还是黄金矩形划分，它们本身并不是美的化身，而是使形式要素对比在保持和谐的条件下达到最大化的一种途径。人类在长期的审美和艺术实践活动中，发现并总结了这些能够有效提高形式要素对比程度、增强感染能力的方法，却错误地将这些方法看作是美本质的呈现。

二、优美的曲线、完美的圆，事物形式要素的极限对比

曲线历来被认为是一种优美的造型元素，在审美和艺术创作活动中被广泛使用并深受喜爱。从蜿蜒的小路、回转的河流、模特摆出的 S 形

人体姿态,到解构主义建筑师扎哈的作品中,我们都可以发现各种曲线的运用。对曲线的喜爱几乎不受文化和时代的限制,它表明这种现象的存在是超越理性认知观念的,是以全体人类共有的感性认知能力为基础的。

现有通行的理论解释是,曲线有着自然、自由、温柔、浪漫、开放、灵动、流畅、夸张、活泼等特征,能够给人带来愉悦的心理感受。瑞典心理学家隆德霍尔姆(Helge Lundholm)在1921年通过实验研究提出,人们倾向于将直线和由尖角构成的线段与艰难、粗糙、冷酷、残忍等心理描述直接相连,对于曲线的心理表述大多是与恬静、和善、温柔等相关。在后来的各种研究中,隆德霍尔姆的结论被不断地证实。

神经科学家巴尔(Moshe Bar)和内塔(Maital Neta)于2006年在《心理科学》杂志上发表了《人类喜爱曲线视觉物体》一文,并在随后的实验中从神经科学角度对人类偏爱曲线的原因和机制进行了分析。他们利用功能性磁共振成像(fMRI)技术测量并记载了人的脑电认知反应,证实人类大脑中的杏仁体对由直线构成的尖锐物体的反应要远远大于由曲线构成物体的反应。大脑杏仁体的主要功能是处理能够使我们产生焦虑、畏惧和攻击行为的外来刺激;这表明由直线构成的尖锐物体更容易触发人类的恐惧机制,进而产生厌恶的心理。他们的研究结论是:大脑杏仁体的反应程度与物体的尖锐程度成正比,与对物体的喜爱程度成反比。

从审美概念的特征层面上看,这种对人类偏爱曲线的解释并不正确。审美是审美主体对审美客体的感性认知,它的基本特征是直观感受,这也就排除了理性认知的介入。当审美主体对审美客体的感性认知转化为理性认知时,审美就转变成了艺术价值判断。非常明显,上述研究结论中对人类心理反应的描述大多带有强烈的理性认知特征;以"艰难""粗糙""冷酷""残忍""攻击""和善""温柔"的理性概念作为区分认知感受的标准,实际上混淆了审美和艺术价值判断两个不同的概念,将人类对某类线段的艺术价值偏爱当作了审美价值取向。即使研究者本人也不得不承认,我们对于一些由曲线构成的事物同样会产生厌恶,例如对蛇这种曲线形态会普遍产生反感;对于由直线构成的物体,例如香甜、坚硬的巧克力块,也会产生喜爱。这些反例很好地说明了有关内容的理性思考和判断对于人类某种爱好所起到的关键作用。在艺术价值判断中,决定我们是否喜爱和喜爱程度的不仅仅是对事物外在形式特征的感性认知,更重要的是对其内容的理性判断。

从属于感性认知的审美层面看,决定人类偏爱曲线的根本原因在于曲线具有较高感染能力这一特征属性。对曲线的感性认知是指对其不含有任何内容含义的形式要素的直观感受。在比较、研究直线和曲线给人带来的直观感受时,只能考虑它们作为形式要素产生的结果,排除内容概念可能产生的任何影响。我们能够直观感受形式要素的根本原因源自形式要素产生的对比,因此,对曲线直观感受的偏爱只能是源自它比直线能够产生更多的形式要素对比,也就是说它具有更强的感染能力。

与直线相比,曲线的空间维度总是要高出一个等级。平面中的直线最少存在于一个维度之中;平面中曲线的存在则最少需要两个维度。在不考虑空间位置的情况下,我们用一个长度参数就可以描述一条直线的基本特征;但是,要描述一条曲线,除了长度之外,我们还必须了解它的曲率特征。如果是一条不规则曲线,就会存在许多不同的曲率。用微积分概念,我们可以将一条曲线近似地看成是由许多条方向不同的短直线连接构成的。当组成曲线的这些短线段趋于无限多条时,它们最终的集合就构成了一条曲线。所以,一条曲线可以被看作是无数条直线段组合对比的结果。

同样,圆形也可以首先被近似看作是一个正多边形,而且多边形的边数越多,越接近于圆形。多边形的形式要素对比大小与其边数的多少相关,边数越多,对比就会越大。当正多边形的边数趋于无穷多时,多边形就将趋于圆形;此时,作为边数无穷多的多边形形式要素对比也就达到了最大化。

因此,一条曲线作为无数多条直线线段的集合,它的形式要素对比就远远大于一条直线的形式要素对比；作为无穷多边数的多边形集合构成的圆形，其形式要素的对比也远远大于一般的多边形。审美客体形式要素的对比越大，其感染能力也就越高。正是由于曲线和圆的形式构成要素对比程度的极大化，它们才具有了较高的感染能力。这就是曲线和由曲线构成的形体比直线和由直线构成的形体能够在感性认知中更加触动人心的本质所在。作为一种由曲线构成的形体，圆形被称作完美形体的原因在于它的曲线曲率是唯一不变的。这种不变的曲率在感性认知层面代表着和谐，在理性认知层面表达的是统一的概念，所以，圆形在审美和艺术层面都被认为具有一种"完美"的价值。

三、互补原理，不同事物之间的极限对比

方与圆的平面或立体组合同样是艺术作品中常见的形式构成方式，在某些文化传统和历史阶段中，这种组合构成方式也被当作形式美的化身得到了广泛的运用。古希腊神庙的基本形制就是由石材建造的圆柱外廊环绕长方形主体内核构成。不难理解，圆形柱子的使用源于人类早期以树木作为建造材料的历史。但是，在经过长期演变过渡到石材结构之后，依然对圆柱的原型不弃，并在建造过程中花费巨大人力和物力将这种受力构件浓缩成柱式标准，奠定了古希腊及欧洲古典建筑艺术风格的基础。这说明圆形柱子的使用必定有其特殊的美学意义，是审美或艺术价值的体现。

古罗马建筑的伟大成就拱券结构以及由拱券形成的穹顶结构形式，给罗马建筑带来了崭新的审美和艺术形象。由拱券与墙体、拱券与柱式结合而形成的曲线与直线、圆形与方形的基本组合形制，在建筑立面的门窗、券洞装饰中大量运用（拱券，baike.baidu.com）。罗马斗兽场每层有80个券洞，三层共计240个壮丽的券洞，给人带来了强烈的视觉感受。穹顶结构形式极大地扩展了建筑的内部空间，被用于神庙、浴室等大型公共建筑中。这种穹顶在一般情况下都被置于一个内切方形的室内空间之上，形成

一种圆与方的形式要素组合（Dome，wikipedia.org）。这种圆形与方形的组合演变成了一种受到偏爱的构图形式，还发展出圆形与内接方形的组合。两种方圆组合常见于大型建筑设计的空间组合和平面图案的设计之中（Michelangelo Plan，google.com）。

前面提到的中国传统天圆地方文化观念在建筑和各种装饰图案中也有许多直观的表达。北京天坛的祈年殿就是一个例子。祈年殿屋顶内部的藻井是由一个外圈大圆、一个内接正方形和一个内切圆组合构成的。上海博物馆的上部体型设计为圆形，下部为方形，同样表达的是天圆地方概念。我们日常生活中也可以见到许多以圆、方形状组合而成的器物，如屏风隔断、古代铜钱等。

对方圆形式组合的喜爱固然受到了属于理性内容的文化观念影响，但在审美层面同样体现出了感性认知的力量：方、圆形式组合具有较强的形式要素对比特征，能够体现出较高的感染能力。正方形由四条等长直线和四个相同的直角构成，相对于其他平面多边形而言，其形式要素对比较弱。如我们前面所述，圆形由一条曲率相同的曲线组成，与其他平面正多边形相比，是一种形式要素对比最强的形态。因此，正方形与圆形的组合就形成了一种对比较弱的形态与一种对比较强形态的组合；两种形态之间就构成了一种极限对比，成为一种能够给我们带来较强感染能力的形式要素组合。

根据同样的道理，从审美感性认知层面上看，等边三角形与圆形的组合也具有较强的感染能力。这种组合形式之所以不如方圆组合应用广泛，原因在于它在文化概念上相对缺少一定的理性内涵，具有的艺术价值相对较低。有些时候，我们会以审美为主要目标，将客体的感染能力放在美学思想的首要地位；有些时候，会以艺术价值为首要选择，将客体形式要素内涵的理性文化概念视为最高的准则。我们对事物的美学价值判断是在审美和艺术价值之间选择和平衡的结果。

一种能够最大限度提高审美客体感染能力的形式要素组合方式是互

补。互补是指相互补充，形成一个完整的系统。当两种或两种以上不同形式要素可以最大限度地相互弥补对方的缺陷，构成一个新的完整形式时，它们就是互补的。

当两个外形相同等腰三角形的空间位置完全相反，形成方位对比最大化状态时，就可以互补构成一个平行四边形。色轮中任何处于180度相对位置的两种颜色都是相互距离最远的，因此它们之间都是互补的。红色与绿色互补；红、黄、蓝三原色也是互补的，因为它们相互调和之后可以变为灰色。实际上色轮中的任何三种颜色，只要它们相互间隔120度、形成相互间隔距离的最大化，它们之间都是互补关系。无论是视觉形式还是听觉要素，只要存在着形象、位置或者音高的最大对比效果，这些形式要素之间就可以构成互补关系。互补是形式要素对比的最大化状态，因此，当不同形式要素构成互补关系时，它们之间在某种维度上的相互对比一定是最大化的，在这一维度上的感染能力也就可以达到最强状态。

这里需要指出，我们所说的互补是形式要素对比的最大化状态，它的运用能够有效提高作品的感染能力，给我们带来强有力的视觉或听觉冲击。当对互补的体验需要注入理性概念时，互补所构成的形式要素对比就升华成了对内容的理性认知，不能再被认为是提高客体感染能力的一种有效手段。比如，在"中国红"与"孔雀绿""希腊柱式"与"中国古典柱子"的形象风格互补中，两组互补形象由于包含了"中国"和"孔雀""希腊"和"中国古典"的理性概念，就不能被看作是纯粹形式要素的互补对比，也就不能被当作有助于提高审美客体的感染能力。

通过以上分析，我们看到形式要素的构成都是对比在不同维度上的展现。在审美判断中，我们对黄金比例、曲线、圆形、方圆组合以及各种形式要素互补效果的偏爱都是对形式要素对比程度极大化的追求。审美客体形式要素的对比程度与感染能力大小之间具有等价关系，那么，如何有效度量形式要素的对比程度就成了我们度量审美客体感染能力的关键。

第五节　形式要素感染能力的度量

从第三章第二节对信息度量的论述中，我们已知事物信息量的大小是对其自身不确定性的度量，也就是对事物内部各要素确定状态认知必须做出的最少选择次数的度量。在审美客体中，形式要素的不确定性意味着要素之间存在的差别数量，而要素之间的差别数量就是它们之间的对比数量。无论是在视觉、听觉还是触觉形式中，当只有一种要素存在时，感觉器官在对它们感受时都不需要进行任何选择；只有在出现不同要素时，我们的视觉、听觉或触觉器官才需要对不同要素进行感知的选择。对形式要素的感受就是感觉器官对两种以上形式要素不同之处的关注、比较和选择。当每出现一种不同形式要素时，感觉器官就要对新出现的不同要素最少进行一次关注；不同形式要素越多，感觉器官需要对形式要素进行关注的次数就越多。这种关注就是感觉器官对不同形式要素的比较和选择。也就是说，每当形式要素出现差异时，我们的视觉、听觉和触觉器官就会在差异要素之间进行不同的关注。

所以，形式要素之间的差异就是形式要素不确定性的体现；形式要素的差异数量越多，其包含的信息量也就越大。从本质上看，对审美客体形式要素信息的度量就是对形式之中要素差异程度的测量。换句话说，审美客体形式要素的信息量与形式要素之间的差异程度成正比，即：

$$审美客体形式要素信息量 \propto 形式要素之间的差异程度$$

其中的差异程度由差异数量和差异强度集合构成。

根据梅里亚姆-韦伯斯特（Merriam-Webster）字典的解释，不同要素的并置或不同事物之间的比较都可以被称作对比。据此，我们可以说任何形式要素之间的对比都是差异的存在；正是形式要素的对比构成了审美客体形式要素的信息。所以，我们也可以说，形式要素的对比程度等价于审美客体形式要素的信息量，即：

$$审美客体形式要素信息量 \propto 形式要素的对比程度$$

形式要素的所有对比代表了审美客体之中形式要素所有构成类型的集合，而对比的程度（多少和大小）又决定了审美客体形式信息量的大小。根据我们在第三章第六节中的定义，审美客体的感染能力源自形式要素，其本质就是自身形式要素多少的程度，因此，审美客体形式要素信息量的大小就决定和代表了审美客体感染能力的大小。作为审美主体，我们能够获得的对纯粹形式的感受正是来自于审美客体形式要素的信息量。形式要素信息量越大，表明其中的对比越多、越强；审美客体形式要素对比越多、越强，其感染能力越强。也就是说，审美客体感染能力体现在其形式要素对比产生的形式信息总量之中。

形式要素的对比构成了形式信息。通过形式信息，我们可以感受到形式要素的对比。形式的信息就是我们感受形式要素对比的媒介；形式要素中的对比越多，它所包含的信息量就越大，具有的感染能力也就越强。需要指出的是，虽然对比可以在不同的形式构成"维度"中出现，形成各种形式构成法则，但这些在不同"维度"中的形式对比在构成信息总数量中没有任何差别，因为审美过程作为感性认知并不涉及"维度"的理性概念，只与表达强度的数量相关。因此，对审美客体形式要素在所有构成"维度"中产生出的形式信息数量的无差别度量就是对其感染能力数值大小的度量。也就是说，感染能力的大小等价于审美客体所有形式要素信息数量集合的大小，即：

$$Mo \propto 审美客体形式要素的信息数量$$

在信息时代快速发展的今天，对信息采集、加工和度量的手段已经非常成熟。对任何事物的形式要素，无论是听觉的、视觉的还是通过触觉感受到的，我们都可以用非常简便的手段对其进行采集和度量。用于移动办公的微型扫描仪便携、轻巧，可满足现场快速扫描各种文件和工程图纸的需求；大型扫描仪器分辨率更高，功能更加齐全。扫描应用软件可以将智能手机变成随身携带的扫描仪，方便快捷地记录管理各种视听形象和数据，并通过智慧、精准的数据增强演算方法来保证数据内容的清晰可读。光学字符识别也是一种文字和图形自动输入技术。这种技术可以通过扫描和摄像光学输入方式获取文字和图像的形式信息，利用各种识别算法分析图像的形式特征，并与已有的图像信息，如银行票据、图文资料、人脸和指纹比较，鉴别真伪。所有这些信息采集和量化技术可以使我们获得任何视听审美客体形式要素的信息量。

因此，我们只需通过使用现有的信息采集技术对审美客体形式要素进行有效的采集和处理，就可以获得形式要素信息的准确含量；之后，再将不同审美客体的形式要素信息量相互比较，就可以获得不同审美客体的相对感染能力强度。

测定审美客体感染能力的目的是通过审美原理数学模型度量审美价值；要有效地使用审美原理公式，就必须使感染能力与感受能力两个数值形成一种可以相互比较的等价关系。为此，我们还需要根据审美主体感受能力的测量方式和结果，对获得的审美客体感染能力强度数值进行进一步的等价变换。

在第五章中，审美主体感受能力最终是借用智商离差统计方式计算获得的。有关离差统计方式的详细介绍请参见第五章中的第一、二节内容。为保证与审美主体感受能力的可比性，审美客体感染能力的强度数值也必须利用以下相同的离差统计方式进行转换：

$$Mo = 100 + 15Z = 100 + 15(Mot - Moa)/S$$
$$Z = (Mot - Moa)/S$$

其中：Z 为客体形式要素具有的标准信息量，Mot 为客体形式要素通过信息采集仪器测出的实际信息量；Moa 为客体所在相同类别的形式要素具有的统计平均信息量（相同类别是指与客体具有相同的尺幅和表达手段。例如与客体大小相同，都是没有色彩的黑白绘画作品），S 为该类别组的分数标准差，可以设定为15。

经过离差统计换算，我们就可以对相同类别中的不同审美客体感染能力进行相互比较，对它们的量值大小做出判断。更重要的是，离差统计换算使感染能力与感受能力的最终量化结果统一在了一致的标准之内,有了相互之间的可比性。关于审美主体感受能力的量化详见第五章。

参考文献:

[1]王南.规矩方圆 天地之和:中国古代都城、建筑群与单体建筑之构图比例研究[M].北京:中国建筑工业出版社,2019.

第五章
Chapter Five

感受能力的本质及其量化法则
The Essence of Aesthetic Sensitivity and the Principle of its Measurement

本章所要探讨的是审美主体感受能力的特征属性，以及如何对其合理量化的问题。

第三章已经明确指出，感受能力是审美主体对形式要素多少程度的感性认知能力；与感染能力相比，对它的量化是比较困难的。我们虽然可以通过视听器官证实它的存在，但到目前为止还没有行之有效的方法对其加以度量。这是因为感性认知能力并非一种可以被直接触及的物理实体，而且对它存在的体验是一个感性认知的过程，似乎无法借助理性工具对其加以衡量。感性认知能力属于人类大脑认知能力的一种，与其相对应的另一种认知能力是理性认知能力。对理性认知能力的量化和度量已经存在行之有效的方法。我们可以借鉴这些已有的度量方法，拓展针对大脑认知能力的测试理论，使对感受能力的度量成为可能。

人类大脑的理性认知能力因人而异，对其水平高低的判断有定性和定量两种方式。在日常生活中，我们会用各种词语形容理性认知能力的差异。例如，我们时常使用聪慧、愚笨、机灵、迟钝等概念描述某人理性认知能力的高低。在科学研究领域，我们会使用定量方式对人的理性认知能力加以判定。常见的智商（IQ）指标就是针对具体个人理性认知能力的一种定量表达。

第一节　理性认知能力的度量

通常情况下，我们可以用智力水平的高低作为判断人类大脑理性认知能力的重要指标。有关大脑智力的定义充满争议,即使在心理学专业领域也没有统一的答案。人类智力研究的各种结论一般都是建立在对诸多不同因素的综合考察之上的,例如对逻辑和推理能力、理解能力、自我意识能力、学习能力、情感认知能力、计划能力、创造能力、判断能力、解决实际问题能力的综合考察。为量化人类智力水平,衡量具体个人智力的高低,美国斯坦福大学心理学家推孟(Lewis Terman)教授最早提出了智商概念;但是,对人类智力水平高低的定量研究则是由英国统计学家高尔顿(Francis Galton)开启的。

高尔顿博学多才,学术研究兴趣十分广泛,在人类学、地理、数学、力学、气象学、心理学、统计学等领域都有建树,是英国维多利亚时代的代表人物之一。在从事实验心理学研究中,他首次运用标准化问卷测试,并结合统计学方法挖掘人类心理与行为之间的关联特征。高尔顿相信人的智力水平大部分来自遗传。在1869年出版的《遗传的天才》中,他给出了大量智力遗传的论据,说明人的智力虽然受到后天人文环境和教育的影响,但基本上具有天生固有的特征属性,因此是能够被客观测量的。他推测人的智力水平高低与其身体的物理和行为特征,如身体灵活性、肌肉握力、头的尺寸大小之间存在着一定的关联。1882年,他建立了世界第一所针对人类大脑的研究和测试中心;但是,通过大量实验数据分析证实他的理论并不正确。

对人类智力量化研究的突破性进展来自法国心理学家比奈(Alfred Binet)。比奈对科学、哲学、文学和艺术诸多领域有着广泛的兴趣,先后获得过法学博士和科学博士学位。出于对心理学的兴趣爱好,他与亨利(Victor Henri)一起从事实验心理学研究,并于1889年组建了法国第一所心理学实验室,创立了测量各种不同类型记忆能力的方法。在他的倡导下,法国于1895年出版了第一本心理学杂志《心理学年报》。

为改善智障儿童的特殊教育,法国公共教育部于1904年要求比奈开展如何鉴别弱智儿童的相关研究。比奈在助手西蒙(Theodore Simon)的协助下，为测量儿童智力水平制定了一套行之有效的方法，并于 1905 年在第 11 期的《心理学年报》上发表了研究成果，推出了包含 30 个测试项目的世界第一个智力测量方法。1908 年，经过修改和增订，著名的比奈-西蒙智力量表终于问世，为现代智力科学测试方法奠定了基础。

1908 年推出的比奈-西蒙智力量表既扩大了测验项目的数量，又调整了测验内容。它不用一般阅读和算术知识水平的高低来考察大脑的理性认知能力，而是通过对记忆、理解、手工操作等多个更为基本的能力测试来衡量大脑的智力水平。所有测试项目都根据年龄分组，从 3 岁到 13 岁，每岁编为一组。编组方式如下：将 80%~90% 的 3 岁正常儿童通过的项目放入 3 岁组；将 80%~90% 的 4 岁正常儿童通过的项目放入 4 岁组，依此类推。在实际测试中，应试儿童最终能通过哪个年龄组的项目测试，就说明其具有该年龄组的智力水平。也就是说，不管应试者实际年龄是多大，都以其通过的项目组所代表的智力年龄作为他的智力水平。1911 年，比奈等人又对比奈-西蒙智力量表进行了修订，改变了一些项目的内容和顺序，并增加了一个成人组，从而扩大了智力测验的应用范围。比奈-西蒙智力量表成了世界第一个被公认的量化人类智力水平的有效途径。

比奈-西蒙智力量表用年龄当作测量和比较标准，为智力测验找到了一种科学的前进方向。但是限于当时的条件，比奈-西蒙智力量表也暴露出一些缺陷，比如测试项目太少，分数不够稳定，测试内容和记分手段也不够标准化。针对存在的问题，后续研究者对比奈-西蒙智力量表进行了不少改进，其中最著名的是斯坦福大学心理学家推孟的修订版本。

推孟对比奈-西蒙量表的修订开始于 1916 年，其后又先后推出了三个版本，最终形成了斯坦福-比奈智力量表（Stanford-Binet Intelligence Scale）。该智力量表将测验项目扩大为 90 个，并且引入了智商概念。这种智商概念也被称作比率智商，它是将人的心理年龄 (Mental Age) 与其实际年龄 (Chronological Age) 之比这个指数当作统计和比较智力程度的相对指标，用公式表示为：

$$IQ = MA/CA \times 100$$

其中：MA 为心理年龄；CA 为生理（实际）年龄。

例如，当一个 10 岁儿童的心理年龄经过测试表明可以达到 10 岁时，其智商即为 $10/10 \times 100 = 100$；假如测试表明其心理年龄为 12 岁，其智商为 $12/10 \times 100 = 120$；假如其心理年龄只能达到 8 岁，其智商为 $8/10 \times 100 = 80$。一般认为，斯坦福-比奈智力量表测试的智商在 69 以下的为智障；在 70 至 79 之间的为迟钝；在 80 至 89 之间的为智力较低；在 90 至 109 之间的为一般智力；在 110 至 119 之间的为较高智力；在 120 至 129 之间的为优秀智力；130 分以上的为天才智力。

比率智商概念的基本前提假定是人的智力发展与年龄增长呈正比，保持一种线性关系；但是，随着年纪的增长，人的智力平均水平到 26 岁左右时就会停止增长，进入到相对固定的高原期。所以，比率智商概念并不适用于测试年龄较大之人的智力水平。例如，按照比率智商的计算方式，一个 26 岁智商为 100 的人到 52 岁时，由于心理年龄一直停留在 26 岁的最高阶段，其智商将会缩减小到 50（$26/52 \times 100 = 50$）。这个计算结果与实际情况明显不符。

针对上述问题，为更加准确、有效地表达智力水平，美国医学心理学家韦克斯勒（David Wechsler）在 1939 年提出了离差智商（Deviation IQ）概念。离差智商放弃了心理年龄概念，在判断个体智力水平时，将所在年龄段内所有人的智力状况看作一种正态分布（normal distribution），认为大多数人的智力趋向一个平均水平，因此，将该年龄组的平均智力水平作为参照点，以具体个人测验结果与平均智力水平之间的标准差（standard deviation）换算出具体个人的智商分数。这种采用离差统计方式得出的离差智商表示的不仅是某一个体在同龄组中智力的高低，而且还可以显示出在人类智力水平分布状态中与其他所有人相比所处的位置。离差智商可用公式具体表达为：

$$IQ = 100+15Z = 100+15(X-M)/S$$

$$Z = (X-M)/S$$

其中：Z 为测试者所获得的标准分数；X 为个人在项目测试中的实得分数；M 为所在年龄组的统计平均分数；S 为该年龄组的分数标准差，在韦克斯勒量表中为 15。

韦克斯勒智力量表的得分分布是以 100 为平均值，以 15 为分数标准差的正态分布统计为基础的，因此，得分在 85 到 115 之间的人数约占总人口的 68%，得分高于 130 的和低于 70 的人数约占总人口的 5%。一般认为，得分在 70 分以下者为弱智，80 到 89 分之间者为中下，90 到 109 分之间者为中等，110 到 119 分之间者为中上，120 到 129 分之间者为优秀，高于 130 分的为智力超常。现在大多数智力测验采用的都是离差智商概念。

除了智商之外，还有其他一些能够反映人类大脑能力的指标，例如情绪智力概念。早在 1920 年，美国哥伦比亚大学教授桑戴克（E. L. Thorndike）就提出了社交智力（Social Intelligence）的概念，并认为拥有较高社交智力的人更能了解、管理他人，并能在人际关系中采取更为明智的行动。1983 年，美国心理学家加德纳（Howard Gardner）提出了多元智力（Multiple Intelligence）理论。加德纳认为只重视数理、语文等能力的传统智力概念需要修改，因为一个人的智商高低除了与学校学习成绩有很高的正相关之外，与其他方面，例如在工作中的表现、感情表达及生活满意程度等并无太大的关系。在他的多元智力理论中，加德纳增加了几项测试内容，包括音乐、体育以及了解自我和了解他人的能力。1990 年，美国心理学家梅耶（John Mayer）和萨洛维（Peter Salovey）借用当时已经被他人提出的情商（Emotional Quotient）概念对大脑自我意识、自我情绪控制、自我激励、认知他人情绪、处理人与人相互关系等能力进行了正式的定义，使情商正式成为另外一种对大脑能力的衡量指标。可以说，情商是对大脑在情绪、意志、挫折忍耐等方面的品质的度量，已经涉及了人的感性认知和情感体验能力。

总之，我们已经拥有非常有效和可靠的量化手段度量人类大脑的理性认知能力，并开始探索量化与感性认知相关的能力；在此基础之上，也应该能够建立起一种有效度量审美感受能力的途径。与理性认知能力不同，感受能力是对审美客体形式要素数量多少的感性认知能力。同样作为大脑具有的一种基本能力，感受能力仅与人类对客体事物形式特征的直观感受和鉴别相关；它不涉及任何理性分析和判断，是人与生俱来的一种基本能力。上述通过心理测试实验量化大脑理性认知能力的方法可以开启我们的思路，为探索度量人类感受能力的方法提供借鉴。

第二节　一般感受能力的度量

审美是感受能力与感染能力之间的相互作用。这种相互作用是通过人的听觉、视觉、触觉器官对纯粹形式信息的感知进行的，与形式信息被理性认知进一步转化成的内容无关。审美主体的感受能力在本质上是对纯粹形式信息数量的接受能力。这种接受能力是理性认知能力的组成部分，它与大脑将形式信息转化成内容的理性认知能力组合在一起构成了智力。换句话说，由于智力所包含的理性认知能力是建立在人类感官对形式要素的感性认知基础之上的，对智力的度量实际上已经包含了衡量形式要素感性认知能力的成分。智商作为一种可以有效测量理性认知能力一般因素的工具，其原理和某些测试方式也是可以被用来测量大脑对形式要素感性认知能力高低的。因此，结合智商测定对人类智力结构进行一定的深入理解将有助于我们建立起度量感受能力的知识体系。

有关大脑智力结构组成的研究始于英国心理学家斯皮尔曼（Charles Spearman）。在从事智力测验相关研究和运用统计学分析与智力关联的各种因素时，斯皮尔曼发现一些因素的变化与所有测试项目都存在着联系；相反，另外一些因素的变化仅与特定的测试项目有着一定联系。由此，他在 1904 年提出了智力结构的二因素学说。所谓二因素是指一般因素（g factor）和特殊因素（s factor）。一般因素是从事任何理性认知活动时大脑智力中都必须具备的共同因素；特殊因素是完成某种特殊理性认知活动时必备的特有因素。一个好的短跑运动员必须具备优秀的基本运动素质，但是优秀的基本运动素质并不能够保证他会成为一个好的滑冰选手。在这个例子中，基本运动素质就像是智力结构中的一般因素，具体的短跑和滑冰技能就像是特殊因素。

斯皮尔曼认为，智力中的一般因素源自先天遗传，体现在每一项智力活动之中。一般因素越高，智商越高。他将一般因素比作大脑的基本能力，因此，想要界定一个人的智力高低，就需要设法测量一般因素的数值。斯皮尔曼将特殊因素细分为五类，它们是口语表达能力、数算能力、机械操作能力、注意力和想象力，并认为可能还存在第六种特殊因素，即智力速度。特殊因素以一定的形式和不同的程度参与到不同的智力活动中。虽然具体个人的智力表现是一般因素和特殊因素综合发挥的结果，一般智力测验所度量的是智力一般因素的高低，也就是说，智商数值的大小代表的是智力一般因素的高低。

继斯皮尔曼之后，许多心理和生理专业研究人员对智力结构进行了更加深入细致的划分，尤其是实验心理学的发展使我们能够更加全面地了解大脑不同认知能力的来源。在该研究领域曾经提出开创性学说的代表性人物有瑟斯顿（Louis L Thurstone）和卡特尔（Raymond B Cattell）。

瑟斯顿是美国心理学家，从事心理计量学研究。他在1928年首次建立了瑟斯顿量表，用于量化人对宗教思想的态度。通过对影响智力多种因素的分析，他提出了"基本能力"（Primary Abilities）学说。瑟斯顿将个体的智力分拆为几种基本能力要素，这些基本能力要素之间存在着一定的相关量；这些要素相关量之间的不同搭配构成了每一个人独特的智力整体水平。他将这些基本能力要素概括为七种，它们是推理（发现规律的能力）、语词流畅（快速运用词汇的能力）、数字运算（算术计算能力）、词汇理解（定义和理解词汇的能力）、空间关系（感知各种关系的能力）、记忆（记忆和回忆能力）、感受（感知差异和类同事物的能力）。1941年，瑟斯顿根据七种基本能力编成的"基本心理能力测验"（Primary Mental Abilities Test，PMAT）也成了著名的智力测验之一。

在瑟斯顿界定的七种基本能力中，有三种与纯粹形式感性认知能力有着直接的关联，它们是空间关系、记忆和感受。这三种能力决定着人类大脑对形式要素信息数量强弱程度的偏爱和接收能力。

1963年，美国心理学家卡特尔把老师斯皮尔曼的智力一般因素概念进一步划分为流体智力（Fluid Intelligence）和晶体智力（Crystallized Intelligence）两大类型。流体智力是指一个人能够从事学习和解决新问题的能力，它体现在诸如知觉速度、逻辑推理、机械记忆、识别图形等具体智力活动中，与人的归纳能力直接相关。卡特尔认为，流体智力是人类的先天基本能力，水平高低主要受遗传因素影响，与后天所受的教育和文化环境影响关联较少。流体智力与人神经系统的成熟状况关系密切，因此其水平发展状况与人的年龄直接相关：一般人在 20 岁左右达到流体智力发展的顶峰，30 岁以后随着年龄的增长流体智力开始逐渐老化。

人的晶体智力是从社会环境和文化活动中积累获得的解决问题的能力。在解决问题时，人运用晶体智力通过演绎推理获得各种知识和技能，例如词汇、数学知识和对艺术作品内容的了解等。人的晶体智力发展如同结晶过程，可以不断积累，伴随着年龄的增长不断提高并保持在稳定状态，一般到 65 岁之后才开始进入衰退期。

流体智力运用的是归纳推理方法，由个别前提条件过渡到一般观点，从特殊和具体事例中找出解决问题的一般原理或原则。在流体智力的思维过程中，由于前提条件被当作部分证据的来源，思维的最终结论就与大脑对前提证据观察时所处的空间特征有着密切的关系。因此，流体智力也被称作是一种与视觉空间功能（visuospatial function）相关的智力。与属于演绎推理的晶体智力不同，视觉空间功能需要大脑对所处具体空间、视觉形象、事物的细节和结构、事物与空间的关系进行识别、整合和分析，它意味着整个过程首先需要对形式要素进行感知，其后才能分析、综合、进行概念的转换。例如，一个陶罐中装有 20 个小球，其中有黑球和白球两种，黑球与白球之间的比例未知。当随机从罐子中拿出四个球并通过感官观察，发现其中有三个黑球、一个白球时，我们可以通过归纳推理得出罐中可能有 15 个黑球、5 个白球的结论。这里的感官观察就是归纳推理的前提条件。因此，流体智力的运用是以我们感知事物的形式、形式的运动和形式自身空间关系为前提条件的。

1991 年，卡特尔的学生霍恩（John L Horn）进一步将一般因素能力扩展为一组包含流体智力和晶体智力在内的因子能力（卡特尔-霍恩能力）

理论。1993年美国心理学家卡洛尔（John B Carroll）结合卡特尔-霍恩理论，在他的《人类认知能力：因子分析研究概论》一书中提出了三层理论（Three-stratum theory, wikipedia.org），并由此形成了卡特尔-霍恩-卡洛尔理论（Cattell-Horn-Carroll Theory）。该理论认为处于第一层的是大脑各种"最窄小的有限能力"；按类别综合后，这些第一层能力被归属到第二层中的"广泛能力"；不同的"广泛能力"最终又都被归属于处在第一层的"一般能力"。该理论运用心理计量学、统计学方法，综合以往70余年针对度量大脑理性认知能力的研究成果，清晰地在第二层能力中列举出了流体智力能力（Gf）、晶体智力能力（Gc）、量化知识能力（Gq）、读写能力（Grw）、长期存储和提取能力（Glr）、处理速度能力（Gs），以及与感官相关的视觉处理能力（Gv）和听觉处理能力（Ga）、短期记忆能力（Gsm），并将这些"广泛能力"与大脑更加具体的细小能力相结合。这一理论被认为最具普遍性和实验数据的支撑，对当代大脑认知能力结构的研究产生着重要影响。

有关认知能力之中一般因素结构组成的理论还有许多，这里无须再多列举，因为这些理论本身及其发展变化过程并非我们关注的重点所在。我们对智力一般因素结构主要理论梳理的目的在于表明大脑的视觉、听觉感性认知功能是理性认知能力的重要组成部分。也可以说，没有感性认知功能就不会有对外在事物的感知，也就不可能存在大脑对外在事物的理性认知。因此，从智力一般因素的结构组成上看，针对理性认知能力一般因素的度量实际上已经包含了对形式要素感性认知"基本能力"的测量。我们之所以称"基本能力"，是因为它与智力的"一般因素"直接相关，与"特殊因素"有所不同。

由此，我们可以进一步设想，在根据上述卡特尔-霍恩-卡洛尔智力结构理论发展出来的智力测试项目中，必定可以找出与检测感性认知能力相关的机制和内容。研究与感性认知功能相关的测试项目，将会为我们制定度量人的纯粹形式感性认知能力打开突破口，并开辟出有效测量审美感受能力的路径。

首先，我们深度梳理一下存在于第二层"广泛能力"中与感性认知紧密关联的几项内容，它们分别是视觉处理（Visual Processing）、听觉处理（Auditory Processing）、短期记忆能力（Short-term Memory Ability）、长期储存和提取能力（Long Term Storage & Retrieval Ability）。这些能力直接影响感官对外界形式要素信息的接受，以及在不需理性逻辑分析情况下对事物的感知，因此决定着大脑感性认知能力的高低。

视觉处理是观看、区分、合成和感知视觉图像的能力，它由第一层诸多"有限能力"组成。这些具体的"有限能力"是可视化（Visualization）、快速图像旋转识别（Speeded Rotation）、形象构成速度（Closure Speed）、形象构成的适应性（Flexibility of Closure）、视觉记忆（Visual Memory）、空间扫描（Spatial Scanning）、连续视觉整合（Serial Perceptual Integration）、长度估判（Length Estimation）、知觉交替（Perceptual Alternations）和意象（Imagery）等。

听觉处理是辨别、合成音响信号的能力，它包括在扭曲背景条件下对音响的甄别和处理。听觉处理由第一层"有限能力"组成，具体包含的内容有语音编码（Phonetic Coding）、语音辨别（Speech Sound Discrimination）、抵抗听觉刺激失真（Resistance to Auditory Stimulus Distortion）、声音模式记忆（Memory for Sound Patterns）、维持和判断节奏（Maintaining and Judging Rhythms）、音乐的辨别和判断（Musical Discrimination and judgment）、绝对音调（Absolute Pitch）、声音定位（Sound Localization）和时域跟踪（Temporal Tracking）等。

短期记忆是指大脑在较短时间内能够记忆少量信息，并将这些信息保持在随时被使用状态的能力。在短期记忆中，信息被保持存在的时间很短，通常在5至20秒之间。短期记忆与处于第一层的两种"有限能力"相关，它们分别是记忆广度（Memory Span）和工作记忆容量（Working Memory Capacity）。

人类大脑短期记忆的广度有限，一般认为每次最多只能感受容纳七个单位左右的信息量，例如七个无关联的字母、词或数字等。当信息数量超出短期记忆的广度限制而又未能被及时复述时，超出的信息就会很快被遗忘；但如果被及时地复述，即将消失的微弱信息就可以被强化，重新变成清晰、稳定的状态。工作记忆容量是指在短期记忆的基础上，通过语音环路、视觉空间模板、情景缓冲器和中央执行系统对信息进行暂时加工和贮存的能力。通过上述两种能力，短期记忆在有效感受和处理形式信息过程中发挥着重要的作用。

长期存储和提取是指在认知过程中长期存储信息并能从中快速检索的能力，其大小直接影响感性认知能力的发挥。长期存储和检索能力由第一层中的多种"有限能力"组成，具体内容有联想记忆（Associative Memory）、有意义记忆（Meaningful Memory）、自由记忆（Free-recall Memory）、概念流畅性（Ideational Fluency）、表达流畅性（Expressional Fluency）、原创性（Originality）、命名能力（Naming Facility）、词语流畅性（Word Fluency）、形象适应度（Figural Flexibility）和学习能力（Learning Ability）。

如同一般因素是构成大脑智力的基本要素一样，视觉处理、听觉处理、短期记忆能力、长期储存和提取能力是与感性认知相关的基本能力。我们可以将这四种能力的组合统称为构成审美感受能力的一般因素（General Factor of Aesthetic Sensitivity），或一般感受能力。由于已经存在着成熟、可靠的测试标准，对于任何具体测试对象我们都可以通过有关这四种能力的测试项目，对审美感受能力的一般因素给出量化结果。

目前，一些以卡特尔-霍恩-卡洛尔理论为基础编制而成的智力测试已经具有非常高的信度、效度和标准化程度。在这些测试中，比较知名的有伍德科克-约翰逊成套测试（Woodcock-Johnson Battery of Test）和考夫曼儿童成套测试（Kaufman Assessment Battery for Children）。在介绍伍德科克-约翰逊成套测试之前，我们首先参考一下目前被广泛运用的智力测试量表，了解其中与感性认知能力相关的测试内容。

离差智商创始人韦克斯勒认为智力由多种不同的要素组合构成，这些不同要素之间并非完全独立，而是相互关联的。同时，他也强调这些不同要素是可以被单独划分出来并加以定义和测量的。在此理论基础上产生的韦式成人智力测试表（Wechsler Adult Intelligence Scale，WAIS）针对不同要素划分测试项目，形成了不同的测试组别，并按照组别独立计分，对大脑智力的不同认知能力进行考察和研究。

韦式成人测试表第一版发布于1955年。目前，在世界广泛使用的是2008年发布的第四版（WAIS-IV）。预计第五版会在今后推出。在整体量表下，韦式成人测试表又被分成四大类，它们是言语理解指数量表（Verbal Comprehension Index Scale）、工作记忆指数量表（Working Memory Index Scale）、知觉推断指数量表（Perceptual Reasoning Index Scale）、处理速度指数量表（Processing Speed Index Scale），其中的工作记忆指数量表、知觉推断指数量表与我们关注的感性认知有着直接的关系。

工作记忆指数量表由两个核心子测验和一个补充子测验组成；知觉推断指数量表由三个核心子测验和两个补充子测验组成。工作记忆指数量表的核心子测验是数位广度（Digit Span）和算法（Arithmetic）；补充子测验是字母和数字排序（Letter-Number Sequencing）。知觉推断指数量表的核心子测验是模块设计（Block Design）、矩阵推断（Matrix Reasoning）和视觉谜题（Visual Puzzles）；补充子测试是图形权重（Figure Weights）和完成图像（Picture Completion）。这些子测验和补充测验可以分别测算出大脑与感性认知相关的各种能力。由于这些能力的测试与大脑的言语功能、概念理解和处理速度等理性认知能力的测试有了明确的区分，它们的量化结果可以被用作对大脑感性认知基本能力的评价标准。

韦式成人智力测试表中没有包含对听觉感受能力的测试，因此，要完成对感性认知能力的全方位度量，就需要补充听觉感受能力测定项目。此外，它对视觉感受能力的测定项目也不够广泛，这会带来信度和效度相对不高的问题。

下面再以伍德科克-约翰逊成套测试为例，了解该测试中与形式要素感性认知能力相关的内容，以便与韦式成人智力测试中的相关内容进行对比。

伍德科克-约翰逊成套测试由伍德科克（Richard Woodcock）和约翰逊（Mary E. Bonner Johnson）于1977年推出，之后经过1989年、2001年和2004年的三次修订形成了目前的伍德科克-约翰逊成套测试第四版（WJ-IV）。第四版的适用范围非常广泛，测试对象下到两岁幼童，上至成年老者；但是，从被测试的认知能力层面来看，第三版的覆盖范围最广。

伍德科克-约翰逊成套测试第三、四版主要由标准测试和扩展测试两大部分组成，此外还包括一组诊断补充测试题。每种成套测试分别由不同的分测验组成，每一项分测验代表一种卡特尔-霍恩能力，它们是流体智力能力（Gf）、晶体智力能力（Gc）、长期存储和提取能力（Glr）、处理速度能力（Gs）、视觉处理能力（Gv）、听觉处理能力（Ga）、短期记忆能力（Gsm）。每种分测验得分即为该种卡特尔-霍恩能力的分数。在伍德科克-约翰逊成套测试第三、四版中，与形式要素感性认知直接相关的卡特尔-霍恩能力是短期记忆能力（Gsm）、长期存储和提取能力（Glr）、视觉处理能力（Gv）和听觉处理能力（Ga）。

成套测试中与短期记忆能力相关的项目有语言关注（Verbal Attention）、句子记忆（Memory for Sentences）、字词记忆（Memory for Words）、数字倒转（Numbers Reversed）和听觉工作记忆（Auditory Working Memory）。语言关注测试要求聆听一系列数字和动物名称，之后通过回答有关动物和数字次序的问题评价工作记忆容量的大小；句子记忆测试通过重复完整句子的能力评价记忆广度的大小；字词记忆通过按照听到的顺序复述没有意义关联的字词能力，评价记忆广度的大小；数字倒转通过倒数一组被随意编排的数字，评价工作记忆能力；听觉工作记忆要求首先聆听一组词语和数字的无序组合，再按照一定顺序先说出听到的所有词语，后说出数字，由此评价工作记忆的大小。

成套测试中与长期存储和提取能力相关的项目有延迟名称记忆（Memory for Names: Delayed）、名称记忆（Memory for Names）、视觉和听觉学习（Visual Auditory Learning）、延迟视觉和听觉学习（Visual Auditory Learning：Delayed）、检索流畅度（Retrieval Fluency）。延迟名称记忆是在延迟 30 分钟至 8 天之后，通过对新卡通名称的回忆和重新掌握评价联想记忆能力；名称记忆是通过记忆数量越来越大的卡通人物名称，评价联想记忆能力；视觉和听觉学习通过是否能够将听到的词语与视觉形象正确关联，评价联想记忆能力；延迟视觉和听觉学习是在听到词语之后延迟 30 分钟至 8 天，再通过考察是否具有与视觉形象正确关联的能力评价联想记忆能力；检索流畅度通过在一分钟内尽可能多地说出指定类别的词汇，评价大脑基本思维功能的流畅性。

成套测试中与视觉处理能力相关的项目有可视化（Visualization）、图案识别（Pattern Recognition）、空间关系（Spatial Relations）、图像整体旋转识别（Block Rotation）。可视化通过两组测试项目评价心理旋转和形象化能力：一组是识别两套能够组合构成一个特定形状的二维物体；另一组是识别两套三维模块，这两套模块经过旋转必须能够组合构成另外一种体型。图案识别通过测试者先观察和记忆五个图案，再从另外一组更多的图案中辨别那五个图案的结果评价视觉记忆能力。空间关系是通过测试者选择局部构件，组成完整形状的结果评测感知空间关系的能力。图像整体旋转识别是通过观察几个几何形状，从中找出经过旋转后与规定的几何形状相同的一个，评测心理旋转和形象化能力。

成套测试中与听觉处理能力相关的项目有分段能力（Segmentation）、非单词重复（Nonword Repetition）、语音处理（Phonological Processing）、声音模式（Sound Patterns）、不完整单词（Incomplete Words）、声音混合（Sound Blending）。分段能力是指通过对听到词语的音节和音素划分结果，评价语音编码能力；在非单词重复测试中，首先聆听无意义单词，然后通过考察是否能够无差别复读评价语音编码能力；语音处理要求测试者说出以某规定发音开始的单词，之后再用该单词中的某个发音创造下一个单词，以此考察语音编码能力和单词流利程度；声音模式要求测试者从给出的两组复杂声音的音高、节奏、音响内容中判定它们是否相同，由此评价语音识别能力；不完整单词要求测试者聆听缺失部分音素的字词发音，然后给出正确完整的字词，由此评价语音编码分析能力；声音混合要求测试者将一系列单独音节和音素组成有意义的完整单词，由此测定语音编码合成能力。

通过上述介绍，我们可以看到伍德科克-约翰逊成套测试第三、四版中与感性认知能力相关的测试同时包含视觉和听觉能力，而且测试项目的广度和深度都高于韦式成人智力测试。因此，我们可以肯定地说，伍德科克-约翰逊成套测试第三、四版中有关感性认知能力测试的信度和效度相对较高。

为保证测试的信度和效度达到一定水准，可以综合韦氏成人智力测试和伍德科克-约翰逊成套测试，从两者中筛选出最为有效的方法和测试项目，形成形式要素感性认知能力量表，用于度量大脑具有的感受能力。由于这些测试项目并不涉及形式要素感性认知具体和独特的领域，所以，这种测试覆盖的是形式要素感性认知的一般能力。

除了一般感性认知能力之外，我们还需要对特殊感性认知能力进行度量。在第三章中我们已经明确指出，审美主体感受能力是对形式要素的感性认知能力；第四章也已经明确说明，对形式要素感性认知的本质是对形式要素对比在各种维度中的感知。这种对形式要素对比在各种不同维度中的感知就是特殊感性认知能力的体现。如果说，通过现有方法获得的一般感性认知能力类似于智力结构中的一般因素，代表的是大脑在感性认知领域具有的一种普遍能力，那么我们还需要发现一种能够度量类似于大脑智力特殊因素的特殊感性认知能力的方法。

第三节　特殊感受能力的度量

在第四章中，我们总结列举了九种与感性认知相关的不同形式对比方式，它们是形式的变化、形式的对称平衡、形式的比例、形式的尺度、形式的节奏、形式的层次、形式的呼应、形式的和谐、形式的肌理。我们将每种对比方式看作是形式对比的一种维度；这些不同的形式对比维度是不同形式对比存在的特殊属性。虽然这些对比特殊属性的概念是人为理性认知的产物，但是正像在第四章中所述，对这些不同形式对比的感受都是可以通过感性认知获得的。对形式对比特殊属性的感知是因人而异的。有些人可能偏重对节奏的感受，就像是偏爱辣味；另外一些人可能偏重对肌理的感受，就像是偏爱酸味一样。因此，我们借用斯皮尔曼的智力两种因素理论，将对形式对比特殊属性的感性认知归结为审美感受能力的特殊因素的发挥和运用。这些特殊因素的作用也可以被称为特殊感受能力。

我们每一个具体个人都会或多或少地拥有与众不同的特殊感性认知能力。一些人可能在比例、层次或和谐形式构成上具有较强的感知能力，更加乐意从这些形式的对比维度中获得形式信息；另外一些人的特殊感性认知能力可能不同，或许更加偏重于从构成的尺度、肌理或者是节奏维度中获得形式信息。这些不同的感性认知能力偏爱或许只是来自一时一地的兴致和随风起舞的情感，没有对错之分。

与一般感性认知能力相比，特殊感性认知能力的独特之处体现在以下几个方面。一般感性认知能力决定着大脑感受形式信息的普遍能力大小；它受大脑组织结构的影响，在不同具体个人之间存在着差异，并影响着特殊感性认知能力最大限度的发挥。所以，一般感性认知能力是对每个人具有的普遍形式感受能力的度量。与一般智力因素相类似，一般感性认知能力应该主要与遗传因素相关，在大脑发展成熟后相对较为稳定；除非感觉器官发生病变，一般感性认知能力不随个人所处具体时空环境而改变。特殊感性认知能力则与特殊智力因素类似，受具体个人所处时空环境的影响。

当时空环境改变时，个人对具体形式对比方式的感受能力可能会随之改变，导致我们在感性认知过程中偏爱某些形式的对比方式，造成针对具体形式对比感性认知结果的不同。如果说一般感性认知能力代表的是具体个人感性认知能力的深度，特殊感性认知能力代表的就是个人感性认知能力对各种对比维度认知的广度。与一般感性认知能力不同，特殊感性认知能力需要以不同的方式加以单独度量。

对感性认知能力的度量必须同时兼顾深度和广度两个方面。关于如何在衡量感性认知能力中同时兼顾一般因素和特殊因素两个方面，本章第四节将给出详细的论述。

对特殊感性认知能力的度量没有任何先例，是一个全新的领域，需要我们从头搭建系统的测试框架，并在框架中填充具体的测试项目细节。好在通过对智力、智商、智力结构、一般感性认知能力度量的介绍，我们已经掌握了一种心理测试统计的基本方法。这种方法既是可行的，又是已经被公认有效的，所以，我们可以将这种方法作为基本框架，用于特殊感性认知能力的度量。具体的测试项目是需要度量的内容，已经存在于我们对审美客体形式感染能力的本质理解之中，它们是各种维度的形式对比：形式的变化、形式的对称平衡、形式的比例、形式的尺度、形式的节奏、形式的层次、形式的呼应、形式的和谐和形式的肌理。

关于测试基本框架需要明确两个重点。一是测试统计需要采用与一般感性认知能力度量一致的计分方式，即正态分布离差计量方式。这就要求挑选足够数量的测试者，并保证全体测试者能够尽可能均衡地代表一定年龄段内所有不同的年龄、男女性别和不同的职业分布。只有这样，才能将直接测试得分转换为平均分数为 100 的离差统计得分，并在此基础之上获得各种测试得分的离差统计结果。二是测试项目必须采用抽象图形表达方式，与文字语言和具象形式无关，以保证在测试中排除与理性思考的联系，将测试限制在对纯粹形式的感性认知范围之内。

下面我们要确定特殊感性认知能力的测试内容。因为特殊感性认知就是对形式的变化、形式的对称平衡、形式的比例、形式的尺度、形式的节奏、形式的层次、形式的呼应、形式的和谐、形式的肌理等的直观感受，所以测试内容就是对大脑在这些方面直观感受能力的度量。最为现实和可行的途径是结合形式对比的类型，通过不具有任何理性含义的平面或立体构成，对应试者进行相应的矩阵图案选择测试。每组矩阵图案中包含着各种形式对比不同的高低级别，应试者根据直观感受对图案进行选择；通过统计选择结果，可以检测出应试者对不同形式对比高低级别的接受程度，由此给出应试者对各种形式对比类型的感受能力的数值大小。

根据上述基本原理，我们针对各种形式对比类型设计出了一套简单实用的测试项目。下面将以此为例，对具体测试内容和测试方法进行一些必要的概念性描述和解释。

一、形式的变化

任何形式的变化，只要没有固定的变化规则，都可以归结为这一类型。下面以一种抽象平面构成矩阵图案为例，解释对人的形式变化感受能力度量的基本方法。

以一个正方形为基本图形，通过水平和垂直交叉直线对其进行均匀划分，形成均分的棋盘网格图案。在此图案基础之上，将其中任意一个小方格的直线段变为一段曲线，构成形式的变化。将变化一段直线的变化等级设定

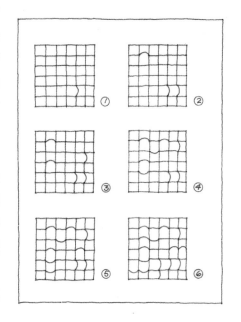

为一，变化三段直线的变化等级定为二，以此类推，分别形成图①、图②、图③、图④、图⑤、图⑥，一共形成 6 个等级不同的形式变化。

按照形式变化级别由低到高的顺序，将图①和图②、图②和图③、图③和图④、图④和图⑤、图⑤和图⑥分别编为 A、B、C、D、E 五个测试组。在不对图案内容作任何理性质疑和判断的前提下，应试者根据自己的直观感受从 A 组图①和图②中快速选出最喜欢的图案。如果选择图①，测试结束，应试者获得 1 分；如果选择图②，测试进入 B 组。按照相同的选择规则，应试者在 B 组中如果选择图②，测试结束，应试者获得 2 分；如果选择图③，测试进入 C 组。以此规则类推，如果应试者一直进入 E 组测试并在 E 组中选择图⑥，就可以获得 6 分。该测试阶段的分数为应试者对形式变化维度感受能力的测试实际分数。

二、形式的对称平衡

任何形式的变化，只要是以对称平衡为变化规则，都可以归结为这一类型。下面以一种抽象平面构成矩阵图案为例，解释对人的形式对称平衡感受能力度量的基本方法。

以一个正方形为基本图形，分别采用水平、垂直、对角线划分组合出形式对称要素强度逐渐增大的矩阵图案。图①中采用一条垂直线将正方形划分成左右对称的两个长方形，构成一个左右对称平衡的图案；

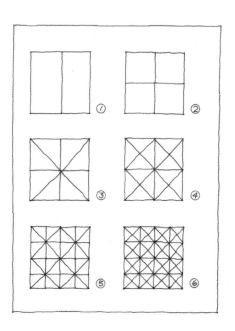

在图①基础上，图②中增加了一条水平直线，将两个长方形划分为四个相同的正方形，分别构成以垂直、水平直线为对称轴的左右、上下两个数量级别的对称平衡图案；在图②基础上，图③中增加了两条对角线，将四个小正方形划分为八个直角三角形，分别构成以垂直、水平、两条斜线为对称轴的左右、上下、对角斜线两侧共计四个数量级别的对称平衡图案（中心的点对称不计）；在图③基础上，图④中增加了四条短对角线，将八个直角三角形划分为16个直角三角形，在原有四条长对称轴线之外，形成了以八条短对角线为轴线划分小正方形的12个级别的对称平衡图案；在图④基础上，图⑤中增加两条水平线和两条垂直线，增加两条水平线和两条垂直线，将16个直角三角形划分为32个直角三角形，在原有12条对称轴基础上构成20个级别的对称平衡图案。按照此规律，继续划分可以获得图⑥，构成对称平衡级别更高的图案。

按照上述对称平衡级别由低到高的顺序，将图①和图②、图②和图③、图③和图④、图④和图⑤、图⑤和图⑥分别编为A、B、C、D、E五个测试组。在不对图案内容作任何理性质疑和判断的前提下，应试者仅根据自己的直观感受从A组图①和图②中快速选出最喜欢的图案。如果选图①，测试结束，应试者获得1分；如果选择图②，测试进入B组。按照相同的选择规则，应试者在B组中如果选图②，测试结束并获得2分；如果选择图③，测试进入C组。以此规则类推，如果应试者一直进入E组并在E组中选择图⑥，就可以获得6分。该测试阶段的分数为应试者对形式对称平衡维度感受能力的测试实际分数。

三、形式的比例

任何形式的变化，只要是以某一种比例为变化规则，都可以归结到这一类型。下面以一种抽象平面构成矩阵图案为例，解释对人的形式比例感受能力进行度量的基本方法。

在一个正方形图案基础上，通过按照一定比例增加图案长度形成各种不同边长比例的图形，进行编组对照测试。图①是正方形，其两个边长比例为 1；在图①基础上，增加水平方向的边长，形成长方形图②，其长边与短边之比为 1.5；在图②基础上，继续增加水平方向边长，形成长方形图③，其长边与短边之比为 2；在图③基础上，继续增加水平方向边长，形成长方形图④，其长边与短边之比为 2.5；在图④基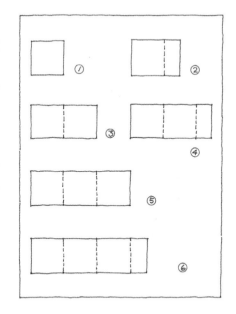础上，继续增加水平方向边长，形成长方形图⑤，其长边与短边之比为 3；按照此规律，可以获得图⑥，其长边与短边之比为 3.5。在六个图案中，一共体现出边长由低到高的 6 种不同比例等级。

按照上述边长比例等级由低到高的顺序，将图①和图②、图②和图③、图③和图④、图④和图⑤、图⑤和图⑥分别编为 A、B、C、D、E 五个测试组进行测试。在不对图案内容作任何理性质疑和判断的前提下，应试者根据直观感受从 A 组图①和图②中快速选出最喜欢的图案。如果选择图①，测试结束，应试者获得 1 分；如果选择图②，测试进入 B 组。按照相同的选择规则，应试者在 B 组中如果选择图②，获得 2 分，结束测试；如果选择图③，测试进入 C 组。以此规则类推，可以一直进入 E 组测试。如果在 E 组中应试者选择图⑥，则获得 6 分。该测试阶段的分数为应试者对形式比例维度感受能力的测试实际分数。

四、形式的尺度

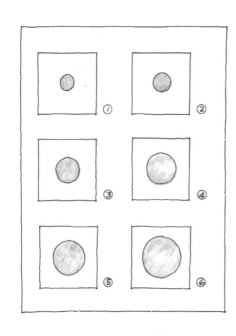

任何形式的变化，凡是以尺度为变化规则，都可以归结为这一类型。下面以一种抽象平面构成矩阵图案为例，解释对人的形式尺度感受能力进行度量的基本方法。

以大小固定不变的正方形图案为背景，在其中心位置设置一个圆形。通过改变圆形直径大小，可以形成相对于方形背景而言不同的尺度，以这些不同尺度的图案进行编组对照测试。图①中正方形的边长为 6 个单位长度，圆形直径为 1.5 个单位长度；在图①基础上，将圆形直径增加到 2 单位长度，形成图②；在图②基础上，继续增加圆形直径至 2.5 个单位长度，形成图③；在图③基础上，继续增加圆形直径至 3 个单位长度，形成图④；在图④基础上，继续增加圆形直径至 3.5 个单位长度，形成图⑤；按照此规律，可以获得图⑥，其圆形直径为 4 个单位长度。在六个图案中，一共存在 6 种尺度大小不同的圆形。

按照上述圆形 6 种尺度级别由小到大的顺序，将图①和图②、图②和图③、图③和图④、图④和图⑤、图⑤和图⑥分别编为 A、B、C、D、E 五组进行测试。在不对图案内容作任何理性质疑和判断的前提下，应试者根据直观感受从 A 组图①和图②中快速选出最喜欢的图案。如果选择图①，测试结束，应试者获得 1 分；如果选择图②，测试进入 B 组。按照相同的选择规则，如果应试者在 B 组中选图②，测试结束并获得 2 分；如果选择图③，测试进入 C 组。以此规则类推，测试可以一直进入 E 组。如果应试者在 E 组中选择图⑥，则获得 6 分。该测试阶段得到的分数为应试者对形式尺度维度感受能力的测试实际分数。

五、形式的节奏

任何形式的变化，凡是以节奏为变化规则，都可以归结到这一类型。下面以一种抽象平面构成矩阵图案为例，解释对人的形式节奏感受能力进行度量的基本方法。

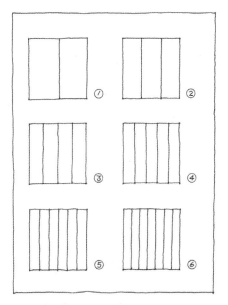

在大小固定不变的正方形内，等距离设置垂直线；通过增加垂直线段个数，形成由线段构成的不同节奏的图案，并以这些不同的图案进行编组对照测试。图①在三条垂直线之间存在两个间隔，代表一种最慢的节奏；在图①基础上，增加一条垂直线段，形成节奏加快的图②；在图②基础上，再增加一条垂直线段，形成节奏再次加快的图③；在图③基础上，又增加一条垂直线段，形成节奏再次加快的图④；在图④基础上，增加一条垂直线段，形成节奏更快的图⑤；按照此规律，可以获得图⑥，其线段节奏最快。在六个图案中，一共存在 6 种快慢不同的节奏。

按照上述 6 种节奏级别由慢到快的顺序，将图①和图②、图②和图③、图③和图④、图④和图⑤、图⑤和图⑥分别编为 A、B、C、D、E 五组进行测试。在不对图案内容作任何理性质疑和判断的前提下，应试者根据直观感受从 A 组图①和图②中快速选出最喜欢的图案。如果选择图①，测试结束，应试者获得 1 分；如果选择图②，测试进入 B 组。按照相同的选择规则，应试者如果在 B 组中选择图②，就可以获得 2 分；如果选择图③，测试进入 C 组。以此规则类推，测试可以一直进入 E 组。如果在 E 组中应试者选择图⑥，则获得 6 分。该测试阶段得到的最终分数为应试者对形式节奏维度感受能力的测试实际分数。

六、形式的层次

任何形式的变化，只要是以层次为变化规则，都可以归为这一类型。下面以一种抽象平面构成矩阵图案为例，解释说明对人的形式层次感受能力进行度量的基本方法。

以大小固定不变的正方形为框架，将一条边内侧设为纯黑，将相对方向的另一边内侧设为纯白；通过增加纯黑边与纯白边之间黑白过渡层次的数量，形成黑白之间不同等级的层次。以这些具有不同黑白层次的图形进行编组对照测试。图①在黑白之间存在的层次等级最少，代表一种数量级别最低的层次变化；在图①基础上，增加一些灰色层次，形成灰度层次较多的图②；在图②基础上，增加一些不同的灰色，形成灰度层次更多的图③；在图③基础上，再增加一些不同的灰色，形成灰度层次更多的图④；在图④基础上，增加不同的灰色，形成灰度层次更多的图⑤；按照此规律，可以获得图⑥，其灰色层次最多。在六个图案中，一共体现出 6 种层次变化等级。

按照上述 6 种层次等级由低到高的顺序，将图①和图②、图②和图③、图③和图④、图

④和图⑤、图⑤和图⑥分别编为 A、B、C、D、E 五组进行测试。在不对图案内容作任何理性质疑和判断的前提下，应试者根据直观感受从 A 组图①和图②中快速选出最喜欢的图案。如果选择图①，测试结束，应试者获得 1 分；如果选择图②，测试进入 B 组。按照相同的选择规则，如果应试者在 B 组中选择图②，结束测试并获得 2 分；如果选择图③，测试进入 C 组。以此规则类推，测试可以一直进入 E 组。如果应试者在 E 组中选择图⑥，则获得 6 分。该测试阶段得到的分数为应试者对形式层次维度感受能力的测试实际分数。

七、形式的呼应

任何形式的变化，只要是以呼应为变化规则，都可以归结为这一类型。下面以一种抽象平面构成矩阵图案为例，解释对人的形式呼应感受能力进行度量的基本方法。

以大小固定不变的白色正方形为背景，在其中心设置一个黑色圆形；在正方形背景之外设置黑色圆形，其大小与正方形中的黑色圆形相同。通过增加正方形外黑色圆形的数量，形成与正方形中黑色圆形不同强度等级的呼应关系。以这些不同呼应等级的图形进行编组对照测试。在图①中，正方形内外黑色圆形之间存在一个呼应关系，代表一种最小的等级；在图①基础上，在正方形外增

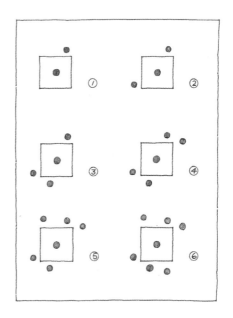

加一个黑色圆形，形成与正方形内黑色圆形具有两个呼应关系的图②；在图②基础上，在正方形外再增加一个黑色圆形，形成与正方形内黑色圆形具有三个呼应关系的图③；在图③基础上，在正方形外增加一个黑色圆形，形成与正方形内黑色圆形具有四个呼应关系的图④；在图④基础上，在正方形外增加一个黑色圆形，形成与正方形内黑色圆形具有五个呼应关系的图⑤；按照此规律，可以获得图⑥，其中包含六个与正方形内黑色圆形的呼应关系。在六个图案中，一共体现出 6 种呼应强度高低不同的等级。

按照上述 6 种呼应级别由低到高的顺序，将图①和图②、图②和图③、图③和图④、图④和图⑤、图⑤和图⑥分别编为 A、B、C、D、E 五组进行测试。在不对图案内容作任何理性质疑和判断的前提下，应试者根据直观感受从 A 组图①和图②中快速选出最喜欢的图案。如果选择图①，测试结束，应试者获得 1 分；如果选择图②，测试进入 B 组。按照相同的选择规则，应试者在 B 组中如果选择图②，测试结束并可获得 2 分；如果选择图③，测试进入 C 组。以此规则类推，测试可以一直进入 E 组。如果在 E 组中应试者选择图⑥，则获得 6 分。该测试阶段得到的分数为应试者对形式呼应维度感受能力的测试实际分数。

八、形式的和谐

任何形式的变化，只要是以和谐为变化规则，都可以归为这一类型。下面以一种抽象平面构成矩阵图案为例，说明对人的形式和谐感受能力进行度量的基本方法。

以一个长方形为基本图形，使其长边与短边之比为黄金比（1.618）。在此黄金比长方形基础上，对其进行黄金分割，形成图①，其中较小的长方形与大长方形在共同的黄金比属性下形成对比，构成不同形式要素之间的和谐。在图①基础上，通过对较小长方形进行黄金分割，形成图②，其中较小的长方形与大长方形在共同的黄金比下形成对比，构成不同形式要素之间的和谐；正方形边长比例永远为 1，两个不同大小正方形构成不同形式要素之间的第三种和谐。在图②基础上，通过对较小长方形进行黄金分割，形成图③，其中较小的长方形与大长方形在共同的黄金比属性下形成对比，构成不同形式要素之间的和谐；三个不同大小的正方形构成三个不同形式要素之间的和谐。按照此规律，对较小长方形继续重复分割，可以形成除了长方形和谐要素之外的具有四个正方形之间和

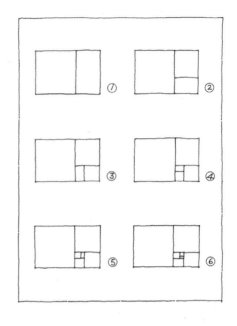

谐的图④、具有五个正方形之间和谐的图⑤、具有六个正方形之间和谐的图⑥。六个图形分别代表 6 种和谐要素不同的级别。

按照上述 6 种和谐级别由低到高的顺序，将图①和图②、图②和图③、图③和图④、图④和图⑤、图⑤和图⑥分别编为 A、B、C、D、E 五组进行测试。在不对图案内容作任何理性质疑和判断的前提下，应试者根据直观感受从 A 组图①和图②中快速选出最喜欢的图案。如果选择图①，测试结束，应试者获得 1 分；如果选择图②，测试进入 B 组。按照相同的选择规则，应试者在 B 组中如果选择图②，测试结束并获得 2 分；如果选择图③，测试进入 C 组。以此规则类推，测试可以一直进入 E 组。如果在 E 组中应试者选择图⑥，则获得 6 分。该测试阶段得到的分数为应试者对形式和谐维度感受能力的测试实际分数。

九、形式的肌理

任何形式的变化，只要是以肌理为变化规则，都可以归结为这一类型。下面以抽象平面构成矩阵图案为例，说明对人的形式肌理感受能力进行度量的一种基本方法。

以 5 条水平直线和 5 条垂直线网格划分的正方形为基础，在直线交点处设置大小固定不变的黑色实点，由此代表正方形平面中的肌理特征。通过加大黑色实点的密度，形成不同强度等级的肌理图形；对这些不同肌理强度等级的图案进行编组对照测试。图①由 5 条水平直线和 5 条垂直线交点形成 25 个黑色实点，代表一种最小的肌理密度数量级别；在图①基础上，在每四个黑色实点中间增加一个黑色实点，形成肌理密度级别更高的图②；在图②基础上，在黑色实点中间增加一个黑色实点，形成肌理密度级别更高的图③；在图③基础上，每四个黑色实点中间再增加一个黑色实点，形成肌理密度级别更高的图④；在图④基础上，黑色实点中间再增加一个黑色实点，形成肌理密度级别更高的图⑤；按照此规律，可以获得肌理密度级别更高的图⑥。在六个图案中，一共体现出 6 种肌理强度。

按照上述 6 种肌理强度由低到高的顺序，将图①和图②、图②和图③、图③和图④、图④和图⑤、图⑤和图⑥分别编为 A、B、C、D、E 五组进行测试。在不对图案内容作任何理性质疑和判断的前提下，应试者根据直观感受从 A 组图①和图②中快速选出最喜欢的图案。如果选择图①，测试结束，应试者获得 1 分；如果选择图②，测试进入 B 组。按照相同的选择规则，应试者在 B 组中如果选择图②，测试结束并获得 2 分；如果选择图③，测试进入 C 组。以此规则类推，测试可以一直进入 E 组。如果在 E 组中应试者选择图⑥，则获得 6 分。该测试阶段得到的分数为应试者对形式肌理维度感受能力的测试实际分数。

作为范例，上述 9 种测试方式展示了度量人对不同维度之中形式对比感受能力的基本思路。这些测试方式并非是唯一的和完美无缺的。我们可以通过增加测试矩阵图案的数目，提高测试中形式对比级别的层次，以便更加精确地判定应试者的感受能力。当然，也可以通过增加立体构成图形，深度挖掘应试者的感性认知潜力，提高测试结果的有效性。相信这些测试方式可以起到开启思维、促进深入研究的作用。无论如何，我们应该能够设计出行之有效和可信的测试方式，量化人对特殊形式对比的感性认知能力。

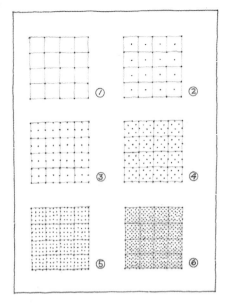

在特殊感性认知能力之中，也许存在着一个能够影响所有形式对比不同维度感受能力的共同参数。这个参数的存在使得每一具体个人在不同形式对比维度中的感受能力保持着一定的比例关系。例如，当一个人对形式节奏的感受能力提高一定比例时，或许他对呼应、层次和其他形式对比的感受能力会提高相同的比例。这就像在对味觉的体验中，当某人喜欢咸味，具有较强的咸味感受能力时，他对酸、辣、甜、苦味觉的感受能力应该相应地都比较强。当然，这种推测有待进一步通过心理感受认知实验加以证明。

第四节　感受能力的离差计量

在建立度量一般感性认知能力和特殊感性认知能力的方法之后，我们需要进一步将这两个能力的测试结果综合成为统一的审美感受能力指标。如前所述，一般感性认知能力代表的是具体个人对形式感受能力的一种普遍素质；特殊感性认知能力代表的是具体个人对形式感受能力的特殊素质，是普遍素质在各种特殊维度中能够达到的广度指标。这两种不同含义的指标也可以被看作是二维平面中相互垂直的纵横两个维度；它们相互交织在一起构成一个矩形平面，两者的乘积决定了平面面积的大小。对审美感受能力的度量需要兼顾这两个维度，以感性认知能力一般因素和特殊因素的综合统一结果表达感受能力的大小。因此，我们将审美感受能力的测试实际分数表示为感性认知能力一般因素（g factor）测试实际分数与特殊因素（s factor）测试实际分数的乘积：

$$Mst = Msg \times Mss$$

其中：Mst 为审美感受能力实际测试分数；Msg 为感性认知能力一般因素测试实际分数；Mss 为感性认知能力特殊因素测试实际分数。

通过测试方式获得具体个人感受能力的测试实际得分之后，还需要进一步将这个得分转换成为离差数值。正像离差智商一样，感受能力的离差数值是将具体个人的感受能力转换到一种具有统一可比性的背景之上；这样一来，具体个人的感受能力就在人类整体感受能力中具有了明确的可比性。相对而言，将感性认知能力测试实际得分转化为离差数值比较简单。我们可以直接套用离差智商统计公式，表述如下：

$$Ms = 100 + 15Z = 100 + 15(Mst - M'st)/S$$

$$Z = (Mst - M'st)/S$$

其中：Z 为测试者所获得的标准分数；Mst 为个人审美感受能力实际测试分数；$M'st$ 为所在年龄组的统计平均审美感受能力实际测试分数；S 为该年龄组的分数标准差，可以设定为15。

所在年龄组的统计平均综合测试实际分数 M'_{st} 的获得比较简单。在每个不同年龄组选择一定数量人员参加测试，通过算术平均所有人员实际测试分数即可确定各个年龄组的平均分数。在应试人员的选择上，需要兼顾各种教育水平、各种不同职业和性别，保证应试人员比较均匀地覆盖到所有类别，从而能够确实反映出"平均"水平。

通过这样的转换，我们将人类平均审美感受能力固定在100，并根据具体个人与平均感受能力之间的差距得出其感受能力的量化离差数值。这种离差数值不是感受能力的绝对大小，而是一种相对于人类整体水平的指标。当我们将具体审美客体感染能力也转化成这种相对于同类审美客体平均感染能力的离差指标时，就可以将感染能力、感受能力这两种量化指标统一在相同的计量体系之中，从而使它们具有了相同的可比标准，并能够用于审美原理公式之中。关于审美客体感染能力离差指标的转换详见第四章。

第五节　感受能力的可塑性

任何事物都会随着所处环境的变化发生改变，即便是坚硬的金属也会随着环境温度的升高发生体积膨胀。这种现实世界的自然现象也同样发生在虚拟现实中的审美主体感受能力之上。我们每人所具有的感受能力并非是固定不变的；在审美客体感染能力这种外在环境影响下，感受能力都是会在一定限度内发生改变的。我们将审美主体感受能力在客体感染能力影响下发生改变的特征称作感受能力的可塑性。

感受能力的可塑性是生命现象的特征之一。生命是进化的产物，遵循适者生存的自然规律。适应生存环境意味着对来自外在客体的影响做出回应，在一定范围之内改变自身，达到与客体相互匹配的状态。就像所有生命机体一样，改变自身、适应环境变化在进化过程中演化成了人类能够持续生存和发展必须具备的一种基本生理机能。感受能力是人类生命机体的有机组成部分，它在直观感受和衡量外在客体形式要素过程中也必然具有一定的可塑性，以适应外在环境的变化。无法适应客体感染能力变化的感受能力，将不可能配合生命有机整体的生存和发展。

感受能力在可塑性的驱使下增大或减小，趋于达到与感染能力同等的水平；这种机制是人类生命机体长期进化的产物，无需任何理性思维的介入，是一个纯粹直观感性的过程。任何由理性认知导致的对客体认知的改变，都不属于感受能力可塑性的作用结果，与审美判断无关。客体感染能力与主体感受能力之差的性质有两种状况：一种是两者之差对主体不产生任何生理威胁；另一种是对主体具有生理威胁性。在第一种情况下，感受能力可塑性将会自动发挥作用；在第二种情况下，感染能力与感受能力之间的巨大差异使主体感受到来自客体的生理威胁并产生了理性意识。要发挥感受能力可塑性功能，就必须首先排除造成生理威胁的理性意识，也就是说，主体需要首先通过自身理性对感染能力与感受能力之差的威胁做出无害性认知判断，之后方能发挥可塑性的功能效力。在理性做出无害性判断之后，感受能力可塑性的作用依然是一个直观感性过程，无须理性认知的参与。审美判断中的"崇高"和"喜"两种形态就属于可塑性作用的二种结果，有关内容我们将在第六章详细论述。

感受能力的可塑性是审美判断多样性结果产生的直接原因。感受能力是人对客体形式要素的"最佳接受能力"。当与最为适合的客体感染能力相互作用时，主体的这种"最佳接受能力"无须做出任何改变，也就是说感受能力的可塑性不需发挥作用。但是，最合适客体感染能力的出现相对而言是一种偶然现象；审美判断中的多数情况是，客体感染能力并不能与主体感受能力完全一致。当审美主体面对与自身"最佳接受能力"并不匹配的客体形式要素"环境"时，它的可塑性特征将自发地出现在审美判断过程之中，驱使感受能力做出改变，缩小或完全消除与感染能力之间的差异。

由主体可塑性导致的感受能力的改变是遵循一定规律的。当客体感染能力大于主体感受能力时，感受能力将受到感染能力的"拉升"，趋向增大到与感染能力相等的水平；当客体感染能力小于主体感受能力时，感受能力将受到感染能力的"下压"，趋向降低到与感染能力相等的水平。在感受能力可塑性作用下，审美主体与审美客体之间相互关系的改变构成了审美判断的不同结果，使我们能够获得丰富多彩的审美体验。有关感受能力可塑性具体作用的内容将在第六章详细论述。

在上面的论述中我们已经指出，感受能力特殊因素强弱是受环境变化影响的；感受能力特殊因素的这种"弹性"特征使可塑性的发挥成为可能。因此，感受能力可塑性的大小应该与感受能力特殊因素存在直接联系。我们相信存在着多种度量感受能力可塑性的途径，但为了与特殊感性认知能力量化保持一致，我们在这里利用前面已经论述过的测量特殊感性认知能力的办法，对如何量化具体个人感受能力可塑性做简单的介绍。

以对形式的变化感性认知能力的测试为例，利用相同类型的矩阵图案进行感性认知特殊因素可塑性的测试。以一个正方形为基本图形，通过采用水平和垂直交叉直线对其进行均匀划分，形成均分的网格图案。在此图案基础之上，将其中任意一个小方格的直线段变化为一段曲线，构成形式的变化。将变化一段直线的变化等级设定为一，变化两段直线的变化等级定为二，以此类推，分别形成图①、图②、图③、图④、图⑤、图⑥。在六个图案中，一共体现出 6 个等级不同的形式变化。

将 6 个等级不同的形式变化图形按照由低到高的顺序排成一列进行可塑性测试。假设应试者在感受能力测试中最终选择了图④，测试实际分数为 4，那么其可塑性就应该是以 4 分为中心，上下浮动。在不对图案内容作任何理性质疑和判断的前提下，应试者首先根据直观感受从图①、图②和图③中快速选出最不喜欢的图案；如果测试者选择图①和图②，说明其可塑性的下限可以达到图③，相当于由图④代表的感受能力测试 4 分降低 25% 达到 3 分。根据同样的规则，应试者再根据直观感受从图⑤、图⑥中快速选出最不喜欢的图案。如果测试者选择图⑥，说明其可塑性的上限可以达到图⑤，相当于由图④代表的感受能力测试 4 分上升 25% 达到 5 分。

通过上述测试，在获得感性认知能力特殊因素可塑性测试实际分数的上限、下限（$Mss\uparrow$ 和 $Mss\downarrow$）之后，还要将其首先转化成感受能力实际测试可塑性的上限、下限分数（$Mst\uparrow$ 和 $Mst\downarrow$），之后再转化成感受能力可塑性上限、下限的离差得分（$Ms\uparrow$ 和 $Ms\downarrow$）。

根据本章第四节中提出公式，感受能力实际测试可塑性上下限分数（$Mst\uparrow\downarrow$）等于感性认知能力一般因素测试实际测试分数（Msg）与感性认知能力特殊因素可塑性上下限分数（$Mss\uparrow\downarrow$）的乘积，即：

$$Mst\uparrow\downarrow = Msg \times Mss\uparrow\downarrow$$

我们利用已知的感受能力离差统计公式，将感受能力可塑性离差得分的上、下限统计公式表述如下。

感受能力可塑性上限计分：

$$Ms\uparrow = 100+15(Mst\uparrow - M'st\uparrow)/S$$

其中：$Ms_t\uparrow$ 为感受能力实际测试可塑性上限分数；$M's_t\uparrow$ 为所在年龄组的统计平均感受能力测试可塑性上限分数；S 为该年龄组的分数标准差。

因为：分数标准差规定为 15，所以：$Ms\uparrow = 100 + (Ms_t\uparrow - M's_t\uparrow)$。

感受能力可塑性下限计分：

$$Ms\downarrow = 100 + 15(Ms_t\downarrow - M's_t\downarrow)/S$$

其中：$Ms_t\downarrow$ 为感受能力实际测试可塑性下限分数；$M's_t\downarrow$ 为所在年龄组的统计平均感受能力测试可塑性下限分数；S 为该年龄组的分数标准差。

因为：分数标准差规定为 15，所以：$Ms\downarrow = 100 + (Ms_t\downarrow - M's_t\downarrow)$。

第六章
Chapter Six

审美的基本形态
The Basic Forms of Aesthetic Judgment

在详细介绍了审美原理以及美、感受能力和感染能力几个基本概念之后，我们就可以利用审美判断机制对不同的审美基本形态加以界定，并对其形成原理给予统一的论述和解释。

在展开论述之前，要先分析和解释审美判断结果划分的名称问题。

第一节　不同审美形态的表述

审美形态是审美主体与审美客体相互作用不同模式的结果，也可以说是审美判断产生的"美"的形态。我们用"形态"一词划分不同审美模式的结果，因为它与"内容"一词对立，本义是指事物的外表，能够明晰地表达出审美判断中两个相互作用要素的本质：审美主体代表的是对事物纯粹形式的感知能力，审美客体代表的是纯粹形式要素的数量多少。无论是感受能力还是感染能力都仅与形式要素相关；作为审美判断的结果，它的本质也只能与纯粹形式要素相关。因此，用"形态"一词区分审美模式的不同结果，能够恰如其分地体现出审美三要素的本质。

除了"美的形态"一词之外，在各种美学思想和理论中，有不少使用"美的范畴"或"美的类型"表达审美判断不同结果的概念。"范畴"和"类型"在英文中与"category"一词对应，主要是指思维对事物本质的分类概括。事物的本质既包括形式，又包括内容，所以无论是"范畴"还是"类型"都不能够直接表明"美"与纯粹形式之间的内在联系。对比各种现有的表达方式，可以说"形态"一词是对不同审美模式结果划分最为贴切的表述。

第二节　审美形态的划分方式

在现有美学研究中，对审美形态的划分存在着几种不同的方式。常见的一种是建立在审美活动给人带来的不同心理体验之上的，我们可以将其称为审美形态划分的心理模式。

按照审美形态划分的心理模式，审美形态一般被归纳为三大类型：美感、悲感和喜感。这三大基本类型又被各种美学思想和理论更加详细地分成许多小种类。例如，中国人民大学张法教授在《美学导论》第四章中认为，美感之中通常包含优美、典雅、壮美，悲感之中通常包含悲态、悲剧、崇高、荒诞、恐怖，喜感之中通常包含怪、丑、滑稽、媚世、堪鄙。这些对审美形态的详尽分类看似正确地对应了人的各种心理感受，但是从我们对美本质的定义上看，这种分类方式混淆了作为感性认知的审美判断与作为理性认知的艺术价值判断两个不同的概念，突显了现有美学理论由于缺乏准确的理性基础而存在的弊端。在"美感"中，"典雅"和"壮美"都是在美感之上赋予审美三要素特定理性概念之后的产物，已经超出了对纯粹形式感性认知的审美范围；"悲感"中的"悲剧""荒诞"和"恐怖"，以及"喜感"中的"怪""媚世"和"堪鄙"也都同样是经过人类理性认知处理、加工之后的概念，不再属于纯粹的审美感受。

根据张法教授的分析解说，"优美"和"壮美"之间的差异分别体现在审美客体所在空间环境中尺寸的大小、运动速度的快慢、力量的强弱、性质的刚柔；"典雅"的审美客体则表现为超凡脱俗；"悲剧"是人与强大客体产生冲突，奋起抗争导致毁灭的产物；"荒诞"和"恐怖"则是通过对正常逻辑、客观规律的颠覆显示出的世界的混乱和可怕。这些分类定义都是建立在对心理感受内容逻辑分析基础之上的，表明这种审美心理模式的本质针对的是我们所说的艺术价值判断。所以，这种对审美形态划分的心理模式与审美原理存在着根本性矛盾，需要加以修正。

在现有美学研究和理论中，还存在着另外一种常见的审美形态划分方式，它以不同文化背景为基础，将审美判断的类型与不同文化环境的影响建立起逻辑关系。由于这种方式突显出的是不同文化环境和思想意识给审美判断结果带来的影响，多被称为审美的文化模式。同样在《美学导论》第四章中，张法教授以中国美学、西方美学和印度美学思想为例，分析了不同文化模式对审美形态的影响，并做了深入浅出的阐述。例如，根据古人的论述，他将中国美学思想中的审美形态总结为两大类型：阳刚之美和阴柔之美。他进一步将阳刚之美又细分为雅、显、繁、壮，将阴柔之美又细分为奇、奥、约、轻，并认为这八种类型与《周易》中八卦所代表的八种基本物质相连。对印度美学思想之中审美类型总结的依据同样出自这种文化模式。他指出，印度美学的最高范畴是建立在能够代表事物精华汁液之"味"这一概念之上的。他列举了印度古代戏剧理论著作《舞论》中提出的 8 种"味"，即艳情味、滑稽味、悲悯味、暴戾味、英勇味、恐怖味、厌恶味、奇异味，并与人的 8 种"情"，即爱、笑、悲、怒、勇、惧、厌、惊，以及自然世界的 8 种颜色，即紫、白、灰、红、橙、黑、蓝、黄，一一对应比较，解释说明了印度审美形态划分与印度哲学、宗教等文化特质之间的紧密联系。

  利用文化模式对审美形态进行划分归类具有一定的道理，而且可以解释美学中的许多文化现象，看似能够将这些现象与不同审美形态完好地结合起来。但是，审美形态文化模式存在的问题依然是混淆了感性认知与理性认知的差异，没有将审美形态与艺术类型、审美价值与艺术价值之间的差异正确区分开来。作为理性认知的结果，不同文化模式直接影响的是艺术价值判断。虽然文化模式对审美判断也存在着一定的影响，但这种影响是通过感受能力特殊因素的差异潜移默化达到的，与理性思维和文化概念无直接的关联。也就是说，这种影响是人类社会长期进化的结果，它使人在日常环境中长期接触的文化概念转化成为一种习惯性的感性认知，不再需要任何理性认知和概念的参与。

总之，对审美形态的划分还是要明确区分审美和艺术价值判断，深入研究审美三要素之间的关系，从对审美判断数学模型的分析和归纳中得出正确的答案。

第三节　审美判断的五种形态

根据审美原理机制，我们将审美判断的基本形态划分为五种，它们是"优美""崇高""悲""喜""丑"。这五种审美形态分别是审美主体与审美客体之间相互作用产生的五种特定结果，并可以体现在人类的五种基本情感体验之中。与"优美""崇高""悲""喜""丑"五种审美形态相对应的情感体验分别是"愉悦感""崇高感""悲伤感""欢喜感""丑陋感"。这些情感体验的产生与理性认知无关，是人类最为原始的动物心理本能。下面我们以审美原理公式为衡量标准，对这五种审美形态展开阐述。

一、优美

作为一种审美形态，"优美"是审美主体感受能力（Ms）与审美客体感染能力（Mo）相等或非常接近时，两者之间相互作用趋于最大值的结果。"优美"的产生机制可以表示为：

$$Ve \propto Ms\,Mo / (Ms - Mo)^2$$

因为：$Ms = Mo$ 或 $Ms \to Mo$

所以：$Ms - Mo = 0$

因此：$Ve = \infty = Vb$

Vb 代表"优美"的价值。

审美原理公式清晰地反映出了审美判断中"优美"形态产生的机制。当审美客体感染能力（Mo）与审美主体感受能力（Ms）等价或非常接近时，审美客体与审美主体之间产生一种无穷大的相互作用。在这种无穷大的相互作用中，审美距离为零，审美主体与审美客体相互融合，不分彼此，审美主体由此体验到愉悦之情，并获得一种忘我和无穷大的欣慰。由于处在主、客体融合的忘我状态，这种愉悦带来的欣慰必定是非理性的、朦胧的和妙不可言的，因此也是没有任何功利目的的。因为"优美"审美形态的价值是无穷大的，没有任何具体的理性数值可以表达，所以它就是一种纯粹的感性体验。这种感性体验的重要特征是第一感受，也就是说"优美"带来的"愉悦感"是人面对审美客体时，在极短时间内的第一感受。如果第一感受是主体、客体融合的愉悦，审美的形态就是"优美"；如果第一感受不是愉悦，那么审美形态就不是"优美"。这种直观的第一感受不需要任何理由或解释，也无须进行任何分析，因为任何解释和分析都会终止"优美"审美形态的发生过程，将审美判断人为地推向艺术价值判断。

除了审美判断产生的"优美"之外，当我们进一步使用分析、联想等任何理性思维时，就必定使主体、客体发生分离，这时获得的"美感"都是艺术价值判断的结果，与审美之"优美"不同。在本章第二节提到的"美感"中的"典雅"和"壮美"等概念，无论是来自中国文化、西方文化还是印度文化，都是对艺术特征的判断结果。为避免与审美判断之"优美"结果相混淆，我们在表达艺术价值判断结果时，应该用对应的艺术价值判断特征概念。例如，当我们通过思考和对比，认为一个作品给人"典雅"之感受时，可以说它具有"典雅的艺术特征"。

二、崇高

"崇高"作为一种审美形态，其形成的前提条件是审美主体感受能力（Ms）小于审美客体感染能力（Mo）。在这种前提条件下，审美主体和审美客体之间充满对立；如果感受能力（Ms）与感染能力（Mo）之差（$Ms - Mo$）对审美主体并不造成任何理性认知心理障碍，感受能力的可塑性将促使自身调节增大，直至能够达到与感染能力相等的水平。在上述两个条件的作用下，审美主体与审美客体之间相互作用的结果趋于无穷大，达到"崇高"的审美形态。"崇高"的形成机制可以用审美原理公式表示为：

当 $Mo > Ms$ 时，$Ve \propto Ms\,Mo / (Ms - Mo)^2$

因为：Mo 对 Ms 不构成任何理性认知心理障碍，感受能力可塑性使 $Ms \to Mo$

所以：$Ms - Mo \to 0$

因此：$Ve \to \infty = Vs$

Vs 代表"崇高"的价值。

正如康德所指出的，审美主体感受能力（Ms）与审美客体感染能力（Mo）之差（$Ms - Mo$）的形成源自两种情况：一是审美客体形式体量（尺度）要素巨大，与审美主体对形式体量要素感受能力构成巨大反差；二是审美客体形式数量要素极多，与审美主体对形式要素数量感受能力构成巨大反差。

在第一种情况下，审美客体形式体量（尺度）要素与审美主体对形式体量感受能力的巨大反差，造成形式在尺度维度之上的信息数量远远高于主体对形式要素的正常感受能力，由此使审美距离成为一个较大的负数（$Ms - Mo = -r$），并使审美主体首先获得一种受到排斥的压抑心理感受。这种审美客体感染能力与审美主体感受能力之间的量差是"崇高"形成的必要前提条件。当审美主体意识到巨大的感染能力不构成任何危害并由此排除理性认知的参与之后，感受能力在可塑性驱使下提高到与感染能力相同的水平，将审美距离减小为零，使审美主体与客体之间的相互作用达到无穷大。感受能力的重塑和提升，使自身受到客体压抑产生的排斥和紧张感得以消除；这是产生"崇高"审美形态的充分条件。同理，在第二种情况下，审美客体形式对比要素数量巨大，造成形式要素在变化、节奏、层次、肌理等维度之上的信息数量远远大于审美主体对形式要素的正常感受能力，由此使审美主体首先获得一种受到排斥的压抑心理感受。这种感染能力与感受能力之间的量差仅是"崇高"形成的必要前提条件。当审美主体能够排除理性认知干扰，感受能力在可塑性驱使下提高到与审美客体感染能力相同的水平时，Ms 与 Mo 之差为零，使审美主体和客体之间的相互作用达到无穷大。感受能力的重塑和提升使审美主体对客体产生的排斥和紧张感得以释放，构成了产生"崇高"审美形态的充分条件。

正是在上述必要和充分条件的双重作用下，审美主体从最初具有的压抑体验中获得了一种包含感激、仰慕和敬畏之情的"崇高"感受。这种感激、仰慕和敬畏之情既是针对审美客体的，同时也是对自身感受能力能够在压抑之下得以升华的直观情感回应。这里需要指出，审美主体最初的压抑体验反映在最初审美距离的负值（$Ms - Mo = -r$）之中；这与后面第四节中论述的"欢喜"感受体验完全相反。

除了审美判断中"崇高"的形态以外，我们也可以在感性认知基础之上使用分析、联想等方式对客体获得进一步的理性认知，形成与艺术价值判断相关的"崇高"概念。艺术的"崇高"概念以审美"崇高"感受为基础，是结合各种文化观念将纯粹直观感受加以扩展、发挥成对内容体验的产物。无论是来自高耸入云山岳的崇高感、延绵无际大江的崇高感，或是由危险、恐怖的具体事件转化生成的崇高感，只要它们与对具体事物的理性概念或文化认知相关，就是对艺术价值特征属性的判断。为避免与审美"崇高"形态的混淆，我们在表达事物的艺术价值崇高特征时，应该用对应的"崇高艺术特征"概念。

三、悲

"悲"作为一种审美形态，其产生的前提条件是审美主体感受能力（Ms）低于审美客体感染能力（Mo）；如果感受能力与感染能力之差（$Ms - Mo$）过大，感受能力通过可塑性自身调节之后仍然无法增大到与感染能力相同的水平。在这种情况下，感受能力只能保持在低于感染能力的水平，最终致使审美主体与审美客体的相互作用无法像"崇高"一样达到无穷大状态；审美主体不能完全呼应、满足审美客体的感染能力，结果使人产生一种空虚、恐慌和悲哀的感觉。这种感觉就是审美的"悲伤"感受，其形成机制可以用审美原理公式表示为：

当 $Mo > Ms$ 时，$Ve \propto Ms\, Mo /(Ms - Mo)^2$

因为：Ms 与 Mo 之差过大，构成难以超越的障碍，感受能力可塑性不能够使 $Ms \rightarrow Mo$

所以：$Ms - Mo \neq 0$

因此：$Ve = Vt$

Vt 代表"悲"的价值。

这里需要指出，审美主体获得的这种负面"悲伤"感受体验反映在审美距离的负值（$Ms - Mo = -r$）之中；这与后面第五节中论述的"丑陋"感受体验完全相反。

除了审美判断中"悲伤"的形态之外，我们可以在感性认知基础之上使用分析、联想等方式进一步对客体进行理性认知，形成与艺术价值判断相关的"悲伤"概念。艺术的"悲伤"概念以审美"悲伤"感受为基础，是结合各种文化观念将纯粹直观感受扩展、发挥成为内容的产物。无论是秋风落叶自然现象触发的凄凉之悲，还是由人物性格或社会矛盾冲突引起的悲剧，只要这些悲伤与具体事物的理性或文化概念相关，都是对事物艺术价值特征的判断。为避免与审美"悲伤"感受相混淆，我们在表达事物艺术价值悲伤特征时，应该用对应的"悲伤艺术特征"概念。现有美学理论中有关悲伤的概念，如"悲剧""荒诞""恐怖"等，本质上都是对悲伤艺术特征的分析和表述。

四、喜

"喜"作为一种审美形态，其形成的前提条件是审美主体的感受能力（Ms）大于审美客体的感染能力（Mo）；在两者之间存在差异的情况之下，如果感受能力与感染能力之差（$Ms - Mo$）对审美主体并不造成任何心理障碍，感受能力的可塑性将促使自身调节减小，直至达到与感染能力相等的水平。在上述两个条件作用下，审美主体与审美客体相互作用的数值结果趋于无穷大，形成"喜"的审美形态。在这一过程中审美主体直观感受到自身感受能力的优越地位，获得"欢喜"的心理体验。"喜"的形成机制可以用审美原理公式表示为：

当 $Ms > Mo$ 时，$Ve \propto Ms\,Mo/(Ms-Mo)^2$

因为：Mo 对 Ms 不构成任何心理障碍，感受能力的可塑性使 $Ms \to Mo$

所以：$Ms - Mo \to 0$

因此：$Ve \to \infty = Vc$

Vc 代表"喜"的价值。

这里需要指出，审美主体在"喜"中获得的轻松、快乐"正面"情感体验反映在最初审美距离的正值（$Ms - Mo = r$）之中；这与前面"崇高"论述中的"负面"情感体验正好相反。

如同"崇高"审美形态产生的机制一样，感受能力与感染能力之差（$Ms - Mo$）的形成源自两种情况：一是审美主体对形式体量要素感受能力巨大，与审美客体相对较小的形式体量要素构成巨大反差；二是审美主体对形式要素数量感受能力巨大，与审美客体相对较小的形式数量要素构成巨大的反差。

在第一种情况下，客体形式要素在尺度维度上的信息数量远远低于主体对形式要素的正常感受能力，由此使审美主体获得一种优越的满足之感。这种审美主体与审美客体之间的量差只是"喜"感形成的必要前提条件。当审美主体的正常感受能力被可塑性驱使，降低到与审美客体感染能力相同的水平时，两者之差为零，审美主体和客体之间的相互作用达到无穷大。审美主体感受能力的降低和重塑使审美主体对审美客体的优越满足感受得到确认和释放，是形成"喜"感的充分条件。

在第二种情况下，审美客体形式对比要素数量过少，造成纯粹形式在变化、节奏、层次、肌理等维度上的信息数量远远低于审美主体对形式要素的正常感受能力，由此使审美主体首先获得一种优越的满足之感。这种审美主体和审美客体之间的差别只是"喜"感形成的必要前提条件。当审美主体的正常感受能力被可塑性驱使，降低到与审美客体感染能力相同的水平时，两者之差为零，审美主体和客体之间的相互作用达到无限大。审美主体感受能力的降低和重塑使主体对客体的优越满足感受得到确认和释放，是"喜"感形成的充分条件。

正是在上述必要和充分条件的双重作用下，审美主体从对审美客体感染能力不足的感受中获得了一种欢快、自满的情感。这种欢快和自满既是对自身感受能力能够凌驾于审美客体感染能力之上的心理表达，也是审美主体从审美客体中直观到自身感受能力的优越地位后产生出的一种欢快情感。

除了审美判断中"喜"的形态以外，我们还可以在感性认知基础之上使用分析、联想等方式对客体获得进一步的理性认知，形成与艺术价值判断相关的喜感概念。艺术的喜感概念以审美欢喜感受为基础，是结合理性认知将纯粹直观感受加以扩展、发挥成内容的产物。无论是虚构卡通世界中的怪诞形象，还是与正常规则相左的滑稽和幽默行为，或由矫揉造作、夸张手段构成的低俗艺术作品，只要这些喜感与具体事物的理性认知和概念相关，就都是对事物艺术价值特征的判断。为避免与审美"喜"感的混淆，我们在表达事物的欢喜艺术价值特征时，应该用对应的"欢喜艺术特征"概念。现有美学理论中有关欢喜的概念，如"媚世""幽默""滑稽""愚蠢"等，本质上都是对欢喜艺术特征的分析和表述。

五、丑

"丑"作为一种审美形态，其形成的前提条件是审美主体感受能力（Ms）高于审美客体感染能力（Mo）；同时，由于感受能力与感染能力之差（$Ms - Mo$）过大，使感受能力的可塑性无法通过自身调节降低达到感染能力同样的水平。在这种情况下，感受能力只能保持高于感染能力的水平，最终致使审美主体与审美客体的相互作用无法像"喜"一样达到无限大状态。审美客体不能完全呼应、满足审美主体的感染能力，结果使人产生一种否定和拒绝的感觉。这种感觉就是审美的"丑陋"感受，其形成机制可以用审美原理公式表示为：

当 $Ms > Mo$ 时，$Ve \propto Ms\,Mo / (Ms - Mo)^2$

因为：Ms 与 Mo 之差过大，构成难以超越的障碍，感受能力可塑性不能使 $Ms \to Mo$

所以：$Ms - Mo \neq 0$

因此：$Ve = Vu$

Vu 代表"丑"的价值。

这里需要指出，审美主体获得的对外在客体的"正面"否定感受反映在审美距离的正值（$Ms - Mo = r$）之中；这与前面论述的"悲伤"感受体验完全相反。

除了审美判断中"丑"的形态以外，我们可以在感性认知基础之上使用分析、联想等方式进一步对客体获得理性认知，形成与艺术价值判断相关的"丑陋"概念。艺术的"丑陋"概念以审美"丑陋"感受为基础，是结合各种文化观念将纯粹直观感受扩展、发挥成内容的产物。无论是主体理解的怪诞行为，还是与常态相左的偏离，或是由客体畸形引发的丑陋感觉，只要这些感觉与主体对具体事物的理性认知和概念相关，都是对事物"丑陋"艺术价值特征的判断。为避免与审美判断的"丑"感相混淆，我们在表达事物的"丑陋"艺术价值特征时，应该用对应的"丑陋艺术特征"概念。

第四节　审美形态产生机制的启示

审美是审美主体感受能力（Ms）与审美客体感染能力（Mo）之间的相互作用，不同审美形态的产生源自感受能力和感染能力之间相互关系的不同：

当 $Mo/Ms=1$ 时，审美形态为"优美"，审美主体体验到的是与审美客体相互融合产生的"愉悦"感受；

当 $Mo/Ms>1$，并在感受能力可塑性作用下仍然保持大于 1 的状态时，审美形态为"悲"，审美主体得到的是一种由于自身感受能力低于审美客体感染能力产生的、对自身否定的"悲伤"感受；

当 $Mo/Ms>1$，但感受能力在可塑性作用下能够升华等价于感染能力时，审美形态为"崇高"，审美主体体验到的是"崇高"之情；

当 $Mo/Ms<1$，并在感受能力可塑性作用下仍然保持小于 1 的状态时，审美形态为"丑"，审美主体获得的是一种由于自身感受能力高于审美客体感染能力带来的、对客体否定的"丑陋"感受；

当 $Mo/Ms<1$，但感受能力在可塑性作用下能够下降等价于感染能力时，审美形态为"喜"，审美主体体验到的是"欢喜"感受。

从各种审美形态形成的机制中，我们可以获得以下一些启示，并对人类审美活动的演变和发展做出一定的推论。

第一，审美结果并不局限于狭义的"美"，而是具有"优美""崇高""悲""喜""丑"五种不同的形态。每种不同的审美形态具有不同的理性基础特征，能够给人带来不同的感性体验。类似于我们味觉感受不是一种单一的形态，可以被细分为苦、辣、酸、咸、甜不同的口感一样，审美感受也是如此，能够以五种不同的形态给我们带来不同的感受。就像我们每个人都有不同的味觉喜爱一样，不同人对不同审美形态会有不同的偏爱。有人可能偏爱"优美"，有人或许热衷于"丑陋"；审美"口味"的差异是人类审美判断中的理性法则作用的结果，是不能被否认的正常现象。需要指出的是,"崇高""悲""喜""丑"这四种审美形态与康德所说的"依存美"是不同的。康德所谓的"依存美"涉及功利计较、理性概念和目的,应该归属于与审美形态完全不同的艺术价值判断结果。

许多伟大的艺术作品都是以审美形态中的崇高、悲、喜、丑为基础构成的,尤其是在现代社会,我们很少看到仅仅给人单纯愉悦感受的"优美"审美形态能够跻身于优秀艺术作品的行列。这是因为,虽然"优美"的审美价值是无穷大的,但其审美机制过程较为简单,缺乏复杂和矛盾心理过程带来的厚重感受。相反,在崇高、喜、悲、丑的审美体验中,审美主体必须历经由感受能力与感染能力之间差异带来的矛盾冲突;在崇高和喜的审美体验中,审美主体还要体验通过可塑性改变自身感受能力的心理过程。正是由于在崇高、悲、喜、丑的审美判断中存在着丰富的心理变化过程,人类情感体验才具有了广度和深度。也正是由于这种丰富情感体验的存在,人类才能够摆脱仅仅局限于"优美"愉悦感受的单调和乏味,将由确定自然规律构成的明晰理性物理世界转换成为丰富多彩的感性世界,扩大了自身生命的存在空间。

第二,审美形态的产生机制表明,审美主体感受能力 Ms 及其可塑性的大小是获得丰富审美体验的重要条件。感受能力的可塑性与人所处的时空环境相关,是可以通过训练不断提高的。就像人对咸味的感觉可以不断加重或降低一样,通过参加审美活动,如视觉、听觉艺术的创作和鉴赏,可以不断改善感受能力的可塑性,增强审美主体在对审美客体直观感受中的适应能力。审美主体感受能力可塑性的提高可以让我们发掘不同的审美形态,获得更多机会体验到具有不同价值的"悲伤"和"丑陋"感受;可塑性的提高还可以在感受能力与感染能力处于不等价时,让我们能够有更多机会获得"崇高"和"欢喜"感受。

第三,五种审美形态是审美判断的五种不同结果,能够给审美主体带来各自不同的心理感受,因此它们之间是不具备可比性的。我们不能认为一种审美形态高于另外一种审美形态,这是因为不同的审美形态具有各自不同的形成机制原理，代表着不同的心理感受。即使"优美""崇高""喜"三者具有相同的审美价值，它们具有的心理感受效果也是各不相同的。"优美"的审美价值为无穷大，审美主体的愉悦感受来自与审美客体的完美融合；"崇高"的审美价值为无穷大，审美主体体验到的是客体的伟大和对自身感受能力具有升华潜力的崇敬；"喜"同样具有无穷大的审美价值，但审美主体的欢喜感受则来自于自身感受能力的优势地位。"悲"和"丑"的审美价值要小于"优美""崇高""喜"的审美价值，但两者能够呈现出许多大小程度不同的数值，并能够随着感受能力可塑性的不同为审美主体带来强弱不同的悲伤和丑陋感受；这些丰富的"悲伤"和"丑陋"心理体验是"愉悦""崇高""欢喜"不能企及和替代的。即使在"悲"和"丑"之间也不具有可比性。虽然"悲伤"和"丑陋"两种审美感受都包含一定的否定心理感受，但否定的对象是不同的。在"悲伤"审美体验中，这种否定源自感受能力低于感染能力，从而导致主体的不安，产生的是对自我能力的否定心理；而在"丑陋"审美体验中，否定的心理源自感受能力高于感染能力，引起的是主体对客体的否定心理。

审美判断结果的比较只能在同一种审美形态之内进行。任何"优美"的审美价值都是相等的，即无穷大，给人的感受也是完全相同的，因此，不同"优美"之间可以比较的只能是审美客体感染能力 Mo 的大小，或是审美主体感受能力 Ms 的大小，以及感染能力中形式要素构成的类型，例如和谐形式要素的多少、节奏形式要素的多少等。任何"崇高"的审美价值都是相等的，即无穷大，因此，不同"崇高"之间可以比较的只能是审美客体感染能力 Mo 的大小，或是审美主体感受能力 Ms 的大小，以及由于它们数值大小不同给人带来的直观心理感受。例如，高山 A 比高山 B 的体量更大，虽然对两者审美判断产生的"崇高"审美价值是完全相同的，但由于高山 A 的感染能力比较大，审美主体在获得"崇高"审美体验时也就需要展示出更大的感受能力可塑性，并为此付出更多的心理压力。任何"喜"的审美价值都是相等的，即无穷大，因此，不同"喜"之间可以进行比较的只能是审美客体感染能力 Mo 的大小，或是审美主体感受能力 Ms 的大小，以及由于它们数值大小不同给人带来的不同直观心理感受。例如，儿童画 A 比儿童画 B 的形式要素数量更少，虽然对两者审美判断产生的"喜"审美价值是完全相同的，但由于儿童画 A 的感染能力比较小，在审美主体获得"欢喜"审美体验时需要展示出更大的感受能力可塑性，并为此释放出更多的心理压力。

"悲"和"丑"的审美判断结果最为多样，因为任何"悲"和"丑"的审美价值都可以是互不相等的。在不同价值的"悲"感体验中，我们既可以进行审美价值高低的比较，又可以分别对不同审美客体感染能力 Mo 和审美主体感受能力 Ms 的大小进行比较。在不同"丑"感体验中，同样既可以进行审美价值高低的比较，又可以分别对不同审美客体感染能力 Mo 和审美主体感受能力 Ms 的大小进行比较。"悲"和"丑"的审美过程可以给人带来更加丰富的情感体验，根本的原因就在于这两种审美形态的价值是与具体个人感受能力 Ms 直接相连的。也就是说，当面对同一个审美客体时，不同审美主体的感受能力将会导致不同数值的审美判断结果。"悲"与"丑"的审美机制原理也许可以很好地解释这两种审美形态为什么在现代美学思想中越来越受到重视。

第四，五种审美形态分别体现出了审美的普遍或特殊属性特征："优美""崇高""喜"这三种审美形态体现出的是审美判断的普遍性，"悲"和"丑"审美形态体现出的则是审美判断的特殊性。审美形态的普遍性指审美结果对于所有审美主体都具有一种普遍的意义；审美形态的特殊性指审美结果仅是这种审美形态中的一种特殊产物。在"优美""崇高""喜"三种审美形态的形成机制中，感受能力最终都等同于感染能力，主体与客体趋于相互融合，它们之间的界限随之消失，由此给审美主体带来的审美体验都具有主客体不分的普遍性特征。这就是说，在这三种审美体验中，任何审美主体都倾向于认为审美客体使其体验到的"优美""崇高""欢喜"感受也一定会让其他人体验到。或者说，当体验到无穷大的审美价值之时，审美主体就进入了一种"无我"的非理性状态，而且在这种状态下，具体的个人与普遍的人性融为一体。所以，审美价值的无穷大感受虽然是针对个别审美客体和个别审美主体的相互作用结果而言的，但在经历这三种审美形态的体验时，审美主体将个人感受完全扩展到了全体人类，并由此将这三种审美形态的审美价值赋予审美客体，认为这是客体能够给所有主体带来的普遍感受。

　　康德认为"纯粹美"是具有普遍性的，并将这种普遍性产生的原因归于审美判断的无功利性特征。他说："如果一个人觉得一个对象使他愉悦，并不涉及利害计较，他就必然断定这个对象有理由叫一切人都感到愉快。"（朱光潜，《西方美学史》下册，江苏人民出版社，2015）审美形态的普遍性特征就是康德所说的审美判断的普遍性特征。这种普遍性在审美机制中反映出来的就是感受能力与感染能力的相互融合，最终使"优美""崇高""喜"三种审美形态具有了完全相同的无穷大数值。

　　"悲"和"丑"这两种审美形态则不同，它们的审美价值是不具有普遍性的。当一个具体审美主体面对一个具体的审美客体时，感受能力与感染能力相互作用形成的"悲"或"丑"的价值都可以是与众不同的；不同的审美价值带来的审美体验也是独特的。也就是说"悲"和"丑"的审美价值大小是随着审美主体感受能力和审美客体感染能力的不同发生改变的，而且不同审美主体对于这两种审美形态在不同价值状态下的直观感受也是有明确区分的。

　　第五，对"崇高""喜""悲""丑"这四种审美形态的体验总是处在不断变化之中。这是由于与这四种审美形态产生相关的感受能力可塑性是人类进化过程的产物，是处于不断改变过程之中的。根据审美形态原理，感受能力可塑性大小程度的改变意味着对"崇高""喜""悲""丑"的审美体验也将会处在不断的发展和变化过程之中。一个审美主体可塑性的大小决定了这个审美主体是否可以从一个审美客体获得"崇高"和"喜"的审美体验；当可塑性不能使感受能力达到与审美客体感染能力的相同水平时，也决定了该审美主体将会进入"悲"或"丑"的审美体验。所以说，审美主体感受能力可塑性的变化影响着"崇高""喜""悲""丑"四种审美形态的生成，并改变着自身的审美体验。

假如审美主体感受能力的可塑性随着进化过程不断增大时，审美主体对"崇高"和"喜"审美体验的范围就会不断变大，更多原本属于"悲"和"丑"审美判断的客体将会演化成为"崇高"和"喜"的审美对象；同时，属于"悲"和"丑"审美判断的客体将会被推至新的领域，涌现出新的"悲伤"和"丑陋"的审美对象。如果审美主体感受能力的可塑性随着进化过程不断减小，审美主体对"崇高"和"喜"审美体验的范围就会不断缩小，能够产生"崇高"和"喜"的审美对象将会变得更少；同时，"悲"和"丑"审美体验范围将会被推至新的领域，产生新的"悲"和"丑"的审美对象，原本属于"崇高"和"喜"的审美对象将会变成"悲"和"丑"的审美对象。

人类感受能力可塑性的发展是否具有一个固定的方向，一直保持着不断增大还是不断减小，或者是一个没有固定方向的无序进程？这是一个值得深入研究的课题，其研究结果可以对未来人类审美趣味的走向给出极有价值的推论。无论如何，我们可以断定的是，"崇高""喜""悲""丑"这四种审美对象一直都是处在不断变化过程之中的。

总之，人类对"优美"的审美体验是最基本，也是最简单的，完全符合康德所说的"纯粹美"概念。虽然这种"纯粹美"可以使我们产生出最直接的忘我愉悦，但是长时间处于这种愉悦审美过程的状态必定会令我们产生单调和乏味之感。从审美心理体验层面上看，正是"崇高""喜""悲""丑"这四种并不纯粹的审美形态的存在激发出了人类潜在的感性力量，丰富了人类的情感体验。这四种审美形态的产生与理性认知无关，并不依存于任何概念以及客体内容的完善，不是康德所说的"依存美"。这里所说的"不纯粹"是指它们的形成机制过程更加复杂。这些复杂的审美机制推动着人类审美体验范围不断改变，也由此使我们的审美世界色彩斑斓。随着人类社会发展进程的推进和对情感体验丰富要求的提高，"崇高""喜""悲""丑"

将无可避免地占据审美活动的主导地位。这正是现代美学思想逐渐忽视"优美",更加注重"崇高""喜""悲",甚至是"丑"的原因所在。

参考文献:

[1]张法.美学导论[M].北京:中国人民大学出版社,2015.
[2]朱光潜.西方美学史[M].南京:江苏人民出版社,2015.
[3]鲍桑葵.美学史[M].彭盛,译.北京:当代世界出版社,2008.

结 语
Conclusion

通过前面六章的论述，我们对审美三要素、审美与艺术价值判断的差异以及两者之间的相互关系、审美原理、审美形态及其产生的机制等一系列问题有了全面和系统的认识。基于这些认识，我们就可以对美学学科的两个组成部分，即审美和艺术价值判断，做出更加合理的区分，并能够由此对美学原理做出本质的和定量的描述。下面利用我们建立起来的审美原理以及审美与艺术价值判断之间的二象性关系，对美学思想和美学实际运用中常见的几个主要问题进行一些扼要的总结。

第一节　美学、审美和艺术价值判断

鲍姆嘉通将美学界定为"感性学"，是非常恰当的。所谓"感性学"意味着它的研究涉及与人类情感体验相关的所有领域。也就是说，美学学科既是对情感体验及其产生机制的研究，也是对获得情感体验的主体以及使主体产生情感体验的客体对象的研究。就情感体验本身而言，它可以是不加理性思索，与"优美""崇高""悲""喜""丑"相关的直观感受结果，也可以是经过深思熟虑理性分析之后获得的。对于主体而言，情感体验可以源自人类感性和理性两个完全不同的认知层面。直接来自感性认知的"优美""崇高""悲""喜""丑"五种情感体验仅与客体的纯粹形式相关；出自理性认知的情感体验是与时空环境和文化背景相关的内容对主体作用的结果。作为客体的任何自然事物和艺术作品，都可以被划分为与感性认知相关的纯粹形式和与理性认知相关的内容。我们获得的不同情感体验均来自于这两个不同的层面。正是因为人的感性和理性认知与世界的全方位沟通作用,人的情感体验可以触及世间万物,美学学科的内涵也才能伴随着人类理性认知水平的变化和提高不断扩展。

根据情感体验与人的感性和理性认知层面的对应关系,我们将美学原理系统地划分为审美原理和艺术原理。审美原理是关于主体对客体形式要素感性认知机制过程的表述;艺术原理是关于主体对客体内容要素理性认知机制和价值判断过程的表述。美学的这两个不同组成部分具有各自不同的本质特征,只有对两者加以明确区分,才能对美学基本原理给予理性的表述和深刻的理解。这是我们必须明确区分"审美判断"和"艺术价值判断"的根本原因所在。

审美判断的结果是审美价值(Ve),艺术价值判断的结果是艺术价值(Va),两种判断之间存在着相互对立的二象性关系($Ve \propto 1/Va$),这种关系使不同美学思想之间往往表现出各种矛盾:当一种美学思想关注的是审美判断时,就会与关注艺术价值判断的美学思想发生对立;当我们用审美方式衡量作品的艺术价值时,必然会与艺术价值判断的结果产生矛盾。审美判断是审美主体感受能力与审美客体感染能力的相互作用。由于人类的感受能力呈正态分布,在一定程度上具有普遍的共同特征,所以,对于特定的审美客体而言,审美判断的结果就会具有相对固定的"粒子"特征属性。这也就是说,针对同一审美客体,不同审美主体的审美判断结果受相对固定的感受能力的影响,对"美"的感受在很大程度上是具有共同标准的。艺术价值判断是主体对客体内容的理性认知和评价,我们将在后续的《艺术原理》一书中对艺术价值判断的机制给予详细的论述。这里仅指出,由于人的理性认知受到文化、政治、经济、时代等各种不同因素的影响,艺术评价标准必定会因人的不同或时空关系的不同发生变化。对同一艺术作品而言,不同主体的艺术价值判断结果必定会表现出差异,即使我们用同一种标准看待同一艺术作品,在不同时空条件下也会得出不同的艺术价值判断结果。因此，对艺术价值的判断总是表现出"波动"的特征属性。

审美与艺术价值判断之间的二象性关系给美学思想带来了诸多丰富的表象。西方美学思想最早的关注重点在于审美判断，探讨的是如何通过客体的形式变化规律给主体带来"美"的感受。在发现人的情感体验与客体的内容表达密切相关时，美学思想开启了针对艺术价值判断的研究方向。启蒙运动之后的德国古典哲学，在审美判断和艺术价值判断两个方面的研究中都取得了巨大成就。康德美学思想从人的认知机制角度出发，对审美判断仅与感性认知相关的特征做出了系统表述。黑格尔美学思想是对艺术价值判断的系统阐述，并从"绝对精神"这一概念出发，论证了艺术和艺术发展与人类理性和社会理性发展之间的关系。可以说，现代美学思想的诸多理论都是在审美判断和艺术价值判断两个不同层面之上发生和发展起来的。

审美与艺术价值判断之间的二象性关系也使美学思想能够在矛盾状态之中起到沟通自然和人类社会的桥梁作用。自然世界具有自身的客观规律，与人类依靠伦理道德创造的理性文明世界分属不同的体系。康德将这两个不同的体系分别称作知性和理性，并认为审美判断是连接两者的桥梁。自然规律不受人的意志驱使，而伦理德道却是人类自由意志的产物。要起到连接两个不同世界的桥梁作用，康德所说的审美判断就必须具有双重性特征：既符合不变的客观自然规律，又能够体现出人的自由意志。因此，我们说能够起到沟通知性和理性桥梁作用的实际上应该是审美和艺术价值判断的综合运用，也就是美学原理的运用。

审美原理表明，审美判断的本质是感受能力与感染能力的相互作用，它发生在虚拟现实之中的"事物"之间，作用规律完全符合最根本的自然法则。艺术价值判断遵循的则是人类各自不同的理性选择，与人类构建的文明体系紧密相连。一方面，人类通过属于直观感受的审美活动将自身的感性能力与自然和自然规律相连；另外一方面，又通过属于理性认知的艺术实践活动将自身的情感体验与社会文化、经济、政治等一切人类文明成果相连。所以说，人类具有双重认知特征的美学原理起到了沟通自然知性和人类心灵理性的桥梁作用：审美判断作为桥梁的一端，连接自然知性世界；作为桥梁的另外一端，艺术价值判断连接着人类的理性世界。

从我们对美学两个不同层面的划分角度来看，康德将审美活动和美感界定在无功利趣味判断范围之内无疑是完全正确的。无功利判断意味着审美活动的本质属于感性认知，美感是感性认知的结果，它们的过程与理性思维无关。这一方面表现在审美过程无须使用任何理性推理手段，完全依赖感官先天本能获得情感体验；另一方面，作为审美判断结果的情感体验也是与任何理性认知无关的。换句话说，在审美活动中，人努力通过自身的感性力量与自然世界融为一体，在主客体不分的无我状态中使自身获得一种不受理性干扰、最为原始的心灵慰藉。

美无处不在，是审美活动本质特征的表现之一。首先，美是我们自身对形式要素的感受能力与事物无处不在的形式要素相互作用的结果，是在排除人类理性参与之后可以随时随地发生的自然现象。其次，美有五种基本形态，包含了感受能力与感染能力相互作用的全部可能结果。美不仅仅是给我们带来愉悦体验的"优美"，还可以表现为"丑""悲""喜"和"崇高"这些不同的形态。当我们凝视远处的丘陵和蓝天、观看烈日下带来片片浓阴的树木或者眺望常年积雪的高耸山峰时，如果去除形式要素产生的理性概念，不用人类的思想逻辑试图进行任何理性描述，美感就会发生。美感就像绚丽的彩虹，多姿多彩；正因为如此，我们才能够通过审美判断释放自身具有的感性力量，从各种不同的形式要素环境中获得某种美的感受。

爱美之心人皆有之，是审美活动本质特征的另一表现。审美是我们每个人所具有的感受能力的运用，是人类的一种基本动物本能。人类踏入文明社会，开启的是一场不断远离自身动物本能的旅程。在文明之旅中，人的动物本能属性并没有消失，它留存在心灵深处，时常不自觉地浮现出来，表达着对遥远故乡的渴望。我们每个人不断重复的审美活动就是原始动物本能的一种展现和自我满足。在审美活动中，我们通过感性直观进入理性心念的止息状态，可以从理性文明回归感性自然，与物质世界再次融为一体。

从进化角度看，审美活动的本质是与人类文明发展方向相反的。审美顺应亘古不变的自然基本法则，使人沉迷于动物属性之中；在显露出物质世界本真状态的同时，为人的心灵寻找到不受波动理性影响的平静港湾。因此，审美的目的是指向过去的，排除了任何带有功利目的的理性追求，仅与纯粹形式相关；也正因为如此，审美过程才具有自然世界的普遍性特征，它的价值也才能够用基本自然法则加以度量。

我们在房间中摆放一些塑料花朵，满足的正是这种原始爱美之心。但是，如同凡·高画作的印刷品一样，这些具有审美价值、永不凋谢的塑料花朵在一般情况下并不具有太高的艺术价值。

与审美判断不同，艺术价值判断通过理性和创造活动从艺术作品的内容之中获得情感体验；它的过程充满功利计较，是以对人类文明成果和未来发展的理解为判断依据的。人在艺术价值判断活动中是要通过理性的力量创造出现实世界中并不存在的梦想，并透过不断改变现实来表达自身的自由意志。如果说在审美中主体与客体相互作用体现出的是人与自然之间的和谐，那么艺术价值判断要做的是走出感性体验的和谐、舒适区域，在自由意志的引领下寻求挑战自然世界的逻辑和手段，以便能够对现实世界实施创新和不断的征服。

艺术价值判断的创新本质特征使艺术总是寻求不断的标新立异，在波动前行中以自身的发展反映出人类文明的进程和未来走向。也正是这种创新的本质推动着艺术逆流而上，在战胜人类原始自然情感的同时，为人生寻找到存在的价值。换句话说，艺术活动中的创新精神使人类对抗着自身的直观感受，在追随理性、创造文明的同时为社会和人类自身带来了永恒的不安和躁动。

我们在前言中列举了一些有关"美"本质的不同定义，其中反映出的矛盾正是审美与艺术价值判断二象性的体现。毕达哥拉斯、鲍姆嘉通、康德、克罗齐对美本质的界定应该是从审美角度做出的，他们的美学思想关注的是与感性认知相关的审美判断；苏格拉底、黑格尔、车尔尼雪夫斯基的论述更加关注的是美学中的艺术价值判断，他们对"美"的定义实际上指的是与理性认知相关的艺术价值。从审美与艺术价值判断二象性关系层面上看，这些分歧的存在反而很好地构成了人类在不同时期美学思想的完整性。

审美与艺术价值判断的二象性特征还可以被用来理解不同艺术种类的差异及其功效的不同。艺术的类别有多种划分方式，例如可以被划分为空间艺术和时间艺术，也可以被划分为视觉艺术、听觉艺术或行为艺术。我们也可以根据审美与艺术价值判断的二象性关系，将艺术划分为审美和艺术价值判断两大类别，并将审美原理和艺术原理应用于艺术作品的创作和欣赏过程中。例如，对于不具备专业知识的欣赏者而言，音乐是一门具有较高审美价值的艺术；绘画和雕塑可以同时具有较高的审美价值和艺术价值，这类视觉艺术具体的美学价值取决于主体认知能力的选择和运用；戏剧、电影、文学等以故事情节为主的艺术作品主要表达的是艺术价值。当一件艺术作品的目的是要展现艺术价值时，就不能将创作手法集中在审美价值的表达上，反之亦然，否则，不仅难以达到与作品特征相符的目的，还会起到适得其反的作用。有关各类艺术作品的不同美学价值表现问题，我们将在后续的艺术原理中给予详细论述。

总之，无论是在美学理论研究中，还是在艺术作品的创作或鉴赏中，一定要明确关注美学的不同层面。许多美学理论的分歧正是源自对审美和艺术价值判断不同层面的混淆；许多艺术作品创作或鉴赏中存在的问题也来自对审美和艺术价值判断的错误理解。只有首先对审美、艺术价值判断不同层面做出正确的划分，才能在理论研究、作品创作和欣赏活动中获得正确的结果。

第二节　中西美学思想的比较

受不同文化环境或时代的影响，不同民族美学思想中的审美和艺术价值判断层面所占的比重总是不相同的；在二象性关系作用下，两个不同层面所占比重的差异会对不同民族美学思想的总体特征产生相应的影响。分析和掌握不同美学思想之中的审美和艺术价值判断二象性关系，可以使我们对不同美学思想做出正确的理解和恰如其分的鉴别。

东西方美学思想之间存在着巨大的差异，也具有一定的相通之处。先看相通和一致的地方。东西方美学思想的相通之处体现在两个方面，一是东西方美学思想最早关注的焦点都是对美本质和审美问题的探讨，二是所有审美活动的感性体验都具有一致的机制原理。对美本质和审美问题的探讨是所有民族美学思想的起源，这是因为看似极为感性的审美过程中都具有一种普遍客观的属性特征，其规律性比较容易被人类共同具有的感性认知能力觉察和体验。审美判断的普遍客观属性特征源自审美主体感受能力和审美客体感染能力共同涉及的形式要素。形式要素作为一种客观存在，可以不受人类理性认知和文化差异的影响，使审美活动本身比较容易成为被观察、被研究的对象；同样，形式要素的客观属性也为东西方各个民族的审美活动赋予了统一的审美机制原理，使各民族通过审美判断进行情感交流和相互理解成为可能。

虽然都源自对美本质和审美感受的探求，但是，东西方美学思想的发展却呈现出了不同的走向。西方美学思想对艺术和艺术价值判断的关注后来居上，在艺术创作和艺术理论研究中不断推陈出新，涌现出各种截然不同的思想和理念。到 20 世纪，西方现代美学思想之中有关艺术和艺术价值判断的内容已经占据了主导地位，将审美问题排斥到了美学学科的边缘。反观东方美学思想的发展过程，不难发现它对美本质和审美判断的关注是一条延续不断的主线，直到 20 世纪初期才被来自西方社会的现代文化发展进程打断，被迫改变了发展方向。相比较而言，西方美学思想在总体上更加重视对艺术和艺术价值判断的探讨,东方传统美学思想更加偏重于审美问题。这并不是说西方美学思想不研究审美问题,东方美学思想不论述艺术价值,而是说由于东西方美学思想具有各自不同的认知方式和文化传统,在看待审美和艺术价值判断以及两者之间的相互关系时,有着不同的标准取向。

在不同美学思想的研究和比较中,从审美和艺术价值判断这两个不同层面进行观察,能够使我们更加清晰地看出不同美学思想的本质差别,并对它们的基本特征给出明确的判定。下面以我们具有更多切身体验的中国美学思想为例,来分析它与西方美学思想之间的主要差别以及这些差别产生的主要原因。

从第二章对西方主要美学思想的介绍中,我们可以看到它的一个非常明显的总体特征,那就是流派繁多,彼此之间争奇斗艳。在众多流派中,一些以审美为目的,另一些以艺术价值判断为最终追求;它们相互批判,推陈出新,促进了美学思想的大幅度改变和向前发展。与西方美学思想相比,对中国美学思想的总体认知比较难以给出简要的概述。一个主要原因在于,传统中国美学思想对自身的表述并不严格遵循系统的理性认知和逻辑思想体系;也就是说,它对审美和艺术价值判断的认知和表述采用的是与我们熟悉的科学认知体系完全不同的方法。因此,对中国传统美学思想的分析必须从对其独特认知和表述方式的理解开始。

作为哲学思想体系的基础,认识论和逻辑学起源于古希腊哲学对事物本质的思辨和探求过程之中。希腊文化从源头开始就是将人与自然区别对待的。在神话时代,宇宙被划分为神和人两个相互对立的世界;神的世界完美无缺,掌控着人的现实生活。为追求事物背后存在的客观真理,希腊哲学一开始就非常自然地将物质世界与人区分开来,把世界看成是由物质与精神、客体与主体等许多二元对立要素组合而成的。虽然一元论在后来的西方哲学思想中也占有重要的地位,但一元论是以二元论世界观的存在为前提条件的,是从本体论角度对认识论中主观、客观二元分离现象的批判。西方哲学在早期就形成了包含本体论、认识论和逻辑学的系统知识体系，其根本目的在于追求物质表象背后的真知。所谓"真知"强调的是独立于人的主观"偏见"的客观知识。由于这种"真知"要求与人的主观感受相互分离，为确保知识的正确性，借助系统的理性分析和逻辑推理认知工具就显得是不可或缺的。所以说，主客观分离的认知模式和逻辑推理思维是西方哲学产生和发展的动力，它在西方美学思辨中的运用也是非常自然的。

中国传统文化讲究人与自然的和谐统一，在对自然世界的认识过程中总是倾向于将宇宙万物看作一个有机的整体。"人之初，性本善"，三字经开篇就表达了中国传统文化中的一个基本假定，那就是人之本性与自然环境，也就是天道的和谐统一。与西方主观、客观相互分离的认知体系不同，由于中国哲学思想的主流将人与自然看作是不可分离的整体，在对世界的观察和思考中，它不以求知为出发点，或者说不以寻找事物背后独立于主体的客观本质为目的；它思考和研究的对象主要集中在人的行为、人际关系、治国平天下，以及如何维系人与自然的和谐关系之上。

《论语》讲"修己安人"，《大学》讲"格物致知诚意正心修身"，《中庸》论述人生修养的境界。儒家思想作为中国传统文化的根基之一，探讨的是做人的学问和治国之术，称其为人生哲学更为恰当。另一个对中国文化影响广泛的是道家思想。道家相信人与自然事物一样，在变化无常的表面现象之中存在着永恒不变的规律，那就是普遍的阴阳互动平衡和有无相生。佛学认为佛法自在人世间，每个人都可以通过修行显现出原本具有的佛性；它强调的也同样是人与自然、精神与物质的高度统一。虽然儒、道、佛三种学说关注的领域各有不同，但是它们对世界的基本认知和认识方法具有统一的特征，都认同"天人合一"，也都采用整体的眼光看待世界和自然规律。正因为如此，三者才能够相互融合形成了对中国传统文化影响深远的宋明理学。

总之，中国哲学思想和传统文化以实际效用为目的，是入世的。它并不追求世界表象之外的纯粹真理；相反，它将宇宙和人看作是相互依存的整体，采用的是一种客体、主体不分的整体认知模式。这种整体思维模式固然可以避免极端偏见的产生，但它的弊端也是显而易见的，那就是不利于对事物进行化整为零的拆解以及由此带来的、持续不断的深入研究，更无法使认知主体尽可能脱离认知对象，力求对世界进行客观的逻辑推理和描述。当我们强调"天人合一"，用中庸的观念看待世界和人自身时，就无法区分"物质"与"意识""客观"与"主观""感性"与"理性"等不同的概念，也就无法对事物的本质产生客观认知的动力和激情。

正是这种整体认知思维模式与主客体分离、理性分析、逻辑推理之间的差别，导致了中西哲学思想和传统文化的差异。中国人民大学已故教授苗力田先生曾经对中西哲学思想做过深刻的对比，他认为中国哲学思想和文化是"重现世、尚事功、学以致用"，而西方哲学和文化恰恰相反，是"重超越、尚思辨、学以致知"。主客体分离，以超越主观感受、追求客观知识为目的的西方哲学和文化必须借用独立于主观感受之外的理性分析和逻辑推理过程，才能了解事物的真相；以现实生活为目的的中国哲学思想和文化显然没有使用严密逻辑体系推理的必要性，因为人与自然是相互融合的，完全可以从自身的主观感受和体验效果中更加便利地对自身行为、外在世界、自身与世界关系的正确与否做出直接的判断。不是说中国哲学思想和文化不讲究理性思考，而是说它的思考和判断依据不是力求独立于主体意识之外的客观证据和逻辑推理，而是建立在主体自身的喜、怒、哀、乐感性体验之上的。

上述分析和结论并不意味中国哲学思想和文化的等级低于西方哲学和文化，而是说两者在对世界认知的目的和由目的决定的认知方式上存在着巨大差异。因为中国哲学思想和文化过分强调"天人合一"，在求知和明理过程中没有借助严密逻辑推理的必要性，导致了它更像是一种由主观情感决定的人生信仰，而不是客观理性的知识体系。这样一来，中国哲学和文化思想就具有了一种使用自身主观想象和感性体验认识世界的偏爱，并形成了一种独特的、从整体观念出发的认知模式，走上了一条与西方理性思维截然不同的发展道路。

正是在不同认知思维模式的影响下，中西方美学思想在发展过程中呈现出了巨大的差异。我们将这种差异具体归结在美学思想表述方式、审美和艺术价值判断三个方面。

首先来看中西美学思想在表述方式上的主要差别。由于并不注重逻辑推理和理性分析，中国美学思想在表述上总是紧扣美学感性体验的主题，直接关注的是人的情感体验效果。与西方美学思想由理性逻辑给人带来的确定感受相比，中国美学思想的表述呈现出很强的文学特征，给人带来的更多是感性认知产生的不确定性：一种理论不受局限，似乎可以解释宇宙万物之美。正因为如此，对它的理解也只能建立在由不受限制的想象力获得的丰富情感体验之上。西方美学受到理性认知体系的限制，反而能够发展出多种完全不同的美学思想体系，诉说各自的主张。中国美学不受理性约束，天马行空，充满象征和比喻；它所得出的结论无边无际，可以包容一切，并由此在整体上呈现出永恒不变、无须创新的态势。西方美学的表述完全相反，它依据前提条件，思维缜密，环环相扣。虽然一种理论所能达到的结论有限，但是通过各种有限结论的相互结合或批判，能够不断发展，即使有时行进缓慢，在总体表现出的是持续发展、自我更新的势头。

下面再来分析整体认知和注重感性体验的思维模式对中国美学思想审美层面的影响。

从总体来看，中国传统美学思想的审美观念是主客观综合派的体现。由于采用的是对世界整体认知的方式，中国美学思想并不将审美客体和审美主体看成是相互独立的要素，而是通过两者与自然世界的和谐共处将它们彼此紧密联系起来。对于审美客体，中国美学讲求形式要素的构成须符合阴阳相对、有无相生、中庸之道、妙悟、意境等道家、儒家和佛家学说中的各种礼制要求；对于审美主体，同样强调通过传统文化的熏陶和对个人情操、品德的培养提高感受能力。无论是道家、儒家或佛家学说，它们都认为世界的天道融万物为一体，也就是说，无论是审美客体还是审美主体，它们都是自然世界的组成部分。中国美学思想正是通过"天人合一"的观念，以自然世界之美将审美客体和审美主体连接成了一个整体。这与西方美学看待审美主体和客体的观念非常不同。在对审美主、客体的研究中，西方美学一直有理性分析的传统。古希腊美学思想发展初期就对审美客体形式要素的构成规则进行了深入的探讨；近代西方美学对审美心理机制的研究也都是借用心理学手段，以理性分析、逻辑推理和实证依据为基础对审美主体进行独立研究的。即使是西方美学中的主客观综合派，也是将人与审美客体作为不同的独立对象看待和研究的。

对审美客体、审美主体合二为一的渴望在中国艺术创作和欣赏中表现得尤为明显，书法艺术就是最好的例证。中国人民大学张法教授在《美学导论》关于美的中国模式论述中对中国书法的特征给出了下面一些描述。中国书法虽然由柔软、看似无形的毛笔创作而成，但笔画能够呈现出丰富的变化：笔画的浓淡、粗细、干湿、疾缓、丰瘠等各种效果都被认为具有天地之间气韵的形式特征，犹如对自然世界丰富性的象征和表达；作为审美客体的作品通过这种形式要素变化的象征性表达，与宇宙自然之美建立起了联系。中国书法也被认为能够反映出作品创作者之"美"。他指出，这是因为自然世界被中国传统文化看作是一个由气化万物所构成的世界；人作为自然世界的组成部分，以气写字，字如其人。实际上，中国美学思想将书法创作本身看作是与人体相关的系统，要求书写者通过人格修养获得"道"心，以便在创作中能够摒弃俗念，达到"意在笔前"的心理升华状态。换句话说，中国书法创作被当作是一个人与自然相融合的过程。所谓"书如其人"表达的正是中国美学思想对主体、客体和自然之美能够在审美过程中互通合一的信念。

除了天人合一思想的影响之外，审美三要素高度统一特征的形成还与中国传统注重感性体验的思维模式直接相关。由于重视感性体验的思维模式对形式要素构成没有客观理性的衡量标准，中国美学在对审美客体、审美主体的判断和表述中就只能以人的感性体验为依据，由此形成了审美主体、审美客体和"美感"的绝对统一。这种审美观念对我们所说的感染能力、感受能力和审美结果不加严格区分，认为宇宙之大美既体现在审美客体，也存在于审美主体心灵之中，更反映在具体个人最终获取的美感体验之内。"道可道，非常道"，这种传统思想笃信在审美过程中发生的一切都以人的感性体验是否符合自然天道为准绳，因此在解说各种审美现象和美的本质时，给人一种只能通过感性意会，不可使用理性言传的感觉。

从审美三要素相互关系来看，中国美学思想的审美观念与欧洲中世纪主客观综合派审美观念非常类似，都是对审美三要素高度统一的阐释；但是，这两种审美观念给人带来的情感体验又存在着明显的差别。这种差别就是，中国美学思想对审美三要素的衡量和理解标准是以感性体验为基础的，欧洲中世纪主客观综合派美学思想运用的则是理性分析标准。在看待美的本质时，中国道家美学思想强调的是无我、无欲、无为的淳朴自然状态；儒家提倡尽善尽美，关注的是现实世界中个人与社会之间的关系，也就是美感与"善"的紧密联系。按照我们提出的审美原理观点，道家美学思想更多对应的是审美观念，儒家美学思想对应的主要是艺术价值判断。关于道家、儒家美学思想的差异这里不作深究，仅指出它们与欧洲中世纪美学强调美与"真"的等价关系形成了鲜明的对比。无论是"淳朴自然"还是"善"，它们都被中国传统文化看作是事物的完好和圆满组成，是有利于人类生存和社会发展的特征属性，能够使人的生理和心理需要得到满足后产生称心如意的美好感觉，所以，在中国传统文化中，"淳朴自然"和"善"本身就与人的主观感觉密不可分。这就不难解释中国美学在对"美"的描述中，总是乐用各种仅能通过感性体验获得的主观感受，如"虚灵""虚实""气韵""飘逸""超妙""潇洒"等，进行表达的原因。

除了受到不同思维方式的影响之外，中西方不同审美观念产生的原因还来自两种文化对形式构成要素具有的不同偏爱。审美是客体形式要素的感染能力与主体对形式要素的感受能力的相互作用。人的感受能力具体体现在一般感性认知能力和特殊感性认知能力两个方面。一般感性认知能力主要与遗传因素相关，针对具体个人而言是比较稳定的；特殊感性认知能力则受外在自然和文化环境的影响，呈现出不同的地域和文化特征。由于中国文化中的天人合一、阴阳互补互动、五行相克相生等学说被长期奉为经典，审美主体感受能力在人文环境影响下必定对形式要素构成模式产生一定的偏爱。虽然审美原理本身与内容和对内容的理性认知无关，但在文化理念说教的长期熏陶下，中国传统审美活动特别重视形式要素构成的虚实互补、气韵流通、大小和曲直变化等一系列特殊形式，也非常强调对大自然所呈现出的自由、活泼和变化多端形式的模仿。这就是说，自然和人文环境的影响势必通过感受能力之中的特殊感性认知能力反映到审美客体形式要素的构成之中，从而造成了中国审美观念与西方审美观念的差异。

最后再来分析整体认知和感性体验思维模式对中国美学思想艺术价值判断层面的影响。由于我们还要在后续的《艺术原理》一书中详细论述艺术价值产生的机制和判断问题，这里暂不深究中国艺术和西方艺术的产生、发展过程及其规律，仅从审美和艺术价值判断二象性原理角度对中西方艺术的主要特征作一些简要表述。

根据我们的界定，艺术价值的本质仅与内容要素相关，艺术价值判断属于对作品内容的理性认知范畴。中国传统艺术涉及的内容和理性认知方式来自阴阳五行、盛衰循环、天人合一、仁义礼制、中庸之道等传统理念，与影响审美判断的整体认知和感性体验思维模式是高度统一的。这种高度统一的思维模式使中国美学思想的两个层面，审美和艺术价值判断，也趋向高度的统一。这种状况为中国传统艺术带来了独有的特色，也同时形成了一些固有的问题。

中国传统艺术，无论是音乐、雕塑、建筑、书画还是诗词，都不可避免地受到传统哲学思想和感性体验思维方式的约束。这并不是说中国艺术没有发展和变化。实际上与西方艺术一样，中国传统艺术之中同样存在着不同的流派和风格。远古彩陶的纹样受地域环境影响呈现出不同的形式和内容；先秦的青铜和文学艺术与楚汉时代相比表现出了明显的差异；魏晋时代的诗赋、雕塑、书法展现出了潇洒、虚幻和飘逸的风度；盛唐艺术在诗、书、画等领域无不反映出生命的丰满和豪迈；宋元在词曲、绘画、瓷器等方面把中国艺术带进了一个新的境界。但是，这些不同艺术门类在各自领域内的发展演变大多是建立在相同的传统文化价值标准之上，至少可以说，它们的价值标准是一脉相承的。关于中国艺术的发展演变过程，我们还将在后续的《艺术原理》一书中给予介绍，下面仅举例对它们在发展变化中遵循的价值标准加以说明。

中国书法艺术中就有篆、隶、楷、行、草五种字体之分，绘画也被细分为以彩墨和工笔为表达方式的宫廷绘画、以水墨和抒情为表达方式的文人绘画、以重彩和雕版为媒介的年画等。不同的书画艺术形式是在不同历史时期先后发展、充实起来的，但是，所有这些不同的种类和流派大多遵循统一的价值标准，而且这些标准与影响审美判断的同出一辙。

中国书法艺术价值标准的理性基础是对传统哲学和文化思想的诠释。篆、隶、楷书体的书写笔画清晰，通过不同的运笔方式展示着对宇宙本质的认知。张法教授在《美学导论》第五章中分析指出：篆、隶书体讲究线的"裹锋"和"流动"；楷书则强调"逆锋落笔""欲下先上""欲左先右""藏头""蓄势"等；行书和草书行云流水，一气呵成，在杂乱之中体现出天马行空、自由自在的宇宙"气韵"。所有这些书写规则都反对直截了当地书写，试图通过对阴阳转化、五行相克相生、以静待动等传统思想和宇宙观念的模仿、解释和发挥，为创造笔画点、横、竖、撇、捺的丰富形象给出的理性注解。

中国绘画艺术价值标准的理性基础同样来自传统文化观念。在中国艺术中很早就有书画同源之说，认为书写达意，绘画传形，两者之间关系密切，相辅相成。书画同源实际上包含了几层意思：一是指两种艺术形式的起源都是商周时代的甲骨文和金文象形文字；二是指它们的表达方式，尤其是在相同的笔墨媒介运用上具有共同的规律性；三是指它们都是对气象万千自然现象的表达；四是指它们的根本追求目标都是相同的。因此，中国绘画艺术推崇的基本理念与书法艺术完全相通，也是对传统文化及其宇宙观念的演绎。

中国绘画艺术在内容表达中采用的是与西方科学理念完全不同的方式，没有表现出追求与西方视觉艺术相同的理性认知意愿。在对视觉空间的表达中，中国绘画并不使用科学的焦点透视方法展示三维空间和事物，而是根据人的主观需求采用任意的散点透视，使空间和艺术形象成为能够被主体任意塑造的内容元素。这说明中国传统绘画艺术中表达的内容与西方古典艺术追求的客观理性完全不同，是与人的感性体验和认知假定紧密相关的。一个极端的例子是中国独特的长卷绘画。在艺术描绘和观赏时，长卷画的视觉焦点是被假定跟随主体对画面内容的观看需要任意游动的，不受客观理性的限制。在对内容的表达中，中国绘画非常讲究留白处理和线的骨法用笔；这些变幻莫测、生动随性的表达与实际场景和真实形象没有绝对的对应关系，其目的就是以虚实相间和灵气的画面表现出宇宙的气韵，给人留下无尽的主观体验和想象回味空间。

中国绘画艺术有一个特别的种类，它在作画过程中使用界尺，故被称为界画。界画多被用于宫廷画作或是对建筑物的描绘。在中国绘画艺术的评价体系中，气韵生动、主观随意的文人绘画最受推崇；对形象理性、客观描绘的界画反而被认为线条死板，缺乏生气，艺术价值最低。从这种评价标准中，我们也不难看出中国传统艺术的价值判断取向是以人的主观感性为标准的。

从对中国书法和绘画艺术主要特征的简要分析中，我们想要指出的是中国传统艺术价值判断的思维方式与西方艺术的本质差别。西方艺术价值判断的思维方式根植于以求真为目的的土壤之中，擅长和偏爱数学般的精确和逻辑的严谨；中国艺术价值判断的理性生长在伦理说教和以求善为根本的环境之中。这样一来，两朵艺术价值判断的理性之花必然结出本质不同的硕果。作为人类认识世界的工具，西方理性思维追求独立的客观标准，最终催生出科学；中国理性思维则与主观感受紧密相连，乐意驻留在不可实证的信仰层面。两种理性认知模式的根本差别在于，科学能够不断证伪、自我修正并保持发展；信仰倾向于故步自封、一劳永逸。不同的理性认知方式对西方艺术和中国艺术的发展方向产生了决定性的影响，也在很大程度上塑造了两种美学思想的最终形态。

在以信仰为基础的理性认知作用下，中国艺术的理念和手法相对而言呈现出长期稳定的特征，使艺术价值判断趋同于审美判断。在中国传统艺术门类之中，虽然也不缺乏各种风格和流派，但从宏观角度来看，它们之间大多相互兼容，都是对同一类型文化思想的发挥和运用。而且，各种风格和流派基本保持着相对稳定的状态，即使是在当今社会，也还是成为不少艺术创作的模仿对象，能够完整独立地生存于现代艺术范畴之外。当艺术理念和手法的思想内涵处于停滞不变的状态时，与艺术价值相关的内容就会转化成为一种风格模式，这是我们在第三章第三节中提出的观点。这样一来，在中国传统艺术中，由于支撑艺术价值的理念和表达手法不再具有新意，对于主体而言，艺术作品的内容就转化成了一种习以为常的感性认知对象，不再需要理性认知的参与，最终蜕变成一种固定的形式风格。也就是说，由于艺术理念和表达手法缺乏不断的创新，由内容带来的对艺术价值的关注就会由高转低。

对艺术价值关注程度的降低，必然使中国传统艺术作品的美学价值更多地转向审美层面。由于作品缺乏创新带来的艺术价值的不断降低，在审美与艺术价值二象性原理的作用下，当我们面对中国传统艺术作品时，就会更加关注属于感性认知层面的审美价值，使其在创作和欣赏过程中的地位获得极大的提升。这种现象使中国传统艺术演变成了一种单一的审美对象，使美学的审美和艺术价值判断两个不同层面，在中国艺术追求人与自然、伦理与政治、个人与社会等二元统一的理想中，终于走向了统一。

反观西方艺术的发展道路，我们可以看到在求真的理性思维推动下，艺术作品的理念和表达手法总是能够不断自我否定，推陈出新。当艺术理念和表达手法的内涵不断发展变化时，遵循形式与内容的二象性原理，与审美相关的形式要素就可以转化成为与艺术价值相关的内容要素。也就是说，当支撑艺术作品的精神理念和形式手法不断发展时，艺术作品的内容就会成为一种更被关注的对象，从而使作品的艺术价值得到更大的提升。这样一来，在审美与艺术价值判断二象性原理的作用下，由于艺术理念和表达手法的不断创新，对形式感性体验所产生的审美价值的关注就会由高转低。

这种审美价值向艺术价值的转化现象，使西方艺术作品在很多情况下转变成了更加注重艺术价值判断的对象，使美学的审美和艺术价值判断不同层面最终不自觉地统一到了艺术价值判断之上。这种现象在忽略审美价值、偏重艺术价值的西方现代艺术作品中表现得尤为明显。从这个角度来看，可以说黑格尔对西方美学的发展趋势表现出了敏锐的洞察力。他将美学称作艺术哲学，并从艺术发展的历史进程的角度论述美学思想，看来是非常符合西方美学思想发展的内在逻辑和历史走向的。

总之，中国传统哲学思想和文化的整体认知和感性体验思维模式非常符合审美判断的特征，这使中国美学思想在发展过程中突显出了审美判断的层面。从这个角度看，也可以说中华民族是一个偏爱审美判断和感性体验的民族。早期西方美学思想对审美问题的探究主要是通过对审美客体比例、尺度、和谐、节奏等形式要素客观规律的总结展开的。这种将主体与客体加以明确区分的认知方式构成了审美和艺术价值研究的基本方法，在西方美学后续发展进程中起到了关键的作用。当然，西方美学思想中也存在着类似于中国美学思想的流派，它们仅仅关注审美主体的情感体验，并不注重理性逻辑分析。希腊化时期的伊壁鸠鲁学派和怀疑论就主张以情感体验对待美学问题；卢梭、叔本华的美学思想强调自然、人的本能和感性体验，也同样具有这种倾向。但是，这些流派毕竟不是西方多元化美学思想的主流，而且这些流派本身就是在受到东方哲学思想的影响之后形成的。与中国美学思想相比而言，西方美学思想在发展之初就倾向于利用理性和逻辑推理的思维方式表述美的本质，突显出了艺术价值判断特征。

第三节　审美判断中的评价和比较

美是审美主体与审美客体之间相互作用的结果，与主体感受能力和客体感染能力两者之间的比例相关，即：

$$Ve \propto X/(X-1)^2$$

$$X = Ms/Mo$$

其中 Ve 为审美价值，Ms 为审美主体感受能力，Mo 为审美客体感染能力。

在对审美客体、审美主体进行分析、评价和比较时，我们不能以审美判断的结果作为标准。认为一件艺术作品本身是"美"的，或者说一个产品或项目设计本身具有较高的美感，是不正确的概念，是对审美客体感染能力和审美判断结果的混淆；在对不同审美客体的比较中，我们只能用它们感染能力的大小作为相互比较的标准。同样的道理，在对不同审美主体的分析和比较中，我们也不能简单地说一个人具有很好的审美眼光，而应该使用感受能力作为比较标准，称其具有很高的感受能力。

审美客体感染能力来自形式构成要素的对比。通过比较不同审美客体形式构成要素对比的强弱，我们可以获知感染能力的大小，并根据审美原理公式和想要达到的审美判断结果对不同审美客体做出客观、严谨的评价，在它们之间进行恰当的选择。例如，当一个审美主体的感受能力较强时，要获得优美审美形态，就需要选择与审美主体感受能力级别相同的审美客体；要获得崇高的审美感受，就需要同时考虑客体感染能力和主体感受能力可塑性这两个因素，以确保审美主体感受能力在可塑性作用下能够提升到与感染能力相等的水平；要获得悲伤的审美感受，就要尽可能选择感染能力较大的审美客体，以确保其高于主体感受能力可塑性的上限水平；要获得欢喜的审美感受，就需要同时考虑客体感染能力和主体感受能力的可塑性两个因素，以确保感受能力在可塑性作用下可以降低到与客体感染能力相等的水平；要获得丑陋的审美感受，就需要尽可能选择感染能力较低的审美客体，确保其低于主体感受能力可塑性的下限水平。

审美主体感受能力来自对形式构成要素对比的感性认知。通过比较不同审美主体对形式构成要素对比感性认知能力的大小，我们可以获知其感受能力的大小，并根据审美原理公式和想要达到的审美判断结果对不同的审美主体做出客观、严谨的评价，在它们之间进行适当的选择。例如，当一个审美客体的感染能力较强时，要获得优美的审美判断结果，就需要选择与审美客体感染能力级别相同的审美主体；要获得崇高的审美感受，就需要同时考虑主体感受能力及其可塑性两个因素，确保审美主体感受能力在可塑性作用下可以提升到与客体感染能力相同的水平；要获得悲伤的审美感受，就要尽可能选择感受能力较低的审美主体，并确保即使在可塑性作用下感受能力也要低于客体感染能力；要获得欢喜的审美感受，就需要同时考虑主体感受能力及其可塑性两个因素，以确保主体感受能力在可塑性作用下可以降低到与客体感染能力相同的水平；要获得丑陋的审美感受，就需要尽可能选择感受能力较高的审美主体，并确保即使在可塑性作用下感受能力也高于客体感染能力。

在衡量、评价艺术和设计作品给我们带来的情感体验时，首先需要明确最终的目标是艺术价值判断还是审美判断。如果是审美判断，就要运用审美原理；如果是艺术价值判断，则需要运用艺术原理。在运用审美原理评价、选择作品时，要首先了解作品所针对的审美主体感受能力及其可塑性的大小。只有在此基础之上，才可以依据所要达到的审美形态，在不同作品中判定审美客体的优劣，做出恰如其分的选择。不考虑特定审美主体的感受能力及其可塑性的大小，对作品进行比较和评价只能得出错误的结论；在没有明确所要达到的审美形态前提条件下，对审美客体的评价和选择也是盲目的。因此，在获知不同审美客体感染能力之后，还需要确定具体审美主体的感受能力和可塑性，并明确最终追求的审美形态。只有通过这样的正确方式，才能够从不同审美客体中挑选出最为恰当的，以获得预期的审美形态结果。

同样的道理，在评价和比较具体个人的美学修养和相关能力时，我们首先需要明确评价、比较的目标是与艺术价值判断相关还是与审美相关。如果最终目标与审美相关，就要运用审美原理；如果与艺术价值判断相关，则需要运用艺术原理。运用审美原理评价具体个人的相关能力就是了解其感受能力及可塑性大小。感受能力及其可塑性的大小并不最终代表一个人可以获得的审美判断结果，更与艺术创造和艺术价值判断无关。无论一个人的审美感受能力及其可塑性的大小如何，只要有与之相对应的审美客体存在，任何人都是可以从与审美客体的相互作用中获得丰富多彩的审美感受的。无论个人的审美感受能力及其可塑性的大小如何，只要具有艺术创造能力，都可以获得较高艺术价值判断能力，并能够创作出具有较高艺术价值水平的作品。

第四节　审美原理在美学教育中的应用

　　美学教育也被称作美育，是美学原理应用的一个重要方面，它同样涉及两个不同的层面：审美教育和艺术教育。艺术教育的重点在于培养人的艺术创造能力和欣赏能力。由于它与艺术原理相关，我们将在后续的《艺术原理》一书中再作论述。下面仅对与审美原理相关的审美教育问题作一些扼要的分析。

　　审美教育的重点与审美三要素直接相关，主要涉及三个方面：一是扩展对审美形态的认识，二是提高对审美客体感染能力的掌控，三是对审美主体感受能力的培养和对可塑性的提升。扩展对审美形态的认识，就是要强调审美判断存在五种基本形态，破除审美判断中的以"优美"形态为最高标准的错误倾向。人类审美的目的是通过对事物形式要素的直观感受获得情感体验。除了优美感受之外，人的基本情感体验还包括崇高、悲伤、欢喜和丑陋，因此"崇高""悲""喜""丑"也都是重要的审美形态。由于审美判断的机制过程比"优美"更加复杂，"崇高""悲""喜""丑"这四种审美形态也就能够给我们带来比"优美"更加丰富的情感体验效果，并能够使我们对感性审美活动产生更多的理性反思，滋生出更加丰富的艺术价值判断。提高对审美客体感染能力的掌控，是通过训练掌握有效调控客体感染能力大小的手段，使之能够按照审美判断的某种特定目标，达到与审美主体感受能力相匹配的水平。对审美客体感染能力的调控并不复杂，通过形式构成手段，增加或减小形式要素对比的强弱即可达到目的。对审美主体感受能力的培养和对其可塑性的提升分别具有不同的特点，需要分开加以说明。

　　对形式要素的感受是人类与生俱来的能力。虽然不同审美主体的感受能力大小不同、互有差异，但是只要我们能够对其有效地运用，都是可以通过直观审美客体从中感受到与自身匹配的形式要素、获得形态不同的审美情感体验的。对审美感受能力的有效运用体现在两个方面，一是能够正确使用已有的感受能力,二是能够对这种能力进行有效的扩展和提升。

审美感受能力是人类感性认知能力的运用。要有效地使用这种能力,就必须在同一时刻排除理性认知能力的干扰。当面对审美客体时,只有排除理性认知的参与,我们才能够专注于审美判断,也才能与客观形式要素融为一体,获得直观的情感体验。感性认知与理性认知的最大不同在于它是内敛的,接受的仅是来自客体的形式要素,不对形式要素作任何外向性的关联和想象。这多少有些类似中文"思"与"想"之间的差别。"思"是内省的、对自身的思索,例如"我思故我在"之中的"思"仅与自我相关;"想"是寻求与外在事物的相互联系,代表一种外求的欲望,比如"我想买衣服"之中的"想"就将我与衣服关联起来。要进入审美的状态、确保感受能力的有效发挥,就需要尽量排除将形式要素与实用目的、功利计较发生关联的欲念,以便我们能够忽视由主观理性欲求引发的、对审美客体的理性认知。许多传统文化之中的思想方法,如冥想、止观、禅思等,或许可以成为促使我们有效进入审美直观状态的工具。

扩展和提升感受能力的重点在于提高它所包含的特殊感性认知能力。我们知道,感受能力由一般感性认知能力和特殊感性认知能力两个部分组成。人的一般感性认知能力是一种先天遗传能力,是相对稳定和不易改变的;人的特殊感性认知能力与后天所处环境和文化熏陶影响相关,是可以通过反复进行各种主题的形式要素构成练习加以改变的。例如,通过节奏构成、肌理构成、和谐构成等相关训练可以拓展我们对形式要素节奏、肌理、和谐等构成的特殊感性认知能力,这就像经常吃辣可以使我们对辣味的喜爱程度变得更强一样。特殊感性认知能力的拓展有效地提高了感受能力的广度,使审美主体能够更加广泛地从不同形式构成类型中获得审美体验。

审美感受能力可塑性在"崇高""悲""喜""丑"这四种审美形态的形成过程中扮演着重要的角色,决定了这四种审美形态的形成,所以,它的大小对于审美主体能否在更大的范围获得这四种审美体验起到了决定性的作用。感受能力可塑性同样可以通过各种形式要素的构成训练得到提升。例如，通过经常体验与自身感受能力差别较大的客体感染能力，并不断加大或减小各种形式要素的对比强度，可以起到提升感受能力可塑性的作用，使审美主体能够以更大的幅度适应较大或较小的客体感染能力，改善对各种审美形态情感体验的效果。

第五节　审美与艺术价值判断二象性原理的实践运用

　　审美与艺术价值判断之间的二象性关系不仅起到了沟通自然世界和人类理性的桥梁作用，推动着美学思想的不断演变和向前发展，也在实践应用中起着举足轻重的作用。

　　在美学思想实践应用中存在着两种不同的极端倾向：一种倾向忽略审美价值，以作品的艺术价值作为唯一追求目标；另一种则鼓吹唯美主义，将作品的审美价值看作最高追求，造成了艺术创新止步不前。这两种极端倾向本身并无对错之分，都是人类获取情感体验时的不同偏爱。但是，当我们将这些极端倾向应用在与其特征并不相符的艺术类型或时空环境时，就会产生错误的结果。审美是对事物的感性认知，适合运用于需要感性认知的艺术类型或时空环境之中；艺术价值判断是对事物的理性认知，应该运用在需要理性认知的艺术类型或时空环境之中。如果我们将属于感性认知的唯美主义创作方式用于需要展现艺术价值的作品或场所，或是将属于理性认知的艺术价值至上手法用于需要展示审美价值的作品或场所，最终都会带来美学价值的冲突和混乱。

　　以城市设计为例，审美和艺术价值判断二象性原理的不同运用可以对城市的美学价值产生截然不同的影响。城市设计是在城市总体规划指导下，对城市功能、城市面貌、城市空间进行的细化处理和实施落实。相对于城市总体规划的抽象性和数据化而言，城市设计工作更加具体化和形象化，其目标是为城市景观和建筑设计提供具体的指导和参考建议。从我们关注的美学角度来看，城市设计的复杂性和矛盾性在于它既要从艺术价值判断角度落实城市总体布局和对局部景观、文化环境、建筑设计等各方面的理性构思，又要从感性的审美价值判断角度筹划、安排城市中的各种形式要素。由于审美和艺术价值判断分别是人的感性和理性认知行为结果，在城市设计美学思想的运用中就要对城市空间的认知特征加以严格的区分，使之能够与人的认知行为相匹配。

　　所谓城市空间的认知特征是指根据人对空间的认知方式划分出的空间类型。当人对一个空间环境主要使用感性认知时，我们可以将该空间称作感性认知空间；当对一个空间环境主要使用理性认知时，可以将该空间称为理性认知空间；当一个空间环境需要同时满足人的感性和理性认知体验时，我们可以将该空间称为混合认知空间。感性认知空间主要是一些不需要市民停留的机动车道路、集散广场和普通个人理性无法掌控的宏观城市空间关系；这些空间或空间关系不是人们日常生活聚集和驻留之处，需要满足的主要是人们途经路过时获得的感性认知体验。对于这些感性认知空间的设计，美学思考要以与之相配的审美原理为判断标准，通过调整空间环境之中形式要素的感染能力大小，使之与市民平均感受能力之间的相互作用能够达到预期的审美效果。城市中的理性认知空间主要由单体建筑，尤其是由城市空间中的地标建筑，以及与单体建筑相配的广场和景观环境构成。作为人的聚集和驻留场所，这些理性认知空间是城市文化、经济、政治等价值特征的具体体现，对它们的美学思考要以与之相配的艺术原理为标准，通过艺术手法创造出城市的独特艺术价值。城市中的混合认知空间主要是一些居民固定往返、停留的休闲娱乐空间，其中包括道路节点之处的绿地休息空间、尺度宜人的公园和社区广场。由于这些空间环境与居民相对固定的日常生活紧密相连，在城市设计中就需要在形式要素和内容要素之间作出一定的平衡，尽量创造出一种既能从中获得审美感受，又能从中体验出艺术价值的空间环境。

　　对美学原理的正确认识和运用是任何成功城市设计必须具备的重要前提条件之一。经过改革开放40年的不断发展，中国城市的空间环境和建筑形象发生了翻天覆地的变化。但是，快速的城市发展也带来了一个严重问题，那就是城市缺乏个性，越来越千篇一律。这种城市特征的同质化给人带来了单调乏味的体验效果，被普遍认为是城市发展中亟待解决的诟病。这一问题产生的原因与建造技术、经济结构、管理体制、城市发展速度过快等诸多因素相关,我们这里仅以审美与艺术价值判断二象性原理作为思考的依据和评判标准,探讨问题的症结和解决手段。

城市同质化产生的原因固然与审美原理的应用有关,但最主要问题不在于城市审美价值的缺乏,而是空间环境的艺术价值过低。审美价值与形式要素相关。任何城市都不缺乏各种形式要素的构成,也就不会缺乏构成审美判断的感性认知条件。所谓"千篇一律""单调乏味"的感受本身就是对各种概念的理性认知结果,表达的是艺术价值的概念。我们之所以对城市同质化产生不满的情感体验,根本原因在于同质化城市体现出的艺术价值不高。我们在这里暂且不对艺术原理作深入探讨,仅指出艺术价值高低的客观标准取决于作品的正确创新水平。当不同城市的空间环境和构成空间环境的单体建筑缺乏由艺术创新带来的明显差异时,空间环境和单体建筑的艺术价值必将处于较低的水平。针对这种问题,最为有效的解决办法是提高城市理性认知空间和地标建筑的艺术价值,而不是强调它们能够产生的审美价值。也就是说,在现有建造技术、经济结构、管理体制和城市快速发展导致的原有城市特色消失背景下,要将改善城市设计的重点放在城市局部空间环境的艺术创新之上。

从审美和艺术价值判断的二象性原理来看,要达到关注艺术价值判断、提高作品创新水平的目的,就需要尽可能地弱化空间环境和建筑设计中的审美层面,突出和强调与众不同的内容理念。一个具有代表性的案例是北京中央电视台总部大楼的设计。这一项目由空间、功能、结构、造型等多种独特内容理念带来的建筑艺术创新,使其地处的北京商务中心产生了较高的艺术价值,也进而在某种程度上为整个城市带来了明显的活力和特色。这一地标建筑存在的美学价值实际上与审美并无太大关系,与是否能够给人带来优美的直观感受无关;它在城市设计中起到的关键作用在于提升了理性认知空间的艺术价值。该作品被不少人认为是丑陋和失败的,这其中不乏建筑设计专家。如果说他们的评价标准是基于作品的审美价值,说明他们对该项目的美学价值定位不够准确,忽视了它对提升城市空间艺术价值的关键作用；假如说他们的批评针对的是作品的艺术价值，说明该项目确实起到了艺术创新的作用，因为它引起了广泛和严肃的争议。

任何作品的艺术价值都是会存在争议的；一般来讲，作品的艺术价值越高，在其出现的初期争议反而会越大。这是因为评价作品客观艺术价值高低的标准不是"美"和"丑"，而是符合艺术发展逻辑和历史规律的创新程度。争议和不被认可现象的存在正好从侧面说明了作品的创新程度较高。历史上许多客观艺术价值极高的作品都会在初期受到非议，引起各种负面的评价；著名的巴黎埃菲尔铁塔、罗浮宫扩建项目无不如此。对于初期没有太多反对意见的作品，我们大都可以对其是否具有较高客观艺术价值打上一个大的问号。不可否认，人见人爱的艺术作品一般都可能具有较高的审美价值；正因为如此，在许多情况下这些作品能够引起人们关注的艺术价值往往不会很高，这是由审美和艺术价值判断二象性原理决定的。因此，从美学角度来看，改善中国城市缺乏特色这一状况的当务之急在于提高城市设计的艺术价值，其中最重要的是理性认知空间中的地标建筑及其景观环境设计的艺术价值。

第六节 审美原理的启示

对美学原理的探索开始于一个简单的假想：美感是可以被度量的。现有美学理论对这一假想的回答是否定的，但这种否定的结论是没有任何科学证明的。既然如此，从逻辑上讲，对美和审美判断进行度量和科学比较就是有可能的。

美学学科的创立实际上是建立在科学假想之上的，其目的是要将审美这种看似没有任何规律可循的感性认知和情感体验纳入理性认知的范畴。这种大胆的推测意味着要对人的感性认知和情感体验进行规律性的科学总结，并给出理性的表述。任何规律，如果真实存在，应该都是可以被定量表述的，因为定量表述是理性规律的必然结果。如果美的本质和审美判断机制不能被定量表述，只能说明这个学科的基础还没能完善地建立起来。正是这种把美学作为一种系统学科的信心，促使我们对审美基本概念、审美与艺术价值判断之间的相互关系、审美机制等一系列相关问题进行了科学的剖析和大胆的推断，并将审美作为人类思维虚拟现实中的物理现象加以对待，进而用自然科学的基本原理对其进行了理性的表述。当然，也存在另外一种可能，那就是审美判断和审美情感体验并不具有理性的基础。假使如此，那么建立美学学科的初衷将不能得以最终实现。

这本《审美原理》是对美学原理体系之中审美层面的一种全新表达，涉及多个学科和各种综合知识。由于它的跨学科特征，在内容和研究方法上或许存在着并不准确的见解。实际上，任何科学的理论和思想体系都是需要不断改进和完善的；正因为如此，这本《审美原理》应该被看作是一个开放的、需要进一步发展的框架体系。在审美原理的理论框架中存在着以下三个大的研究领域：与审美客体相关的感染能力计量学、与审美主体相关的感受能力计量学、与审美判断相关的实践运用和美学史研究。感染能力计量学是美学和统计学的综合运用；感受能力计量学是美学和统计心理学的综合运用；审美实践运用和美学史研究是美学和其他人文、自然和社会学科的综合运用。此外,审美原理在与其他学科相结合中还可以形成各自独立的学科原理,如建筑学审美原理、工业设计审美原理、城市和园林景观审美原理等。这些领域有待于深入、独立的研究,并形成单独的课题。

审美原理提出的审美判断数学模型只是在审美三要素之间建立了一个比例关系,要确立最终的方程式,还需要进行统计实验,从数据的统计和分析中找到"审美常数"(E)。这样就可以将审美原理表示为:

$$Ve = E\, Ms\, Mo / (Ms - Mo)^2$$

要最终建立感染能力和感受能力的度量模型,同样需要结合实验结果对我们在第四章、第五章中提出的方式加以完善,以确保度量方法的效度和信度。对美学历史、美学思想的研究和批判更是需要理论与实际的结合,从反复的挖掘和考据中努力总结历史的规律,把握未来的走向。

宇宙万物都有自身的变化和运行规律。因为所有事物共享着同一个世界,它们之间必然相互关联,共享着某种内在的基本规律。这本《审美原理》除了揭示审美判断自身的理性基础之外,实际上还表达了这么一个重要观念:感性的审美活动,以及与感性审美活动相关的其他学科,与现实物质世界享有着共同的基本自然法则。正像现代物理学正在证实的自然世界具有的统一法则一样,人的审美感性世界与自然世界应该也是统一的。所以,我们对审美原理的探索也可以说是基于对世界基本统一规律的认知和信念展开的。

德国数学家希尔伯特(David Hilbert)曾经说:"我们必须知道,我们也必将知道。"这句镌刻在他墓碑上的名言表达了人类对掌握世界内在规律的自信,也道出了这本《审美原理》和后续《艺术原理》的追求目标。

参考文献：

[1] 李泽厚.美的历程［M］.北京：文物出版社，1981.
[2] 张法.美学导论［M］.北京：中国人民大学出版社，2015.
[3] 朱光潜.西方美学史［M］.南京：江苏人民出版社，2015.